26º Ano de Edição

O LIVRO DA LUA 2025

Descubra a influência do astro no seu dia a dia
e a previsão anual para seu Signo

Marcia Mattos

astral cultural

Este livro foi revisado segundo o Novo Acordo Ortográfico da Língua Portuguesa.

Aos colaboradores que contribuem anualmente com conhecimento, entusiasmo e profunda lealdade ao projeto. Devo a eles a inigualável alegria das parcerias:
Carla Renner Carla.renner@gmail.com
Celina Castelo Branco celinacbranco@gmail.com
Fátima Carneiro Bastos fatbastos@gmail.com
Lilian Camargo li.camargo@gmail.com
Luciana Magalhães lucianna.m@globo.com
Maria Luísa de Oliveira Proença marialuisa.astroaura@gmail.com
Moraima Rangel Moraima1968@gmail.com
Wilza Rosário rosariowilza68@gmail.com

Editora **Natália Ortega**
Editora de arte **Tâmizi Ribeiro**
Coordenação Editorial **Brendha Rodrigues**
Produção editorial **Manu Lima e Thais Taldivo**
Revisão de texto **Carlos César da Silva**
Capa **Tâmizi Ribeiro** Imagem de capa Ryan Loughlin/Unsplash
Foto da autora Arquivo pessoal

Dados Internacionais de Catalogação na Publicação (CIP)
Angélica Ilacqua CRB-8/7057

M392L

Mattos, Márcia
O livro da lua 2025 / Márcia Mattos. – São Paulo, SP: Astral Cultural, 2024.
400p

ISBN 978-65-5566-568-0

1. Astrologia 2. Lua – Influência sobre o homem 3. Lua - Fases I. Título

24-4287 CDD 133.5

Índice para catálogo sistemático:
1. Astrologia

BAURU
Rua Joaquim Anacleto
Bueno 1-42
Jardim Contorno
CEP: 17047-281
Telefone: (14) 3879-3877

SÃO PAULO
Rua Augusta, 101
Sala 1812, 18º andar
Consolação
CEP: 01305-000
Telefone: (11) 3048-2900

E-mail: contato@astralcultural.com.br

SUMÁRIO

Para quem

O livro da lua 2025 é um livro de Astrologia a respeito do mais popular dos corpos celestes: a Lua. Além disso é um material de consulta para leigos.

Qualquer um que tenha curiosidade de saber como está o dia — segundo as indicações do céu — e queira orientar suas decisões a partir dessas informações é um usuário deste livro.

Os estudiosos, profissionais ou amantes de Astrologia encontrarão alguns dados técnicos e algumas interpretações muito úteis para seus estudos e aplicações durantes as consultas.

Ao contrário dos livros de Astrologia, que geralmente se baseiam nos Signos (solar, lunar, ascendente etc.) e têm um uso individual, *O livro da Lua 2025* bem poderia chamar-se *O Céu é para todos*.

Nesta edição, empenhamo-nos em destacar os efeitos das atividades planetárias responsáveis por um astral que afeta a todos, de modo coletivo.

Para quê

O livro da Lua 2025 possui informações para serem usadas como um calendário-agenda.

A esfera de domínio da Lua se estende por várias áreas das atividades e do comportamento humano. E este livro deve ser usado como meio de consulta e orientação a respeito dos inúmeros assuntos que ela regula, tais como: fertilidade; partos; nutrição; dietas; estética; saúde; cirurgia; sono; cultivo; humores; emoções; vida sentimental; negócios; vida profissional; público.

Sendo assim que melhor maneira de planejar nossas vidas senão de acordo com os ritmos e ciclos espontâneos da natureza?

Como usar

O livro da Lua 2025 é um livro de consulta frequente e diária.

Na primeira parte do livro, encontram-se:

- Calendário do ano;
- Previsões coletivas;
- O Céu em 2025 — *O que nos aguarda para este ano*;
- O Céu do Brasil em 2025 — *Previsão astrológica para o país*;
- Previsão para os Signos em 2025;
- Fases da Lua (tabela e texto de interpretação);

- Lua e cirurgia (indicações para procedimentos cirúrgicos);
- Lua fora de curso (tabela e texto de interpretação);
- Eclipses (datas e interpretação);
- Movimento retrógrado dos planetas (tabela e texto de interpretação)

A segunda parte do livro trata a respeito das **Posições Diárias da Lua** em cada mês, informações *móveis* que variam dia a dia:

- Fase em que a Lua se encontra;
- Signo em que a Lua se encontra (com interpretação sucinta);
- Indicação do período em que a Lua fica fora de curso – hora do início e do término;

Aspectos diários da Lua com outros planetas (com indicação da hora de entrada e de saída e do momento em que se forma o aspecto exato) e interpretação completa de cada um deles.

Na entrada de cada mês, encontra-se ainda o **Calendário Lunar Mensal**, que oferece uma visualização completa do respectivo período.

Um ótimo 2025!

CALENDÁRIOS PARA 2025

Janeiro

Dom	Seg	Ter	Qua	Qui	Sex	Sab
			1	2	3	4
5	6	7	8	9	10	11
12	13	14	15	16	17	18
19	20	21	22	23	24	25
26	27	28	29	30	31	

Fevereiro

Dom	Seg	Ter	Qua	Qui	Sex	Sab
						1
2	3	4	5	6	7	8
9	10	11	12	13	14	15
16	17	18	19	20	21	22
23	24	25	26	27	28	

Março

Dom	Seg	Ter	Qua	Qui	Sex	Sab
						1
2	3	4	5	6	7	8
9	10	11	12	13	14	15
16	17	18	19	20	21	22
23	24	25	26	27	28	29
30	31					

Abril

Dom	Seg	Ter	Qua	Qui	Sex	Sab
		1	2	3	4	5
6	7	8	9	10	11	12
13	14	15	16	17	18	19
20	21	22	23	24	25	26
27	28	29	30			

Maio

Dom	Seg	Ter	Qua	Qui	Sex	Sab
				1	2	3
4	5	6	7	8	9	10
11	12	13	14	15	16	17
18	19	20	21	22	23	24
25	26	27	28	29	30	31

Junho

Dom	Seg	Ter	Qua	Qui	Sex	Sab
1	2	3	4	5	6	7
8	9	10	11	12	13	14
15	16	17	18	19	20	21
22	23	24	25	26	27	28
29	30					

Julho

Dom	Seg	Ter	Qua	Qui	Sex	Sab
		1	2	3	4	5
6	7	8	9	10	11	12
13	14	15	16	17	18	19
20	21	22	23	24	25	26
27	28	29	30	31		

Agosto

Dom	Seg	Ter	Qua	Qui	Sex	Sab
					1	2
3	4	5	6	7	8	9
10	11	12	13	14	15	16
17	18	19	20	21	22	23
24	25	26	27	28	29	30
31						

Setembro

Dom	Seg	Ter	Qua	Qui	Sex	Sab
	1	2	3	4	5	6
7	8	9	10	11	12	13
14	15	16	17	10	19	20
21	22	23	24	25	26	27
28	29	30				

Outubro

Dom	Seg	Ter	Qua	Qui	Sex	Sab
			1	2	3	4
5	6	7	8	9	10	11
12	13	14	15	16	17	18
19	20	21	22	23	24	25
26	27	28	29	30	31	

Novembro

Dom	Seg	Ter	Qua	Qui	Sex	Sab
						1
2	3	4	5	6	7	8
9	10	11	12	13	14	15
16	17	18	19	20	21	22
23	24	25	26	27	28	29
30						

Dezembro

Dom	Seg	Ter	Qua	Qui	Sex	Sab
	1	2	3	4	5	6
7	8	9	10	11	12	13
14	15	16	17	18	19	20
21	22	23	24	25	26	27
28	29	30	31			

SOBRE OS HORÁRIOS DOS CALENDÁRIOS

O livro da Lua e o fuso horário

O livro da Lua 2025 foi calculado levando em consideração o fuso horário de Brasília. Os territórios brasileiros localizados em fusos horários diferentes devem ajustar as tabelas do livro conforme o fuso horário local.

Acerto de horários para Portugal

Durante o horário de verão em Portugal, acrescentar quatro horas.

Acerto de horários para Uruguai e Argentina

O horário oficial no Brasil é o mesmo do Uruguai e da Argentina.

Na Argentina, não existe horário de verão, ou seja, o horário permanece o mesmo durante todo o ano.

Acerto de horários para México

Durante o horário de verão do México, subtrair duas horas.

ENTRADA DO SOL NOS SIGNOS 2025

Sol em Aquário	19 janeiro 2025	16h59min52
Sol em Peixes	18 fevereiro 2025	07h06min18
Sol em Áries	20 março 2025	06h01min13 * Equinócio da Primavera Hemisfério Norte – Equinócio de Outono Hemisfério Sul
Sol em Touro	19 abril 2025	16h55min45
Sol em Gêmeos	20 maio 2025	15h54min22
Sol em Câncer	20 junho 2025	23h42min00 * Solstício de Verão Hemisfério Norte – Solstício de Inverno Hemisfério Sul
Sol em Leão	22 julho 2025	10h29min11
Sol em Virgem	22 agosto 2025	17h33min36
Sol em Libra	22 setembro 2025	15h19min04 * Equinócio de Outono Hemisfério Norte – Equinócio de Primavera Hemisfério Sul
Sol em Escorpião	23 outubro 2025	00h50 min39
Sol em Sagitário	21 novembro 2025	22h35min19
Sol em Capricórnio	21 dezembro 2025	12h02min49 *Solstício de Inverno Hemisfério Norte – Solstício de Verão Hemisfério Sul

Equinócio

Quando o Sol entrar no grau zero do Signo de Áries, no dia 20 de março às 06h01min13, se iniciará a primavera no Hemisfério Norte e o outono no Hemisfério Sul.

Quando o Sol entrar no grau zero do Signo de Libra, no dia 22 de setembro às 15h19min04seg, marcará a entrada do outono no Hemisfério Norte e da primavera no Hemisfério Sul.

Essas duas estações são contempladas com temperaturas mais amenas e menores rigores da natureza.

A palavra "equinócio" quer dizer *noites iguais* e distribui a mesma duração de horas entre noite e dia. Isso sugere uma volta de equilíbrio entre claro e escuro, sem predominância de nenhuma das partes do ciclo da luz.

A chegada dessas estações, tradicionalmente, sempre foi celebrada com inúmeros rituais que homenageavam e agradeciam o reequilíbrio das forças do dia e da noite.

Solstício

O início do verão será marcado pela entrada do Sol a zero grau do Signo de Câncer, em 20 de junho às 23h42min00seg para o Hemisfério Norte.

Essa mesma posição solar corresponderá no Hemisfério Sul à chegada do inverno.

O Sol quando passar pelo zero grau do signo de Capricórnio em 21 de dezembro, às 12h02min49seg abrirá a estação do inverno no Hemisfério Norte, e a do verão do Hemisfério Sul. Solstício é o nome que se dá à entrada dessas duas estações.

Durante o solstício de verão, os dias são mais longos do que as noites e há uma predominância de luz na alternância claro-escuro dos ciclos da natureza.

A chegada do solstício de verão era comemorada com muita alegria e renovação de vida. Muitos festivais e rituais foram criados para celebrar o retorno da luz.

Já o solstício do inverno corresponde a dias mais curtos e noites mais longas, com visível predomínio do escuro, na alternância claro-escuro dos ciclos da natureza.

Em lugares onde o inverno é rigoroso e em épocas nas quais se contava apenas com a luz do Sol, pode-se imaginar o impacto da chegada do solstício. Levando e trazendo a luz.

ECLIPSES PARA 2025

NATUREZA DO ECLIPSE	DATA	HORA	GRAU E SIGNO
Eclipse Lunar	14/03/2025	03:54	23°56' de Virgem
Eclipse Solar	29/03/2025	07:58	09°00' de Áries
Eclipse Lunar	07/09/2025	15:08	15°21' de Peixes
Eclipse Solar	21/09/2025	16:54	29°05' de Virgem

Eclipses

Nunca devemos "estar por um fio", assoberbados ou sem espaço de manobra nos períodos de proximidades de um eclipse. O que estiver sob muita pressão vai transbordar ou se romper. Todo eclipse *decide* algo. O melhor modo de se preparar para esse fenômeno é eliminar aquilo que não queremos que se mantenha, criando espaço para acontecimentos surpreendentes em todos os setores de nossa vida.

Eclipse Lunar

Ocorre na **Lua Cheia**, quando o **Sol,** a **Lua** e a **Terra** estão alinhados entre si com exatidão. O Eclipse Lunar provoca um confronto entre passado e futuro, mas, nesse contexto, é o futuro que deve vencer. Nesse caso, serão sacrificados pessoas, circunstâncias, conceitos e experiências que tenham fortes alianças com o passado. O que não parecia possível, se revela com uma força surpreendente. A sensação de "puxada de tapete" também é comum.

Eclipse Solar

Ocorre na **Lua Nova**, quando a **Lua** cobre o **Sol** e, o **Sol**, a **Lua** e a **Terra** estão alinhados. O Eclipse Solar provoca um confronto entre passado, presente e futuro, mas é o passado que deve vencer. É uma época de *revival.* É comum ressurgirem antigos relacionamentos, emoções e ideias. Devemos tomar cuidado para não recair em comportamentos, vícios e sentimentos que nos custaram a abandonar.

MOVIMENTO RETRÓGRADO DOS PLANETAS EM 2025

	Início	Término
Mercúrio	15 de março de 2025 18 de julho de 2025 9 de novembro de 2025	07 de abril de 2025 11 de agosto de 2025 29 de novembro de 2025
Vênus	01 de março de 2025	12 de abril de 2025
Marte	06 de dezembro de 2024	23 de fevereiro de 2025
Júpiter	09 de outubro de 2024 12 de novembro de 2025	04 de fevereiro de 2025 11 de março de 2026
Saturno	13 de julho de 2025	28 de novembro de 2025
Urano	01 de setembro de 2024 6 de setembro de 2025	30 de janeiro de 2025 3 de fevereiro de 2026
Netuno	04 de julho de 2025	10 de dezembro de 2025
Júpiter	04 de maio de 2025	14 de outubro de 2025

O que significa Mercúrio Retrógrado

A cada três meses, **Mercúrio** entra em movimento **retrógrado**, permanecendo assim por três semanas. Quando **Mercúrio** está em movimento **retrógrado**, há uma interferência no funcionamento das áreas de comunicação, telefonia, componentes eletrônicos, serviços de entrega, serviços de informação, correios, transportes, veículos, fretes, estradas e acessos.

Por isso, durante esses períodos, é indispensável ser mais rigoroso no uso ou na prestação de serviços que envolvam as seguintes áreas:

- Faxes, telefones, veículos, equipamentos, máquinas e computadores, pois é comum que apresentem mais defeitos;
- Veículos e máquinas comprados, pois podem apresentar defeitos crônicos ou dificuldade de entrega;
- Fios, ligações, tubos e conexões, pois é possível que falhem ou apresentem problemas de fabricação;
- Trânsito, acessos e redes, pois estes podem estar prejudicados;
- Papéis, documentos, contratos e assinaturas, pois apresentam problemas e devem ser copiados e revisados;
- Cláusulas de contratos e prazos estabelecidos, pois, geralmente, sofrem alterações e renegociações;
- Tarefas comuns, pois podem apresentar mais falhas e, assim, precisarem ser refeitas;
- Cirurgias, pois estas devem ser evitadas, já que a perícia está menos acentuada e erros podem ocorrer;

· Exames e diagnósticos, pois nesses períodos eles devem ser reavaliados;

· Mudanças de ideia, pois é possível que ocorram para favorecer ou desfavorecer uma situação;

· Comunicação pessoal, pois pode ser que acabe gerando mal-entendidos;

· Informações, pois estas devem ser checadas, afinal os dados podem estar alterados, errados ou incompletos;

· Obras em estradas, rodovias e viadutos, pois pode ser que apresentem atrasos.

Caso seja extremamente necessário lidar com alguma situação relacionada a um desses tópicos, evite o período em que **Mercúrio** estiver **retrógrado**.

Os demais planetas retrógrados

Quando Vênus estiver retrógrado, evite:

· Transações financeiras de vulto, negociar salários e preços ou abrir negócio;

· Definir assuntos amorosos, casamento e noivado.

Quando Marte estiver retrógrado, evite:

· Cirurgias eletivas, não emergenciais.

Quando Júpiter estiver retrógrado, evite:

· Eventos de grande porte, principalmente os esportivos e culturais;

· Encaminhar processos na justiça, esperar progresso e crescimento de negócio e projetos.

Quando Saturno estiver retrógrado, evite:

· Mudanças no emprego, pois o mercado de trabalho e de produção estará mais recessivo.

Quando Urano estiver retrógrado, evite:

· Pensar que algo interrompido não vai retornar e que algo iniciado não sofrerá várias alterações.

Quando Netuno estiver retrógrado, evite:

· Abandonar um assunto já encaminhado, achando que está bem entregue.

Quando Plutão estiver retrógrado, evite:

· Considerar algo como encerrado definitivamente.

O CÉU EM 2025

A dança dos Signos

Movimento dos planetas lentos e nodos através dos graus dos Signos em 2025.

Júpiter em Gêmeos	De 24/05/2024 a 09/06/2025	13° Gêmeos Janeiro ↘ 11° Gêmeos Fevereiro ↗ 0° Câncer Junho ↗ 25° Câncer Novembro ↘ 21° Câncer Dezembro
Júpiter em Câncer	De 09/06/2025 a 30/06/2026	
Saturno em Peixes	De 07/03/2023 a 25/05/2025 De 01/09/2025 a 13/02/2026	14° Peixes Janeiro ↗ 0° Áries Maio ↗ 1° Áries Julho ↘ 29° Peixes Setembro ↘ 25° Peixes Novembro ↗ 26° Peixes Dezembro
Saturno em Áries	De 25/05/2025 a 01/09/2025 De 13/02/2026 a 13/04/2028	
Urano em Touro	De 15/05/2018 a 07/07/2025 De 07/11/2025 a 24/04/2026	23° Touro Janeiro ↗ 29° Touro Julho ↗ 0° Gêmeos Julho ↗ 1° Gêmeos Outubro ↘ 0° Gêmeos Outubro ↘ 29° Touro Novembro ↘ 27° Touro Dezembro
Urano em Gêmeos	De 07/07/2025 a 07/11/2025 De 25/04/2026 a 03/08/2032	

<table>
<tr><td>Netuno em Áries</td><td>De 30/03/2025 a 22/10/2025
De 26/01/2026 a 21/05/2038</td><td rowspan="2">27º Peixes Janeiro → 29º Peixes Março → 0º Áries Maio → 2º Áries Julho → 0º Áries Outubro → 29º Peixes Outubro → 29º Peixes Dezembro</td></tr>
<tr><td>Netuno em Peixes</td><td>De 05/04/2011 a 30/03/2025
De 22/10/2025 a 26/01/2026</td></tr>
<tr><td>Plutão em Aquário</td><td>De 18/11/2024 a 19/01/2044</td><td>1º Aquário Janeiro → 3º Aquário Julho → 2º Aquário Julho → 1º Aquário Agosto → 2º Aquário Dezembro</td></tr>
<tr><td>Nodo Norte em Áries</td><td>De 18/07/2023 a 12/01/2025</td><td rowspan="2">0º Áries Janeiro → 29º Peixes Janeiro → 11º Peixes Dezembro</td></tr>
<tr><td>Nodo Norte em Peixes</td><td>De 12/01/2025 a 28/07/2026</td></tr>
</table>

– JÚPITER EM GÊMEOS –

De 24 de maio de 2024 a 09 de Janeiro de 2025

A passagem de Júpiter pelo comunicativo, curioso, conectado e versátil Signo de Gêmeos começou em meados de 2024 e ainda estaremos sob sua influência até meados deste ano.

Um crescimento significativo por busca de informação, conhecimento, melhoria do desempenho escolar, medidas importantes ligadas a programas de educação e alterações curriculares são um dos efeitos notáveis deste ciclo. A máxima "Conhecimento gera Crescimento" se aplica a essa passagem.

Reproduzo abaixo o texto que publicamos sobre esse ciclo no *Livro da Lua 2024*. Confira:

"Quando Júpiter atravessa um signo, ele expande e traz uma incomparável cadeia de benefícios para as atividades, traços, condutas associadas a ele e especialmente para as pessoas nascidas sob esse signo.

Com a assinatura de Júpiter em Gêmeos, a tendência marcante será de diversificar para gerar crescimento; ou seja, a de se abrir um leque variado de serviços, produtos, negócios, qualificação, formação para se alcançar níveis de prosperidade maiores.

Pessoas com habilidades e competências múltiplas, as quais possam atuar simultaneamente em várias frentes, serão bastante valorizadas.

Aprender novas habilidades, sobre novos campos de atividade e estar bem informado será a grande tendência do ano.

Os mais variados tipos de cursos sobre as mais diversas práticas e temas, para todo o tipo de interesse, se multiplicarão e encontrarão adeptos.

Grupos de estudos, *workshops*, clubes de leitura reuniões que mesclam encontros sociais e estudos se disseminarão ao longo dessa passagem. Há um anseio de aprender e maior curiosidade sobre temas diversos sob Júpiter em Gêmeos.

O protagonismo desse ciclo, no entanto, será ocupado pelas áreas de comunicação, mídias, marketing e informação.

Há ainda bastante espaço para crescimento das mídias sociais e dos canais de comunicação com demanda aquecida inclusive por produção de conteúdo para alimentar essa demanda. Os profissionais de comunicação e marketing estarão com suas atividades em expansão.

A agenda cultural deverá estar movimentadíssima oferecendo programação extensa e variada para todos os tipos de público e de gostos.

Um outro ponto de destaque será a disseminação da divulgação científica ou de conhecimentos especializados em linguagem acessível a leigos.

Haverá maior circulação das pessoas e uma busca crescente por socialização de modo que eventos, atividades profissionais, cursos, reuniões presenciais devem aumentar. Os lugares com vocação natural para socialização, como bares e restaurantes, terão clientela frequente e ampliada. Gente vai querer encontrar gente.

Veremos também um aquecimento ainda maior do setor de frete, que já vem em uma fase de crescimento expressivo."

– JÚPITER EM CÂNCER –

De 09 de junho de 2025 a 30 de junho de 2026

A partir de meados de 2025, Júpiter ingressa no Signo de Câncer onde, por sinal, encontra-se muito bem. Por se tratar de um signo fecundo, promove um campo propício para as funções de Júpiter, tais como: crescimento, expansão e prosperidade.

Será mais fácil gerar frutos; estamos em terras férteis. Júpiter será magnânimo com os nascidos nesse signo e também nos signos de elementos afins como Escorpião, Peixes, (elemento água); Touro, Virgem e Capricórnio (elemento terra). Beneficia igualmente as atividades ligadas a esse signo.

Câncer tem um perfil mais doméstico, caseiro e intimista, portanto, é de se esperar um florescimento de atividades, investimentos, artigos e também serviços ligados à casa e de um número maior de práticas realizadas em casa e não na rua. Retomar o hábito de receber visitas em casa é uma das apostas deste ciclo.

Explorar vínculos mais próximos, ampliar o convívio com familiares e com os mais chegados serão preferíveis a investir em convivência social ou em contatos eventuais. Podemos pensar em taxa de crescimento de natalidade com um número maior de pessoas tocadas pelo impulso de formar ou aumentar a família.

Também assistiremos à ampliação de centros de acolhimento e cuidado, abrigo e a valorização de profissionais dessa área; esses são conceitos típicos e caros ao Signo de Câncer.

É possível que ocorra um aumento do número de pessoas "voltando para casa" ou para sua terra natal, tanto aquelas que foram obrigadas a deixar seus lares por catástrofes climáticas, guerras, condições econômicas, quanto as que por vontade própria decidiram experimentar a vida em outro lugar. As pessoas que migraram e estão em condições provisórias tendem a conseguir um modo de se enraizarem nesse novo lugar. Com Júpiter em Câncer nada soa melhor do que: "estar em casa".

Uma tendência e valorização crescente do movimento retrô pode ser sentido. Isso pode se manifestar na reedição de livros, filmes, documentários que reavivam a memória de outros tempos. Saudades e reverência ao passado diante de tanta aceleração em direção ao futuro.

— SATURNO EM PEIXES —

De 07 de março de 2023 a 25 de maio de 2025

De 01 de setembro de 2025 a 13 de fevereiro de 2026

Saturno está nos últimos graus de Peixes, quase encerrando sua jornada que teve início em maio de 2023, antes de ingressar, ainda neste ano, no Signo de Áries. Esse período nos permitiu criar modelos e contratos de trabalho mais flexíveis, e também tornou mais frequente a consulta ampla aos vários segmentos da sociedade antes de importantes decisões que impactam os interesses e ambições de várias camadas da sociedade fossem tomadas. Assim, sempre se reduz o risco de se governar só para alguns. Essa foi uma bela contribuição de Saturno em Peixes.

Reproduzo abaixo o trecho sobre o ciclo Saturno em Peixes publicado no O *livro da Lua 2024*. Recomendo relê-lo:

"A passagem de Saturno por Aquário teve como principal efeito uma 'quase imposição' para que a sociedade desse um lugar em sua estrutura para o conceito de inclusão das diferenças etárias, de gênero, de raça e, portanto, admitisse a pluralidade, a heterogeneidade em que as diferenças fossem reconhecidas e representadas. Temos agora com o ciclo de Saturno em Peixes uma tarefa ainda mais desafiadora: fazer com que essas diferenças não fiquem estagnadas, entrincheiradas em suas tribos marcando e acentuando diferenças, mas que se promova uma permeabilidade entre elas. A cultura de Saturno em Peixes é para promover uma estrutura social de 'miscigenação', de mistura. Esse é um passo além.

É possível que também viveremos um modelo híbrido de trabalhos e serviços; tarefas desempenhadas em parte digitalmente e em parte por pessoas. Uma mistura das duas coisas, uma síntese de dois mundos. Também nessa mesma linha, teremos formatos híbridos de atuação em que público e privado participam, ou uma fronteira menos rígida entre empregador e empregado, tanto nas atribuições, responsabilidades como na geração e participação de benefícios.

Os formatos de trabalho ou de contrato de trabalho também devem ganhar linhas mais flexíveis, permitindo que o profissional transite por um número de horas, renda e dedicação depender da flutuação da demanda, do faturamento — sem a exigência de dedicação exclusiva quando assim não for necessário.

Essa pode ser uma inovação, outra vez, um modelo híbrido de trabalho misturando as condições de autônomo, empregado, prestador de serviço. Esse formato também poderá ser adotado na gestão pública com uma atuação em conjunto, uma fusão entre agentes públicos e representantes da sociedade, principalmente quando se tratar de temas que afetam a todos e permeiam a sociedade como um todo. Muitas barreiras estão para ser diluídas. Enfim, o que se pretende é uma estrutura capaz de absorver e se estender a muitos. Essa é a árdua tarefa que temos pela frente com Saturno em Peixes.

Uma outra manifestação provável deste ciclo será a construção ou adequação de edifícios com finalidades múltiplas, onde algumas unidades podem servir como moradia e outras como aluguel de temporada, abrigando, assim, quartos de hotel ou ainda consultórios e espaços de trabalho. Com a substituição do trabalho presencial pelo remoto em algumas atividades profissionais, os escritórios que ficaram ociosos serão readequados e darão lugar a uma diversidade de outros usos. Vem muita coisa por aí.

— SATURNO EM ÁRIES —

De 25 de maio de 2025 a 01 de setembro de 2025

De 13 de fevereiro de 2026 a 13 de abril de 2028

Saturno — ou Cronos, o deus do Tempo —, não está à vontade no apressado e imediatista Signo de Áries. A ideia de investir muito tempo para se obter um resultado parecerá obsoleta. Encurtar o tempo das atividades para colher os frutos parece ser a tendência deste ciclo. Correr mais para conseguir dar conta de tudo que precisa ser feito será a dinâmica aqui presente.

A Inteligência Artificial será a ferramenta utilizada para a aceleração do cumprimento de tarefas e demandas. Obras, reformas e construções, ganham velocidade devido ao emprego de novos materiais e de novas tecnologias. Estratégias e planejamento focarão em medidas de curto prazo e soluções imediatas.

Questões como transição energética e outras que nos afetam globalmente ganham celeridade e são pensadas para agora e não para anos ou décadas à frente. O trabalho cada vez mais executado por ferramentas, programas e robôs, em que a atuação humana é cada vez mais dispensada para a execução, passará por um processo de reinvenção. Ficará restrito exclusivamente ao que só o indivíduo mesmo precisa fazer.

A convivência promovida pelo ambiente profissional será reduzida ao mínimo, em um cenário em que cada uma toca sua tarefa, a seu modo, no seu esquema, a partir de suas competências pessoais, há um risco de ressurgirem ou fortalecerem líderes personalistas com viés autoritário, imbuídos da ideia de que poder não se divide e nem se transfere ou alterna.

— URANO EM TOURO —

De 15 de maio de 2018 a 07 de julho de 2025

De 07 de novembro de 2025 a 24 de abril de 2026

Estaremos interessados nas mudanças com efeitos mais duradouros que atuem no lado prático da vida. As alterações mais importantes e criativas devem se dar no campo da produção e também no uso da terra em relação ao cultivo, colheita, armazenamento, aproveitamento e durabilidade do que foi cultivado. Por se tratar de um Signo de Terra e fixo, portanto, é muito afeito aos movimentos de manutenção e conservação, e não de perdas e deteriorações.

Outro foco importante das práticas revolucionárias de Urano será em relação às formas de pagamento ou ao uso do dinheiro. Afinal, trata-se de um Signo que fala de matéria. Pode-se pensar em aceleração de novos sistemas de cobrança e pagamento, como as moedas virtuais e várias outras formas de permuta de serviços e mercadorias sem uso de dinheiro nas transações, ou até situações em que o cliente sugere o valor da mercadoria.

Muita coisa nova vem por aí nesta área: a economia ainda vai nos surpreender e nos mostrar como é possível reinventar suas práticas. Na linha da inversão típica de Urano passando pelo Signo de Touro — afeito às posses, ao senso de propriedade —, poderemos ver a economia se beneficiar de modelos de negócios de uso temporário, em que se estabelece pagamento pelo uso, e não pela propriedade. É o caso das bicicletas de uso comum e, já em algumas capitais, o uso comum do automóvel por um determinado período. Esse formato de "posse provisória" pode se estender a outros artigos, evitando a predisposição ao acúmulo de peças, bens e objetos que não estejam sendo usados pelo proprietário, o que abre a possibilidade para que outros usufruam mediante a um valor previamente definido. Até a opção pela casa própria pode ser revista pelas gerações mais jovens, pois este ciclo tende a privilegiar liquidez em vez de imobilização do capital.

Temos outros exemplos bem-sucedidos deste conceito de "despossuir" como aluguel de malas, Airbnb, troca de casa e o expressivo crescimento do mercado de segunda mão no negócio da moda e objetos.

— URANO EM GÊMEOS —

De 07 de julho de 2025 a 07 de novembro de 2025
De 25 de abril de 2026 a 03 de agosto de 2032

Pelos próximos sete anos, Urano, o planeta da inovação e das grandes revoluções, estará transitando pelo comunicativo, mental, dual, signo de Gêmeos.

Urano em Gêmeos é o codinome da Inteligência Artificial, é aqui que ela cria asas e alça voos. Mais aperfeiçoada, estará "pensando" e formulando melhor os textos; tornando-se uma verdadeira Mente Artificial. Ferramentas serão usadas para que não precisemos mais pensar, refletir, aprender ou saber o que dizer mesmo que a respeito das menores e mais banais questões. Assim como quando surgiram as calculadoras e paramos de fazer conta, ou os arquivos automáticos nos telefones celulares e paramos de memorizar números de telefone, ou os aplicativos de navegação de trânsito e paramos de aprender ou de pensar em como chegar nos destinos desejados.

Agora... dobre a aposta com Urano em Gêmeos. Imaginem sobre o quê e o quanto pararemos de pensar ou usar a mente.

Vem aí mais uma grande revolução nas Comunicações, nos meios de transportes, nas formas de aprendizado, no armazenamento de dados etc. Velocidade ainda maior nas ferramentas de comunicação e a aceleração dos meios de transportes encurtando ainda mais as distâncias e o tempo de deslocamentos com carros inteligentes, sem motorista, trajetos programados etc.

A revolução maior, no entanto, acontecerá na mente e em sua capacidade. Haverá uma expressiva aceleração do processo de aprendizado, encurtamento do tempo para adquirir capacitação e treinamento, e uma necessidade de atualização constante do que foi aprendido. O resultado disso são mentes inquietas.

Haverá também descobertas e inovações no campo da neurociência e um salto no tratamento de doenças degenerativas do cérebro.

A última passagem de Urano em Gêmeos aconteceu a partir em 1941. Ocorreu um extraordinário avanço da rede de tecnologia e computação durante a Segunda Guerra Mundial. Grandes somas de dinheiro foram investidas em pesquisa e desenvolvimento de tecnologia que fizeram decolar projetos que simplesmente não aconteceriam em tempos de paz no mesmo ritmo. Na ocasião, as operações militares visavam impedir amplamente os esforços inimigos de pesquisa. Ao reproduzir o que ocorreu na última passagem de Urano em Gêmeos estamos entrando em mais uma espetacular revolução tecnológica, de inteligência e de informação.

Ideias extraordinariamente novas e cérebros que nos surpreenderão em sua generalidade estão a caminho. Veremos um grande avanço na prevenção, diagnóstico e tratamento de doenças neurológicas. Uma multiplicação da população de nômades digitais, com um número grande de pessoas se deslocando pelo mundo, podendo trabalhar de qualquer lugar, dispensando integralmente o modo presencial.

— NETUNO EM PEIXES —

De 05 de abril de 2011 a 30 de março de 2025

De 22 de outubro de 2025 a 26 de janeiro de 2026

Netuno, presente nos últimos graus do Signo de Peixes desde 2011, prepara sua despedida neste signo e sua estreia em Áries.

Leia abaixo a reprodução do texto sobre Netuno em Peixes que publicamos nas edições anteriores de *O livro da Lua*:

"A consciência de que estamos todos imersos no mesmo oceano e de que tudo cada vez mais afeta a todos cada vez mais, desde o início da era globalizante, fica ainda mais expressiva com Netuno, o planeta da dissolução de fronteiras, em seu próprio Signo. Sendo assim, o ambiente ideal para desmanchar uma determinada ordem e reagrupá-la em uma nova síntese, incluindo elementos que estavam de fora. Tudo remixado e miscigenado, agregando em uma mistura, antes improvável, de raças, culturas, classes, idades e gêneros. Esta é a ideia de 'fusion', que a gastronomia adotou tão bem quanto a música. Se nosso paladar e nossos ouvidos recebem tão bem esse conceito, por que não todo o resto? Marcar diferenças, separar, exilar, estabelecer limites muito delineados será quase impossível sob esta combinação abrangente. Inclusão é a palavra de ordem. A atitude mais recomendada e contemporânea será flexibilizar.

Tempos difíceis para rígidos e intolerantes. Fenômenos e comportamentos de massa estarão ainda mais presentes com ideias, modismos e expressões se espalhando mundo afora em prazos muito curtos. As últimas barreiras de resistências regionais, ou de grupos e culturas que pretendem se manter isolados, serão paulatinamente enfraquecidas.

A tendência é que sejam absorvidos, como o movimento da água que a passagem de Netuno em Peixes, tão plasticamente, reproduz. A música e as artes visuais, principalmente o cinema — um mundo cada vez mais visual e sonoro —, viverão momentos de grande expressão. A água, como já se tem anunciado por toda esta década, torna-se cada vez mais um bem precioso. E as regiões que possuem reservas hídricas serão muito valorizadas. Por outro lado, o planeta que rege os mares, os quais não apreciam limites e bordas, ao transitar um Signo de Água, pode produzir efeitos indesejáveis, como enchentes, alagamentos e chuvas prolongadas. Quem mora nas proximidades de grandes concentrações de água pode sofrer os efeitos mais nocivos dessa passagem.

Este planeta também está associado à química, à indústria farmacêutica e ao acesso a medicamentos em escala cada vez maiores. Quebra de patentes ou um crescimento acentuado dos genéricos são boas possibilidades. Além disso, esse astro ainda expande todo o arsenal de substâncias químicas que imitam, por algum tempo, a sensação de bem-estar ou nos fazem esquecer a falta dele, como um bom e eficiente anestésico.

Também é atribuída a Netuno a regência sobre o petróleo e o gás. As reservas de óleo devem ficar progressivamente menos hegemônicas ou menos restritas a algumas áreas. Descobertas de novas reservas em outros países, que passam a ser também produtores de petróleo, mudam um pouco a moeda de poder associada a esse valioso produto. Por sinal, Netuno em Peixes não é amigo de hegemonia nem de restrição.

Netuno é o responsável por nossa capacidade de encantamento. É ele que nos lembra, ao nos trazer uma tristeza na alma, que viver não é só uma equação material ou corporal, mesmo que esta equação esteja muito bem solucionada. Isso não garante uma alma plena ou alegre. A falta de encantamento nos torna vazios, robotizados, automáticos. Em Peixes, esta capacidade e necessidade se tornam ainda mais acentuadas. Surgem daí algumas alternativas: o romantismo no amor, a espiritualidade que dá sentido à existência, a arte, o contato com a natureza; elemento este que, por sinal, nos lembra de que tudo é tão perfeito.

A busca de estados mais contemplativos, para repousar e equilibrar nosso vício pelo ritmo frenético, será mais frequente. E, com a queda das utopias, iremos precisar mais de sonhos e de refúgios paradisíacos — agora mais do que nunca. Lugares que, de algum modo, sugerem a ideia de paraíso serão avidamente buscados. Floresce muito mais difundida, quase corriqueira, a percepção de que tudo está conectado como um grande organismo, que só pulsa se todos os elementos pulsarem juntos, ou de um sistema que só funciona se suas partes interligadas funcionarem. Soluções isoladas já não resolvem mais questões tão complexas. Um só gesto afeta mil outras coisas, situações de uma natureza atraem ao mesmo tempo outras semelhantes e, ainda, o homem contém dentro de si partículas do universo.

Esses são os efeitos prováveis dessa passagem, que destaca ainda um pensar sistêmico e um ser humano mais sensível. Estudos interdisciplinares vão crescer cada vez mais, como se um conhecimento fosse complementar a outro."

– NETUNO EM ÁRIES –

De 30 de março de 2025 a 22 de outubro de 2025
De 26 de janeiro de 2026 a 21 de maio de 2038

Netuno faz sua entrada no Signo de Áries, onde passará os próximos catorze anos.

A passagem de Netuno em Peixes marcou um ciclo de migrações de refugiados fugindo de condições insustentáveis, afligidos por regimes autoritários, perseguição étnica, catástrofes climáticas e econômicas, e guerras internas. Foi responsável também pelo fenômeno das multidões que ocuparam os espaços públicos, preservando pouquíssimas áreas de privacidade ou "exclusivas". Multidão de seguidores, pensamento e comportamento de rebanho também são fenômenos típicos desse ciclo. Áries é um signo individual, de assinatura, marca e particularidades pessoais que não se mistura ou se perde na multidão.

Podemos pensar que o sonho propagado por Netuno em Áries será o de um caminho individual, com escolhas próprias, de se recuperar o que constitui cada um. Um eu emancipado, com um modo próprio de ser, de fazer e de existir... quase uma mistificação da individualidade.

Podemos pensar em um encantamento por si próprio, nessa cultura da selfie. Uma ilusão sobre a autoimportância. O investimento em um eu forte, tratado, cuidado, longevo, de posse de um aparato tecnológico infinito a seu dispor e com a crença de que o resultado de sua vida é produto do que você faz com ela.

Veremos surgir também um culto ao imediato, ao que dura pouco, mas que traz satisfação instantânea... e encantamento passageiro. O sonho de vencer rapidamente fará parte dessa onda. Os ídolos serão aqueles que alcançaram êxito meteoricamente em uma trajetória curta. A disputa aqui será por produzir e manter encantamento por mais tempo. O líder salvador será outro fenômeno desse ciclo: o líder forte que em nome de uma "causa ou de um princípio nobre" vem salvar os oprimidos daqueles que os oprimem. Diante dessa motivação de "salvar os oprimidos", esse pode ser bem um ciclo de guerras. A última passagem de Netuno em Áries, por exemplo, aconteceu durante a Guerra de Secessão americana em 1861, uma guerra sangrenta que dividiu o país (o norte contra o sul) em torno da libertação *versus* manutenção da escravidão. De qualquer maneira, com ou sem guerra, o sonho, o ideal, que serão fontes de inspiração são de emancipação e de sair das garras da dominação.

– PLUTÃO EM AQUÁRIO –

De 18 de novembro de 2024 a 19 de janeiro de 2044

Releia a interpretação que publicamos sobre esse ciclo no *O livro da Lua 2024*.

"A entrada de Plutão no Signo de Aquário está sendo intensamente propagada no meio astrológico, pois representa uma transformação profunda da ordem social em direção à radicalização da tecnologia e do mundo digital.

A seguir reproduzimos o texto, referente a este ciclo, publicado em *O livro da Lua 2023*:

Esse é o ciclo mais importante dos próximos anos. Plutão fez uma breve entrada no Signo de Aquário em 2023, por apenas três meses, e logo reingresso ao Signo de Capricórnio. É em 2024 que ele faz sua entrada definitiva no signo do Aguadeiro.

Vamos oferecer aqui algumas hipóteses prováveis como possíveis desdobramentos dessa longa jornada. A passagem de Plutão por Capricórnio acabou ressuscitando forças conservadoras e lhes dando bastante voz, assim como também ressuscitou uma onda de concentração de Poder e de governos autoritários.

Isso de um lado, pois de outro desconstruiu, soterrou, uma forma tradicional de se pensar e fazer economia, gerar empregos etc. devido ao crescente uso da tecnologia que derreteu a oferta de trabalho em alguns segmentos. E não foi só nesse âmbito. Houve um desmonte de alguns pilares, valores, conceitos que constituíam e formavam a argamassa da estrutura sobre a qual a sociedade se erguia.

Sobrou pouco das referências, princípios que usávamos para guiar nossas crenças e condutas. De certa maneira, o mundo como conhecíamos ruiu.

A chegada de Plutão em Aquário tende a radicalizar, a aprofundar a distância entre o velho e o novo mundo. Não estamos só em um mundo em transformação, mas em transmutação.

Completaremos a migração para o universo digital e não sobrará quase nada do 'mundo real'.

O poder já é e será cada vez mais tecnológico de quem cria, vende e possui ferramentas tecnológicas. Esse universo não para de tomar novos territórios e ganhar novas manifestações e usos.

O metaverso é apenas uma das manifestações, assim como a simulação de um mundo real cada vez menos real, mundo esse do qual estamos nos despedindo e mergulhando de cabeça, fascinados pelo universo digital.

A distância entre a Terra e o Espaço diminuirá cada vez mais, e conquistas, viagens e a colonização do Espaço não parece mais ser ficção científica.

Finalmente, imagino que a radicalização e o aprofundamento das pautas de inclusão, absorvendo as diferenças etárias, de raça, gênero, etnias etc. fortalecidas desde o início do ciclo Júpiter Saturno em Aquário, se darão de forma inevitável.

Há uma tendência para a desconstrução da ideia de hegemonia, supremacia de raça, gênero, idade etc.

Haverá também uma intensificação de movimentos em direção à descentralização, à horizontalização sobre a verticalização, a centralização e privilégios de poucos para que possa caber a diversidade.

Um outro mundo nos aguarda. Um mundo para muitos."

— NODO NORTE EM ÁRIES —

De 18 de julho de 2023 a 12 de janeiro de 2025

O Nodo Norte encerra sua jornada pelo Signo de Áries logo no início de 2025 e passa o bastão para o signo de Peixes.

Releia a interpretação dessa passagem que publicamos no *O livro da Lua 2024*:

"Em meados de 2023, a grande antena que aponta a direção da estrada ingressou no Signo de Áries e permanecerá por um ano e meio.

A travessia do Nodo Norte em um signo sinaliza um movimento de subida, uma maré alta, uma abertura e, ainda, uma bússola, um ponto de orientação para tudo que esteja sintonizado com as qualidades desse signo: traços, condutas, pessoas, atividades, negócios.

Em Áries, a seta aponta na direção da autonomia, da individualidade, do espírito pioneiro, desbravador. Abre caminho para quem tiver coragem, capacidade de quebrar a inércia, partir do zero e inaugurar.

Também traz uma maré alta para quem marca a própria individualidade, empreende, conquista seu território próprio, à sua própria custa, sem esperar que entidades façam pela gente o que nós mesmos podemos fazer; nem destino, nem circunstâncias, nem governantes: 'eu caçador de mim'.

Há de qualquer maneira um frescor, uma força, um impulso, um ponto de partida, um ciclo novo que se inicia, com essa posição do Nodo Norte em Áries.

Nós estaremos menos cansados, menos propensos a desistir, menos inertes e menos 'viciados' no mesmo. Voltamos à luta."

– NODO NORTE EM PEIXES –

De 12 de janeiro de 2025 a 28 de julho de 2026

Quando o Nodo Norte atravessa um signo, cria fluxo, abertura e caminho para as atividades, práticas, condutas e características associadas a esse signo.

Também sinaliza um período de encontros importantes, alinhamento e abertura de vida para as pessoas daquele signo: no caso do Signo de Peixes aponta que o caminho é por aqui... e aqui é tudo que o signo representa.

A passagem dos Nodos por um signo determina em que signos vão cair os Eclipses. Em 2025, eles ocorrerão no eixo Virgem *x* Peixes.

O melhor caminho a ser tomado é em direção à convergência de ideias, esforços e investimento, e não traçar uma rota contrária ou separada de todo mundo. Isso se quisermos resolver questões que afetam igualmente a todos. Não pensar só no que lhe toca pessoalmente, mas nos que afeta o conjunto.

A presença do Nodo Norte em Peixes indica exatamente isso; que temas prioritários serão os que tenham repercussão global, supranacional e não regionais, locais, nacionais, partidárias e muito menos individuais, sob pena de todos sermos afligidos. Atitudes como solidariedade e visão de conjunto, estarão afinadas com esse ciclo.

Prevalecerá uma abordagem integrativa, sistêmica sobre a que analisa as partes separadamente. É o caso da Medicina Integrativa, estudos com visão multidisciplinar, e saberes e práticas complementares. O grau de complexidade de nossos problemas não permite mais soluções simplistas, de abordagem única ou determinista ou que não leva em conta a interrelação entre as partes.

Ainda prevalece a onda da "imitação" deflagrada por Netuno em Peixes. O que se usa, se adota como modo, comportamento; vírus se espalha em várias partes do globo como que por contágio.

Seria uma ótima oportunidade para o que eu venho anunciando desde a entrada de Saturno em Peixes... integrar as diferenças em vez de acentuá-las até elas se tornarem imperceptíveis. Isso é inclusão e integração no modo Peixes.

Um número maior de eventos climáticos, econômicos, sociais, culturais, políticos, sanitários e que afetam um número maior de pessoas, se não a todos, é um fenômeno esperado nesse ciclo.

CALENDÁRIO DOS CICLOS PLANETÁRIOS

Eventos geocósmicos de destaque em 2025

Janeiro de 2025	Júpiter quadrado Saturno Netuno conjunção Nodos
Fevereiro de 2025	Netuno conjunção Nodos
Março de 2025	Saturno sextil Urano Saturno conjunção Nodos Netuno conjunção Nodos
Abril de 2025	Júpiter quadrado Saturno Júpiter quadrado Nodos Saturno conjunção Nodos Saturno sextil Urano Urano sextil Nodos Netuno conjunção Nodos
Maio de 2025	Júpiter quadrado Saturno Júpiter quadrado Nodos Saturno conjunção Nodos Saturno sextil Urano Saturno conjunção Netuno Urano sextil Nodos Netuno conjunção Nodos
Junho de 2025	Júpiter quadrado Saturno Júpiter quadrado Netuno Saturno conjunção Netuno Saturno sextil Plutão
Julho de 2025	Júpiter quadrado Saturno Saturno sextil Urano Saturno conjunção Netuno Saturno sextil Plutão Urano sextil Netuno Urano trígono Plutão
Agosto de 2025	Júpiter trígono Nodos Saturno sextil Urano Saturno conjunção Netuno Saturno sextil Plutão Urano sextil Netuno Urano trígono Plutão
Setembro de 2025	Júpiter trígono Nodos Urano sextil Netuno Urano trígono Plutão
Outubro de 2025	Júpiter trígono Nodos Júpiter trígono Saturno Urano sextil Netuno Urano trígono Plutão
Novembro de 2025	Júpiter trígono Saturno Saturno conjunção Netuno Urano sextil Netuno Urano trígono Plutão
Dezembro de 2025	Júpiter trígono Saturno Saturno conjunção Netuno Urano sextil Netuno

– O CICLO JÚPITER SATURNO (QUADRATURA) –

(Júpiter em Gêmeos/Saturno em Peixes)
Agosto de 2024 a janeiro de 2025
Abril e maio de 2025
(Júpiter em Câncer/ Saturno em Áries)
Junho e julho de 2025

Já vimos os efeitos dessa passagem no segundo semestre de 2024 e o aumento do custo de vida foi um dos efeitos. Paga-se mais para conseguir manter o mesmo padrão de vida. O aumento do valor dos imóveis, da mão de obra e do material de construção estão atrelados a esse ciclo.

Crescer custa mais caro. O investimento precisa ser maior para se obter os mesmos resultados ou até resultados menores. É mais cansativo prosperar e mais extenuante manter a estrutura montada. Custos fixos consomem grande parte da receita, sobrando pouco para investir. O crescimento da economia sofre desaceleração; e a oferta de emprego diminuí.

Na política, onde houver processo eleitoral, a tendência é de substituição das figuras no Poder e não de continuidade dos mesmos nomes ou partidos.

O mesmo acontece no caso de sucessão na direção de empresas, estatais, instituições: uma "geração" com novos conceitos toma o cetro e substitui quadros cristalizados. Não é uma indicação de continuidade e nem de substitutos indicados por quem está no comando.

Esse é um ciclo tradicionalmente associado ao euro, portanto não indica um bom momento para a moeda e nem para a comunidade europeia.

– O CICLO NETUNO NODO (CONJUNÇÃO) –

Janeiro a maio de 2025

Esse ciclo nos faz considerar o risco de epidemias, viroses, alastramento de doenças transmissíveis, assim como doenças que afetam animais, plantações (como as pragas) e contaminação da água e alimentos.

Esse início de ano desenha um quadro confuso, caótico, sem direção. Líderes, dirigentes e responsáveis por tomadas de decisão parecem estar batendo cabeça e patinando sem sair do lugar. É difícil prever aqui o rumo que as coisas poderão tomar, nesses primeiros meses do ano.

Projetos e propostas de curto prazo, até onde conseguimos enxergar, são os mais recomendáveis.

– O CICLO SATURNO NODO NORTE (CONJUNÇÃO) –

Março a maio de 2025

Essa é uma energia de encurralamento, de beco sem saída, como se houvessem opções limitadas de soluções para resolver questões importantes antes de seguir em frente. Líderes e dirigentes encontram obstáculos para colocarem seus projetos em andamento, como se estivessem lidando com condições limitantes. É de qualquer maneira um cenário mais duro.

É também muitas vezes indicação de escassez de um bem essencial e também de encerramento de um ciclo de figuras e lideranças que podem estar com seu tempo esgotado, concluído.

— O CICLO SATURNO URANO (SEXTIL) —

(Saturno em Peixes/Urano em Touro)

Março a maio de 2025

Dezembro de 2025 a fevereiro de 2026

Esse muito bem-vindo ciclo ocorre em duas etapas, como vocês puderam ver anteriormente.

Esta é uma aliança preciosa (em se tratando de inimigos míticos), entre forças conservadoras e forças inovadoras da sociedade. Movimentos renovadores e criativos são incorporados pelas instituições, pelas estruturas sociais, sem precisar se cumprir aquele círculo nocivo de se quebrar, destruir o que já está pronto, em boas condições e funcionando para que nasça algo novo.

Também deve acontecer uma acomodação mais saudável e produtiva entre tecnologia (que vem dispensando mão de obra humana) e oferta de trabalho.

A liberdade, e a responsabilidade de saber em que toda liberdade acarreta, encontram um ponto de equilíbrio e descobrem que não são excludentes.

Criatividade e inventividade ganham grande espaço para serem aproveitadas e aplicadas. Não existe aqui divergência entre o processo de criação e o de execução.

Uma forma mais leve de organizar o tempo e o espaço para que sobre mais de ambos é uma das valiosas promessas deste ciclo.

Deve haver também uma distensão da polarização no campo político, das ideias e dos comportamentos. Onde houver eleições para Câmara e Senado, tende a ocorrer um equilíbrio entre os representantes das bancadas e não predominância expressiva de um partido ou de uma ala.

Vale lembrar que esse é o ciclo do dólar, portanto a indicação é de desempenho muito positivo para os EUA e para a moeda americana.

— O CICLO JÚPITER NODOS (QUADRATURA) —

Abril e maio de 2025

Esse é um ciclo que nos impulsiona e nos faz sermos atraídos por realizações ambiciosas, como se quiséssemos aproveitar o máximo das oportunidades. Com isso, tendemos a abrir várias portas ao mesmo tempo, achando que se explorarmos diversos caminhos, algum deles nos levará à prosperidade. É justamente essa pulverização de metas, de projetos, e a ânsia de não perder uma "grande oportunidade" que pode nos conduzir a caminhos errados. Fique alerta diante de propostas grandiosas que prometem resultados bem acima de onde você se encontra, não entregarão o prometido.

Atenção também em relação a governantes e dirigentes com discursos superotimistas e com propostas superestimadas. Não serão cumpridas.

– O CICLO URANO NODOS (SEXTIL) –

Abril e maio de 2025

Esta é uma sinalização de que portas se abrem e de que há um arejamento, um frescor e espaço para novas perspectivas e abordagens. Não estamos paralisados e nem chovendo no molhado. Temos alternativas para lidar com questões importantes. Temos líderes e dirigentes que têm visões descontaminadas para os assuntos que estão em pauta. Há espaço para novas versões e soluções ainda não experimentadas. Não são favas contadas.

Os ventos podem mudar e trazer condições surpreendentemente favoráveis.

– O CICLO SATURNO NETUNO EM ÁRIES (CONJUNÇÃO) –

(Em Áries)

Maio a agosto de 2025

Fevereiro a maio de 2026

(0 graus de Áries)

Fevereiro de 2026

(Em Peixes)

Novembro de 2025 a janeiro de 2026

Este é o ciclo de destaque do ano. Saturno e Netuno se encontram na porta de entrada do Signo de Áries.

A construção de um novo mundo está por vir. Áries sempre confere um tom inaugural, de inicio, um marco zero, uma nova partida.

O jogo de uma certa maneira está zerado e estamos começando uma nova rodada com outros jogadores. Depois de uma longa jornada através dos zodíacos, finalizando em Peixes de onde ambos acabam de sair.

Tudo que está posto, as tendências que estão se manifestando até agora podem não ser absorvidas nesse novo ciclo. Estamos iniciando um outro capítulo da história. Não iremos prosseguir com a mesma narrativa nem perseguir ou perceber as questões da mesma maneira.

Toda conjunção Saturno-Netuno dissolve o molde no qual a sociedade se estrutura, e elege um sonho ao qual a sociedade adere e se inspira. Em Áries, o sonho, ou a fonte de inspiração, será a aposta na potência das pessoas, da individualidade e do quanto isso é capaz de realizar. O anseio de deixar sua marca, de ir em busca daquilo que pertence a cada um em um mundo (atual) de tanta indiferença e movimentos de bando. A tendência aqui é menos coletivista e mais na linha de cada um cuidando e defendendo seu território. A crença de que você faz seu próprio caminho e de que o mais forte vence e sobrevive. É a cultura do indivíduo. A questão da autonomia e soberania serão valores dominantes.

Pode-se assistir uma reação forte diante de tentativas de invasão territorial ou de submissão. O aumento expressivo de movimentos separatistas, em busca de maior independência, também está afinado com esse ciclo. No entanto, não é improvável que o imaginário coletivo se deixe fascinar por líderes fortes, personalistas, devido ao culto à individualidade e traços autoritários sempre presentes no Signo de Áries.

– O CICLO JÚPITER NETUNO (QUADRATURA) –

Junho de 2025

Esta é uma assinatura planetária tradicionalmente associada à inflação e ao descontrole de gastos. São comuns, sob essa dupla, saídas sem limites, desperdício, negócios e investimentos furados. Prosperidade ilusória, fantasiosa, falsos bons negócios, bolhas financeiras ou imobiliárias que furam, transações grandiosas que derretem são alguns dos efeitos perniciosos deste ciclo.

Fuja da especulação e do que pareça bom demais para ser verdade.

– O CICLO SATURNO PLUTÃO (SEXTIL) –

Junho a agosto de 2025

Março e abril de 2026

Esta é a aliança amiga da gestão de gastos e da redução de custos. Medidas austeras tomadas aqui têm efeitos eficazes, duradouros e estruturais.

Reduzir gastos com a estrutura, inclusive com a máquina pública, é um dos trunfos dessa dupla.

Planejar custos fixos, cortar excessos, reduzi-los e mantê-los na margem reduzida é a vocação desse ciclo. Metas orçamentárias estabelecidas aqui são cumpridas.

Também é uma sinalização de que nenhuma questão surgida sob essa vigência é dramática ou sai do controle. Tudo é administrável.

Como se trata de um ciclo que se relaciona com a fundação do Estado de Israel pode se apostar em algum nível de moderação ou redução do conflito de Israel com a Palestina e, portanto, de melhora das condições de negociação entre ambas as partes. Esse ciclo aponta para uma contenção da sensação de ameaça, destruição e do espírito predatório.

– O CICLO DE OURO –

– URANO / NETUNO / PLUTÃO
URANO / NETUNO
URANO EM GÊMEOS / NETUNO EM ÁRIES (SEXTIL) –

Julho a outubro de 2025
Abril a outubro de 2026
Janeiro a agosto de 2027

– URANO EM TOURO / NETUNO EM PEIXES –

Novembro e dezembro de 2025
Janeiro de 2026

– URANO SEXTIL NETUNO TRÍGONO PLUTÃO –

Julho a novembro de 2025
Julho a dezembro de 2026

Este extraordinário desenho planetário já se formou em meados de 2024. Temos uma joia cintilando no Céu representada pelos pequenos triângulos com as pontas ligadas pelos três planetas lentos. Urano, Netuno e Plutão fecham entre si uma figura espetacularmente harmônica, o que não podemos considerar pouca coisa.

Em 2025 esse desenho se refaz com os planetas já migrados para outros signos. Urano em Gêmeos, Netuno em Áries e Plutão em Aquário.

É um acontecimento a ser celebrado, o fato de os três grandes Planetas que percorrem ciclos longuíssimos se agruparem em um formato tão auspiciosos, em graus tão próximos, no mesmo período.

Podemos esperar tempos melhores, sim! Coletivamente, aponta para um cenário de mais harmonia, distensão de conflitos, êxito em medidas que contemplem temas globais e que busquem beneficiar a todos. Há disposição para que prevaleçam valores ou discussões de questões humanitárias, supranacionais, sobre visões regionalistas, partidárias ou nacionalistas.

Avanços científicos ocorrem aos saltos sob ciclos dessa natureza. Seria um excelente momento para pensar no uso da Inteligência Artificial dentro de critérios e práticas que realmente beneficiem a coletividade e que estejam à altura da humanidade que a criou.

As palavras "humano", "humanizado", "humanidade" voltam a circular e impregnar nossos ouvidos, mentes e corações. Definitivamente entraremos no modo recuperação, superação e reconstrução após a fase traumática de desconstrução vivida desde 2020, com o encontro tenso formado por ciclos desafiadores entre os planetas lentos e que agora se reconciliam.

– O CICLO JÚPITER TRÍGONO NODOS –

Agosto a outubro de 2025

O segundo semestre de 2025 é brindado por essa assinatura harmônica que aponta para abertura de caminhos que levam à prosperidade. Há uma distensão dos fatores que causavam algum estrangulamento para crescimento.

Ocorre um aumento de mercadorias, pessoas e, talvez, seja uma sinalização de suspensão de embargos.

Líderes e responsáveis por tomadas de decisão com uma visão mais alargada e com foco em prosperidade tomam à frente na solução de impasses importantes. A coisa anda.

– O CICLO JÚPITER SATURNO (TRÍGONO) –

Outubro a dezembro de 2025

O ano encerra com um ótimo cenário.

Há um ambiente mais seguro, mais estável para se investir em crescimento. O retorno do que é investido é garantido. Há uma relação mais sadia, mais vantajosa entre o quanto se deve empenhar e resultados que compensem.

O mercado de oferta de emprego está mais aquecido inclusive com melhora considerável de salários. Há uma relação bem mais interessante entre receita e custo de vida. Investimento em imóveis é um dos bons negócios recomendados para este ciclo.

Este é um ciclo associado ao euro, portanto favorece a moeda e a comunidade europeia.

Sucessões são mais suaves e se dão dentro dos próprios quadros ou por indicação de quem está no exercício do cargo. Não são traumáticas, não geram rupturas e nem alternância de poder.

O CÉU DO BRASIL 2025

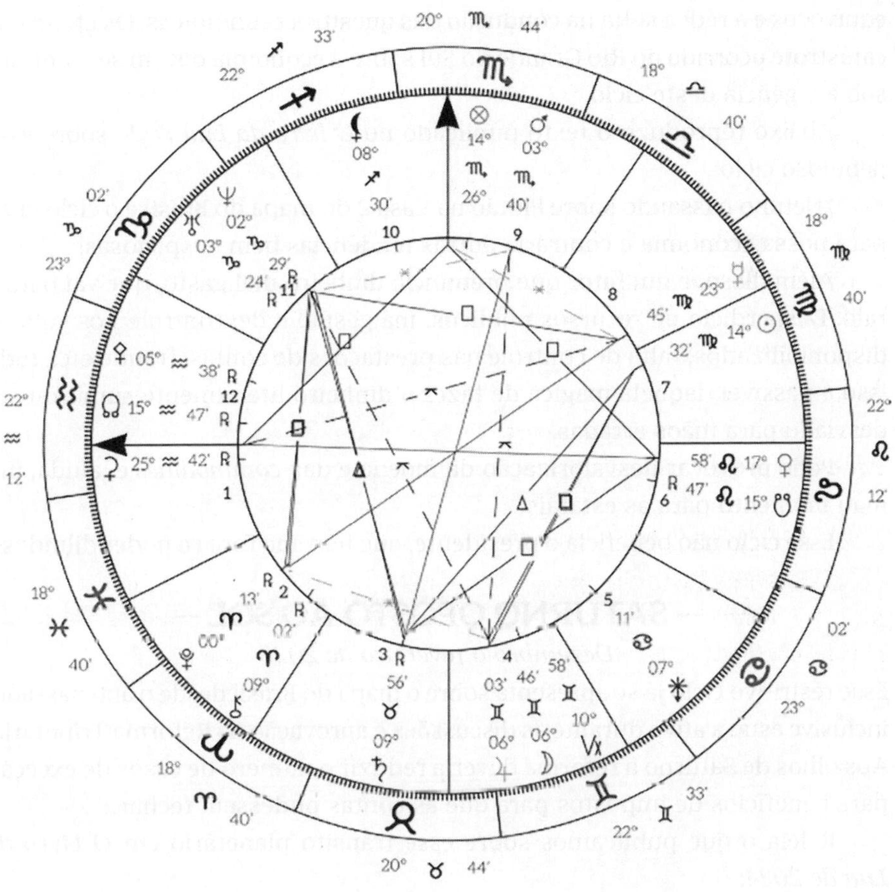

– NETUNO CONJUNÇÃO PLUTÃO –

Março a maio de 2025

Agosto a dezembro de 2025

Esse trânsito já se manifestou em 2024 e retorna em 2025 com seus efeitos prejudiciais para a economia, contas públicas, estatais e para o desempenho do próprio presidente, já que afeta a Casa 2 do País (economia) e a Casa 10 (o presidente em exercício).

É um ciclo que gera desorganização, descontrole das contas, predispõe a equívocos e a rédea solta na condução das questões econômicas. Os efeitos da catástrofe ocorrida no Rio Grande do Sul sobre a economia devem ser sentidos sob a vigência deste ciclo.

Abaixo reproduzo o texto publicado no *O livro da Lua 2024* sobre esse nebuloso ciclo:

"Netuno passando sobre Plutão na Casa 2 do mapa do Brasil é o ciclo vilão para nossa economia e contraria outras tendências bem auspiciosas!

Além disso, é um fator que prenuncia dinheiro mal gasto, que vai para o ralo. Desperdício de recursos públicos, má gestão e descontrole nos valores disponibilizados, falta de controle nas prestações de contas, fraude etc., tudo isso é passível daquela mágica de fazer o dinheiro literalmente sumir ou ser desviado para mãos erradas.

Pode provocar desvalorização da moeda e das *commodities* e, ainda, um mau momento para as estatais.

Esse ciclo não beneficia o presidente, que tem sua força e poder diluídos."

– SATURNO OPOSTO AO SOL –

Dezembro a fevereiro de 2025

Esse restritivo ciclo já se apresenta sobre o mapa do Brasil desde o ano passado, inclusive estava ativo durante as discussões e aprovação da Reforma Tributária. Aos olhos de Saturno a reforma deveria reduzir o número de casos de exceção para benefícios de impostos para que as contas pudessem fechar.

Releia o que publicamos sobre esse trânsito planetário em *O Livro da Lua de 2024*:

"Este ciclo é sempre desafiador para o presidente em exercício. Afinal, em geral representa um período de teste pesado, avaliação de performance do governante e dos resultados de sua gestão. Ele é cobrado por seus feitos e não percebido por seu carisma ou habilidades pessoais.

São tempos de avaliação realista, concreta, em cima do que foi entregue de resultados contabilizáveis.

Em relação ao que foi apresentado e aprovado no que se refere a orçamento, arcabouço fiscal, contas públicas, reforma fiscal etc. agora será o momento de tudo isso ser verificado e passar pela checagem dos cálculos. Deu, não deu... precisa de reajustes... quanto de reajustes... etc.

Será a hora da verdade apresentada pelos números. E os números não fazem política.

Há sinais de que talvez não haja caixa suficiente para fechar o orçamento ou os investimentos planejados. Por isso, pode-se finalmente começar a falar em corte de gastos, enxugamento da máquina pública, dinheiro mais bem gasto etc.

É um desafio para as contas públicas, para a geração de investimento em áreas que dependem do investimento público e para a popularidade do presidente e sua política econômica.

A prova dos 9 é aqui."

– SATURNO NA CASA 2 –

Maio de 2024 a abril de 2027

Esse é um ciclo que reduz a circulação de dinheiro no país, pede austeridade, eficiência e verificação de perto das contas para que não ocorra nenhum gasto desnecessário, mas sobretudo torna mais difícil fazer dinheiro.

Confira abaixo o que publicamos sobre essa passagem em *O livro da Lua 2024*:

"Esse longo e importantíssimo ciclo tem duas versões possíveis.

De um lado pode escassear recursos, reduzir fonte de receita, diminuir a circulação de dinheiro e até mesmo apontar para o rareamento de algum bem, insumo ou matéria-prima. Por outro lado, é o ciclo mais apto a produzir a melhor gestão possível de gastos públicos, de despesas das empresas, de eficiência na produção e, portanto, de aumento de produtividade e diminuição de desperdício. Pois obriga a selecionar melhor os recursos e cortar os gastos desnecessários.

É preciso um choque de ordem na economia, direcionando recursos de uma maneira mais responsável, priorizando resultados, premiando produtividade... senão vai faltar... simples assim."

– PLUTÃO QUADRADO MARTE –

Fevereiro a agosto 2025

Dezembro de 2025 a abril de 2026

Esse é o segundo ciclo mais tenso do ano e promete um bocado de situações críticas no cenário do Judiciário. Além de ser chamado para decidir pautas ultra polêmicas, o Judiciário tenderá a ter atuações de muita interferência e em algumas ocasiões passar a imagem de autoritarismo e excesso de uso de poder.

Essa é uma composição que aumenta criminalidade, violência e empoderamento do crime organizado, cada vez mais difícil de ser combatido.

A condução da política externa, em questões internacionais, também pode causar tensão e hostilidade para o país. O cenário externo parece conturbado e desfavorável para o comércio internacional e para o câmbio.

– ECLIPSE LUNAR TOTAL SOBRE MERCÚRIO DO BRASIL –

23 graus de Virgem

14 de março de 2025

O mapa do Eclipse Lunar total de março levantado para o Brasil traz uma concentração de planetas na Casa 2, encabeçado por Saturno. Essa é uma clara indicação de que a pauta para os próximos seis meses (vigência do Eclipse) é econômica.

O grau desse Eclipse marca o Mercúrio do Brasil, posicionado na Casa 8. O impacto aqui será sobre a arrecadação política fiscal, e um desafio importante na verificação da eficácia e resultados da Reforma Tributária. Alguns incentivos e subsídios devem desaparecer, como é próprio dos Eclipses.

O tema das taxas de juros também passará por um teste importante, ainda mais se estiverem rebaixados artificialmente, não correspondendo à situação da economia do país. Quem tem ou pretende ter dinheiro aplicado deve adotar cautela maior na escolha e administração dos investimentos.

Podemos sofrer aqui um risco de queda acentuada nos investimentos e até mesmo saída de capital.

– SATURNO OPOSTO A MERCÚRIO –

Março e novembro e dezembro de 2025

Este é um ciclo ingrato para as finanças do país. Sobram poucos recursos para investimento, pois estes estão no limite para cobrir os custos. Crédito, financiamentos e patrocínios estão mais difíceis de serem obtidos. Os subsídios serão revistos e alguns serão cortados. A arrecadação fica abaixo da média.

É um ciclo adverso para quem precisa lidar com trâmites, papelada, burocracia.

– NETUNO QUADRADO URANO –

Abril a setembro de 2025

Aqui os problemas se deslocam para o Congresso.

Além de um ambiente de não convergência, o que dificulta a aprovação de pautas importantes; de o legislativo se mostrar descosturado, letárgico e improdutivo, o mais grave se concentra na questão dos gastos e uso das verbas destinadas à casa.

Esse ciclo alerta para um desperdício, descontrole e "saco sem fundo" no manejo do orçamento gigantesco operado pelo legislativo.

— SATURNO CONJUNÇÃO PLUTÃO —

Maio a outubro de 2025

Esta é uma das passagens mais difíceis do ano.

Há uma perda do dinamismo da economia e uma queda do desempenho-faturamento das estatais. Estruturas inchadas sofrem sob esse ciclo e precisam passar por um enxugamento de custos para se viabilizarem. O consumo é reduzido, pois as pessoas estarão focadas em gastar com o essencial. O setor produtivo também deve estar se empenhando arduamente para não perder faturamento. As empresas que já estiverem endividadas, ou com perda de desempenho, passarão por dificuldades expressiva neste ciclo conhecido por seu aspecto redutivo.

É um ciclo que desafia a gestão de recursos e obriga a reduzir gastos com a estrutura dos negócios.

— SATURNO CONJUNÇÃO NETUNO SOBRE PLUTÃO DO BRASIL —

Maio e junho de 2025

Agosto de 2025

Fevereiro e março de 2026

Esta é a assinatura planetária mais importante do ano. A conjunção Saturno Netuno acontecendo a 0 graus de Áries marca o início de uma nova ordem ou era social. Esta conjunção se dá sobre Plutão do mapa do Brasil, posicionado na Casa 2 (economia) e é regente da Casa 10 (poder executivo, o presidente em exercício e as Estatais).

Este será um momento de especial desafio e mesmo de desconstrução das áreas citadas anteriormente.

O atual governo e os atuais gestores da economia terão que pensar em outro modelo para conduzir o país econômica e politicamente, pois perceberão que as táticas adotadas até então não são suficientes ou adequadas para entregar os resultados que uma vez entregaram. O mesmo se passa com as empresas e setor produtivo: precisarão repensar seus modelos de negócio para se adequarem a esse novo ciclo que inaugura novos procedimentos.

— URANO/PLUTÃO SEXTIL PLUTÃO DO BRASIL —

Junho a dezembro de 2025

Este trânsito é um alento, um refresco para a economia do país tão desafiada por outros ciclos planetários.

O trânsito de Plutão sobre Plutão do Brasil já aconteceu em fevereiro a agosto de 2023, de dezembro de 2023 a abril de 2024, de junho de 2024 a fevereiro de 2025 e agora de setembro a dezembro de 2025.

Foi ele que, mesmo em situações adversas, criou um ambiente favorável para controle da inflação, deu um fôlego para a economia e permitiu taxas de crescimento acima do projetado, contrariando os mais pessimistas e de quebra recuperou o prestígio do atual presidente, sempre quando ameaçava cair.

A participação simultânea do trânsito de Urano sobre o mesmo Plutão natal do Brasil induz a renovação da economia, dos quadros políticos, e do surgimento de novos agentes desasfixiando, e dinamizando o ambiente de negócios no país.

– ECLIPSE LUNAR TOTAL SOBRE SOL DO BRASIL –

5 graus de Peixes

7 de setembro de 2025

O Eclipse Lunar total do dia 7 de setembro se posiciona sobre o Sol do Brasil.

Esse ciclo afeta o presidente em exercício, que precisará se esforçar para manter fôlego e prestígio.

As finanças, capacidade de investimento, taxas de juros, arrecadação e atratividade para segurar investidores também são desafiadas e também podem produzir eventos que agravem esses temas, já que o Sol do Brasil se encontra na Casa 8 (finanças, política econômica e situações emergenciais).

– ECLIPSE SOLAR SOBRE MERCÚRIO DO BRASIL –

29 graus de Virgem

21 de setembro 2025

O último Eclipse do ano faz uma aproximação (não exata) sobre o Mercúrio do Brasil e carrega junto uma oposição de Saturno e Netuno.

Este é mais um desafio para o orçamento do país e para fechar as contas. Manter o nível de investimento projetado e segurar o capital investido, evitando um cenário pouco atraente para os investidores é outra batalha deflagrada por esse ciclo.

SEU SIGNO EM 2025

As previsões apresentadas a seguir são baseadas, principalmente, nos trânsitos de Júpiter, Saturno, Urano, Netuno e Plutão. Para analisar as influências voltadas ao ano de 2025, foi necessário olhar a relação de cada planeta citado anteriormente com os doze signos do zodíaco. É por meio dessa análise que o leitor pode consultar o que o ano reserva para seu signo solar ou até seu ascendente.

Vale lembrar que essas previsões não substituem uma análise astrológica individual. O comentário tecido a seguir levou em conta somente em que signo o Sol estava no momento de seu nascimento, o que pode ser comparado a 5% de toda a informação que você teria em uma consulta individual. Uma análise completa das previsões do Mapa Natal não só falará do seu signo solar, como também da posição desse planeta na sua vida, além de analisar signos, posições e aspectos de todos os planetas natais. A análise do Mapa Natal é única, pois, além de falar da sua vida e de como você lida com as potencialidades e obstáculos, ela poderá orientar suas ações de acordo com o momento que está vivendo.

Em todo caso, você verá que as previsões a seguir são uma ferramenta de fácil consulta e podem lhe dar uma boa orientação quanto a questões relacionadas a carreira, finanças, relacionamentos, saúde e influências gerais atreladas a seu signo.

Enquanto estiver lendo, você verá que algumas datas de nascimento serão mencionadas ou destacadas no texto, de acordo com os decanatos. Por isso, pessoas nascidas em tais decanatos estarão vivendo um momento especialmente significativo no presente ano. Essas datas são resultado da entrada ou do início de algum trânsito ou aspecto dos planetas citados no início deste texto.

Contudo, nem todas as datas terão relação exata com algum trânsito importante. Por isso, não fique chateado se não encontrar o período do seu aniversário destacado no texto. Se o seu grande dia não estiver lá, isso só significa que você viverá este trânsito em um outro momento, talvez no próximo ano.

OBS: as datas mencionadas nos textos podem ter uma variação de um ou dois dias de diferença. Isso vai depender sempre da hora e do ano de nascimento de uma pessoa.

ÁRIES (21/03 A 20/04) – Regente Marte

Primeiro decanato: de 21/03 a 31/03
Segundo decanato: de 01/04 a 09/04
Terceiro decanato: de 10/04 a 20/04

Panorama Geral: O ano de 2025 tem o potencial de ser importante para você, com uma combinação de influências astrológicas, que indicam a necessidade de dominar diferentes energias, para que logo mais adiante você atinja crescimento, desenvolvimento pessoal e maior estabilidade.

Júpiter, o planeta da boa sorte, vem trabalhando desde o final de maio de 2024 no setor da comunicação, do aprendizado e das pequenas viagens dos arianos, permanecendo até o início de junho deste ano. Com isso, os arianos já podem ter sentido a expansão nessa área da vida, como ao assumir um projeto novo que envolva a escrita, o estudo, a fala ou a edição. Pode ser que você tenha criado seu podcast ou criado uma página nas redes sociais para atrair a atenção de potenciais clientes.

Seja como for, Júpiter está lhe ajudando a aprimorar sua habilidade de comunicação e de negociação. Você deve estar sentindo o chamado para circular mais e socializar. Tem sido um período de movimento, seja em termos de eventos no seu meio ou com viagens curtas para lá e para cá. Você pode até ter comprado um carro novo ou, com tanto deslocamento, estar pensando em ainda comprar um (se esse for o seu caso, procure apenas evitar os períodos de Mercúrio retrógrado).

Isso já deve ter diminuído para aqueles nascidos no primeiro decanato e está recomeçando para os de segundo e terceiro decanatos. Se você está um pouco cansado de todo esse vai e vem, saiba que, a partir de 09/06, quando Júpiter entrar em sua quarta casa (da vida doméstica, do lar e da família), o ritmo será outro. Você pode querer ficar mais recolhido e até dar um *upgrade* no ambiente da casa. A família pode ser uma fonte de alegria e prazer, mas também de aprimoramento da relação. Outro foco pode ser o seu mundo interior, o trabalho em si mesmo, a vontade de ser feliz que faz com que explore seus recursos internos. O fato é que os arianos irão buscar se aprofundar naquilo que lhes faz realmente felizes e que lhes dá a sensação de nutrição interior.

A grande novidade do ano é Saturno fazendo conjunção ao Sol ou Ascendente em Áries a partir deste ano. Ao chegar, fica em torno de dois a três anos no mesmo signo, impactando fortemente sua vida. Quando terminar sua passagem, os arianos sentirão que acumularam conhecimento e experiência sólidos, que agora lhes dão maior segurança para seguir em frente. Porém, isso não se dá da noite para o dia e nem sem esforço e muito suor da sua parte. Saturno é exigente e prêmia o trabalho duro e persistente. Em 2025, os mais afetados por essa energia serão os arianos de primeiro decanato. Os do segundo e terceiro terão sua vez nos próximos anos, mas é bom que iniciem os preparativos para não serem pegos desprevenidos.

No ano passado, os arianos foram muito atingidos pelos eclipses ocorridos no eixo Áries-Libra e devem ter experienciado seus efeitos, especialmente, em seus relacionamentos e sua vitalidade. Este ano ainda teremos um eclipse no eixo Áries-Libra e os arianos de primeiro decanato também serão os mais afetados pelo Eclipse Solar que ocorre em 29/03, sobre o qual discorreremos mais na seção sobre a saúde. Os outros eclipses do ano caem no eixo Virgem--Peixes e talvez gerem efeitos ainda relacionados à saúde, cuidados com si mesmo e à rotina.

É preciso citar que desde o ano passado, os arianos, especialmente os de terceiro decanato — que foram os últimos a serem contemplados com essa energia — estão liberados dos efeitos da quadratura de Plutão em Capricórnio em seu signo. Plutão passou para Aquário, por onde irá transitar nos próximos vinte anos, liberando os arianos de uma carga pesada, sobretudo no que diz respeito à vida pública e carreira.

Outro acontecimento do ano será a entrada de Netuno em Áries. Esta é mais uma influência que, assim como Plutão, se estende por uma geração (de doze a quinze anos) e seus efeitos se diluem no tempo. Mesmo assim, os arianos são os escolhidos da vez para terem o planeta da sensibilidade e imaginação tocando seu Sol (ou seu Ascendente). Assim, aqueles nascidos no primeiro decanato podem começar a sentir essa influência desde o início do ano, apesar de Plutão entrar em Áries apenas em março e ainda retornar a Peixes em outubro devido ao movimento retrógrado. Essa influência, apesar de poder trazer uma onda de inspiração para os arianos, pode deixá-los mais aéreos, confusos e desfocados. Além disso, você que, por natureza, acredita muito no lado bom das pessoas, pode mais facilmente ser enganado quando Netuno estiver passo a passo com seu Sol ou Ascendente.

Carreira e finanças: Até a metade do ano, os arianos, especialmente os do segundo e terceiro decanatos, terão a oportunidade de fazer bons negócios que provavelmente derivam de sementes plantadas em 2022 ou 2023, quando Júpiter esteve em Áries. Mas nada cairá do céu e é preciso que você esteja atento aos fatos, fique ligado ao que está acontecendo ao seu redor, se movimente e faça a conexão das informações. No entanto, seria bom evitar qualquer grande movimento até que Marte — seu planeta regente — retome o movimento direto, em 23/02.

Os arianos do primeiro decanato devem ficar atentos com a entrada de Saturno em Áries, fazendo conjunção ao seu Sol (ou Ascendente), a partir de

26/05 até 01/09, pois pode haver uma perda de eficiência e serão encontrados maiores obstáculos. A cobrança pode crescer de forma desproporcional ao reconhecimento, mas é preciso que se dedique agora, para colher maior estabilidade daqui a alguns meses. Caso esteja insatisfeito com seu atual trabalho, aproveite esse período para fazer uma revisão das suas prioridades e planejar sua saída da situação que está lhe causando incômodo. Para os demais arianos, este mesmo aspecto se dará nos próximos anos, sendo indicado pensar em um planejamento para um período que pode trazer uma desaceleração nas atividades, especialmente daqueles que forem profissionais autônomos.

Alguns, ainda, podem sentir o chamado para abrir seu próprio negócio. Como é de conhecimento geral, tal empreitada requer planejamento, compromisso, responsabilidade e muito trabalho, até que se possam colher os frutos. Se a sua área não vai bem, este é um dos melhores momentos para dar uma nova partida para a sua vida profissional. A Lua Nova de abril pode ser a mais indicada para você se lançar em algum novo projeto e a de dezembro para fazer ajustes de carreira ou até um estudo de mercado.

Urano fazendo sextil ao Sol dos arianos do primeiro decanato estará favorecendo esse movimento de liberação de situações que estejam lhe oprimindo. Mais uma indicação de que é necessário estar atento às oportunidades que pintarem, pois elas podem significar uma mudança para melhor, sem maiores traumas. É possível que você entre em uma fase de revisão profissional e planejamento de carreira, podendo até mesmo mudar de área.

Os arianos nascidos no terceiro decanato podem ter algumas surpresas e sofrer de instabilidade no que diz respeito às finanças e orçamento. Existe uma predisposição a arriscar, mas, para isso, é importante que exista uma reserva financeira para qualquer imprevisto.

Com a maioria dos eclipses do ano caindo no eixo das Casas 6-12 dos arianos, muitos de vocês poderão ter, de fato, algum tipo de mudança relacionada ao trabalho. Pode ser que desperte uma necessidade de diminuir o ritmo e buscar uma maior qualidade de vida, por exemplo. É também um outro indicativo de que pode ser necessário ajustar suas práticas para melhorar sua eficiência. Novas circunstâncias se apresentam neste setor da vida e você precisará de um pouco de jogo de cintura.

A partir do segundo semestre, esses ajustes podem ser ainda mais necessários, até para que não haja declínio de posição. Muita coisa acontece ao mesmo tempo e você precisará organizar e priorizar o que realmente importa. Não dá para abraçar o mundo nesse momento. Cuidado com gastos exagerados, sendo mais seletivo na hora das compras. Prefira qualidade à quantidade.

Evite tomar decisões importantes e assinar contratos nos dias 17/04, 09/06, 09/08 e 18/09.

Em geral, os melhores períodos para trabalho, dinheiro, negócios e aquisições são: 01/01 até 03/01 (Vênus em Aquário), 04/02 até 01/03 (Vênus em Áries), 30/04 até 06/06 (Vênus em Áries), 04/07 até 31/07 (Vênus em Gêmeos), 25/08 até 19/09 (Vênus em Leão), 30/11 até 24/12 (Vênus em Sagitário).

Os menos favoráveis são: 01/03 até 12/04 (Vênus retrógrada), 31/07 até 25/08 (Vênus em Câncer), 13/10 até 06/11(Vênus em Libra), 24/12 até 17/01/2026 (Vênus em Capricórnio).

Relacionamentos: Desde 2023, o setor dos relacionamentos dos arianos pode ter sofrido algum tipo de transformação por conta dos eclipses no eixo Áries-Libra. Em 2025, teremos ainda um Eclipse Lunar em Áries no final de março, que pode trazer algum sentido para tudo isso, deixando-o pronto para seguir em frente com novas perspectivas.

O primeiro semestre é, de forma geral, mais benéfico para as relações dos arianos. Júpiter, o grande benfeitor, está harmonizado com você e traz mais otimismo, vibração e brilho para a sua vida, embora isso não queira dizer que as oportunidades cairão no seu colo. É preciso correr atrás e criá-las. Eventos sociais, especialmente no seu círculo mais íntimo, podem gerar o encontro com alguém especial, assim como frequentar novos lugares. Se você já tem um alguém especial, pequenas viagens a dois ou até mesmo um jantar romântico em um restaurante novo poderão beneficiar a relação.

Além disso, Vênus, o planeta do amor e do afeto, passará um bom período do ano visitando o Signo de Áries entre 04/02 e 05/05 (embora nesse meio tempo ele chegue a voltar para Peixes por alguns dias na sua retrogradação). Assim, há maior magnetismo, charme e sensualidade para os arianos. Nesses dias, são grandes as chances de você atrair situações de romance para a sua vida e, por isso mesmo, vale a pena dar uma investida a mais na imagem, caprichar no seu visual e sair para ser visto.

Também nesse período, é mais fácil que as pessoas lhe vejam com bons olhos, sejam mais gentis e facilitem sua vida, de maneira geral. Até porque, os impacientes arianos ficam mais dóceis e afáveis sob esta influência.

Já na segunda metade do ano, pode ficar um pouco mais complicado chegar a uma equação satisfatória no amor: quem você quer não está disponível e quem te quer, não é quem você gostaria. Ou então, você pode estar com muitas opções e não ter clareza de qual seria a sua cara metade... assim, pode acabar sem nada.

Os arianos do primeiro decanato que ainda não tenham resolvido sossegar e assumir um compromisso podem sentir uma inclinação maior nesse sentido em 2025. Saturno concede maior maturidade e você pode se sentir pronto para o próximo passo.

No dia 11/03, os arianos têm chance de expressar de forma mais harmônica os sentimentos. Já no dia 23/03, preste atenção às oportunidades de romance que podem estar no ar, pois essa área estará especialmente iluminada. O dia 02/05 trará um clima de "conto de fadas" que pode ser aproveitado com um fim de semana romântico. Já no dia 22/05 do mesmo mês, a sedução e a sexualidade estarão exacerbadas. No dia 05/06, há maior sorte no amor.

Em geral, os melhores períodos para relações, encontros amorosos e colaboração são: 01/01 até 03/01 (Vênus em Aquário), 04/02 até 01/03 (Vênus em Áries), 30/04 até 06/06 (Vênus em Áries), 04/07 até 31/07 (Vênus em Gêmeos), 25/08 até 19/09 (Vênus em Leão), 30/11 até 24/12 (Vênus em Sagitário).

Os menos favoráveis são: 01/03 até 12/04 (Vênus retrógrada), 31/07 até 25/08 (Vênus em Câncer), 13/10 até 06/11(Vênus em Libra), 24/12 até 17/01/2026 (Vênus em Capricórnio).

Saúde: Saturno e Netuno em Áries podem dar um baque na vitalidade dos arianos do primeiro decanato. É preciso buscar frequentar ambientes com uma energia boa e evitar situações e pessoas que possam interferir no seu campo energético de forma negativa. Essa combinação pode derrubar um pouco o seu humor, então procure criar uma rotina de autocuidado e de situações agradáveis e momentos de lazer, que elevem o espírito. Ainda, em alguns momentos o corpo poderá pedir que você diminua o ritmo. A imunidade está baixa, então procure se precaver, dentro do possível, do contágio de vírus, bactérias, etc. Quadros alérgicos também podem ser exacerbados.

Apesar de poder ser um bom momento para você se disciplinar e emagrecer — caso precise perder uns quilinhos — pode também haver maior rigidez muscular, problemas ósseos e até perda de visão. Então, invista em atividades que gerem alongamento, como ioga e pilates, mas também naquelas que ajudem a fixar o cálcio nos ossos, que são as atividades de impacto (principalmente se você já tiver mais idade). Também é aconselhável adotar uma rotina de hidratação da pele, pois pode haver ressecamento, que causa envelhecimento.

Tudo isso é reforçado — neste caso para todos os arianos — por conta dos eclipses em Áries e no eixo Virgem-Peixes, o primeiro deles já em março. Então, se já existe alguma situação de saúde identificada, busque resolver antes disso. A imunidade precisará estar fortalecida e, para isso será fundamental neste ano manter a rotina de alimentação saudável, exercício físico e sono reparador. Em caso de alguma doença, evite a automedicação, pois você também pode estar mais suscetível aos efeitos adversos das substâncias químicas. Procure a ajuda de profissionais sérios. Terapias alternativas também são indicadas.

Alguma atividade que trabalhe com a ansiedade também é aconselhável, especialmente para aqueles nascidos no primeiro decanato, a partir do segundo semestre. Pode haver uma sobrecarga de demandas tanto da família, quanto do trabalho, que pode afetar a saúde e bem-estar. Por isso mesmo é preciso saber gerenciar as demandas e ser mais seletivo.

Vale a pena, no dia 09/08 ter maior atenção aos seus movimentos, no que está acontecendo à sua volta, pois você pode estar desatento em suas ações, o que pode causar acidentes desnecessários.

Os períodos de maior energia, saúde, vigor e vitalidade são: 18/04 até 17/06 (Marte em Leão), 04/11 até 15/12 (Marte em Sagitário).

Os períodos menos favoráveis para cirurgia e vitalidade são: 01/01 até 24/02 (Marte estará retrógrado), 06/01 até 18/04 (Marte em Câncer), 15/12 até 23/01/2026 (Marte em Capricórnio).

Os períodos menos favorecidos para tratamentos e procedimentos estéticos são: 01/03 até 13/04 (Vênus retrógrada), 31/07 até 25/08, 13/10 até 06/11, 24/12 até 17/01/2026.

♉ TOURO (21/04 A 20/05) – Regente Vênus

Primeiro decanato: 21/04 a 30/04
Segundo decanato: 01/05 a 10/05
Terceiro decanato: 11/05 a 20/05

Panorama Geral: Este é um ano de grandes oportunidades de desenvolvimento pessoal para os taurinos e, para alguns, profissional e material também. Abrace as mudanças, pois elas o levarão a uma vida mais autêntica e realizada.

Para os nascidos no terceiro decanato, 2025 apresenta um momento de reorientação profunda, que pode ser gerada por algum tipo de situação que vem de fora. Os taurinos do primeiro e segundo decanatos já terão um ano bem mais sossegado do que os anteriores, quando Urano chacoalhou as bases. O momento agora é de criar condições favoráveis de sustentação após um período de mudanças que já passou. Os nascidos no terceiro decanato ainda poderão estar passando pela turbulência, mas podem começar a delinear algo da experiência, embora tudo ainda esteja um tanto indefinido e confuso.

Quando Júpiter esteve em Touro, você pode ter iniciado novos projetos e desde o ano passado, os taurinos vêm colhendo as recompensas financeiras e materiais relacionadas àquilo que plantaram durante esse período. De qualquer forma, ainda dá tempo de aproveitar para semear novas formas de produção ou de aumentar o fluxo de recursos até 09/06. Depois disso, será o momento de focar mais no *networking* e nos eventos como cursos e *workshops*. Pode ser que as coisas se tornem mais movimentadas e os deslocamentos aumentem, inclusive alguns inesperados, enquanto Urano permanece transitando em seu signo. Prepare-se para ter mais de uma opção e não deixe para a última hora, pois atrasos e imprevistos acontecem e desviam os planos.

A partir do segundo semestre, aumenta a necessidade de retomar os contatos feitos, e é uma boa época para fazer a comunicação daquilo que você sabe e aprendeu, por meio da prática. Até o início de julho, Urano ainda estará causando uma reviravolta na vida dos taurinos, especialmente os do terceiro decanato. Após ele entrar na sua Casa 2, é possível que traga novidades na área das finanças. Quem sabe você aproveita o momento e cria seu canal de conteúdo, ou um podcast, que o leva a alcançar muitas pessoas e até mesmo gerar um retorno financeiro? Haverá oportunidades nessa área da comunicação e das relações sociais para todos os taurinos, desde que estejam antenados para captá-las.

Pode ser que nos últimos dois anos, mais ou menos, os taurinos tenham trabalhado suas relações de amizade, buscado selecionar melhor tanto os amigos quanto os grupos dos quais participam e em quais de fato deveriam focar sua colaboração. Também podem ter estruturado projetos futuros, de forma mais pragmática e realista. Em 2025, os taurinos ainda vão rever esses processos, especialmente os de segundo e terceiro decanatos.

Os do primeiro decanato já estarão em um momento de trabalhar um pouco mais no campo do isolamento e introspecção, o que pode pedir que preste atenção naquilo que você teme e que pode estar sendo negligenciado. Alguns poderão sentir ainda o chamado para se conectar com sua espiritualidade. Os do segundo e terceiro decanatos se aprofundarão nesse mesmo processo nos dois anos seguintes.

A passagem de Plutão para Aquário traz para os taurinos a missão de reconstrução de alguma forma. É um processo longo, uma vez que Plutão permanece aí nos próximos vinte anos. Então, aos pouquinhos, os taurinos do primeiro decanato poderão sentir a necessidade de transformar padrões e de ressignificar a vida de alguma forma.

Os eclipses que ocorrem este ano irão mexer especialmente com o eixo das Casas 11 e 5, que diz respeito à vida social, amor, prazer e filhos. Assim pode haver mudanças nestes setores da vida. Como foi dito anteriormente, os taurinos já vêm ou deveriam vir reformulando as amizades e a vida social. Dessa forma, se o dever de casa não tiver sido feito, com os eclipses as coisas acontecem por bem ou por mal, a fim de abrir espaço para um novo ciclo. Ao mesmo tempo, poderão encontrar uma nova forma de se relacionar com a parte lúdica da vida.

Carreira e Finanças: A primeira Lua Nova do ano já vem anunciando novidades para os taurinos, especialmente na área de carreira e projeção social.

Para aqueles que pretendem lançar algum projeto, pode ser o momento indicado para já entrar no novo ano com o pé direito. Com relação às finanças, Júpiter, o doador de benefícios, ainda se encontrará até 09/06 na casa dos valores materiais dos taurinos, indicando que recompensas financeiras devem acontecer nesse período.

No segundo semestre, quando Júpiter entra no Signo de Câncer, signo harmônico ao dos taurinos, as oportunidades existem, caso você esteja atento e faça a ligação dos dados disponíveis. Procure circular, trocar ideias e ficar atento aos contatos que estão sendo criados e que podem resultar em um futuro desfecho positivo. Este também pode ser o melhor período para assinatura de contratos e fazer andar questões burocráticas.

Os nascidos no segundo e terceiro decanatos podem aproveitar a janela de um aspecto harmônico de Saturno (já vivido pelos de primeiro decanato), que favorece as relações profissionais, atingindo metas, sendo mais produtivos e eficientes, e se relacionando melhor com chefes e figuras de autoridade. Para os do segundo decanato, isso vai de 01/01 a 23/02. Já os do terceiro decanato terão sua oportunidade de 24/02 a 25/05 e, mais adiante no ano, de 02/09 a 31/12, quando Saturno retornar a Peixes. Porém, estes últimos devem perceber seu estado de tensão interna ainda causado por Urano em Touro de 01/01 a 07/07 e, após isso, de 08/11 a 31/12. Esse aspecto lhes dá certa rebeldia e pode até indicar uma mudança de emprego, pela vontade de reformar a direção das coisas.

A estabilidade pode ser abalada com a presença de Urano em Gêmeos, de 08/07 a 08/11, trazendo o inesperado para a vida financeira dos conservadores taurinos. Quando se trata de Urano, é sempre bom ter um plano B ou uma reserva de segurança. O lado positivo é que este trânsito sugere ainda um período em que você pode inovar em termos de questões financeiras e de como se relacionar com os valores materiais. Isso pode levá-lo a buscar novas e criativas formas de ganhar dinheiro ou de gerenciar seu patrimônio. Evite transações importantes no dia 24/05, especialmente se for do terceiro decanato. Já no dia 11/06, fique atento a alguma conexão específica que possa lhe beneficiar de alguma forma em termos materiais.

Por fim, é preciso frisar a influência que a entrada de Plutão em Aquário terá, em um primeiro momento, para os taurinos do primeiro decanato. Essa posição de Plutão pode gerar uma reorientação profunda na carreira e na sua relação com o poder. Aliás, cuidado para não pisar no calo de alguém importante, pois você pode sair perdendo nesse embate. Plutão, muitas vezes, transforma por meio da perda: perda de posição, perda de poder aquisitivo, perda de um cargo. Mas, nem sempre precisa ser tão radical, tudo depende de como você tem lidado com essa área da vida e do que você precisa ressignificar. Em termos financeiros, não é aconselhável pegar empréstimos, fazer dívidas, ser avalista e fiador de ninguém. Esteja com suas contas em dia, caso contrário, o bolo tende a aumentar...

Em geral, os melhores períodos para trabalho, dinheiro, negócios e aquisições são: 03/01 até 04/02 (Vênus em Peixes), 27/03 até 30/04 (Vênus em Peixes), 06/05 até 04/07 (Vênus em Touro), 31/07 até 25/08 (Vênus em Câncer), 19/09 até 13/10 (Vênus em Virgem), 24/12 até 17/01 de 2026 (Vênus em Capricórnio).

Os menos favoráveis são: 01/01 até 03/01 (Vênus em Aquário), 01/03 até 12/04 (Vênus retrógrada), 25/08 até 19/09 (Vênus em Leão), 06/11 até 30/11 (Vênus em escorpião).

Relacionamentos: Os taurinos do primeiro decanato poderão viver dias de profunda transformação em suas vidas este ano. Não necessariamente isso ocorrerá no que diz respeito às relações, mas pode, sim, afetá-las, especialmente aquelas que estão "por um fio". De fato, se pressionados, poderão sair da sua inércia natural por conta do desconforto e encerrar uma história que já se esgotou. Já os nascidos no segundo decanato tendem a manter o *status quo*, caso estejam compromissados. As coisas parecerão fluir de forma estável. Os solteiros poderão decidir por assumir uma relação, caso tudo esteja levando a isso.

Tudo é possível quando temos Urano no seu próprio signo, pressionando a pessoa a mudar de vida. Isso já foi vivido pelos taurinos do primeiro e segundo decanatos, mas os do terceiro já vêm do final do ano de 2024 até 07/07 deste ano sentindo a necessidade de reformular sua própria identidade, o que pode colocar em jogo um relacionamento que não vai tão bem. Isso será revivido quando Urano retrogradar e voltar para Touro de 09/11 a 31/12, e rompimentos sempre são possíveis para quem tem essa posição no mapa. Se a relação for sólida e estável, não será nessa área da vida que Urano irá tocar. Caso não esteja em um relacionamento, pode significar que pessoas completamente diferentes entrem em sua vida. Você pode se sentir atraído por alguém que não se encaixaria nos seus velhos padrões.

Júpiter, o grande benfeitor, pede que os taurinos fiquem atentos às pessoas que aparecerem no seu caminho, especialmente a partir do segundo semestre. Às vezes, não é tão óbvio quanto amor à primeira vista ou atração instantânea. Com um pouco mais de familiaridade, a conexão se cria.

Ainda, o fato de que três eclipses do ano ocorrem no eixo Virgem-Peixes, afetando o setor do romance e prazer, reforça a ideia de que, neste caso, todos os taurinos, podem passar por uma renovação nesse sentido. Assim, talvez, você seja convidado a reavaliar a forma de se relacionar e de lidar com seus afetos. Para os que estão desacompanhados, especificamente o Eclipse Lunar de 07/09, pode abrir caminho para alguém novo entrar na sua vida.

De 06/06 a 04/07, Vênus, o planeta do amor e regente do seu signo, estará em Touro, ampliando seus favores para você. Assim, aqueles que tem um par romântico podem aproveitar esse momento benéfico para fortalecer sua relação. Já os solteiros, estarão com potencial ampliado para atrair candidatos interessantes e iniciar um novo romance.

Para os taurinos do terceiro decanato que sejam "românticos de plantão", desde a virada do ano até 30/03 e, mais adiante, de 23/10 a 31/12, há maior inspiração para viver situações inesquecíveis a dois. Além disso, há maior empatia e generosidade, favorecendo a relação. Aqueles que estiverem buscando serem perdoados por alguma falha também podem se beneficiar desse momento mais receptivo e gentil. O dia 11/06 está especialmente favorável para "DR's" ou para expressar os sentimentos de forma clara e afetiva.

Em geral, os melhores períodos para as relações, encontros amorosos e colaboração são: 03/01 até 04/02 (Vênus em Peixes), 27/03 até 30/04 (Vênus em Peixes), 06/05 até 04/07 (Vênus em Touro), 31/07 até 25/08 (Vênus em Câncer), 19/09 até 13/10 (Vênus em Virgem), 24/12 até 17/01 de 2026 (Vênus em Capricórnio).

Os menos favoráveis são: 01/01 até 03/01 (Vênus em Aquário), 01/03 até 12/04 (Vênus retrógrada), 25/08 até 19/09 (Vênus em Leão), 06/11 até 30/11 (Vênus em escorpião).

Saúde: De forma geral, a saúde dos taurinos irá bem este ano, especialmente no primeiro semestre. Uma postura positiva sempre ajuda a manter a vitalidade mais alta. No entanto, os taurinos do primeiro decanato devem estar atentos para não deixar que qualquer situação de saúde preexistente se agrave e, ao menor sinal de algum problema, pelo sim pelo não, é sempre bom investigar. Caso contrário, na hora de tratar do problema, este poderá demandar uma intervenção mais radical. Além disso, devem evitar se colocar em situações de maior exposição ao risco e podem tomar atitudes preventivas, como adotar hábitos mais saudáveis e cortar aqueles que são prejudiciais. Esteja com o *check-up* em dia e evite procedimentos eletivos. Busque se cercar de ambientes e pessoas que te puxem para cima e não que sejam um peso.

Os nascidos no segundo decanato podem ficar mais tranquilos, mas podem também aproveitar a energia saturnina de 01/01 a 23/02 para incorporarem uma dieta saudável, iniciar uma prática de exercício físico que se sustente em longo prazo ou algum outro tipo de tratamento que seja mais estendido. Assim, quando chegar sua vez de passar pelo trânsito mais pesado de Plutão, já estarão um passo à frente.

Os taurinos do terceiro decanato, se não fosse a aceleração e possíveis surpresas causadas por Urano, poderiam relaxar. No entanto, esta é uma palavra que ainda não fará parte do seu vocabulário em 2025. Pelo menos, não espontaneamente. O nível de ansiedade e tensão com Urano em conjunção ao seu próprio signo pode causar problemas mais de ordem nervosa ou até mesmo aumentar a propensão aos acidentes. Por isso, tente incorporar uma prática meditativa, desacelerar a mente, praticar a respiração pausada e consciente. Só o fato de oxigenar mais o cérebro e de desacelerar já irá garantir metade do trabalho para se manter saudável este ano. Atividade física é sempre aconselhável, claro, mas procure ficar longe dos esportes radicais até que Urano se afaste.

Um período para se estar atento este ano em relação à saúde é nas proximidades do eclipse que ocorre em 29/03 no eixo 6-12 dos taurinos. Esse eixo está relacionado à saúde e um evento nessa área pode até indicar o retorno de algum problema que não tenha sido bem tratado anteriormente. Por isso mesmo, quando estamos às portas de um eclipse, devemos estar em dia com os aspectos da vida que serão remexidos por ele. No seu caso, a saúde como um todo: física, mental, emocional, espiritual. Procure estar mais harmonizado com o universo, a fim de chegar tranquilo neste momento.

Os períodos de maior energia, saúde, vigor e vitalidade são: 25/02 até 17/04 (Marte em Câncer), 17/06 até 06/08 (Marte em Virgem), 15/12 até 23/01/2026 (Marte em Capricórnio).

Os períodos menos favoráveis para cirurgia e vitalidade são: 01/01 até 24/02 (Marte retrógrado), 18/04 até 17/06 (Marte em Leão), 22/09 até 04/11 (Vênus em Escorpião).

Os períodos menos favorecidos para tratamentos e procedimentos estéticos são: 01/01 até 03/01 (Vênus em Aquário), 01/03 até 13/04 (Vênus retrógrada), 25/08 até 19/09 (Vênus em Leão), 06/11 até 30/11 (Vênus em Escorpião).

GÊMEOS (21/05 A 20/06) – Regente Mercúrio

Primeiro decanato: 20/05 a 31/05
Segundo decanato: 01/06 a 10/06
Terceiro decanato: 11/06 a 21/06

Panorama Geral: Este é um ano de transformação e crescimento pessoal para os geminianos. Você será empurrado para fora da sua zona de conforto, para territórios inexplorados, bem como você gosta! O desafio é não dispersar tanto, a fim de aproveitar o que realmente irá fazer você avançar. Júpiter, o grande benfeitor, continua a fazer sua passagem por Gêmeos até 09/06, especialmente afetando aqueles nascidos no segundo e terceiro decanatos.

Esse trânsito só ocorre de doze em doze anos, então é bom pegar carona e aproveitar para dar um *boost* no seu ânimo, no otimismo, nas experiências que engrandecem, para dar uma arrancada no seu crescimento. Você atrai sorte, abundância, prosperidade, oportunidades e as pessoas à sua volta sentem isso. Aproveite para conhecer pessoas interessantes e novos lugares distantes nesse primeiro semestre.

Os geminianos do primeiro decanato, que viveram essa mesma onda de sorte e expansão jupiteriana no ano passado, terão uma pequena janela de oportunidade entre os dias 26/05 até 07/07, para estruturar e fazer engrenar aquilo que surgiu desses dias. No dia 08/07, poderão começar a experimentar uma inquietação e eletricidade, de onde grandes mudanças poderão surgir nos próximos anos. Neste ano, você terá apenas um primeiro ensaio desse movimento.

Já na segunda metade do ano, Júpiter passa a transitar pela casa dos valores pessoais e materiais dos geminianos. Essa é uma energia que pode ser usada para expandir suas frentes de atuação e fontes de renda. Porém, lembre-se de que é preciso sustentar aquilo que foi conquistado. A tendência, especialmente para os nascidos no segundo e terceiro decanatos é de não reter e não conseguirem criar estruturas sólidas, para dar continuidade ao crescimento. Por isso, seja otimista, mas sempre com um pezinho no chão, lembrando que tudo tem um limite e que priorizar e planejar também é necessário.

Saturno, o planeta da cobrança e da produção, estará transitando pela Casa 10 dos geminianos entre 01/01 a 25/05 e, então, entre 02/09 a 31/12. Isso indica um foco forte na carreira para 2025, em que será possível obter reconhecimento, êxito e máxima produção, para aqueles que vêm se empenhando. É um período que pede dedicação e comprometimento, podendo significar muitas tarefas a cumprir e até horas extras, mas que, se você se dedicar, pode resultar na promoção tão desejada. É também hora de planejar o futuro. Entre 26/05 e 01/09, pare para pensar no seu projeto de vida, naquilo que você quer alcançar, para obter certa estabilidade mais adiante.

De fato, grande parte da temática do ano gira em torno do equilíbrio entre o foco na carreira *versus* a vida familiar e íntima. Tudo indica que a direção a seguir, especialmente para os geminianos do segundo e terceiro decanatos é a de correr atrás de seus objetivos no mundo lá fora. Porém, há que se atentar para os eclipses que ocorrerão em Virgem e Peixes, que podem trazer tensão e crises nesses setores da vida. Lembre-se de tentar harmonizar a sua dedicação a cada setor da vida, porém sem deixar que demandas familiares o impeçam de ir adiante.

Plutão em Aquário passou a estar harmônico ao seu signo, dando maior poder de transformação e regeneração, especialmente dos ideais e da forma de ver o mundo, inicialmente para os geminianos do primeiro decanato. Esse é um processo longo e profundo, não é algo que acontecerá da noite para o dia, e você poderá se ver às voltas com situações ao longo de anos que irão favorecer essa mudança.

Carreira e Finanças: Este será, talvez, o tema mais destacado para os geminianos neste ano. Saturno começa e termina 2025 ativando a Casa 10 dos geminianos, seu setor de carreira e reputação, indicando um momento de responsabilidades e desafios. Nos períodos entre 01/01 a 25/05 e 02/09 e 31/12, será necessário trabalho árduo e determinação, para demonstrar competência e alcançar resultados que não serão imediatos. Além disso, o Eclipse Lunar de 07/09 poderá trazer alguma questão relacionada à sua carreira, podendo até significar um novo caminho a ser iniciado.

Já o setor das finanças é tocado por Júpiter a partir de 10/06, e você vai não só querer, como ter oportunidade de ganhar mais. Procure aproveitar os dias de bonança e faça uma reserva, pois você ficará tentado a gastar mais, e não é toda hora que se tem essa facilidade de juntar recursos.

Aqueles nascidos no primeiro decanato recebem uma forcinha de um aspecto harmônico de Saturno a partir do dia 26/05 até 01/09, aliando-se ao poder de outro aspecto benéfico de Plutão, que pode impulsionar estes geminianos a terem grande disciplina e controle para atingirem suas metas. Essa configuração poderá sustentar a posição que já tenham alcançado e até mesmo conseguir aquela promoção tão desejada por alguns.

Netuno, a partir de 31/03 a 22/10, ainda confere um toque de inspiração, refinamento e empatia para aqueles geminianos do primeiro decanato que utilizam essas qualidades no seu campo de atuação. No entanto, com Urano transitando por Gêmeos, na mesma época, você pode ficar um tanto energizado e irritável. Então fique atento apenas para que isso não atrapalhe seu caminho de ascensão, em um rompante de intolerância ou de ansiedade. Há a possibilidade de você resolver simplesmente chutar o balde e partir para outra, mas tente segurar um pouco essa energia e pense duas vezes se este é o seu caminho de verdade. Se for, vá em frente. Apenas não saia cortando coisas da sua vida pelo impulso do momento. Outra coisa que pode acontecer é você não conseguir desligar do trabalho, chegando a um nível de exaustão. Dê uma desacelerada sempre que possível.

Já os geminianos do segundo e terceiro decanatos têm como aliado Júpiter ao seu lado até 09/06, podendo sentir como se não houvesse nada que pudesse lhes parar no seu caminho de crescimento e expansão. A sorte ainda está ao seu lado e você tem autoconfiança e garra para desempenhar qualquer função. Além disso, é possível que chame a atenção de pessoas importantes, que lhe apadrinhem. Caso tenha vontade de iniciar seu próprio negócio, pode ser um bom momento para isso. Dentro dessa passagem de Júpiter, os dias em que poderá ter maior iniciativa, capacidade de liderança e de destrinchar qualquer situação ocorrem a partir de 18/04 até 17/06, quando Marte estiver por Leão. Aproveite a chance de brilhar! Até porque, na segunda metade do ano, suas possibilidades nesse sentido decrescem, com Netuno nublando qualquer tentativa sua de aparição.

No segundo semestre você perde em eficiência, dinamismo e clareza, e talvez até o apoio. As portas já não estarão tão abertas quanto antes e será necessário maior resiliência para mostrar a que veio. Pode ser necessário revisar algum trabalho anterior, coisa que lhe tira a paciência.

Em geral, os melhores períodos para trabalho, dinheiro, negócios e aquisições são: 01/01 até 03/01 (Vênus em Aquário), 04/02 até 01/03 (Vênus em Áries), 30/04 até 06/06 (Vênus em Áries), 04/07 até 31/07 (Vênus em Gêmeos), 25/08 até 19/09 (Vênus em Leão), 13/10 até 06/11 (Vênus em Libra).

Os menos favoráveis são: 03/01 até 04/02 (Vênus em Peixes), 01/03 até 12/04 (Vênus retrógrada), 13/04 até 30/04 (Vênus em Peixes), 19/09 até 13/10 (Vênus em Virgem), 30/11 até 24/12 (Vênus em Sagitário).

Relacionamentos: Os geminianos do primeiro decanato poderão viver algumas tendências contraditórias no que diz respeito às relações. A partir de 26/05, podem entrar em um momento de estabilizar uma relação, firmar ou fortalecer laços, de amadurecimento. No entanto, a partir de 08/07, as chances de romper com relações que não estejam muito firmes é grande. Se o parceiro não lhe dá espaço e não evolui com você, muito provavelmente irá dançar. Já os solteiros poderão se surpreender com uma fase em que se sentirão atraídos por figuras para as quais sequer notariam em outros tempos.

Até 09/06, alguns geminianos do segundo e terceiro decanatos poderão ter a chance de encontrar um alguém especial. Júpiter tem a fama de trazer pessoas interessantes para a nossa vida, o que pode resultar em um relacionamento mais sério. Porém, também pode ocorrer de Júpiter trazer uma abundância de novos contatos e você ficar tentado a não perder nenhuma oportunidade. Por isso, faça uma reflexão sobre o que você realmente procura em um relacionamento, a fim de que, quando a oportunidade bater à sua porta, você saiba identificá-la.

Se já está em uma relação, a mesma reflexão é válida, pois você poderá se sentir tentado a experimentar por aí, tanto com conhecidos, amigos e contatos que podem ser do seu interesse. Se o compromisso atual é de fato importante na sua vida, procure fortalecer a sua relação e desfrutar de bons momentos ao lado do(a) parceiro(a). Quem sabe uma viagem romântica, especialmente para um destino inédito e longínquo, para fortalecer o vínculo.

Os geminianos casados de todos os decanatos podem sofrer algum efeito dos eclipses de 14/03 e 21/09, não diretamente na relação em si, mas na dinâmica familiar. Portanto, perto dessas datas, é recomendável que a situação esteja o mais harmônica possível dentro de casa, para que não se criem crises na vida doméstica.

Os solteiros, de uma forma geral, podem atrair o romance especialmente no mês de julho, quando Vênus estiver em Gêmeos, dando um toque de magnetismo e sedução à sua pessoa. Para todos, esse mês será favorável a qualquer iniciativa romântica ou de harmonização das relações. Pode até ser o mês escolhido para celebrar uma união. Apenas evite o dia 23/07, quando Vênus e Marte, os amantes do Olimpo, estrão em desarmonia no céu.

Em geral, os melhores períodos para as relações, encontros amorosos e colaboração são: 01/01 até 03/01 (Vênus em Aquário), 04/02 até 01/03 (Vênus em Áries), 30/04 até 06/06 (Vênus em Áries), 04/07 até 31/07 (Vênus em Gêmeos), 25/08 até 19/09 (Vênus em Leão), 13/10 até 06/11 (Vênus em Libra).

Os menos favoráveis são: 03/01 até 04/02 (Vênus em Peixes), 01/03 até 12/04 (Vênus retrógrada), 13/04 até 30/04 (Vênus em Peixes), 19/09 até 13/10 (Vênus em Virgem), 30/11 até 24/12 (Vênus em Sagitário).

Saúde: Este ano, o ponto principal para os geminianos do primeiro decanato se atentarem será a ansiedade, a energia e o fato de estarem sentindo que podem mais do que realmente podem. O exagero poderá levar à exaustão ou até mesmo a acidentes. Aqueles que tenham tendência a pressão alta, problemas cardiovasculares e circulatórios devem estar com seus exames em dia. Urano predispõe a tensão, insônia, choques, tombos. Lembre-se de parar um pouco para respirar. Práticas de meditação lhe cairiam bem.

Toda essa agitação pode ser amenizada um pouco pela presença do aspecto harmônico que Netuno fará, a partir de 31/03 até 22/10. Esta é uma influência que lhe favorece encontrar a sensação de paz e tranquilidade, além de aumentar a capacidade de aceitação para qualquer situação. É um período que pode ser bem aproveitado nos trabalhos terapêuticos, que envolvam a necessidade de compreensão, empatia, perdão, purificação e de entrega. Além disso, Plutão estará dando uma força no processo de regeneração e transmutação de processos físicos ou emocionais dos geminianos do primeiro decanato.

Tanto os nascidos no segundo quanto no terceiro decanatos recebem as bênçãos e proteção de Júpiter até 09/06, quando a vitalidade e energia estarão lá em cima. Se precisar se recuperar de um problema de saúde, suas chances serão maiores. No entanto, cresce também a predisposição aos exageros: exagero na comida, na bebida, no que quer que seja que você goste e que não necessariamente seja bom para a saúde. Então, é preciso estar atento e buscar uma prática como o *mindful eating*, por exemplo. Antes de se render aos impulsos, pare, respire, concentre-se no momento presente e avalie se você precisa mesmo de mais aquele doce, aquela bebida, aquela roupa nova, ou até mesmo daquele novo recorde no esporte que você tanto ama. Lembre-se dos limites do seu corpo, da sua saúde física e mental.

Para os que sofrem de baixa autoestima, esse pode ser o momento de reforçar seu ego e perceber que você tem valor e pode mais. É uma influência que pode lhe trazer tanto uma maior sensação de bem-estar quanto aumentar a ansiedade, por conta da velocidade das coisas. Muita coisa acontece e você tem vontade de abraçar o mundo e, de novo, o segredo é conhecer seus limites, a fim de não cair na armadilha da ansiedade.

Após esse período, especialmente os nascidos no terceiro decanato podem experimentar uma estafa e baixa imunidade. Se você não prestou atenção nas dicas dadas anteriormente e exagerou na dose, é bem possível que chegue no segundo semestre com a sensação de estar carregando um peso. Aumente o tempo de descanso e, se preciso, procure orientação médica para dar um *up* no seu ânimo. Você pode até estar com falta de algum nutriente e isso estar lhe derrubando. Para aqueles que tiverem predisposição a problemas cardíacos, pode ser interessante uma revisão com um especialista.

Os períodos de maior energia, saúde, vigor e vitalidade são: 18/04 até 17/06 (Marte em Leão), 06/08 até 22/09 (Marte em Libra).

Os períodos menos favoráveis para cirurgia e vitalidade são: 01/01 até 24/02 (Marte retrógrado), 17/06 até 06/08 (Marte em Virgem), 04/11 até 15/12 (Marte em Sagitário).

Os períodos menos favorecidos para tratamentos e procedimentos estéticos são: 03/01 até 04/02 (Vênus em Peixes), 01/03 até 13/04 (Vênus retrógrada), 13/04 até 30/04 (Vênus em Peixes), 19/09 até 13/10 (Vênus em Virgem), 30/11 até 24/12 (Vênus em Sagitário).

CÂNCER (21/06 A 22/07) – Regente Lua

Primeiro decanato: 21/06 a 30/06
Segundo decanato: 01/07 a 11/07
Terceiro decanato: 12/07 a 22/07

Panorama Geral: Bem-vindo ao seu ano de sorte, canceriano! Júpiter, o grande benfeitor, passa novamente pelo seu signo após doze anos, anunciando um novo ciclo. As sementes que você plantar neste período serão as que irão germinar pela próxima década. Então, aproveite e se planeje bem para este momento, já que ele chegará apenas na segunda metade do ano, a partir do dia 10/06. Reflita sobre o que realmente deseja alcançar, quais horizontes gostaria de expandir, onde quer melhorar. Você será agraciado com muitas oportunidades, o que não significa que deva (ou até mesmo consiga) acolher a todas.

Será, portanto, um ano no qual a sensação de alegria, otimismo e bem-estar deverá prevalecer. Aproveite para experimentar coisas para as quais você não teria coragem anteriormente e para, se possível, viajar. Apenas evite viagens para o exterior no período próximo ao Eclipse Lunar do dia 07/09, já que ele pode despertar situações difíceis em caso de viagem para longe.

Se você sempre teve um sonho, mas nunca tinha conseguido reunir as condições para colocá-lo em prática, pode ser que este seja o momento. Preste atenção nas pessoas que entrarem em sua vida nessa fase, pois elas poderão desempenhar um papel importante daqui para a frente.

Durante o primeiro semestre, pode ser que sinta necessidade de ficar um pouco mais recolhido, indicando um bom período para fazer um retiro espiritual ou até mesmo realizar algum tratamento de saúde mais prolongado, em que necessite de repouso e reclusão. É uma época em que você deve dar menos atenção e ouvidos ao mundo de fora e seguir mais a sua própria intuição. O inconsciente fica mais acessível e, portanto, é um ótimo momento para explorar uma psicoterapia, por exemplo. Também pode lhe dar um desejo de mergulhar no universo desconhecido, sendo mais atraído para temas como a metafísica e a espiritualidade. Além disso, são meses em que você estará mais protegido com relação a tudo que não está sob seu controle e que depende do acaso.

Uma vez que Plutão está transitando pela sua oitava casa (por onde ele ficará por quase vinte anos!), esse mergulho profundo é ainda mais indicado. Com estes planetas transitando por duas casas de alma, você acaba este período saindo transformado, com um conhecimento profundo de si mesmo e do significado que atribui à vida.

Enquanto Saturno estiver transitando por Peixes (do início do ano até 25/05 e, então, de 02/09 até o final do ano), será uma boa oportunidade para você retomar o caminho dos estudos superiores e especialização, se assim desejar. A presença do planeta da responsabilidade e da estrutura neste setor da sua vida indica que você poderá estar em uma fase de busca pelo autoaperfeiçoamento, seja por meio de estudos, de viagens, de um intercâmbio ou da participação de algum movimento filosófico ou religioso. Algo desperta a sua vontade de ir além, de conhecer e estruturar uma base de ideais e valores que o nortearão daqui para frente. Inclusive o Eclipse Lunar de 07/09 pode servir de gatilho para isso.

Durante o período em que ficar em Áries (de 26/05 a 01/09), Saturno estará ativando sua área da profissão e reputação social (onde ele se sente em casa), o que poderá indicar novas responsabilidades. Falaremos mais sobre isso na seção sobre carreira.

Carreira e Finanças: No ano que passou, os cancerianos podem ter vivenciado alguma tormenta ou ter experienciado uma mudança relativa ao exercício profissional, por conta dos eclipses no Signo de Áries. Em 29/03, ocorre o último dos eclipses no eixo Áries-Libra, fechando um ciclo que teve como pano de fundo a vida pública e carreira *versus* a vida privada e íntima dos cancerianos. Sendo este um Eclipse Solar, é bastante provável que algo do passado retorne e interfira na situação atual, sem que você tenha qualquer poder de escolha.

Enquanto Saturno transitar por Áries, os cancerianos poderão ver ativado este setor e o potencial de construir uma estrutura duradoura que poderá trazer ganhos financeiros por muitos anos. Saturno faz você trabalhar arduamente e enfrentar desafios, mas também conquistar uma posição sólida, alcançando reputação e futuras recompensas.

Netuno também fará sua aparição na mesma área da vida dos cancerianos, favorecendo principalmente os cancerianos do primeiro decanato que lidam com o imaginário, desde artistas até designers; bem como aqueles que utilizam da empatia e do poder de cura para amenizar o sofrimento dos demais.

Com Marte como regente dessa área do seu horóscopo, seria bom observar seus movimentos no Céu, especialmente a compatibilidade por signo e suas retrogradações. O período de Marte em Câncer com certeza poderá ser altamente benéfico, principalmente de 23/02 a 17/04. Durante esses dias, você estará mais assertivo, produtivo, resolutivo e propenso a lutar por seus objetivos. As coisas acontecem à medida que você colocar energia e liderar o processo. É um ótimo momento para iniciar um novo projeto e para profissionais autônomos abrirem espaço no mercado.

Nesse processo, também as Luas Novas de janeiro e junho podem dar aos cancerianos o impulso para um novo começo, com novos projetos que estejam diretamente relacionados à sua área profissional. A Lua Cheia de outubro também poderá desempenhar um papel importante, apresentando uma oportunidade profissional favorável, resultado de sua dedicação passada.

Os cancerianos de todos os decanatos terão sua chance de brilhar neste ano e de experimentar os favores de Júpiter em algum momento. Alguns poderão fazer conexões com pessoas importantes e de alto escalão, que lhes abrirão portas para oportunidades profissionais, de onde poderá surgir uma sensação de abundância. No entanto, para os do primeiro decanato, esse movimento pode ser um pouco mais duro ou até mais confuso, por conta dos aspectos desafiadores de Saturno e Netuno. Mesmo assim, não será por isso que estarão fora do jogo. Além disso, estas configurações desarmônicas podem fazer com que você tenha mais dificuldade de fazer render o que Júpiter lhe presenteia. Tenha isso em mente e procure ser diligente com suas despesas.

Já os nascidos no segundo decanato terão Saturno a seu lado por um curto período, de 01/01 a 24/02, sendo estes dias favoráveis para as relações profissionais, com a demonstração da sua competência e capacidade de gestão. Tenham em mente que figuras de autoridade poderão ser suas aliadas nesse processo. O mesmo trânsito se dá para os nascidos no terceiro decanato, porém entre 02/09 a 31/12, que podem ter primeiramente passado por um processo de mudança de direção profissional (quando Urano estava ainda em Touro) e que, neste período, terão a chance de construir uma nova estrutura para sua vida financeira e profissional.

Em geral, os melhores períodos para trabalho, dinheiro, negócios e aquisições são: 03/01 até 04/02 (Vênus em Peixes), 13/04 até 30/04 (Vênus em Peixes), 06/06 até 04/07 (Vênus em Touro), 31/07 até 25/08 (Vênus em Câncer), 19/09 até 13/10 (Vênus em Virgem), 06/11 até 30/11 (Vênus em Escorpião).

Os menos favoráveis são: 04/02 até 27/03 (Vênus em Áries), 01/03 até 12/04 (Vênus retrógrada), 30/04 até 06/06 (Vênus em Áries), 13/10 até 06/11 (Vênus em Libra), 24/12 até 17/01/2026 (Vênus em Capricórnio).

Relacionamentos: Para os cancerianos que estão à procura da sua cara metade, 2025 promete ser um ano de sorte, em especial durante o segundo semestre, quando Júpiter adentrar seu signo. Além de trazer um número maior de oportunidades, o que acontece é que pessoas interessantes e que aos seus olhos são "ideais" cruzam seu caminho. Assim, poderá encontrar um forte interesse romântico, que se torne um amor verdadeiro e duradouro. Por isso, preste atenção em quem entrar na sua vida nesse período. Especialmente no mês de agosto, quando Vênus estiver fazendo sua passagem por Câncer, e nos dias seguintes às Luas Novas de janeiro, junho e novembro.

Aqueles que já estejam em uma relação podem encontrar em 2025 duas condições: se a relação for estimulante, os laços e vínculos forem fortes e verdadeiros, há elementos suficientes para garantir que a relação evoluirá para um próximo passo, como o noivado ou casamento; porém, se estiver enfraquecida, pouco interessante, e você enxergar que a outra pessoa não lhe acompanha, provavelmente, não passará deste ano. Vale a pena, quem sabe, experimentar algumas atitudes que possam reavivar a chama perdida, como uma viagem a dois, traçar uma meta em comum de algo que queiram muito conquistar e que lhes faça lembrar o que os uniu em primeiro lugar. Circunstâncias da vida também podem lhes afastar, caso a conexão não seja profunda, como, por exemplo, uma proposta de trabalho no exterior.

Como foi dito, Júpiter poderá trazer várias pessoas novas para a sua vida e muitas lhe parecerão interessantes. Os cancerianos do primeiro decanato devem ter um pouco mais de atenção e cautela ao selecionarem possíveis candidatos, pois Netuno lhes deixa mais vulneráveis à desilusão e ao engano, a partir de 31/03 até 22/10. Além disso, podem estar um pouco mais confusos sobre o caminho a seguir e talvez reticentes ainda a se comprometerem.

Os do segundo e terceiro decanatos apresentam as condições mais favoráveis para estabilizar uma relação ou assumir um compromisso maior. 2025 pode ser o ano perfeito para celebrar uma linda união. Os nascidos no terceiro decanato, ainda, podem se libertar de relações opressoras ou transformar de alguma forma uma parceria, tornando-a mais positiva.

Em geral, os melhores períodos para as relações, encontros amorosos e colaboração são: 03/01 até 04/02 (Vênus em Peixes), 13/04 até 30/04 (Vênus em Peixes), 06/06 até 04/07 (Vênus em Touro), 31/07 até 25/08 (Vênus em Câncer), 19/09 até 13/10 (Vênus em Virgem), 06/11 até 30/11 (Vênus em Escorpião).

Os menos favoráveis são: 04/02 até 27/03 (Vênus em Áries), 01/03 até 12/04 (Vênus retrógrada), 30/04 até 06/06 (Vênus em Áries), 13/10 até 06/11 (Vênus em Libra), 24/12 até 17/01/2026 (Vênus em Capricórnio).

Saúde: De forma geral, os cancerianos terão um ano de boa saúde assegurado. Especialmente quando Júpiter estiver em Câncer, na segunda metade de 2025, os caranguejos experimentarão um aumento de energia, disposição e vitalidade. Tal energia reforça, inclusive, a sensação de felicidade e a autoestima dos cancerianos, que se sentem mais potentes para enfrentar qualquer desafio. É um ano de fertilidade aumentada para quem pretende engravidar. Tratamentos nesse sentido terão maiores chances de dar resultados positivos. O principal cuidado a se ter é com possíveis exageros. É comum engordar sob este trânsito.

Aqueles nascidos no primeiro decanato, apesar da proteção jupiteriana, podem ter alguns dias em que se sintam um pouco mais desanimados. Este ano seria bom atentarem para problemas que tenham relação com o enrijecimento muscular e de coluna. Aqueles que possam ter predisposição a cálculos renais ou de vesícula devem ficar atentos a possíveis crises. Também as alergias poderão dar algum trabalho e mal-estar, assim como gripes e viroses. Um reforço para a imunidade, portanto, vai bem.

Os nascidos no terceiro decanato recebem de Urano um aspecto harmônico que pode trazer a liberação de qualquer situação de saúde ou até de vida que lhes esteja restringindo. É possível, inclusive, encontrar tratamentos alternativos e esclarecer um diagnóstico que antes não fora possível. Se estiver querendo realizar alguma mudança nos seus hábitos, a fim de conquistar melhores condições de saúde, esta é a hora.

Os períodos de maior energia, saúde, vigor e vitalidade são: 25/02 até 18/04 (Marte em Câncer), 17/06 até 06/08 (Marte em Virgem), 22/09 até 04/11 (Marte em Escorpião).

Os períodos menos favoráveis para cirurgia e vitalidade são: 01/01 até 24/02 (Marte retrógrado), 06/08 até 22/09 (Marte em Libra), 15/12 até 23/01/2026 (Marte em Capricórnio).

Os períodos menos favorecidos para tratamentos e procedimentos estéticos são: 04/02 até 27/03 (Vênus em Áries), 01/03 até 13/04 (Vênus retrógrada), 30/04 até 06/06 (Vênus em Áries), 13/10 até 06/11 (Vênus em Libra), 24/12 até 17/01/2026 (Vênus em Capricórnio).

LEÃO (23/07 A 22/08) - Regente Sol

Primeiro decanato: 23/07 a 01/08
Segundo decanato: 02/08 a 11/08
Terceiro decanato: 12/08 a 22/08

Panorama Geral: Os leoninos começam um 2025 de forma acelerada, com Marte no seu próprio signo, embora em movimento retrógrado. Então, é preciso que tomem um certo cuidado para não entrar no novo ano com disputas e brigas. Não é o momento de já sair colocando os projetos que possa ter em andamento. O ideal é planejar agora e aguardar o retorno de Marte direto ao Signo de Leão, em 19/04. Só então será o momento certo de colocar as resoluções de Ano-Novo e novos projetos em andamento, especialmente aqueles que dependam somente de você. Aproveite bem até 17/06 para desenrolar tudo o que for possível e ir atrás de suas conquistas, pois Marte só retornará ao Signo de Leão daqui a aproximadamente dois anos.

No primeiro semestre, com Júpiter transitando a sua Casa 11, a vida social dos leoninos se tornará mais agitada, com novos amigos e, quem sabe, uma agenda lotada. É possível que se sinta mais conectado com pessoas que compartilhem dos mesmos interesses e se junte a novos grupos e organizações. É um momento em que seu olhar se volta mais para as questões sociais e coletivas, preocupando-se com o bem-estar geral. Para os nascidos no segundo e terceiro decanatos, até 09/06, existe um potencial para ótimos momentos, uma sensação de alegria e bem-estar, especialmente entre amigos e grupos dos quais participa. Desses contatos, poderão surgir importantes conexões para o seu futuro.

Na segunda metade do ano, Júpiter migra para a sua Casa 12, indicando que, após esse período de maior participação e exposição, você pode resolver se retirar um pouco da vida social, buscando um pouco de proteção e introspecção. Alguns problemas ocultos poderão vir à tona, mas com as benesses de Júpiter, é para serem resolvidos de uma vez e não para lhe causar maiores transtornos. É bem possível ser este um momento em que se amplie sua busca pela espiritualidade ou, pelo menos, por respostas a questões que vão além das questões materiais. Fique atento aos dias próximos a 24/06 e 12/08, quando talvez você possa vivenciar pequenas bênçãos e "milagres".

Saturno iniciará o ano em Peixes até 25/05 e, então de 02/09 a 31/12, transitando no seu setor de recursos compartilhados. Você ou seu parceiro(a) poderão ter de lidar com questões de dívida e investimentos, assumindo uma gestão mais disciplinada das finanças conjuntas. É importante que neste período estejam em dia com os compromissos assumidos e com as tributações. Este é também o setor no qual residem questões relativas à sexualidade e à intimidade das relações. Falaremos mais sobre isto na seção sobre relacionamentos.

Entre 26/05 e 01/09, Saturno passará para o setor do conhecimento superior, da lei e dos ideais. Portanto, esteja atento às leis, normas e regras, para se certificar de que não haja alguma brecha que possa causar transtornos posteriormente. Neste momento, você poderá também formar um novo sistema de crenças e ideais, seja porque vem estudando alguma filosofia seja apenas pelas experiências que ampliam seus horizontes. Assim, não é improvável que faça algum estudo ou viagem ao exterior, na ânsia de se aperfeiçoar. Especialmente para os nascidos no primeiro decanato, esta será uma época em que a identidade começará um processo de fortalecimento, adquirindo uma maior maturidade e firmeza nos seus pontos de vista.

Alguns leoninos poderão experimentar mudanças drásticas na área da carreira e projeção social. Urano vem trabalhando nesse setor dos leoninos há algum tempo e ainda permanecerá por aí de 01/01 a 07/07 e, então de 09/11 a 31/12. Os nascidos no terceiro decanato, principalmente, poderão experimentar um maior nível de tensão e de necessidade de cortes e mudanças radicais na vida, que podem ser causados por uma situação externa, de forma inesperada.

Outros sentirão mais intensamente a passagem de Urano pela área das amizades, do convívio social e dos projetos, entre 08/07 a 08/11, quando poderão cortar alguns laços de amizade por circunstâncias repentinas ou se verem forçados a alterar completamente o curso de seus planos futuros. Urano costuma trazer um elemento surpresa e que faz com que aquilo que tínhamos inicialmente planejado saia do curso pretendido, o que sempre pode representar novas possibilidades. Os nascidos no primeiro decanato encontrarão aqui um momento propício para modificarem seus projetos de vida e se libertarem de situações opressoras, adquirindo maior liberdade de expressão e autonomia.

Para os leoninos nascidos no primeiro decanato, a mudança de Plutão para Aquário já pode estar sendo sentida em um nível pessoal. Plutão transita por Aquário até 2044 e seus aspectos são de grande duração. É um processo profundo, que leva bastante tempo para que tenhamos a real compreensão de sua dimensão. De uma forma superficial, podemos dizer que estes leoninos estão iniciando uma transformação da própria identidade. Uma reorientação profunda na vida poderá se dar nos próximos anos. Aproveitem o aspecto harmônico de Netuno para se entregar ao processo sem maiores resistências.

Carreira e Finanças: 2025 é um ano que promete mexer com o dinheiro, as posses e as finanças dos leoninos de forma geral. No ano passado, você já pode ter começado a sentir um movimento nessa área, na medida em que tivemos um primeiro eclipse do ciclo dos eclipses no eixo Virgem-Peixes. Este ano, outros três se darão neste setor, que corresponde às suas Casas 2 e 8, o eixo das finanças.

O primeiro será um Eclipse Lunar no dia 14/03, que poderá trazer novidades relacionadas ao seu salário ou rendas que se relacionem diretamente a sua produtividade. Os eclipses são a ferramenta que o universo usa para provocar mudanças necessárias na nossa vida. Em um Eclipse Lunar, a indicação é de que o futuro prevaleça. Um novo começo pode se dar, por bem ou por mal, o que irá depender de outros aspectos relacionados ao seu mapa natal.

Já o Eclipse Lunar de 07/09, a mudança pode estar relacionada a questões de finanças conjuntas, caso você tenha um(a) parceiro(a); ou a rendimentos provenientes de bônus, comissões, acordos judiciais e investimentos financeiros. Preste atenção nas proximidades dos eclipses e em como estão suas finanças. É importante que busque estar em dia com elas nesses períodos, para que não ocorram crises nesse setor.

Por último, no Eclipse Solar de 21/09, você poderá ver retornar alguma questão relativa aos seus recebimentos. Alguém que está lhe devendo dinheiro, dinheiro este que você talvez até considerasse perdido, poderá aparecer para lhe pagar. Por outro lado, um negócio que você considerava como certo pode dar para trás. Tudo depende das escolhas que tem feito e de como tem se relacionado com o lado material da vida.

Desde 2023, Saturno vem transitando pela sua Casa referente ao dinheiro dos outros, do crédito e da remuneração variável. Este ano, ele ainda permanece um bom tempo neste setor, dando-lhe lições sobre como administrar melhor as finanças. Não é o momento de pegar grandes quantias de empréstimo e nem de descuidar do pagamento dos impostos. Se você está esperando pelo que irá receber de um inventário, bônus ou comissões, tenha em mente que estes pagamentos poderão atrasar. Esta posição pode significar ainda uma escassez de recursos para o seu parceiro, seja ele um cônjuge ou um sócio nos negócios.

Os nascidos no primeiro decanato se beneficiam este ano com o aspecto favorável de Saturno em Áries, do dia 26/05 a 01/09. Será um momento de disciplina e competência. Por isso mesmo, sua produtividade poderá aumentar, o que poderá até mesmo se converter em uma promoção. É uma fase em que você se sente mais no controle da sua carreira e da vida profissional. Aproveite para sedimentar suas conquistas agora, para ter maior sustentação nos momentos de dificuldade. No entanto, sob aspecto desafiador com Plutão, tome sempre cuidado para não pisar no calo de alguém poderoso. Além disso, não é o momento de fazer dívidas, entrar em um financiamento, etc.

Os nascidos no segundo e terceiro decanatos devem prestar atenção naquilo que não vai bem e onde possam dar a sua contribuição. Talvez assim consigam uma oportunidade de brilhar e serem percebidos por pessoas de cima. Além disso, devem ter muita atenção aos contatos que estão sendo criados neste período, pois poderão ser peça fundamental em um desfecho positivo no futuro para seu avanço profissional.

Como já dito anteriormente, alguns leoninos poderão experimentar mudanças drásticas relacionadas à carreira. Onde Urano toca, temos acontecimentos inesperados, surpresas que podem ser agradáveis ou desagradáveis, a depender de outras condições. No caso dos leoninos, os nascidos no primeiro decanato possuem um favorecimento de Urano para realizarem mudanças no rumo das coisas de 08/07 a 08/11. Aqueles que se sentem aprisionados a algo que não está fazendo bem poderão dar uma guinada de vida e mudar a direção.

Já os leoninos do terceiro decanato devem ter um pouco mais de cuidado ao fazer seus movimentos nesta área, uma vez que recebem um aspecto difícil de 01/01 a 07/07 e, então de 09/11 a 31/12. O nível de intolerância e irritabilidade está altíssimo e isso pode acabar provocando uma situação em que você é mandado embora, por exemplo, ou se demite, mas depois se arrepende, ou por não ser exatamente o que você queria ou por não ter se planejado melhor.

Todos os leoninos se beneficiam do período de Marte em Leão, sobretudo quando ele permanecer direto, de 19/04 a 17/06, especialmente aqueles que são autônomos ou estão pensando em empreender. Para isso, as Luas Novas de abril e de julho são particularmente favoráveis.

Em geral, os melhores períodos para trabalho, dinheiro, negócios e aquisições são: 04/02 até 01/03 (Vênus em Áries), 30/04 até 06/06, (Vênus em Áries), 04/07 até 31/07 (Vênus em Gêmeos), 25/08 até 19/09 (Vênus em Leão), 13/10 até 06/11 (Vênus em Libra), 30/11 até 24/12 (Vênus em Sagitário).

Os menos favoráveis são: 01/01 até 03/01 (Vênus em Aquário), 01/03 até 12/04 (Vênus retrógrada), 06/06 até 04/07 (Vênus em Touro), 06/11 até 30/11 (Vênus em Escorpião).

Relacionamentos: Este ano, a área dos relacionamentos pode ocupar um menor espaço na vida dos leoninos do que a carreira e as finanças, mas, nem por isso, deixará de apresentar acontecimentos empolgantes. Com Júpiter — o regente do setor do amor e prazer dos leoninos — transitando pela sua Casa 11 na primeira metade do ano, a vida social poderá estar bem agitada. Para os solteiros, isso é sinônimo de conhecer novas pessoas, que poderão se tornar interesses românticos e até mesmo um amor verdadeiro. Os casados podem aproveitar essa mesma agitação para dar uma renovada no relacionamento.

Fique atento aos "dias de maior sorte do ano", quando Júpiter se unir ao Sol no dia 24/07 e quando se unir à Vênus, no dia 12/08. Os solteiros poderão encontrar um alguém especial por esses dias. Já os compromissados podem aproveitar para ter ótimos momentos ao lado de quem amam, seja com um jantar especial ou com alguma outra surpresa romântica. Para os que pretendem noivar ou casar, os fins de semana mais próximos a estes dois dias são indicados.

Contudo, com Saturno transitando na Casa 8, a qual tem relação com a sexualidade, pode haver uma escassez de encontros casuais no período de 01/01 a 25/05 e, novamente de 02/09 a 31/12. O sexo pode ser associado ao compromisso e à segurança que se sente com o(a) parceiro(a). Você fica mais criterioso nas suas escolhas e investe somente naquela história em que sente que haverá continuidade.

Aqueles nascidos no primeiro decanato estarão mais dispostos a assumir um compromisso sério com alguém ou até mesmo a dar o próximo passo na relação, especialmente entre 26/05 e 01/09. Por outro lado, os mesmos leoninos do primeiro decanato que se encontram em uma relação tóxica, ou desgastada, poderão encontrar a coragem para romper com esse laço, entre 08/07 e 08/11. Caso a solução desejada não seja o rompimento, poderão provocar alguma mudança de dinâmica, a fim de tentar dar novos ares à parceria.

Netuno em harmonia favorecerá maior empatia para os leoninos do primeiro decanato, que poderão estender tal qualidade às suas relações amorosas. Caso necessitem fazer as pazes com alguém, não necessariamente apenas no sentido romântico, poderão fazê-lo de forma mais facilitada e fluente a partir de 31/03.

No entanto, neste ano, Plutão passa definitivamente para a Casa do matrimônio e das parcerias, operando uma grande e profunda transformação na forma de se relacionar dos leoninos, que se estenderá até 2044. Os primeiros que sentirão esses efeitos serão os nascidos no primeiro decanato. Pode ser uma experiência difícil e até dolorosa, mas que, no final das contas, será para regenerar a forma com que você lida com as relações.

Os nascidos no segundo e terceiro decanatos são os mais favorecidos por Júpiter entre 01/01 e 09/06. Porém, esse favorecimento pode não ser tão óbvio. Preste atenção nas pessoas que aparecem neste período e que, em um primeiro momento, poderiam nem despertar seu interesse. Com um pouco mais de aproximação e convívio, podem se tornar parceiros românticos ideais.

Aqueles que forem compromissados podem se aproveitar dessa mesma vibração para ampliar a conexão com o(a) parceiro(a). Experimente fazer uma viagem ou uma aventura a dois e verá o laço se fortalecer entre vocês nessa experiência.

As Luas Novas de janeiro, julho e dezembro serão promissoras para aqueles que estão buscando iniciar uma nova relação. Aproveite ainda a Lua Cheia de junho para demonstrar todo o seu amor e a Lua Cheia de agosto para um possível pedido de namoro, noivado ou casamento.

Em geral, os melhores períodos para as relações, encontros amorosos e colaboração são: 04/02 até 01/03 (Vênus em Áries), 30/04 até 06/06 (Vênus em Áries), 04/07 até 31/07 (Vênus em Gêmeos), 25/08 até 19/09 (Vênus em Leão), 13/10 até 06/11 (Vênus em Libra), 30/11 até 24/12 (Vênus em Sagitário).

Os menos favoráveis são: 01/01 até 03/01 (Vênus em Aquário), 01/03 até 13/04 (Vênus retrógrada), 06/06 até 04/07 (Vênus em Touro), 06/11 até 30/11 (Vênus em Escorpião).

Saúde: A maioria dos leoninos deverá gozar de boa saúde em 2025. Aqueles nascidos no primeiro decanato terão Saturno — regente do seu setor de saúde — em aspecto harmônico entre 26/05 e 01/09, concedendo uma estabilidade maior nesse sentido. Aliás, caso precisem adotar mudanças na sua rotina, a fim de ter hábitos mais saudáveis, esse mesmo aspecto irá favorecer que você tenha a disciplina necessária para realizá-las e mantê-las em longo prazo. Assim, aproveite esta época para iniciar aquela atividade física ou dieta que vem adiando, a fim de que, no momento em que Saturno aspectar seu signo de forma desarmônica, ele não cobre um preço alto pela displicência.

Os nascidos no primeiro decanato terão, além disso, Urano jogando a seu favor nesse sentido, ainda mais se as mudanças necessárias lhes deem maior liberdade de escolha e atuação na sua própria vida de 08/07 a 08/11. Esse é também um aspecto muito favorável para quem está fazendo psicanálise ou algo dentro deste campo, pois a pessoa fica mais solta, mais ousada para se expor e acaba libertando aspectos do inconsciente. Especialmente quando se tem, ainda, um aspecto harmônico de Netuno, dando maior acesso e contato às questões psíquicas. Netuno em harmonia ainda traz a sensação de paz e de que as coisas estão fluindo.

No entanto, é bom lembrar que existe um aspecto difícil de Plutão que pede cautela desses mesmos leoninos do primeiro decanato. Portanto, nada de se colocar em situações de risco até que este trânsito termine. É preciso ter em mente que um trânsito de Plutão dura em torno de quatro anos e, portanto, nesse período você poderá sentir seus efeitos algumas vezes. Alguns problemas que podem estar relacionados a este aspecto dizem respeito à tireoide, ao ovário, ao útero, às mamas, à uretra, à bexiga e à próstata.

Já os nascidos no segundo e terceiro decanatos poderão desfrutar da proteção jupiteriana, com um aspecto harmônico que traz uma dose de sorte (embora isso não signifique que você possa ser displicente) e de melhora na vitalidade e disposição. Além disso, este trânsito traz uma sensação de bem-estar, alegria e otimismo, que ajuda a manter a saúde física e mental em dia.

Os nascidos no terceiro decanato, porém, devem cuidar com a tendência à ansiedade, que pode, inclusive, levar a acidentes. O nível de nervosismo, irritação e tensão pode estar elevado, coisa que atrai situações desagradáveis. Isso se deve ao trânsito desarmônico de Urano, de 01/01 a 07/07 e, então de 09/11 a 31/12. Aqueles que tenham condições como pressão alta, fragilidade vascular ou arritmia devem fazer um *check-up* para ter maior tranquilidade durante essa passagem.

Os períodos de maior energia, saúde, vigor e vitalidade são: 18/04 até 17/06 (Marte em Leão), 06/08 até 22/09 (Marte em Libra), 04/11 até 23/01/2026 (Marte em Sagitário).

Os períodos menos favoráveis para cirurgia e vitalidade são: 01/01 até 24/02 (Marte retrógrado), 22/09 até 04/11 (Marte em Escorpião).

Os períodos menos favorecidos para tratamentos e procedimentos estéticos são: 01/01 até 03/01 (Vênus em Aquário), 01/03 até 13/04 (Vênus retrógrada), 06/06 até 04/07 (Vênus em Touro), 06/11 até 30/11 (Vênus em Escorpião).

VIRGEM (23/08 A 22/09) – Regente Mercúrio

Primeiro decanato: de 23/08 a 01/09
Segundo decanato: de 02/09 a 11/09
Terceiro decanato: de 12/09 a 22/09

Panorama Geral: Desde o ano passado, Júpiter vem ampliando as possibilidades no setor da carreira e do prestígio dos virginianos, podendo em 2025 trazer novidades empolgantes nesse sentido, sobre as quais discorreremos na seção sobre Carreira e Finanças. Após o dia 09/06, Júpiter passará para a área relacionada às amizades, à vida social e aos projetos para o futuro. Esse posicionamento propicia encontrar pessoas interessantes, de "alto padrão" do seu ponto de vista, e que poderão ser conexões importantes e até mesmo despertar um interesse romântico. Ou seja, este ano Júpiter lhe concede o que muitos anseiam em um ano ideal: crescimento profissional e possibilidades de amor e amizade.

Você que tem uma essência mais reservada e algumas vezes até introvertida, poderá se beneficiar de Júpiter nesse setor para descontrair, fazer novas amizades e, quem sabe, entrar para um clube que gostaria de frequentar. Com uma aptidão como nenhum outro signo tem para o servir ao próximo, com

Júpiter nesta posição você ainda poderá se juntar a algum tipo de trabalho voluntário ou ONG, onde poderá aproveitar bem suas qualidades analíticas no setor administrativo ou no qual você preferir. Além disso, Júpiter nessa posição poderá fazer você tirar um pouco a atenção dos detalhes, para ter uma perspectiva maior, especialmente no que diz respeito ao seu futuro.

No entanto, apesar deste ano ser um ano de possível progresso para os virginianos, será também um ano de grandes desafios, que, se superados, só fortalecem esse caminho para frente. Com a migração dos eclipses para o eixo Virgem-Peixes, os virginianos serão diretamente afetados por estes acontecimentos celestes. Os eclipses mudam os planos e podem acelerar alguns eventos, que nem sempre são fáceis de serem vivenciados. O importante é que você entenda que vem amadurecendo e evoluindo nestes últimos anos, estando pronto para enfrentar o que há um tempo atrás consideraria fora do seu alcance.

Como Mercúrio é seu planeta regente, evite os períodos em que ele estiver retrógrado para tomar grandes decisões ou iniciativas, analisando todos os aspectos da questão e adiando o movimento para quando a retrogradação terminar. Este ano são três momentos em que isso acontece: de 15/03 a 07/04, de 18/07 a 11/08, e de 10/11 a 29/11.

Virginianos de segundo e terceiro decanatos devem atentar para uma sensação de insatisfação generalizada no período de 01/01 a 09/06. Você, que costuma ter um poder de análise e de discriminação, fica com esta capacidade diminuida, perdendo a noção do que de fato é prioridade e do que pode ficar para depois. Na ânsia de dar conta de tudo, pode acabar sem fazer nada direito, o que leva um verdadeiro virginiano fatalmente ao estresse. Esse não é o momento de abraçar todas as tarefas, mas de buscar fazer ajustes, para que as coisas venham a fluir melhor mais adiante.

Saturno, o planeta das lições de vida, estará transitando primeiramente pela Casa 7 do seu horóscopo, testando o compromisso de qualquer relação de parceria mais próxima, seja conjugal ou de negócios. Nisto incluem-se aqueles profissionais que prestam serviços do tipo consultoria, como um advogado, um agente ou um contador, que podem entrar no risco de uma operação com você. Os períodos em que ficará neste setor são de 01/01 a 25/05 e, após isso, de 02/09 a 31/12. Entre 26/05 a 01/09, passará para seu setor do dinheiro que vem por meio de outras pessoas, isto é, do sócio, do(a) parceiro (a), de empréstimos e financiamentos. Esta também é a área das crises e da sexualidade que transformam. Nesse setor, Saturno busca trabalhar e disciplinar o modo como você vem lidando com tais assuntos.

Para os nascidos no segundo e terceiro decanatos, lidar com as restrições que Saturno impõe no período de 01/01 a 25/05 e, então de 02/09 a 31/12 será mais difícil. Pode haver uma diminuição na autoconfiança, na vitalidade, bem como na sua produtividade. As coisas não acontecem na velocidade que você gostaria e isso traz pessimismo e mau humor.

Urano, por sua vez, inicia e finaliza o ano na Casa 9, seu setor de educação superior, viagens longas e expansão. Isso quer dizer que ele continua atuando na sua compreensão do mundo, seja do ponto de vista filosófico, religioso ou de aquisição de conhecimento superior especializado. Essa atuação pode se dar por meio de acontecimentos inesperados, súbitos e até rompimentos. Os virginianos do terceiro decanato terão nessa época a oportunidade de fazer mudanças importantes e desejadas, que lhes tragam a sensação de libertação de algo que lhes pressionava.

A grande novidade é que, por um período este ano — de 08/07 a 08/11—, Urano passará para sua Casa 10, relacionado a fama, vida pública e carreira. Os virginianos do primeiro decanato, nesta época, poderão sofrer o impacto mais fortemente, que poderá ser vivido como uma mudança brusca na direção de vida, talvez provocada por um fato externo e não necessariamente desejada. Além disso, poderão estar em um momento em que a irritabilidade, a instabilidade e o mau humor predominem.

Um dos dias de maior sorte do ano (24/06), quando Júpiter encontra o Sol, será vivido pelos virginianos na dimensão das amizades e dos grupos sociais. Talvez você receba um grande reconhecimento por um trabalho humanitário ou mesmo uma boa ação de um amigo que lhe comova profundamente e traga uma sensação de felicidade e plenitude. Também o dia em que Júpiter e Vênus se encontram (12/08) pode reservar momentos parecidos de gratificação e bem-estar.

Carreira e Finanças: Como foi citado no Panorama Geral do ano, Júpiter vem atuando no setor de carreira e prestígio social dos virginianos. Alguns já podem ter sentido seus efeitos benéficos, porém outros apenas os vivenciarão no ano presente.

Esse posicionamento só acontece de doze em doze anos, e é preciso aproveitá-lo por sua energia única de crescimento e expansão. Esse momento atual é resultado dos últimos doze anos, de tudo o que você fez para conquistar seu lúgar no mundo e que, agora, pode trazer maior brilho e poder na sua área de atuação. Aproveite até 09/06 para focar na sua carreira, pois depois desse período, Júpiter mudará de área.

Os virginianos do segundo e terceiro decanatos, no entanto, precisam ter atenção neste mesmo período para não assumirem mais do que podem entregar e não se deixarem levar por um excesso de ambição. Não valorize tanto a quantidade, mas, sim, a qualidade do que você faz. Se tentar resolver tudo que aparece, pode acabar manchando sua imagem profissional, pois neste momento, você superestima sua capacidade.

As finanças dos virginianos sofrerão a influência de Saturno no período entre 26/05 a 01/09, quando ele vai passar pela sua Casa das finanças conjuntas, do crédito e da remuneração variável. Assim, se você está apostando em um grande bônus ou comissão, saiba que não deve acontecer no momento que esperava. Atrasos e lentidão no processo são sempre possíveis com Saturno. Outra mensagem de Saturno nessa posição — para a qual ele retornará no ano de 2026 — é de que você deve aprender a gerir melhor as finanças. Não é o momento de fazer investimentos arriscados ou de contar como certos recursos que virão de terceiros. Da mesma forma, procure evitar grandes endividamentos, pois acaba que estes se estendem por um período maior do que você imaginava e em condições menos favoráveis.

Esse trânsito pode indicar que é o cônjuge ou o parceiro de negócios que passa por um período de maiores restrições financeiras. De toda forma, a lição que Saturno, na Casa 8, pretende ensinar é a de que os recursos são limitados e devem ser bem geridos, sempre havendo uma reserva para possíveis emergências. Situações tensas ou até uma crise nessa área poderão surgir com o Eclipse Solar de 29/03, que cairá exatamente nesse setor da vida dos virginianos.

Os virginianos do segundo e terceiro decanatos devem receber lições mais duras de Saturno no período entre 01/01 a 25/05, e 02/09 a 31/12. Não necessariamente essas lições dirão respeito apenas a esse setor da vida, porém, como Saturno é o planeta da produtividade e responsabilidade, muitas vezes sua doutrinação dirá respeito à área profissional. É um período em que você pode encontrar obstáculos e retardamentos em seu caminho e não encontrar o apoio que gostaria de ter. Pode haver muita cobrança e pouco reconhecimento, mas mantenha-se firme em seus propósitos, pois dias melhores virão e eles dependerão de como você reagir aos períodos difíceis.

Urano trará possíveis reviravoltas para sua carreira entre 08/07 e 08/11. Você poderá sentir a necessidade de experimentar novas abordagens ou até mesmo inovar no seu segmento de atuação. Para aqueles buscando empreender, pode ser o momento de lampejo em que uma ideia de negócio surge e você resolve mudar a direção que sua vida profissional estava tomando. No entanto, para os nascidos no primeiro decanato, este período traz uma instabilidade e até mesmo o risco de perda do emprego ou posição, não por desejo próprio, mas por alguma situação da empresa, do mercado, da economia. Quanto melhor você estiver em seu trabalho, menos chances de essa situação ser tão drástica.

Já os nascidos no terceiro decanato terão Urano a seu favor no período em que estiver em Touro, de 01/01 a 07/07 e de 09/11 a 31/12. Poderão buscar a mudança por vontade própria e sem maiores traumas, por desejarem mais autonomia nos seus afazeres, maior flexibilidade ou simplesmente porque decidiram que aquele não era o rumo profissional que gostariam de seguir.

Outra influência será Plutão transitando pela sua Casa do trabalho diário e da rotina. Como já foi dito antes, o trânsito de Plutão é lento e ele passará anos na Casa 6 dos virginianos, realizando seu trabalho de desconstrução e regeneração. Essa influência será notada, a princípio, pelos nascidos no primeiro decanato, que já podem estar transformando relações com superiores e subordinados, bem como sua forma de lidar com as tarefas rotineiras, sejam elas referentes ao seu ofício ou referentes ao seu cotidiano. Primeiramente, busque fazer uma faxina no seu local de trabalho, na sua mesa, no seu escritório. Após, estenda essa higiene às atividades e processos, mantenha-se com o essencial, com aquilo que realmente importa e precisa ser feito. Para Plutão, menos é mais.

Em geral, os melhores períodos para trabalho, dinheiro, negócios e aquisições são: 06/06 até 04/07 (Vênus em Touro), 31/07 até 25/08 (Vênus em Câncer), 19/09 até 13/10 (Vênus em Virgem), 06/11 até 30/11 (Vênus em Escorpião), 24/12 até 17/01/2026 (Vênus em Capricórnio).

Os menos favoráveis são: 03/01 até 04/02 (Vênus em Peixes), 01/03 até 12/04 (Vênus Retrógrada), 13/04 até 30/04 (Vênus em Peixes), 04/07 até 31/07 (Vênus em Gêmeos), 30/11 até 24/12 (Vênus em Sagitário).

Relacionamentos: Em 2025 os relacionamentos serão um tema muito presente na vida dos virginianos, já que teremos alguns eventos cósmicos que ativam este setor da sua vida de diferentes maneiras. Para início de conversa, Saturno e Netuno começam o ano no seu setor das parcerias e do casamento, retornando para este mesmo lugar antes do final do ano, com seus movimentos retrógrados. A retrogradação sempre reativa um tema quando aquele planeta toca novamente o mesmo ponto por onde já passou, gerando um novo evento de semelhante natureza.

Mais adiante no ano, Júpiter passará para o seu setor das amizades e da socialização, o que também é importante e, por fim, haverá um Eclipse Lunar em Peixes, signo que ocupa a sua Casa das parcerias e casamento, podendo deflagrar algum acontecimento importante nesse setor.

Com Saturno transitando na Casa 7, os virginianos podem esperar que suas relações mais significativas sejam postas à prova nos períodos de 01/01 a 25/05 e, após, de 02/09 a 31/12. Esse trânsito em realidade vem desde 2023 e alguns virginianos já podem ter sentido na pele suas duras lições. É possível que ele lhe peça para trabalhar a questão do compromisso e da cooperação com o(a) parceiro(a), seja seu cônjuge, namorado, sócio de negócios ou seu consultor, por exemplo.

Aqueles cuja relação anda estremecida poderão ver ela ruir, pois estarão com um olhar muito mais crítico sobre este tema e com maior firmeza para tomar decisões difíceis. No entanto, uma relação que começar este ano provavelmente será duradoura, pois passou pelo teste. Geralmente encontram-se pessoas maduras, estabilizadas e confiáveis neste trânsito. Pessoas do passado podem reaparecer e a relação ser retomada sob um ponto de vista mais amadurecido. Da mesma forma, aqueles que resolverem casar neste ano, durante o período de Saturno na Casa 7, terão chances de estarem firmando uma união que é para o longo prazo.

Netuno no mesmo setor é outro indício de que os virginianos poderão passar por um momento de instabilidade na relação em que exista uma dúvida quanto à vontade de continuar como se está. Se a relação não vai bem, se a paixão não existe mais, é possível que uma das partes encontre um novo interesse romântico. Ou seja, o laço pode ser desfeito e isso pode acontecer, inclusive, de uma forma que uma das partes sequer tenha se dado conta de que a coisa não estava firme. Muitas vezes, pode até acontecer sem que haja uma conversa clara sobre o que se passou. Por isso, se você valoriza a sua relação, procure prestar atenção ao que acontece na vida do seu parceiro(a), pois, muitas vezes, podemos estar desligados por conta de outras questões que estão se passando e não damos a atenção merecida ao outro, que se sente desvalorizado.

As parcerias de negócios também podem sofrer com essa influência netuniana, com uma dissolução da sociedade sendo uma possibilidade. Não é hora de fechar novas parcerias e, caso pretenda fazê-lo, procure se informar muito bem com quem você está lidando, para não ter surpresas desagradáveis mais à frente. Lembrando que em 07/09 ocorre um Eclipse Lunar neste setor, que pode indicar um momento de certa tensão e crise, mas também de um novo começo.

Para os solteiros, esse trânsito indica que um romance pode acontecer, sim, mas que dificilmente se sustenta a aura idealizada do início da relação, quando Netuno mudar de setor. Ou seja, tome cuidado para não idealizar e romantizar uma relação, pois você poderá acabar frustrado quando a realidade bater.

Uma grande oportunidade para os solteiros será a passagem de Júpiter para Câncer, que corresponde à Casa das amizades e contatos sociais dos virginianos. Assim, além de dar uma agitada na sua vida social, o grande benfeitor pode trazer novas amizades e possibilidades de romance para você a partir de 09/06.

Os virginianos do primeiro decanato devem ter em mente que a partir de 08/07 até 08/11 estarão com o humor irritadiço e bastante intolerantes. Sabendo disso de antemão, procure resguardar sua relação de possíveis brigas e até rompimentos bruscos que podem ser causados mais por falta de paciência e por tensão do que por problemas reais. Existe, ainda, a possibilidade de que você seja pego de surpresa pela vontade do outro de seguir seu próprio caminho, caso a relação seja de controle excessivo ou não esteja indo bem por algum outro motivo importante.

Virginianos do segundo e terceiro decanatos também podem correr riscos de rompimentos, caso a relação venha apresentando problemas de longa data, que tenham sido negligenciados ou negados. No entanto, não é tão dramático e pode ser apenas que você tenha que dedicar um pouco mais seu olhar para realizar um ajuste agora à sua relação, para que ela perdure. Poderão sentir algum desconforto nesse sentido, especialmente no primeiro semestre. Até 25/05 e, então de 02/09 a 31/12, você pode andar meio desanimado e "sem graça". É um período mais introspectivo e de humor deprimido.

Sobretudo nos dias 24/06 e 12/08, procure sair de casa, circular, sair com amigos. Crie situações que possam colocar você em contato com pessoas novas e lugares interessantes, pois são dias em que Júpiter se encontra com o Sol e com Vênus, respectivamente, favorecendo os encontros.

Em geral, os melhores períodos para as relações, encontros amorosos e colaboração são: 06/06 até 04/07 (Vênus em Touro), 31/07 até 25/08 (Vênus em Câncer), 19/09 até 13/10 (Vênus em Virgem), 06/11 até 30/11 (Vênus em Escorpião), 24/12 até 17/01/2026 (Vênus em Capricórnio).

Os menos favoráveis são: 03/01 até 04/02 (Vênus em Peixes), 01/03 até 12/04 (Vênus Retrógrada), 13/04 até 30/04 (Vênus em Peixes), 04/07 até 31/07 (Vênus em Gêmeos), 30/11 até 24/12 (Vênus em Sagitário).

Saúde: Dois eclipses do ano irão ocorrer no seu próprio signo, caro virginiano. Quando eclipses tocam nosso Sol ou nosso Ascendente, é sempre indicado que a saúde esteja em dia. Por isso, procure chegar nesses eventos com seu *check-up* feito e não agendar procedimentos eletivos em uma proximidade de algumas semanas desses eventos. Os eclipses no Signo de Virgem ocorrem em 14/03 (Eclipse Lunar) e 21/09 (Eclipse Solar). Por ocasião do Eclipse Solar, você pode estar em um momento de energia esgotada e, inclusive, algum problema de saúde que não tenha sido bem tratado no passado pode reaparecer.

Plutão passou para a sua Casa 6, que tem relação aos hábitos e à saúde, especialmente a problemas agudos. Neste sentido, ele irá fazer uma purificação nesse setor da sua vida e, para isso, o ideal é que você já vá adotando hábitos de vida mais saudáveis e deixando de lado quaisquer comportamentos que possam estar comprometendo seu bem-estar. Muitas vezes, quando pensamos na saúde, pensamos que é tudo "em longo prazo", até que um dia esse longo prazo nos alcança. Como Plutão demora em seus trânsitos, alguns virginianos do primeiro decanato poderão estar vivenciando de forma mais forte seu efeito depurador nesta área. A verdade é que ele irá ajudar a trazer à tona processos que precisam ser enfrentados, para que o corpo se regenere.

Os virginianos farão bem em desacelerar o ritmo sempre que possível. No caso dos nascidos no primeiro decanato, Urano fazendo aspecto desarmônico indica uma hipersensibilidade aos estímulos, o que causa uma disposição ansiosa e instável, podendo até atrair acidentes. Possíveis problemas causados por essa posição de Urano são: insônia, ansiedade, tensão muscular, espasmos, palpitação, sudorese, gastrite, exaustão física e mental.

Já os nascidos no segundo e terceiro decanatos sofrem dos excessos de Júpiter na primeira metade de 2025, que pode levá-los a cometer exageros em qualquer área, o que sempre tem potencial de prejudicar a saúde. Além disso, superestimam sua capacidade física, gerando estafa. Também pode trazer ansiedade e precipitação em correr riscos desnecessários. Estes mesmos virginianos ainda terão Saturno pressionando seu Sol (ou Ascendente) de 01/01 a 25/05 e de 02/09 a 31/12, indicando que, nestes períodos, pode haver uma baixa de vitalidade, de resistência e até de ânimo. Aqueles que tiverem tendência à depressão e ao isolamento podem se prevenir como puderem, sabendo de antemão que esses serão dias de um humor mais caído. Alguns problemas relacionados a Saturno podem ser: calcificações, rigidez muscular, fraturas, pedras nos rins e na vesícula. Aqueles que tiverem tendências a problemas cardíacos fazem bem em estar com os exames em dia.

Os nascidos no terceiro decanato que quiserem fazer mudanças nos seus hábitos e se livrar daqueles que são prejudiciais terão maiores chances de fazê-lo de 01/01 a 07/07 e de 09/11 a 31/12, quando Urano favorece realizar cortes que normalmente seriam difíceis.

Os períodos de maior energia, saúde, vigor e vitalidade são: 25/02 até 18/04 (Marte em Câncer), 17/06 até 06/08 (Marte em Virgem), 22/09 até 04/11 (Marte em Escorpião), 15/12 até 23/01/2026 (Marte em Capricórnio).

Os períodos menos favoráveis para cirurgia e vitalidade são: 01/01 até 24/02 (Marte retrógrado), 04/11 até 15/12 (Marte em Sagitário).

Os períodos menos favorecidos para tratamentos e procedimentos estéticos são: 03/01 até 04/02 (Vênus em Peixes), 01/03 até 13/04 (Vênus Retrógrada), 13/04 até 30/04 (Vênus em Peixes), 04/07 até 31/07 (Vênus em Gêmeos), 30/11 até 24/12 (Vênus em Sagitário).

LIBRA (23/09 A 22/10) – Regente Vênus

Primeiro decanato: 23/09 a 01/10
Segundo decanato: 02/10 a 11/10
Terceiro decanato: 12/10 a 22/10

Panorama Geral: 2025 tem tudo para ser um ano de grandes aprendizados e experiências enriquecedoras e gratificantes para os librianos. Júpiter inicia o ano no seu setor de viagens e expansão de conhecimentos. Aproveite, então, para tirar férias no verão — especialmente a partir de 04/02, quando ele retomará seu movimento direto — e, quem sabe, viajar para um outro país, no qual nunca esteve antes. Considere um local que sempre quis visitar, mas nunca teve a oportunidade. Este será um evento que, com certeza, será emocionante e marcante, no qual, inclusive, você poderá conhecer pessoas muito interessantes. Se você é amante das viagens, não deixe de aproveitar o primeiro semestre para fazer alguma, pois com Júpiter atravessando seu próprio domínio, a tendência é de que seja realmente especial. Outra época boa para se pensar em viajar será por volta da Lua Nova em Gêmeos, que acontece no dia 26/05.

Outra forma de aproveitar essa ótima posição de Júpiter é se aprofundar em algum conhecimento, seja fazendo um MBA, uma pós-graduação ou buscando estudos de ordem mais filosófica e metafísica. É um período em que você pode encontrar novos ideais e reformular algumas crenças que possui. A expansão que Júpiter possibilita muitas vezes é mental.

Este será um ano espetacular para a carreira dos librianos, no qual será possível aproveitar as bênçãos de Júpiter para o crescimento e desenvolvimento profissional, na segunda metade do ano, quando ele migrar para esse setor. Preste atenção para não perder o *timing* dessa influência e tirar toda vantagem possível nesse momento, pois isso só acontece de doze em doze anos. Por isso mesmo, o indicado é que tire férias no primeiro semestre: para poder focar no trabalho a partir do segundo. Exploraremos esse aspecto mais a fundo na seção sobre Carreira e Finanças.

A viagem que mencionamos anteriormente pode, inclusive, ajudá-lo a aliviar um pouco a pressão da rotina e do acúmulo de tarefas que pode estar encontrando desde 2023, quando Saturno entrou na sua casa do cotidiano. Você provavelmente vem trabalhando demais e precisa de uma válvula de escape. Em casa, pode ser que esteja buscando alguém para lhe ajudar, mas talvez ainda não tenha encontrado a solução ou a pessoa ideal. Porém, com a sobrecarga que a rotina lhe impõe, seria bom você ter algum suporte.

Entre 26/05 a 01/09, Saturno fará um primeiro ensaio na sua Casa 7 das parcerias e do casamento. Neste posicionamento, a tendência é você analisar a produtividade de todas as suas relações. O que determinada relação agrega na sua vida? Se a resposta for “pouco” ou “nada”, existe uma chance de que você a elimine. Simples assim. Por outro lado, pessoas que você não via há muito tempo poderão retornar para sua vida.

Netuno também dará o ar da graça nesse mesmo setor a partir do final de março até 22/10, período em que deve ter atenção a quem se aproxima de você, pois às vezes podem ser pessoas cuja aparência engana e cujas intenções podem não ser exatamente o que acreditava.

Plutão este ano fixou residência na Casa 5 dos librianos, por onde deverá permanecer transitando pelos próximos vinte anos. Apesar de ser um processo de longo prazo, alguns já podem sentir Plutão agindo neste setor. Um trânsito de Plutão sempre tende a ser desafiador, onde quer que ele ocorra, trazendo à tona questões que precisam ser transformadas. No caso da Casa 5, essas questões podem se referir à necessidade de se expressar de maneira mais autêntica e profunda, à maternidade ou a paternidade, à criação dos filhos, à forma como se relaciona com o prazer e o lazer, só para elencar algumas possibilidades.

Por fim, é preciso citar os eclipses do ano, que são sempre formas que o universo tem de nos dar um empurrãozinho para resolver o que precisa ser resolvido e evoluir. No caso dos librianos, pode haver questões pendentes em termos de suas relações, de ajustes na rotina e na sua capacidade de abrir mão do controle de tudo. Exploraremos mais o significado de cada um nas seções seguintes.

Carreira e Finanças: Como foi dito no Panorama Geral, este ano será marcante para a carreira dos librianos. Saturno na sua Casa 6 tem feito com que você apresente grande dedicação ao seu trabalho no dia a dia, talvez sem muita recompensa ou, pelo menos, sem o reconhecimento que gostaria. Mas com Saturno é assim: as coisas levam tempo. São construídas aos poucos, e não em tacadas de sorte. Com Júpiter entrando na sua Casa 10, da carreira e do prestígio, a partir do segundo semestre, é muito provável que comece a colher os frutos desse árduo trabalho, podendo assim acontecer uma gratificação mais rápida.

Saturno transita pela Casa 6 dos librianos até 25/05, retornando mais uma vez para este setor em 02/09, onde se mantém até o final do ano. Enquanto ele permanecer aí, você pode esperar por um grande volume de trabalho e de responsabilidades. É um momento em que o trabalho em equipe fica prejudicado, porque você pode estar em uma fase de muita crítica, em que nunca nada está bom o suficiente e prefere fazer você mesmo. Além disso, caso precise contratar funcionários nessa época, saiba que eles não serão tão preparados quanto gostaria e que leva tempo para encontrar alguém que se enquadre nos seus critérios ou treinar possíveis candidatos.

Tanto esforço e trabalho árduo, porém, poderão finalmente ser recompensados quando Júpiter fizer seu movimento para Câncer. Há chances de você chamar a atenção de alguém importante na organização, que pode até vir a se tornar seu mentor. Há, ainda, possibilidade de receber uma promoção ou, pelo menos, um aumento. Aumento este que viria em bom momento, já que é possível que você venha lidando com um orçamento enxuto no seu dia a dia. Aliás, com Saturno em Peixes, você pode ter algumas despesas maiores com médicos, medicamentos, suplementos ou alguma outra coisa relacionada à saúde.

Fique atento aos dias 24/06 e 12/08, quando Júpiter se unirá ao Sol e à Vênus, respectivamente, na sua Casa da carreira e das honrarias. Algo marcante pode acontecer nesse dia em termos profissionais: uma boa notícia, um bom resultado, ou até a entrada de uma pessoa que se torna uma conexão importante na sua vida.

O Eclipse Lunar do dia 07/09 pode trazer à tona mudanças no ambiente de trabalho ou na sua rotina, pedindo que esteja aberto a se adaptar a novas circunstâncias que podem surgir. É interessante que esteja com uma rotina bem equilibrada antes dele, em uma equação saudável entre trabalho e vida pessoal. Esse aviso é especialmente importante a partir do dia 10/06, quando os librianos não serão capazes de dar conta de tudo, e precisarão aprender a ordenar e priorizar tarefas. Podem estar superavaliando seus recursos e, com isso, é possível que entreguem tudo o que foi acordado, porém a um custo muito alto para sua saúde e sua vida pessoal.

Os librianos do primeiro decanato devem ter em mente que de 25/05 a 01/09, Saturno faz um aspecto desafiador ao seu Sol (ou Ascendente) que pode se traduzir em queda na eficiência, na produtividade e até na motivação. Você pode encontrar alguns obstáculos pelo caminho que lhe deixam muito desanimado. Além disso, você fica com a sensação de que nunca está bom o suficiente e se cobra demais. Ou é o outro que está cobrando de você uma perfeição quase inalcançável. Se o trabalho atual estiver lhe causando desgosto ou opressão, Urano em aspecto harmônico lhe dá a chance de fazer uma mudança de carreira a partir de 08/07 até 09/11. Se você estava esperando pelo momento ideal, pode ser este. Porém, avalie bem as possibilidades antes, até para não criar ilusões. Não existe trabalho perfeito.

Netuno fazendo uma oposição ao Sol (ou Ascendente) dos librianos do primeiro decanato de 30/03 a 26/09 é outro indicador de que pode haver uma queda no ânimo para desempenhar suas funções e tarefas. A própria mente fica mais confusa, mais lenta, mais sonolenta. Obviamente isso não é bom para render no trabalho e, caso você esteja em busca daquela promoção, procure formas de se prevenir contra essas tendências. Perceba qual é seu melhor horário de rendimento, que interferências do ambiente você pode controlar etc.

Plutão em Aquário, por outro lado, já beneficia alguns librianos do primeiro decanato com um trígono que pode muito bem dar a garra necessária para superar qualquer obstáculo no caminho de atingir seus objetivos. Há um aumento no poder de guiar a própria vida. Pode ser inclusive o momento em que se livra daquele chefe com quem você não se entendia muito bem e que não lhe dava o devido valor.

No que diz respeito às finanças, a presença de Urano na Casa dos recursos conjuntos, do crédito e dos bônus pode já ter sido sentida por muitos dos librianos, como reviravoltas e eventos inesperados nesse setor da vida. Essa tendência ocorre até 08/07 e retorna a partir de 09/11. Pode ser um momento favorável para cortar velhos padrões de gestão financeira e testar novas abordagens. Se tem dinheiro investido, é hora de prestar atenção ao movimento do mercado financeiro, pois pode mudar subitamente.

Em geral, os melhores períodos para trabalho, dinheiro, negócios e aquisições são: 01/01 até 03/01 (Vênus em Aquário), 04/07 até 31/07 até 31/07 (Vênus em Gêmeos), 25/08 até 19/09 (Vênus em Leão), 13/10 até 06/11 (Vênus em Libra), 30/11 até 24/12 (Vênus em Sagitário).

Os menos favoráveis são: 03/01 até 12/04 (Vênus Retrógrada), 30/04 até 06/06 (Vênus em Áries), 31/07 até 25/08 (Vênus em Câncer), 24/12 até 17/01/2026 (Vênus em Capricórnio).

Relacionamentos: Este anúncio pode deixar alguns librianos chateados, mas 2025 não traz o tema dos relacionamentos como algo brilhante. Não quer dizer que não haverá bons momentos ou até questões para lidar, mas não é o melhor dos mundos para quem tem a parceria como parte da sua própria essência, não é?

A partir de 26/05 até 01/09, Saturno faz sua primeira entrada na sua Casa do casamento e das parcerias, indicando que você pode ser chamado a trabalhar o equilíbrio das relações. Os librianos que estão em um compromisso podem começar a testar suas relações de diversas formas, aumentando o nível de cobrança e de críticas, seja com parceiros românticos, seja com parceiros de negócios. Isso acontece especialmente se você se sentir prejudicado dentro da relação, se sentir que "carrega" o outro, que faz mais do que o outro, que se dedica mais etc. O outro pode passar a ser visto como um peso. Dessa forma, as parcerias que são frágeis, baseadas apenas nos momentos de leveza, não resistem.

Sendo assim, aquele relacionamento que fica em um vai e vem, e aquele casamento em que as coisas já esfriaram e as pessoas não se sentem mais parceiras não sobrevivem a essa passagem. Por outro lado, Saturno nesta posição pode dar em compromisso ou casamento para aqueles que estão em um caminho de ascensão e querem selar o compromisso. Nestes casos, é possível que sejam relações realmente fortes e duradouras.

Os solteiros poderão ver retornar uma história do passado que não foi bem finalizada e que, agora, em um outro nível de maturidade, gera um namoro mais sério. O Eclipse Solar de 29/03 poderá ser o gatilho para o retorno de alguém do passado. Outra possibilidade é conhecer pessoas no ambiente de trabalho ou no seu meio profissional. Fique atento a esse tipo de oportunidade. Neste caso, tendem a ser pessoas pouco disponíveis, cheias de trabalho, que podem demorar a engrenar, mas quando for para ser, será. A cada encontro existe uma maior aproximação e construção que vai sedimentando a relação. Não são histórias que engatam na hora.

Para os librianos namoradores, que vivem cheios de "casinhos" por aí, neste momento acontece uma seca. As pessoas somem, desistem, percebem que não há seriedade e vão embora. Não é um ano de abundância, até porque você pode estar muito crítico, ainda mais se for nascido no primeiro decanato.

Netuno também transita pela Casa 7 dos librianos, sendo necessário que fiquem atentos para não se envolverem em um relacionamento com pessoas problemáticas ou que enxerguem você como a "tábua de salvação". Aqueles que possuem um(a) companheiro(a) podem viver um período em que precisem dar suporte a esta pessoa, que está passando por um momento de desintegração. Outra possibilidade é que haja um afrouxamento do laço afetivo entre os casais, criando espaço para a entrada de um terceiro. Existe uma falta de foco na parceria.

Com Plutão fazendo trígono ao Sol (ou Ascendente) das librianas do primeiro decanato poderá significar o resgate de uma relação com um homem do passado. Poderia, em outra instância, significar a reaproximação com um sócio poderoso, alguém que tenha poder e autoridade.

Já os nascidos no segundo e terceiro decanatos terão mais chances de encontrar pessoas interessantes no primeiro semestre, quando Júpiter faz um aspecto harmônico. Também é o período mais indicado para os comprometidos fazerem uma viagem ou algum tipo de aventura romântica a dois. A partir do segundo semestre, continuam entrando pessoas na vida destes librianos, porém, a capacidade de renunciar um por outro e fazer uma escolha diminui, inflamando a sua famosa indecisão. Assim, é possível que terminem sem ninguém.

Em geral, os melhores períodos para as relações, encontros amorosos e colaboração são: 01/01 até 03/01 (Vênus em Aquário), 04/07 até 31/07 (Vênus em Gêmeos), 25/08 até 19/09 (Vênus em Leão), 13/10 até 06/11 (Vênus em Libra), 30/11 até 24/12 (Vênus em Sagitário).

Os menos favoráveis são: 03/01 até 12/04 (Vênus Retrógrada), 30/04 até 06/06 (Vênus em Áries), 31/07 até 25/08 (Vênus em Câncer), 24/12 até 17/01/2026 (Vênus em Capricórnio).

Saúde: A saúde tende a ser um tema bastante presente no dia a dia dos librianos em 2025, até porque há três eclipses ocorrendo no eixo que envolve este tema. Perto de sua ocorrência, o ideal é que você esteja com a saúde em dia, a fim de não ser pego de surpresa por um efeito "crise", que é uma das funções do eclipse.

O primeiro deles será um Eclipse Lunar em Virgem, no dia 14/03, que pode ser muito favorável para aqueles que estiverem em um processo de autoconhecimento, psicanálise e outras terapias que acessem o inconsciente. Você pode finalmente ter alguma catarse e se sentir livre para seguir em frente.

Já em 07/09, há outro Eclipse Lunar, porém em Peixes, na sua Casa da saúde e do cotidiano. Nessa época seria bom que você já estivesse com um *check-up* em dia. Use o poder transformador do eclipse para iniciar uma nova rotina mais saudável ou deixar de lado algo que sabe ser prejudicial a sua saúde.

Por fim, em 21/09, o último eclipse do ano será em Virgem, indicando que, caso você não tenha feito seu dever de casa, uma crise pode se instalar, e o tratamento pode ser mais demorado. Se tiver cuidado bem da sua saúde até aí, ele poderá favorecer a assimilação do aprendizado que vem acumulando e a escolha dos hábitos que você quer manter para a vida toda.

Saturno inicia o ano na Casa 6 dos librianos, permanecendo nessa posição até 25/05, e retorna em 02/09 até o final do ano, indicando um aprendizado (que foi iniciado em 2023), a respeito da sua rotina, do equilíbrio necessário entre trabalho e vida pessoal, e de hábitos saudáveis. Muitos librianos poderão estar realizando algum tipo de tratamento de saúde de longo prazo, mas efetivo, como uma fisioterapia, acupuntura, reposição hormonal etc. Quando Saturno se encontra nessa posição do horóscopo, é sempre interessante estar com o seguro saúde em dia. Mesmo que os problemas que apareçam não sejam grandes, eles tendem a exigir tratamentos mais demorados, que podem ser questionados pela seguradora.

Netuno começa o ano em Peixes e permanece até 30/03, retornando à mesma posição entre 23/10 e 31/12, sendo que estes poderão ser os maiores períodos de baixa imunidade, viroses, crises alérgicas. Sabendo disso, você pode buscar formas de dar um *up* na imunidade e se prevenir contra as alergias. Os nascidos no primeiro decanato sobretudo devem, ainda, se prevenir em dobro com relação aos períodos de baixa energética, em que podem, inclusive, se deprimir.

Tudo pode parecer muito difícil e pesado, o pessimismo cresce, quando Saturno estiver em desarmonia, de 26/05 a 01/09. Nesse período fique atento também para processos de calcificação, como pedra nos rins e na vesícula, bem como para lombalgias e outras questões de articulações. A grande vantagem destes librianos é o poder de superação e regeneração que Plutão em Aquário, signo afim ao Signo de Libra, lhes concede. Se você adoecer, Plutão lhe ajuda com essa força de recuperação e regeneração.

Librianos do segundo e terceiro decanatos estarão com uma melhor vitalidade e disposição de 01/01 a 09/06. Aproveitem para realizar as atividades mais penosas e que exijam mais de você nesse primeiro semestre, pois existe energia e ânimo para colocar qualquer coisa em movimento e dar conta do pedido. Já a partir do segundo semestre, todos os librianos erram no cálculo e podem acabar prejudicando sua saúde pelos exageros de qualquer tipo, inclusive o exagero de trabalho, que leva a total exaustão.

Os períodos de maior energia, saúde, vigor e vitalidade são: 18/04 até 17/06 (Marte em Leão), 06/08 até 22/09 (Marte em Libra), 04/11 até 15/12 (Marte em Sagitário).

Os períodos menos favoráveis para cirurgia e vitalidade são: 01/01 até 24/02 (Marte retrógrado), 25/02 até 18/04 (Marte em Câncer), 15/12 até 23/01/2026 (Marte em Capricórnio).

Os períodos menos favorecidos para tratamentos e procedimentos estéticos são: 03/01 até 13/04 (Vênus retrógrada), 30/04 até 06/06 (Vênus em Áries), 31/07 até 25/08 (Vênus em Câncer), 24/12 até 17/01/2026 (Vênus em Capricórnio).

ESCORPIÃO (23/10 A 21/11) - Regente Plutão

Primeiro decanato: 23/10 a 01/11
Segundo decanato: 02/11 a 11/11
Terceiro decanato: 12/11 a 21/11

Panorama Geral: Os escorpianos têm à frente um ano completo, com acontecimentos nas diversas esferas da vida. Júpiter, o grande benfeitor, começa o ano no seu setor dos recursos compartilhados, do crédito, da sexualidade e da transformação. Assim, desde o ano passado, os escorpianos podem estar vivendo uma ambição financeira maior, que será mais bem explicada na seção sobre Carreira e Finanças. A vida sexual durante esse primeiro semestre poderá ser mais interessante e rica, transformando sua relação com a sexualidade. Pode, inclusive, ser um motivo de transformação das relações, o que será mais bem explorado na seção sobre os Relacionamentos. Existe uma proteção contra riscos, já que a Casa 8 é a casa das crises e emergências, e Júpiter nesta colocação aumenta a sua sorte nesse sentido.

Já no segundo semestre, Júpiter migra para a Casa 9, que é a área em que ele se sente mais à vontade no horóscopo. Esse posicionamento irá favorecer as experiências que ampliem seus horizontes, seja literalmente — viajando para um local distante —, ou mentalmente, por meio de cursos superiores e outros tipos de aperfeiçoamento. Será uma época muito favorável para que realize alguma viagem para o estrangeiro ou inicie um novo estudo na sua área de atuação ou em uma área que, de alguma forma, lhe ajude a desenvolver e ampliar suas crenças e ideais.

Você sentirá essa urgência de conhecer e saber mais a partir de 10/06 e essa tendência adentra ainda 2026. Alguns poderão retomar um curso que trancaram, outros farão uma pós-graduação, um cursos de idiomas ou até mesmo um curso de uma outra área de conhecimento que tenha interesse. Também favorece aqueles que estão estudando para o vestibular ou que precisam defender uma tese para se graduar. Aproveite especialmente a proximidade com os dias 24/06 e 12/08, quando Júpiter encontra o Sol e Vênus, respectivamente, para agendar essa viagem especial.

Saturno, desde 2023 e até 25/05, transita pela Casa 5 dos escorpianos — a área da criatividade, da afirmação do eu, do lazer e dos filhos. Retorna ainda em 02/09, permanecendo nesta posição até o final do ano. Por onde ele passa, indica que existirá uma preocupação, um certo planejamento e trabalho. Para os que estão na idade de ter filhos, pode ser o momento em que se define se planeja ter ou não ter (mais) filhos, ou até adotá-los. Pode, da mesma forma, ser um período em que os filhos tomam muito do seu tempo, recursos e dedicação. Pode ser um período, ainda, em que você sinta sua capacidade sendo testada, mediante desafios e situações para as quais, de fato, você precisa se capacitar mais. Quanto ao prazer, podem acontecer duas possibilidades: uma escassez de situações e oportunidades de lazer; ou você começa a planejar melhor o seu lazer, se programando com antecedência, a fim de aproveitar bem o tempo disponível para se divertir.

Combinado com Netuno em Peixes na sua Casa 5 até 30/03 e, retornando de 23/10 até o final do ano, pode deixar os filhos — caso haja — em uma fase mais preguiçosa, lenta, com dificuldade de concentração e, dependendo da idade, podendo cair em hábitos que não sejam saudáveis. Por isso, não deixe os laços afrouxarem e acompanhe de perto. Com Netuno nessa Casa, a tendência é você buscar mais encantamento na vida, mais glamour e fugir dos problemas.

Você pode se sentir um tanto diferente na própria pele. A identidade fica confusa. Vale lembrar que haverá um Eclipse Lunar em Peixes em 07/09, que irá justamente ativar alguma questão relacionada a estes temas da Casa 5. Os eclipses costumam gerar eventos nas semanas que antecedem e que lhe sucedem, e a natureza de tais eventos pode ser agradável ou não, muitas vezes se configurando como uma crise.

De 26/05 até 01/09, Saturno fará sua primeira entrada na Casa 6 — do trabalho e da rotina diária — dos escorpianos, indicando que pode ser um período de maiores cuidados com a saúde — que iremos tratar na seção sobre Saúde de forma mais detalhada. Pode haver também uma sobrecarga de trabalho ou até perda de emprego (*vide* seção sobre Carreira e Finanças). O cotidiano fica pesado, não é prazeroso, é muito atarefado. No entanto, você fica capaz de se organizar e se planejar, para criar um hábito de melhor aproveitamento do seu tempo. Além disso, pessoas com as quais você contaria normalmente para lhe ajudar nas tarefas do dia a dia podem estar enfrentando problemas e dificuldades que afetam sua assiduidade ou seu desempenho.

Enquanto Netuno também transitar pela Casa 6, de 31/03 a 22/10, será mais difícil ter energia para as coisas do dia a dia e para o trabalho árduo. Você precisa ter objetivos muito claros e lembrar deles todos os dias, para conseguir fazer suas horas renderem. Dá uma bagunçada na sua rotina, na engrenagem que você tinha. Por exemplo, a sua doméstica, faxineira ou babá, some e acaba deixando você na mão.

Os relacionamentos dos escorpianos têm sido revirados desde que Urano entrou em Touro em 2019 e, este ano, ainda veremos este planeta no setor das parcerias e do casamento de Escorpião do início do ano até 07/07 e então novamente de 09/11 a 31/12. As mesmas práticas e circunstâncias não cabem aqui. Há uma turbulência a ser atravessada, que irá mudar a sua forma de se relacionar. As coisas nessa área acontecem de forma surpreendente enquanto a passagem de Urano durar.

Nesse meio tempo, de 08/07 a 08/11, Urano passará para o seu setor dos recursos compartilhados, das aplicações financeiras, de sexualidade e transformação. Assim, é possível esperar que esses temas serão sacudidos com acontecimentos surpreendentes, tendência que voltará no ano que vem. Urano poderá remexer com seus investimentos, revolver seus medos e questões psíquicas, e sua relação com a sexualidade, que é uma das ferramentas de transformação mais poderosas dos escorpianos.

Plutão, seu planeta regente, passou de vez para a Casa 4 pelos próximos 20 anos (aproximadamente), onde irá revolucionar a dinâmica familiar e o mundo interior dos escorpianos. Sobretudo os nascidos no primeiro decanato já sentem as bases tremerem. Segredos familiares podem vir à tona nesses próximos anos. Reconstruir, reformar, refazer parte da casa é uma boa dica para canalizar a energia de transmutação plutoniana.

Os escorpianos têm vivido um ciclo de eclipses que mexe com o eixo família *versus* carreira, vida íntima *versus* vida pública. Este ano, em 29/03 ainda acontece um último Eclipse Solar dessa mesma família, na Casa do lar e da intimidade, indicando que pode haver a finalização de um ciclo neste setor da vida.

Dois dos eclipses do ano irão atuar na Casa das amizades e dos projetos futuros dos escorpianos, indicando que nessa área também poderão surgir crises, mudanças de curso, pessoas que entram e pessoas que saem da sua vida.

Carreira e Finanças: Desde que Júpiter entrou em Gêmeos, por volta de maio do ano passado, os escorpianos podem estar sendo abençoados com ganhos financeiros de verdade. Enquanto ele permanecer aí, até 09/06, ainda há chances para aqueles que não experienciaram essa faceta jupiteriana. Esse é, sem dúvidas, o período em que existe a maior oportunidade de você ganhar uma "bolada" dos últimos doze anos. Não é um dinheiro que vem da sua produção diretamente. Pode ser de um investimento que você fez, da venda de um bem que supervaloriza, de uma herança, de bônus ou comissões.

É um período interessante para fazer negócios que apresentem um maior risco, mas também um maior retorno. Além disso, se ainda não tem uma mentalidade de guardar uma parcela do seu dinheiro, esta pode ser a hora de começar. Também é possível que encontre pessoas capitalizadas para investirem na sua ideia de negócio. É nesse momento que você tem chances de criar algo que passa a render perpetuamente, de ser sorteado em um concurso, de receber um dinheiro de um processo jurídico, ou de seu parceiro(a) receber um grande valor e você ser beneficiado "por tabela".

Ainda, nos períodos em que Urano estiver em Gêmeos — de 01/01 a 07/07 e, então de 09/11 a 31/12 — há chance de que algo inesperado aconteça, uma "virada" que nem você imaginava. Uma súbita mudança na tendência do mercado financeiro, por exemplo. É um trânsito que muda a situação em que você está financeiramente, seja ela qual for. Para os casados, pode ter relação com a renda do cônjuge, uma herança para o cônjuge ou, de forma negativa, uma dívida do cônjuge. Se você tem algum dinheiro por receber, pode ser que quando menos esperar, esse valor entre.

Já a rotina de trabalho, como foi dito anteriormente, pode se tornar bastante pesada e cansativa de 26/05 até 01/09. As responsabilidades poderão aumentar de maneira desproporcional aos benefícios. Sua área pode estar sendo reestruturada, enxugada, e sobra mais tarefas para você. Ou, ainda, pode acontecer de você perder sua posição, até porque Netuno também passará por este setor. Sua produtividade não estará a mesma com ele aí de 31/03 a 22/10. Você fica desmotivado, desorganizado, o raciocínio se torna mais lento e confuso. Além disso, não conte com que os outros façam parte deles, você precisa ficar em cima. Cotidianamente você tem tarefas árduas e desgastantes nesse período. Para os autônomos, será preciso "trabalhar para trabalhar", ir atrás do cliente, fazer a coisa acontecer.

Um bom momento para vencer essa tendência, dar um gás nas atividades, acabar com as pendências, assumir a liderança ou até mesmo empreender é quando Marte passar pela sua Casa 10 — da carreira e das recompensas —, sem estar retrógrado, de 19/04 a 17/06. Além disso, os escorpianos terão Júpiter a seu favor a partir de 10/06, podendo chamar a atenção de pessoas importantes, que lhes ajudem no seu trajeto profissional. Se estiver pensando em negociar um aumento, guarde essas datas: 24/06 e 12/08. São dias em que Júpiter fará conjunção no Céu ao Sol e à Vênus, respectivamente, e que podem lhe trazer sorte. Ainda mais o primeiro, pois o Sol é o regente da sua Casa 10 da carreira.

Os nascidos no segundo decanato terão uma segurança extra concedida por Saturno em aspecto harmônico, de 01/01 a 25/05 e de 02/09 a 31/12. Saturno, o senhor do trabalho e da responsabilidade, concede a estes escorpianos maior capacidade de produção, de disciplina e controle. É um período favorável para lidar com superiores e estabilizar sua situação profissional. Os nascidos no terceiro decanato, apesar de estarem com este mesmo trânsito, são pressionados por Urano, que faz oposição ao seu Sol (ou Ascendente), gerando forte instabilidade na sua posição. Será preciso aliviar a tensão de alguma forma para que não estoure em um momento indesejado. Por outro lado, com Netuno em harmonia, caso seja necessário, fica mais fácil de você colocar panos quentes e amolecer alguém após um desentendimento. Há também maior capacidade de aceitação e de renunciar ao controle, para lidar com o que quer que seja.

Em geral, os melhores períodos para trabalho, dinheiro, negócios e aquisições são: 03/01 até 04/02 (Vênus em Peixes), 13/04 até 30/04 (Vênus em Peixes), 31/07 até 25/08 (Vênus em Câncer), 19/09 até 13/10 (Vênus em Virgem), 06/11 até 30/11 (Vênus em Escorpião), 24/12 até 17/01/2026 (Vênus em Capricórnio).

Os menos favoráveis são: 01/01 até 03/01 (Vênus em Aquário), 01/03 até 12/04 (Vênus retrógrada), 06/06 até 04/07 até (Vênus em Touro), 25/08 até 19/09 (Vênus em Leão).

Relacionamentos: Este ano poderá reservar algumas surpresas para os escorpianos em termos de amor e romance, sobretudo por conta do Eclipse Lunar em Peixes em 07/09, que cai na sua Casa 5. Esse evento poderá indicar uma nova direção nos assuntos do coração.

Saturno estará presente nesse mesmo setor de 01/01 a 25/05 e de 02/09 a 31/12, indicando que os romances não devem ser abundantes, mas caso existam, é possível que sejam mais sérios e duradouros. Além disso, podem surgir pessoas mais maduras e até mais velhas, com a vida já estabilizada de certa forma. Outra possibilidade é que você conhece e se apaixona por pessoas impedidas. Alguém que trabalha muito, que mora longe ou que já esteja em um relacionamento.

Se você já está em uma relação, é possível que não estejam conseguindo se divertir muito este ano. Pode ser que as responsabilidades tenham aumentado com a chegada de um filho, ou um dos dois (ou até ambos) esteja com demandas de trabalho muito altas e seja difícil de encontrar tempo para curtir e se divertir. Se for assim, tente usar Saturno a seu favor: planeje com antecedência a programação de lazer nos períodos livres. Façam planos juntos de uma viagem que irão fazer, mesmo que ela ainda esteja distante. É sempre bom ter um objetivo conjunto para unir ainda mais os laços. As melhores demonstrações de amor este ano virão de atitudes práticas e da preocupação com o bem-estar do outro, mas lembre-se de expressar seus sentimentos de vez em quando também.

Netuno tem transitado pela Casa do amor dos escorpianos há anos, desde que entrou em Peixes. Agora ele fará sua passagem derradeira do início do ano até 30/03, retornando mais uma vez de 23/10 e permanece até meados de janeiro de 2026. Essa influência tem deixado os escorpianos mais propensos a se enamorar, a ver o apaixonamento e o romance como uma fonte de gratificação. Então, pode vir sendo uma fase de encantamento que lhe tira um pouco da realidade e é o que o motiva para a ação. Os solteiros podem ter sentido essa influência se apaixonando algumas vezes durante esse trânsito. Já os casados podem ter vivido momentos de amor e paixão na sua própria relação, mas podem também ter sentido a inclinação por uma nova paixão. Tome cuidado com essa inclinação, pois, depois que o encantamento passa, a realidade permanece.

Para os que estão buscando conhecer pessoas novas, o melhor momento será quando Júpiter fizer o aspecto harmônico ao Sol (ou Ascendente) dos escorpianos, a partir de 10/06. Nesse momento você poderá encontrar maiores chances de conhecer alguém interessante.

Os escorpianos do primeiro decanato que estiverem em uma relação que não está legal poderão vê-la chegar ao fim, já que Plutão está em aspecto difícil, o que pode trazer algum tipo de crise em determinada área da vida. Já os do segundo decanato deverão passar por um momento de estabilidade em suas relações, com Saturno em trígono de 01/01 a 25/05 e de 02/09 a 31/12. Este será também o período mais provável em que alguns dos solteiros resolvam dar um passo em direção ao compromisso.

Os nascidos no terceiro decanato terão esse mesmo aspecto favorável de Saturno. Porém, com Urano em oposição ao Sol (ou Ascendente), tudo fica mais instável e incerto. Qualquer faísca pode se transformar em uma explosão. Netuno, contudo, estará a seu favor de 01/01 a 30/03 e de 23/10 a 31/12, para gerar mais empatia e compreensão, e até mesmo para dissolver qualquer mágoa e ressentimento que possa ter ficado de uma briga ou rompimento.

Em geral, os melhores períodos para as relações, encontros amorosos e colaboração são: 03/01 até 04/02 (Vênus em Peixes), 13/04 até 30/04 (Vênus em Peixes), 31/07 até 25/08 (Vênus em Câncer), 19/09 até 13/10 (Vênus em

Virgem), 06/11 até 30/11 (Vênus em Escorpião), 24/12 até 17/01/2026 (Vênus em Capricórnio).

Os menos favoráveis são: 01/01 até 03/01 (Vênus em Aquário), 01/03 até 12/04 (Vênus retrógrada), 06/06 até 04/07 até (Vênus em Touro), 25/08 até 19/09 (Vênus em Leão).

Saúde: Com Saturno transitando pela Casa 6 entre 26/05 e 01/09, os escorpianos deverão ter especial atenção à parte de articulação, problemas de coluna, hérnia, lombar, joelho etc. Outras possibilidades são problemas com dentes, cálculos renais e de vesícula. Se você já vem apresentando algum sintoma nesse sentido, não espere se agravar. Há chances de que algo que tenha sido relevado se transforme em uma questão crônica de saúde. Saturno pode, ainda, trazer problemas ocasionados por maus hábitos de longo prazo. A sobrecarga da rotina pode também significar uma baixa energética e estafa.

Além de Saturno, Netuno quando transita pela Casa 6 da saúde também não favorece a vitalidade. A imunidade fica baixa, debilita e as alergias se acentuam. Leva-se mais tempo para se recuperar de qualquer doença. Tudo que causa intoxicação pode ser ainda pior nessa fase. Doenças autoimunes podem aparecer ou se agravar. Por isso, adote desde já hábitos mais saudáveis como prevenção. Não dá para ser displicente quando estes dois planetas transitam por aí. Além disso, tome cuidado com a automedicação, pois você fica mais suscetível à intoxicação medicamentosa e a reações alérgicas das substâncias químicas. Será vital que inclua momentos de relaxamento e descanso na sua rotina diária neste ano.

A boa notícia é que Júpiter fazendo um trígono ao Sol (ou ao Ascendente) dos escorpianos a partir do segundo semestre alivia esse quadro. Júpiter confere maior vitalidade, disposição e bem-estar. Os nascidos no primeiro decanato, porém, devem ter em mente que Plutão fará um aspecto difícil ao Sol (ou Ascendente) por um longo período, e que isso significa um cuidado redobrado nos próximos três a quatro anos. Esteja em dia com seu *check-up* e dê uma atenção especial à parte genital, intestinal e tireoide. Além disso, evite se colocar em situações de risco durante esse período.

Os nascidos no segundo decanato são beneficiados com maior estabilidade nas questões de saúde e podem encontrar sucesso nos tratamentos como fisioterapia, acupuntura etc., desde que feitos com regularidade, sobretudo nos períodos 01/01 a 25/05 e 02/09 a 31/12. Os nascidos no terceiro decanato poderão sofrer de ansiedade, tensão, nervosismo e até insônia, especialmente nos períodos de 01/01 a 07/07 e de 09/11 a 31/12. Esse excesso de tensão pode levar a problemas gástricos, por isso é bom que adotem períodos de relaxamento e meditação ao longo do dia. É bom ficarem atentos também para evitar acidentes provocados por quedas e choques. Para aqueles que tenham alguma predisposição a problemas cardíacos ou de circulação, vale a pena estar em dia com os exames necessários.

Os períodos de maior energia, saúde, vigor e vitalidade são: 25/02 até 18/04 (Marte em Câncer), 17/06 até 06/08 (Marte em Virgem), 15/12 até 23/01/2026 (Marte em Capricórnio).

Os períodos menos favoráveis para cirurgia e vitalidade são: 01/01 até 24/02 (Marte retrógrado), 18/04 até 17/06 (Marte em Leão).

Os períodos menos favorecidos para tratamentos e procedimentos estéticos são: 01/01 até 03/01 (Vênus em Aquário), 01/03 até 13/04 (Vênus retrógrada), 06/06 até 04/07 (Vênus em Touro), 25/08 até 19/09 (Vênus em Leão).

SAGITÁRIO (22/11 A 21/12) – Regente Júpiter

Primeiro decanato: 22/11 a 04/12
Segundo decanato: 05/12 a 14/12
Terceiro decanato: 15/12 a 21/12

Panorama Geral: Este será um ano bastante movimentado nas diversas esferas da vida, mas particularmente no que diz respeito à vida íntima e cotidiana, e aos relacionamentos. O ano inicia com Júpiter, seu regente, na sua Casa das parcerias e do casamento até 09/06, indicando possíveis mudanças e movimentações nessa área. Conexões interessantes devem aparecer por esse período.

No entanto, no segundo semestre, se inicia uma fase que irá durar um ano aproximadamente, quando Júpiter migra para a Casa 8, e têm relação com as finanças, no que diz respeito a recursos conjuntos, renda variável e crédito. Os sagitarianos terão aí a melhor oportunidade de fazer mais dinheiro dos últimos doze anos. É também um posicionamento que diz respeito à sexualidade, às situações críticas e emergenciais. Com Júpiter transitando nessa área, estas são questões que estarão cobertas pela sorte.

Saturno vem transitando pela sua Casa 4 — da família e da vida interior — e continuará apresentando suas lições neste setor no período de 01/01 a 25/05 e de 02/09 a 31/12. Alguns sagitarianos já podem percebido, com isso, um aumento nas responsabilidades familiares, por exemplo, ter de cuidar de um familiar que adoeceu, o nascimento de um filho etc. Agora, os mais visados por esse trânsito serão os nascidos no segundo e terceiro decanatos. Pode, ainda, surgir uma pendência relativa a algum bem familiar e é você que tem de resolver. Você é a figura responsável da família, sobre a qual recaem as obrigações, especialmente gerenciais.

Netuno também estará nesse setor, de 01/01 a 30/03 e, novamente, de 23/10 a 31/12, o que pode, se harmônico, fazer as coisas fluírem sem desgaste na vida. Então, por exemplo, você quer vender sua casa, pois vai se mudar, o vizinho vai se casar e quer uma casa maior e se interessa por comprar a sua. As coisas simplesmente acontecem no que se refere à área que Netuno toca, quando bem aspectado. Também gera harmonia, sensação de paz no lar e entre a família.

No entanto, se ele estiver desarmônico, ele enrola, mistura, confunde as coisas. A combinação de Saturno-Netuno na Casa 4 pode estar relacionada a obras em casa que nunca terminam, coisas que ficam malfeitas, infiltração. Então, em qualquer situação do tipo, há que se acompanhar bem de perto. Se você somente delegar, há chances de dar errado. Principalmente os sagitarianos do terceiro decanato devem estar atentos aos aspectos negativos da influência de Netuno, já que este estará em configuração desarmônica ao seu Sol (ou Ascendente).

É preciso destacar que este ano ocorre um Eclipse Lunar que atinge a Casa da família, do lar e da vida interior dos sagitarianos no dia 07/09. O Eclipse Lunar aponta sempre para a possibilidade de uma nova direção, para o seguir em frente. Ocorre que, para isso, pode acontecer crises nesse setor. Por isso, antes que ele chegue, é bom garantir que as relações familiares estejam harmonizadas, que a casa esteja em ordem e que, de preferência, você esteja em um bom astral, em paz consigo mesmo. Assim, é mais provável que as coisas aconteçam de forma menos dramática.

Entre 26/05 e 01/09, Saturno entrará na Casa 5 do amor, lazer e da criação, indicando um período no qual tais assuntos são levados com maior seriedade, especialmente pelos nascidos no primeiro decanato. Saturno nessa posição pode ser um indicativo de paternidade ou maternidade, pois demonstra ocupação com filhos, inclusive para aqueles sagitarianos que já os tenham. É um sinal de que um filho pode passar a precisar da sua supervisão mais constante. Significa, ainda, que os momentos de lazer podem não ser tão abundantes este ano, mas você pode se planejar melhor para aproveitar bem o tempo que tiver disponível.

Nesse momento, Netuno também já estará lá, desde 31/03 até 22/10, o que fará muitos sagitarianos buscarem a gratificação no romance e nas coisas que suscitam o imaginário. Pode dar uma certa preguiça de tudo, menos aquilo que lhe desperta um encantamento. Para aqueles que trabalham com arte, pode ser uma fase de criação extraordinária.

Desde 2023, os eclipses que vêm ocorrendo têm mexido com esse mesmo setor da vida dos sagitarianos, e podem já ter provocado grandes mudanças para alguns, e que Saturno agora irá consolidar. No entanto, há um último

Eclipse Lunar deste ciclo no eixo Áries-Libra, que ocorre em 29/03 e pode representar um novo início para os temas do coração ou até da identidade dos sagitarianos.

Urano continua abalando a rotina e o cotidiano dos sagitarianos entre 01/01 a 07/07 e 09/11 a 31/12. Essa tendência é apenas uma continuação da passagem de Urano em Touro, que já vêm causando surpresas neste setor da vida. Alguns podem ter perdido ou adotado um novo pet, podem ter visto mudanças súbitas ocorrerem no seu ambiente de trabalho, ou novas condições de vida que fizeram com que a sua rotina virasse do avesso. Este ano, Urano fará seu primeiro ensaio na Casa 7, a partir de 08/07 a 08/11, e agitará as coisas na área do casamento e das parcerias, sobretudo dos nascidos no primeiro decanato, tema que será mais bem explorado na seção sobre Relacionamentos.

Plutão, por sua vez, entrou na área da comunicação e do aprendizado, e isso pode desencadear uma paixão por um assunto, um tema novo, que não era da sua área de interesse até então. A sua mente será transformada de alguma forma. Também pode haver uma mudança de meio no qual você costuma circular, uma mudança de ambiente, e estas pessoas interferem na sua maneira de pensar e nos seus interesses. No entanto, não necessariamente isso tudo se dará de uma hora para outra e apenas neste ano, já que a influência de Plutão é de longo prazo. Mas, ao que tudo indica, nestes próximos anos, você deve ver sua mente se transformar de alguma forma.

No final do ano, próximo do seu aniversário (de 05/11 a 15/12), o sagitariano recebe um presente que só acontece em torno de dois em dois anos, que é ter Marte transitando pelo seu próprio signo. Marte traz uma aceleração das coisas, energia e vigor para os sagitarianos. A capacidade de ação, a assertividade e a garra aumentam, movendo você com força de vontade e paixão na conquista de seus objetivos.

Carreira e Finanças: Sagitariano, prepare-se para entrar em um período de abundância financeira talvez jamais vivido até hoje. A partir de 10/06, o seu regente Júpiter, entrará na sua Casa 8, que está relacionada às finanças, permanecendo aí até o final de junho do ano que vem. Aproveite esse período para fazer seu dinheiro render, seja por meio de investimentos ou de negócios em que você é o intermediário (não diretamente quem produz, mas quem faz a ponte). Outra possibilidade é ganhar mais em bônus, comissões e participações.

Pode também ser o momento em que você recebe uma oferta em ações da sua empresa, a ação valoriza e você ganha uma "bolada". Outras hipóteses podem estar relacionadas a você receber uma restituição de imposto, um valor de um processo que estava enrolado e agora sai, heranças e pensões. Seja lá o que pintar nesse sentido, lembre-se de não só aproveitar o momento, mas também de fazer um "pé de meia", pois você pode não ter outra oportunidade igual tão cedo para poupar recursos. Júpiter retorna a cada setor do nosso mapa apenas de doze em doze anos. Fique especialmente atento aos dias 24/06 e 12/08, quando Júpiter se une ao Sol e à Vênus respectivamente, para possíveis oportunidades.

Embora este talvez não seja o principal tema do ano para os sagitarianos, devemos esperar alguns acontecimentos relativos à sua ocupação e à projeção social, com os eclipses que irão ocorrer no Signo de Virgem, que corresponde ao setor da carreira e vida pública. Logo no primeiro trimestre, em 14/03, ocorre um Eclipse Lunar em Virgem, que pode indicar alguma mudança relativa à sua carreira. Eclipses são gatilhos de eventos e mudanças significativas, porém é muito difícil prever para que lado as coisas irão. O fato é que, próximo a sua ocorrência, é indicado que você tenha tudo o mais harmonizado possível naquela área em que se dará. Em 21/09, haverá outro eclipse, agora solar, também em Virgem. Nesse caso, algo que tinha sido deixado de lado poderá retornar. Por exemplo, um trabalho que você tinha deixado de fazer e agora retoma.

Como foi dito anteriormente, Urano vem passando pelo setor da vida cotidiana dos sagitarianos, que também se relaciona à rotina de trabalho. Então, alguns já podem ter sentido um efeito de revolução no ambiente, no método, nos processos de trabalho. Existe a possibilidade que comece a cortar algumas tarefas que já não dão tanto retorno. Pode ser até que você prefira ir para um emprego que pague menos, mas que permita uma maior liberdade na sua rotina, até porque esta, de forma geral, deve estar muito acelerada e turbulenta com Urano transitando por aí.

Aqueles que têm empregados podem sofrer com uma alta rotatividade, pois muitos não param ou não servem para a função. Talvez encontrem a necessidade de se adaptar a uma nova cultura da empresa, um novo fluxo de processos, a novos sistemas que precisa aprender. Dependendo da atividade praticada, é bom reforçar a segurança contra acidentes de trabalho, seja para você ou para seu empregado. Mudanças repentinas de emprego e atividade são outra possibilidade.

Há dois períodos do ano em que você pode apresentar um aumento na sua capacidade de tomada de decisão, resolução de problemas, liderança e proatividade, que podem ser bem aproveitados para se destacar no trabalho. São os períodos de Marte direto em Câncer (24/02 a 18/04) e de Marte no seu próprio signo, Sagitário, de 05/11 a 15/12. O primeiro é especialmente favorável para aqueles que querem lançar novos produtos, serviços, ou que precisem aparecer em público de alguma forma. Apenas é preciso cuidar com as disputas e competitividade acirradas. Não é hora de provocar hostilidade. Já o segundo momento, de Marte em Sagitário, tem mais a ver com a sua disposição para ação, para a iniciativa em todos os sentidos. Você vai lá e faz, resolve, está motivado e motiva os demais.

Os sagitarianos nascidos no primeiro decanato terão uma força atuando a seu favor a partir de 26/05 a 01/09, quando Saturno fizer um trígono ao seu Sol (ou Ascendente), indicando persistência, disciplina e firmeza para alcançar metas e objetivos claros. Netuno, por sua vez, confere inspiração e fluência, entre 31/03 a 22/10, ainda mais para os que lidam com o segmento artístico, de luxo ou mesmo de cura. Plutão, desde que entrou em Aquário, signo harmônico ao seu, lhe dá mais potência e força para mandar na sua própria vida. Além disso, caso tenha sofrido alguma perda de posição, agora poderá recuperá-la. Contudo, Urano está no signo oposto ao seu, indicando o risco de instabilidade, que muitas vezes vem da sua própria predisposição a romper com uma situação desagradável. Em uma sociedade de negócios, este aspecto pode até representar um rompimento e descontinuação da sociedade.

Para os sagitarianos do segundo e terceiro decanatos, alguns ajustes podem ser necessários. Preste atenção se não está exagerando no excesso de trabalho, nos investimentos do negócio ou ampliando sem que haja mercado suficiente para absorver a demanda. Sobretudo no período de 01/01 a 25/05 e, novamente de 02/09 a 31/12, você poderá encontrar muitos obstáculos e contrariedades no seu caminho. Talvez seja o momento para revisar sua situação de vida ou seu caminho profissional. Para esses casos, é sempre bom ter uma reserva financeira. Os nascidos no terceiro decanato, ainda, precisam estar atentos a quem unem esforços, pois com Netuno em Peixes desarmônico, enganos e erros de julgamento sempre são possíveis. Negócios que você tinha como garantidos e certos podem acabar não saindo com essa configuração de 01/01 a 30/03 e, então de 23/10 a 31/12.

Em geral, os melhores períodos para trabalho, dinheiro, negócios e aquisições são: 01/01 até 03/01 (Vênus em Aquário), 30/04 até 06/06 (Vênus em Áries), 25/08 até 19/09 (Vênus em Leão), 13/10 até 06/11 (Vênus em Libra), 30/11 até 24/12 (Vênus em Sagitário).

Os menos favoráveis são: 01/03 até 12/04 (Vênus em retrógrada), 13/04 até 30/04 (Vênus em Peixes), 04/07 até 31/07 (Vênus em Gêmeos), 19/09 até 13/10 (Vênus em Virgem).

Relacionamentos: Como dito anteriormente, os sagitarianos começam o ano com Júpiter, seu regente, transitando por sua Casa 7 do casamento e das parcerias até a metade do ano. Nesse posicionamento, favorece aqueles que queiram se casar, trazendo uma energia de sorte e alegria nas uniões. Já os que estão em um casamento ou em uma relação, caso estejam satisfeitos, há uma indicação de bons momentos e desenvolvimento para a relação. Porém, caso estejam insatisfeitos, muito provavelmente a união será desfeita, pois você sente que é possível encontrar uma relação mais plena e feliz.

Para os solteiros, Júpiter nessa posição traz muitas possibilidades de conhecer novas pessoas, de se aventurar e se tornar mais ousado nas suas investidas. Os candidatos que surgem podem ser de fato pessoas que estimulem um crescimento em você. Pode até significar que você conheça alguém de fora do país, de outra cultura ou uma pessoa muito culta, estudada e que lhe estimule intelectualmente. Você pode criar uma forte conexão mental antes de criar laços afetivos. Fique atento ao Eclipse Solar de 29/03 em Áries, que poderá trazer notícias de um relacionamento do passado. Os nascidos no segundo e terceiro decanatos serão os mais afetados por essa presença de Júpiter até 09/06.

Quando Júpiter passar para sua 8ª casa em 10/06, você poderá ver uma evolução na sexualidade. Tanto para os casados quanto para os solteiros, é um período em que pode haver um enriquecimento da experiência sexual.

Netuno entrando em Áries de 31/03 a 22/10 pode garantir uma dose de romance e fantasia, que ajuda os compromissados a retomarem a magia na relação e os solteiros a se apaixonarem. Por outro lado, ele traz uma idealização do amor e pode ser difícil enquadrar alguém nos critérios desejados ou, até mesmo, se enganar quanto a uma pessoa. Principalmente sagitarianos do primeiro decanato estarão mais suscetíveis aos encantos de Netuno neste mesmo período. Já os do terceiro decanato, podem sofrer mais com os enganos no período de 01/01 a 30/03 e de 02/09 a 31/12.

No entanto, com Saturno, o senhor dos limites e da responsabilidade entrando na sua Casa 5 do amor e dos romances, a partir de 26/05 a 01/09, o ideal é aproveitar para fazer novos contatos casuais antes desse período, e deixar esses dias para algo mais sério, quem sabe até se comprometer em uma relação. Inclusive, para um casal que tenha planos de ter filhos, este pode ser o ano escolhido, pois há uma indicação de aumento de responsabilidades com filhos e crianças. Nesses dias de Saturno, para que os momentos de lazer a dois possam ocorrer, o casal precisará se planejar com alguma antecedência. Não será na espontaneidade, pois assim não sobrará tempo para a diversão.

A passagem de Urano por Gêmeos entre 08/07 e 08/11 pode indicar, principalmente para os nascidos no primeiro decanato, a existência de uma inquietação nas relações dos sagitarianos. O(a) parceiro(a) pode estar diferente, mais desejoso de espaço e liberdade. Em relacionamentos que não estão afinados, pode haver rompimento, pois os caminhos já não se comunicam. Para que as boas relações perdurem, será necessário dar uma renovada, mudar de ares, talvez até se afastar. Nesta fase, os solteiros poderão se encantar especialmente por pessoas mais jovens ou muito diferentes, o que causa uma certa fascinação.

Os nascidos no segundo e terceiro decanatos devem ter um certo cuidado para não se tornarem críticos em demasia, seja com os outros, seja consigo mesmos, no período de 01/01 a 25/05 e de 02/09 a 31/12, pois isso afastará as pessoas. Será necessário um pouco mais de esforço e atenção às relações, para que elas não sofram com um esfriamento. Pode, ainda, haver uma certa reticência sua em se comprometer.

Em geral, os melhores períodos para as relações, encontros amorosos e colaboração são: 01/01 até 03/01 (Vênus em Aquário), 30/04 até 06/06 (Vênus em Áries), 25/08 até 19/09 (Vênus em Leão), 13/10 até 06/11 (Vênus em Libra), 30/11 até 24/12 (Vênus em Sagitário).

Os menos favoráveis são: 01/03 até 12/04 (Vênus retrógrada), 13/04 até 30/04 (Vênus em Peixes), 04/07 até 31/07 (Vênus em Gêmeos), 19/09 até 13/10 (Vênus em Virgem).

Saúde: Entre 01/01 a 07/07 e, então de 09/11 a 31/12, com Urano em trânsito pela Casa 6 da saúde e do cotidiano dos sagitarianos, podem ocorrer imprevistos nessa área da vida. Assim, o ideal é que o seguro saúde esteja em dia, para qualquer evento. Com a imprevisibilidade de Urano, acidentes não são descartados, por isso, tenha mais atenção e menos pressa no dia a dia. Outra possibilidade é você fazer mudanças radicais na sua rotina, a fim de estabelecer hábitos mais saudáveis. Com Urano, as coisas são feitas de forma súbita e repentina, em uma decisão imediata. Problemas de saúde que podem estar relacionados a Urano e que poderão atingir especialmente os nascidos no primeiro decanato no período de 08/07 a 08/11 são: ansiedade, irritabilidade, estresse, problemas circulatórios e cardíacos. Por isso, se você já tiver predisposição a algum desses fatores, faça seu dever de casa para evitar maiores incômodos.

Plutão fazendo sextil ao Sol (ou Ascendente) dos nascidos no primeiro decanato ajuda nos processos de recuperação e regeneração de qualquer condição de saúde. Além disso, combinado com Netuno em aspecto harmônico, pode trazer ótimos *insights* por meio da psicoterapia e afins. Também as terapias alternativas podem ser um bom complemento para a saúde desses sagitarianos entre 31/03 e 22/10.

Os nascidos no segundo e terceiro decanatos poderão sofrer, no primeiro semestre, com uma ansiedade um pouco diferente: muita coisa acontece nesse momento e você gostaria de abraçar todas elas. Porém, se o fizer, o mais provável é que acabe se esgotando. Há um superdimensionamento da sua capacidade, inclusive física, e você avalia mal as consequências. Procure também ajustar seus hábitos a uma rotina saudável, sem exageros que possam sobrecarregar o seu sistema. Até porque, do início do ano até 25/05, e de 02/09 a 31/12, você não estará conseguindo colocar os limites e a disciplina necessários a si mesmo com facilidade.

Nesse mesmo período, o excesso de autocrítica pode prejudicar a autoestima. Cuide também da postura, faça alongamentos e, se a sua rotina de exercício físico for intensa, faça sessões de liberação miofascial ou alguma outra técnica que ajude a relaxar a musculatura. Se tiver tendência a problemas nas coxas ou quadril, estes podem se acentuar neste período.

Os nascidos no terceiro decanato fariam bem em reforçar o sistema imunológico, pois, a partir de 01/01 a 30/03 e retornando de 23/10 a 31/12, Netuno faz um aspecto desarmônico ao Sol (ou Ascendente) desses sagitarianos que podem significar predisposição a infecções e também a viroses. Outro problema relacionado aos aspectos de Netuno são o aparecimento de condições autoimunes.

Os períodos de maior energia, saúde, vigor e vitalidade são: 18/04 até 17/06 (Marte em Leão), 06/08 até 22/09 (Vênus em Libra), 04/11 até 15/12 (Vênus em Sagitário).

Os períodos menos favoráveis para cirurgia e vitalidade são: 01/01 até 24/02 (Marte retrógrado), 17/06 até 06/08 (Marte em Virgem).

Os períodos menos favorecidos para tratamentos e procedimentos estéticos são: 01/03 até 13/04 (Vênus em retrógrada), 13/04 até 30/04 (Vênus em Peixes), 04/07 até 31/07 (Vênus em Gêmeos), 19/09 até 13/10 (Vênus em Virgem).

CAPRICÓRNIO (22/12 a 20/01) - Regente Saturno

Primeiro decanato: 22/12 a 31/12
Segundo decanato: 01/01 a 09/01
Terceiro decanato: 10/01 a 20/01

Panorama Geral: Este é o ano em que veremos muitos capricornianos casarem e darem início a sua própria família. Esses nativos, que são geralmente tão voltados para sua carreira e lugar no mundo, neste ano terão outros focos que talvez se façam mais presentes na sua vida. As relações próximas e família serão uma pauta forte.

Júpiter inicia o ano na Casa 6 dos capricornianos, indicando um processo — que já vem desde o ano passado — de maior exigência quanto à sua saúde, ao seu cotidiano e à qualidade do seu trabalho. Há uma busca por uma rotina mais feliz, com mais saúde, com menos aborrecimentos. Pode ser uma rotina mais ocupada, com muitas atividades extras. Você fica mais exigente também com quem presta serviço ou trabalha para você. Não há espaço ocioso na sua agenda.

Saturno, seu planeta regente, já vem transitando a Casa 3 dos capricornianos, por onde ainda permanecerá até 25/05 e para onde ainda retornará de 02/09 a 31/12. Situações que dependam de burocracias e papeladas podem se estender por mais tempo do que você espera. Saturno obriga a pessoa a colocar a documentação em dia e a formalizar as coisas. Tendo irmãos, pode indicar um período em que se ocupará de questões dos irmãos.

Algum tipo de estudo e aperfeiçoamento poderá ser exigido nesses períodos, até porque você pode se sentir inseguro quanto ao seu nível de conhecimento de determinado assunto e se sentir deslocado no seu meio. Os nascidos no segundo e no terceiro decanatos podem ser os que mais sintam essa influência.

Netuno estará pela mesma área até 30/03, e retornará de 23/10 a 31/12, indicando que é preciso se ter cuidado redobrado com vazamento indesejado de informações, perda de documentos, extravios de correspondência e de bagagem. Acompanhe de perto o andamento de quaisquer processos importantes. A mente fica vaga, desconcentrada, esquecida, fazendo você cometer erros de atenção. As informações podem vir equivocadas, incompletas, misturadas e você pode errar na sua avaliação. Se bem aspectado, pode ser sentido com facilidade nos deslocamentos e logística.

Este ano inicia-se um novo ciclo de eclipses no eixo das Casas 3 e 9 dos capricornianos, ou seja, atuando sobre as áreas da comunicação, dos irmãos, das viagens e deslocamentos e da educação. Em 07/09 acontecerá um Eclipse Lunar em Peixes, indicando que podem surgir questões relacionadas aos irmãos (caso os tenha) ou às conexões próximas, como primos e vizinhos. Outra possibilidade é desencadear algum acontecimento relativo à área da comunicação e do aprendizado.

Haverá ainda dois eclipses na Casa 9, um Eclipse Lunar em 14/03, que pode trazer algum fechamento relativo a ensino superior ou a contatos com o estrangeiro; e um Eclipse Solar em 21/09, que pode indicar a retomada de um curso, por exemplo, ou de algum plano de viagem que havia sido deixado para trás.

No período de 26/05 a 01/09, Saturno faz seu primeiro ensaio na Casa 4 dos capricornianos. Os mais influenciados, em um primeiro momento, serão os nascidos no primeiro decanato. Neste setor, pode indicar um grande aumento de responsabilidades, especialmente no que concerne às questões domésticas e familiares. É possível que você seja responsável por cuidar de um dos pais ou administrar um imóvel da família. Pode ser, ainda, que você decida se mudar e precise fazer uma obra na nova moradia, o que ocupa uma boa parte do seu tempo e preocupação diária. São períodos em que será mais difícil prestar atenção às suas emoções e necessidades, no qual você talvez esteja funcionando muito no "piloto automático".

Com a presença de Netuno neste mesmo setor de 31/03 a 22/10, é possível ter, por exemplo: problemas de infiltração na casa, problemas relativos à posse de terras ou de imóvel, inquilinos que não pagam, desvalorização do imóvel, perda de colheita. Também podem ocorrer traições ou doença na família, sumiço de coisas dentro de casa, decepção e desilusão com familiares. Não é um período favorável para compra de imóveis.

No ano passado, os capricornianos devem ter sentido muito a influência dos eclipses pressionando a área da família e vida íntima e a área oposta, da carreira e vida pública. Tal fato pode ter gerado crises nesses setores da vida e a necessidade de encontrar um melhor equilíbrio desses dois temas. Em 2025, haverá um último eclipse deste ciclo, que será um Eclipse Lunar na Casa 4 dos capricornianos, em 29/03, podendo indicar o final de alguma situação que vem sendo mexida no seio familiar e um novo começo.

Plutão passou para Aquário definitivamente no final do ano passado, por onde continuará até 2044, transitando pela Casa 2 dos capricornianos, casa das posses e dos valores materiais. É preciso se resguardar para que não haja uma queda na posição financeira. Assim, a melhor postura é cortar gastos excessivos e desnecessários. Caso acerte esse movimento, você inclusive será capaz de ter mais dinheiro, quando o trânsito termina. Pode, ainda, dar o poder de refazer a vida material, dar a volta por cima e transformar suas fontes de renda, caso tenha passado por algum baque. Buscar uma segunda fonte de receita seria sábio, sem que isso faça você comprometer patrimônio.

Carreira e Finanças: Júpiter, o planeta da sorte e da expansão, inicia 2025 na Casa do trabalho cotidiano dos capricornianos. Esse posicionamento traz, desde meados do ano passado, a oportunidade de encontrar mais prazer e satisfação em seu trabalho (e em todas as tarefas diárias). Por outro lado, pode trazer um aumento das tarefas, pois você sente como se estivesse fazendo pouco e tem ânsia por fazer mais. Se você é profissional autônomo, nesta época não devem faltar clientes. Aqueles que possuem seu próprio negócio, ou que trabalham na área de contratação de pessoal, encontrarão ótimos candidatos, perfeitamente qualificados para o que for necessário sob esta influência. Ainda, há a possibilidade de você fazer algum tipo de qualificação ou aperfeiçoamento na sua área de trabalho.

Com Saturno e Netuno na sua Casa 3, os capricornianos que lidam com comércio poderão ver uma maior dificuldade de fechar bons negócios nos períodos de 01/01 a 25/05 e de 02/09 a 31/12 (Saturno), e de 01/01 a 30/03 e novamente de 23/10 a 31/12 (Netuno). Saturno coloca obstáculos para o fechamento de negócios e a comunicação. Netuno, por sua vez, pode, além de dissolver acordos e negócios, nublar sua visão e discernimento. Por isso, enquanto ele estiver atuante, não é recomendável fechar contratos e tomar grandes decisões de negócios. É preciso lembrar, ainda, do eclipse que ocorre na Casa 3 em 07/09, o qual pode dizer respeito a alguma crise relacionada a estes temas.

No final do ano, Marte entra em capricórnio — a partir do dia 16/12, possibilitando dar um gás naquilo que precisar ser finalizado e desenrolar o que for possível antes da virada do ano. Além disso, é um bom momento para se afirmar e demonstrar sua capacidade de liderança e tomada de decisão assertiva.

No que diz respeito às finanças, não é exatamente um momento tranquilo para os capricornianos, que podem ver suas reservas abaladas por Urano na Casa 8, de 01/01 a 07/07 e mais uma vez de 09/11 a 31/12, em um movimento que já vem ocorrendo há mais tempo e que já pode ter sido vivenciado por diversos capricornianos. Urano neste setor pode indicar turbulências nos ganhos do seu parceiro, sócio ou cônjuge, mas também pode significar que é você quem ganha ou perde com investimentos, intermediação de negócios, ações, comissões de forma súbita e inesperada. Onde Urano toca no horóscopo, é sempre bom ter um "plano B", pois a surpresa pode, no mínimo, alterar todo o seu planejamento.

No segundo semestre, Júpiter na Casa 7 pode trazer uma melhora na situação do(a) parceiro(a), que acaba sendo estendida a você. Pode, ainda, indicar propostas de sociedade interessantes e um momento de ascensão profissional em longo prazo (nos próximos três anos).

Ainda sobre as finanças, conforme foi falado no Panorama Geral, Plutão estará fazendo um longo processo de regeneração da relação dos capricornianos com os valores materiais e até mesmo valores pessoais. Em um primeiro momento, os nascidos no primeiro decanato serão os primeiros a sentir essa influência, que pode, sim, trazer perdas e danos, mas cuja intensidade depende muito de você entender a lição: menos é mais. Corte o supérfluo, gastos excessivos e desnecessários desde já. Planeje-se para o futuro e para gerar uma reserva de segurança, transforme de alguma forma sua maneira de lidar e gerenciar o dinheiro. No entanto, Plutão da mesma forma que tira, pode ajudá-lo a regenerar e recuperar, se for necessário. É indicado que, neste período, você procure diversificar sua renda, tendo mais de uma fonte de receitas.

Os nascidos no primeiro decanato poderão passar por um momento de baixa produtividade e eficiência entre 26/05 e 01/09. Há pouca motivação e menos apoio. O trabalho em equipe poderá ser prejudicado, pois você dificilmente encontra cooperação. Você poderá encontrar lentidão nos processos e atrasos de cronograma que lhe tirarão do sério. Além disso, Netuno fará aspecto desarmônico entre 31/03 e 22/10, contribuindo para que você perca o foco, a linha de raciocínio e para que as coisas não fluam conforme o esperado.

Já os nascidos no segundo e terceiro decanatos terão a ajuda de Saturno, seu planeta regente, de 01/01 a 25/05 e, então de 02/09 a 31/12, para concluir seu trabalho dentro do prazo, sem maiores problemas. Esse trânsito positivo os torna disciplinados, focados em seu objetivo, eficientes e produtivos. É um momento em que você pode construir sua estrutura de carreira, e pode, inclusive, ser promovido e ganhar mais autoridade.

Os nascidos no terceiro decanato ainda contarão com a genialidade uraniana atuando a seu favor de 01/01 a 07/07, e de 09/11 a 31/12. Esse aspecto harmônico lhes ajudará a encontrar soluções criativas e inovadoras na sua área, além de possibilitar acompanhar mais facilmente qualquer novidade tecnológica. Também pode ser favorável para aqueles que estiverem buscando fazer um movimento de transição de carreira e queiram romper com a atual posição. Netuno, também em aspecto harmônico de 01/01 a 30/03 e de 23/10 a 31/12, faz as coisas fluírem naturalmente, sem resistências. Para aqueles que trabalham na área artística ou que lida com moda e artigos de luxo, pode ser um período altamente produtivo.

Em geral, os melhores períodos para trabalho, dinheiro, negócios e aquisições são: 31/01 até 04/02 (Vênus em Peixes), 13/04 até 30/04 (Vênus em Peixes), 06/06 até 04/07 (Vênus em Touro), 19/09 até 13/10 (Vênus em Virgem), 06/11 até 30/11 (Vênus em Escorpião), 24/12 até 17/01/2026 (Vênus em Capricórnio).

Os menos favoráveis são: 04/02 até 28/02 (Vênus em Áries), 01/03 até 12/04 (Vênus retrógrada), 30/04 até 06/06 (Vênus em Áries), 31/07 até 25/08 (Vênus em Câncer), 13/10 até 06/11 (Vênus em Libra).

Relacionamentos: Como dito anteriormente, este ano poderá ver alguns capricornianos dizerem o "sim" para a pessoa amada. Júpiter entrará na Casa 7 das parcerias e casamento em 10/06, iniciando possivelmente o período mais abençoado para as relações em doze anos. No seu setor de parcerias e relacionamentos, Júpiter traz a oportunidade de fortalecer os laços, seja em uma relação romântica, seja em uma parceria de negócios.

O segundo semestre é, portanto, não só um ótimo período para se casar, mas para aqueles que estão solteiros, conhecerem pessoas interessantes e com potencial para casamento. Os que já são casados ou compromissados podem aproveitar mais esse período como casal, planejando algo importante como uma grande viagem. Começar novas sociedades sob esta influência também poderá ser auspicioso. Fique atento aos dias 24/06 e 12/08, quando Júpiter fizer conjunção ao Sol e à Vênus no Céu, respectivamente. Estes poderão ser dias de sorte nos relacionamentos. Fique atento à Lua Cheia de janeiro em Câncer, que poderá trazer o ápice de uma questão de relacionamento e à Lua

Nova de junho, que poderá trazer novidades nesse sentido. Em janeiro, nos dias 16 e 23 também seria bom se resguardar mais de qualquer discussão ou impasse, pois a situação pode escalar.

Com Saturno e Netuno transitando pela sua Casa 3, este ano um desafio pode ser a comunicação com os outros. Além disso, podem indicar preocupação e problemas com irmãos. Assim que estes planetas passarem para a Casa 4, há também indícios de problemas familiares. Então, neste ano, outro foco são as relações com a família, especialmente pais, irmãos e cônjuges.

Para os casais, Saturno na Casa 4, de 26/05 a 01/09, traz um peso para o convívio no lar. Pode ser que vocês resolvam comprar um imóvel e as despesas pesem no orçamento familiar, por exemplo. Aliás, enquanto Netuno transitar por esta Casa, de 31/03 a 22/10, não é aconselhável compra de imóveis. Pode ser apenas que o clima esteja pesado dentro de casa. Um dos pais ou sogros pode ir morar com o casal e isso traz uma sensação de perda do espaço, da privacidade, podendo até mesmo gerar conflitos entre o casal ou entre os familiares.

Os capricornianos do primeiro decanato devem ter em mente que no período de 26/05 a 01/09 não serão dias fáceis de lidar. Podem estar excessivamente pessimistas, críticos e com a autoestima abalada por conta de Saturno, seu regente, estar fazendo um aspecto difícil ao seu Sol (ou Ascendente). Ainda, de 31/03 a 22/10, podem estar um tanto confusos e indecisos. Tome cuidado para não comprar gato por lebre nesses dias, pois sua capacidade de julgamento estará defasada.

Tanto os nascidos no segundo quanto no terceiro decanatos estarão com uma melhor disposição para se comprometer em relações duradouras, enquanto Saturno estiver em Peixes, de 01/01 a 25/05 e de 02/09 a 31/12. Os nascidos no terceiro decanato são beneficiados por Urano em trígono ao seu Sol (ou Ascendente), nos períodos de 01/01 a 07/07 e de 09/11 a 31/12, o que é especialmente favorável no caso de ter que realizar alguma mudança na relação ou até mesmo um rompimento menos traumático. Ainda, estes mesmos capricornianos têm maiores chances de se apaixonar verdadeiramente ou de avivar o clima de romance com seus parceiros de 01/01 a 30/03 e de 23/10 a 31/12, quando Netuno estiver transitando ainda por Peixes.

Em geral, os melhores períodos para as relações, encontros amorosos e colaboração são: 31/01 até 04/02 (Vênus em Peixes), 13/04 até 30/04 (Vênus em Peixes), 06/06 até 04/07 (Vênus em Touro), 19/09 até 13/10 (Vênus em Virgem), 06/11 até 30/11 (Vênus em Escorpião), 24/12 até 17/01/2026 (Vênus em Capricórnio).

Os menos favoráveis são: 04/02 até 28/02 (Vênus em Áries), 01/03 até 12/04 (Vênus retrógrada), 30/04 até 06/06 (Vênus em Áries), 31/07 até 25/08 (Vênus em Câncer), 13/10 até 06/11 (Vênus em Libra).

Saúde: No primeiro semestre de 2025, os capricornianos podem esperar por um período de maior sorte e tranquilidade em relação à saúde. Há uma sensação de bem-estar e vigor, concedidas por Júpiter na sua Casa 6, protegendo de maiores preocupações com a saúde. Quando Saturno, seu regente, passar para Áries, de 26/05 a 01/09, pode haver uma diminuição da vitalidade e do ânimo.

Já Netuno transitando pela sua Casa 4, de 31/03 a 22/10, é favorável para quem faz terapia ou análise, pois irá conectá-lo mais facilmente ao seu mundo interior que, aliás, nem sempre é de fácil contato para um capricorniano. Os principais a serem atingidos por essa configuração serão os nascidos no primeiro decanato.

A partir de 10/06, quando Júpiter passar para a Casa 7 e fizer oposição ao Sol (ou Ascendente) dos capricornianos, não só a vitalidade diminui, como você poderá engordar, aumentar o nível de gordura no fígado e de açúcar no sangue. Por isso, certifique-se de adotar uma dieta mais regrada e praticar exercício físico regularmente. O sono e a recuperação também desempenharão papel importante, até porque a sua tendência será ir além do seu limite e se desgastar demais. Além disso, antes que chegue esse momento, tenha certeza de que a saúde está em dia, pois sob esta influência desarmônica, problemas preexistentes podem crescer. Fique atento ao risco de pequenos acidentes no dia 23/01.

A Lua Nova de maio pode ser um bom momento para iniciar tratamentos de saúde ou até para começar uma dieta, uma prática rotineira de atividade física ou outra coisa que beneficie a sua saúde.

Os nascidos no primeiro decanato deverão ter mais atenção à imunidade e a possíveis problemas de intoxicação (inclusive medicamentosa), alergias, fraturas, calcificações, problemas de articulação, coluna e questões relacionadas aos dentes. Já os nascidos no terceiro decanato serão beneficiados com maior sensação de tranquilidade e paz, além de possíveis *insights* em trabalhos terapêuticos.

Os períodos de maior energia, saúde, vigor e vitalidade são: 17/06 até 06/08 (Marte em Virgem), 22/09 até 04/11 (Marte em Escorpião), 15/12 até 23/01/2026 (Marte em Escorpião).

Os períodos menos favoráveis para cirurgia e vitalidade são: 01/01 até 24/02 (Marte retrógrado), 25/02 até 18/04 (Vênus em Câncer), 06/08 até 22/09 (Vênus em Libra).

Os períodos menos favorecidos para tratamentos e procedimentos estéticos são: 04/02 até 28/02 (Vênus em Áries), 01/03 até 13/04 (Vênus retrógrada), 30/04 até 06/06 (Vênus em Áries), 31/07 até 25/08 (Vênus em Câncer), 13/10 até 06/11 (Vênus em Libra).

AQUÁRIO (21/01 A 19/02) – Regente Urano

Primeiro decanato: de 21/01 a 31/01
Segundo decanato: de 01/02 a 09/02
Terceiro decanato: de 10/02 a 19/02

Panorama Geral: Bem-vindo a mais um ano transformador, caro aquariano! No ano passado, Plutão passou definitivamente para seu signo, por onde permanecerá causando algum tipo de mudança radical no âmago do seu ser pelos próximos vinte anos. É claro que você não irá passar por isso ao longo de todo esse período, cada decanato sentirá na pele mais ou menos em um subperíodo e, por ora, os aquarianos de primeiro decanato são os mais atingidos por essa energia.

Plutão sempre trabalha o desapego, o final e o recomeço, a regeneração. São experiências que nem sempre são fáceis de serem vividas, mas que, quando terminam, você sai completamente transformado. Quando ele passa na Casa 1, é necessário desapegar-se do próprio ego, aprender a humildade, não chamar muito a atenção. O momento é de discrição, de usar o poder de observação mais do que a interferência direta no mundo, pois você poderá atrair animosidades e inimizades.

Esse será um período de verdadeira transmutação da sua identidade, onde você será convidado a eliminar aspectos de si mesmo que não sirvam a sua evolução. Precisará entender que não há como controlar as circunstâncias da vida, e que é preciso aceitar os processos naturais de começo e fim. Se aceitar o desafio que ele lhe propõe, ao final você sairá fortalecido e terá a oportunidade de um novo começo.

Desde o ano passado, Júpiter, o grande benfeitor, vem transitando a Casa 5 dos romances, filhos, lazer e criatividade dos aquarianos, onde permanecerá até 09/06. Assim, esses nativos podem ter começado a sentir a necessidade de incluir mais lazer na sua vida, talvez planejado alguma viagem ao exterior e até se arriscando mais nas suas escolhas. Este ano, esse trânsito influencia principalmente os nascidos no segundo e terceiro decanatos. Júpiter nessa posição pode trazer uma maior espontaneidade, uma fertilidade para criação e até para quem pensa em ter filhos. Se está pensando em engravidar ou precisar fazer algum tipo de tratamento de fertilidade, este é o momento ideal.

A partir de 10/06, Júpiter se transfere para a Casa 6 da saúde e da rotina, por onde irá ficar por aproximadamente um ano. Além de sorte para a saúde, você pode se interessar em buscar a melhoria dela, acrescentando hábitos mais saudáveis para a sua vida. Além disso, a rotina pode ficar atarefada, mas prazerosa. Você encontra maior satisfação nas tarefas e atividades do dia a dia e todo dia acontece algo bom.

Saturno tem transitado pela Casa 2 dos aquarianos, transmitindo autodisciplina e responsabilidade na gestão dos seus valores materiais e pessoais. Pode ser que você tenha assumido a responsabilidade financeira por algum dos pais, por exemplo. Este ano, de 01/01 a 25/05 e de 02/09 a 31/12, Saturno passará suas últimas lições a esse respeito para os aquarianos, que pode ser apenas a continuidade de algo que você já incorporou, fazendo sacrifícios de curto prazo, a fim de atingir algum objetivo material de longo prazo.

É preciso ressaltar que Netuno também estará na sua Casa 2, de 01/01 a 30/03 e de 23/10 a 31/12, por onde já vem passando há bastante tempo, e que pode ter sido mais disciplinado quando Saturno entrou no mesmo setor. Netuno pulveriza os recursos, avalia mal o valor, faz o dinheiro "vazar" sem você sequer se dê conta de como isso ocorreu.

No período de 26/05 a 01/09, o planeta dos limites e das lições de vida irá passar para a Casa 3 dos aquarianos, iniciando uma fase em que você precisará dar uma polida no que se refere à comunicação, organização e legalização de papelada, reciclagem de conhecimentos, relação com irmãos e vizinhos, para exemplificar algumas possibilidades.

Antes mesmo de Saturno, Netuno faz sua passagem para a Casa 3 dos aquarianos, permanecendo ali de 31/03 a 22/10. A mente fica vaga, difusa, desconcentrada. O ideal é checar e revisar as informações, o preenchimento de dados etc. Deve-se ter cuidado redobrado com extravio de encomendas, bagagem e correspondência em geral.

Seu regente Urano continua abalando as bases da sua vida, principalmente se você for nascido no terceiro decanato, mexendo com a sua Casa 4 da vida doméstica, família e vida interior, nos períodos de 01/01 a 07/07 e de 09/11 a 31/12. Nessa posição, Urano pode vir causando uma sensação de sufocamento no lar, no seio familiar, o que, especialmente para os aquarianos, pode ser difícil de suportar. Alguns aquarianos podem ter mudado de região, cidade ou país, se afastando do local de origem e dos familiares próximos. Há uma mudança no modo de vida e liberação de uma sensação de aprisionamento. Se há familiares idosos, existe a possibilidade de falecimento sob este aspecto.

Em 2025, Urano fará seu primeiro ensaio em Áries, Casa 5 dos aquarianos, relativa ao amor, prazer, criatividade e filhos. Primeiramente, pode ocorrer uma gestação inesperada ou de filhos crescidos saírem de casa. Caso você engravide, a gestação pode vir a ser de risco. Ainda em relação a esse tema, pode ocorrer de um filho seu engravidar (geralmente cedo, pegando a todos desprevenidos) ou de você ficar com a guarda de uma criança. Se você for nascido no primeiro decanato, talvez você já tenha descoberto um prazer totalmente novo, que nem imaginava que lhe agradaria tanto e aptidões novas. Ao final dessa passagem de Urano, talvez todos os aquarianos se vejam completamente diferente do que eram.

Carreira e Finanças: Com Júpiter na Casa 5 no primeiro semestre, os aquarianos podem aproveitar o período para buscar maior qualificação no que fazem e até para descobrirem novas aptidões que possam empregar no seu trabalho. Quando ele passa para a Casa 6, no dia 10/06, você poderá ampliar a sua atuação, expandir os serviços oferecidos, agregar novos produtos ou novas responsabilidades. É um indicativo de que a sua rotina estará tomada, não sobrará espaço para nada e, possivelmente, isso se dá pelo trabalho. No entanto, tende a ser uma rotina mais prazerosa, em que buscará satisfação no que fizer. Aproveite o momento para construir seu caminho de ascensão profissional ou expansão de seus negócios. Fique atento aos dias 24/06 e 12/08, quando Júpiter encontra o Sol e Vênus no céu, respectivamente, pois podem ser dias em que oportunidades aparecem. Viagens ao exterior a trabalho ou lidar com comércio exterior são atividades que estarão favorecidas e em pauta.

Como você estará possivelmente assoberbado de tarefas e atividades, será bom ter uma lista de prioridades, trabalhar com *checklists* e se organizar. Até porque, com Netuno passeando pela Casa 3 entre 31/03 e 22/10, a tendência é você se perder no tanto de informações. Cuidado para não cometer erros de atenção e peça para alguém olhar com você, revisar seu trabalho quando envolver muitos detalhes e minúcias. Você estará com uma cabeça voltada mais para o macro e o quadro geral do que para o micro. Tudo que envolver contratos, formalização e documentação precisa de um cuidado redobrado, para que você não cometa enganos ou seja levado ao erro. Se informe bem sobre as pessoas com quem está fazendo negócios antes de fechar qualquer coisa.

Focando no aspecto financeiro, com Netuno no período de 01/01 a 30/03 e, novamente, de 23/10 a 31/12, e Saturno no período de 01/01 a 25/05 e de 02/09 a 31/12, na Casa 2, dos valores materiais, os aquarianos devem buscar um maior controle das suas finanças. O dinheiro pode estar se diluindo nas pequenas despesas e você sequer se dá conta. Saturno pede que você aprenda a gerenciar melhor seus recursos e Netuno faz com que as coisas percam seu valor. Por isso, não é um bom momento para grandes aquisições ou vendas, pois você sai perdendo nessa conta. É possível, inclusive, que alguns aquarianos tenham visto seu salário ou renda diminuir desde que Netuno e Saturno entraram na Casa 2. Outros podem até ter perdido o emprego. A boa notícia é que esse período de provação não está tão distante de terminar, com ambos os planetas já fazendo seu primeiro ensaio pela Casa 3, em uma passagem mais amena. Quando Netuno estiver na Casa 3, no entanto, é preciso ter cautela com transações muito volumosas de dinheiro, pois pode acontecer alguma falha no processo e você pode acabar se dando mal ao perder o valor.

Os eclipses do ano trarão uma ênfase ao setor financeiro dos nativos de Aquário, uma vez que três deles se darão no eixo das Casas 2 e 8. Em 14/03, o primeiro do ano será um Eclipse Lunar de Casa 8, o setor dos recursos conjuntos e de terceiros e da renda variável. Já no dia 07/09, há um Eclipse Lunar de Casa 2, do salário e dos valores materiais. Por fim, em 21/09, ocorre o Eclipse Solar de Casa 8. Assim, sempre antes que o eclipse chegue, o melhor a se fazer é estar em dia com os assuntos que dizem respeito àquela área. Neste caso, esteja em dia com pagamentos, empréstimos e impostos. Tais eventos podem trazer crises ou acontecimentos súbitos — não necessariamente ruins — que podem dizer respeito ao seu salário, valor de bens, bônus e comissões, heranças e pensões. Fique atento à proximidade destas datas, estando com o seu orçamento e qualquer outro dever de casa necessário em dia.

Os aquarianos do primeiro decanato devem se manter em *low profile* este ano, para não atraírem inveja, ressentimentos e até animosidades com colegas e figuras de poder. O melhor comportamento será ficar nos bastidores e mais de observador, fazendo seu trabalho diligentemente e o mais "no seu canto" possível. Poderão contar com uma ajudinha de Saturno entre 26/05 e 01/09, para serem mais produtivos, disciplinados e persistentes no alcance de seus objetivos. É um momento em que terão maiores chances de transitar bem entre figuras de autoridade também. Além disso, entre 08/07 e 08/11, Urano, seu regente, confere maior criatividade, originalidade e facilidade para realizar mudanças desejadas. Netuno em Áries, de 31/03 a 22/10, colabora especialmente com inspiração e empatia, sendo muito favorável para aqueles que trabalhem na área artística, criativa e das curas e terapias. Pode, ainda, facilitar o entendimento com colegas de trabalho e superiores.

Os aquarianos do segundo e terceiro decanatos devem aproveitar a capacidade de brilho e expansão do ano presente até 09/06 enquanto Júpiter transitar por Gêmeos. Bom momento para se destacar e abrir novas frentes de atuação. Porém, os nascidos no terceiro decanato devem ter em mente que de 01/01 a 07/07 e de 08/11 a 31/12 estarão sujeitos a surpresas no caminho, que podem mudar seus planos de forma radical. As rupturas, aqui, não serão tão fáceis.

Em geral, os melhores períodos para trabalho, dinheiro, negócios e aquisições são: 01/01 até 03/01 (Vênus em Aquário), 04/02 até 28/02 (Vênus em Áries), 30/04 até 06/06 (Vênus em Áries), 04/07 até 31/07 até 25/08 (Vênus em Gêmeos), 13/10 até 06/11 (Vênus em Libra), 30/11 até 24/12 (Vênus em Sagitário).

Os menos favoráveis são: 01/03 até 12/04 (Vênus retrógrada), 06/06 até 04/07 até (Vênus em Touro), 25/08 até 19/09 (Vênus em Leão), 06/11 até 30/11 (Vênus em Escorpião).

Relacionamentos: Com Júpiter transitando na Casa 5 do amor e do prazer, desde meados do ano passado, os aquarianos podem ter focado bastante da sua energia no romance. Até 09/06, será possível expandir essa área da vida, não faltando pretendentes para os solteiros, nem momentos agradáveis para os casais. Aliás, nesse primeiro semestre, seria bom se os casais investissem em uma aventura ou em uma viagem ao exterior juntos, pois a conexão será ampliada dessa forma. Os solteiros, por sua vez, podem encontrar pares nesse tipo de situação, se afastando do seu local de origem.

Outra oportunidade de surpresas para o coração dos aquarianos será quando Urano entrar na sua Casa 5, de 08/07 a 08/11. Novos amores poderão surgir. Você poderá se interessar por pessoas muito diferentes e que normalmente não atrairiam sua atenção, até porque existe a tendência de explorar novos tipos de lazer e ambientes que você não estava acostumado a frequentar. Os comprometidos poderão aproveitar essa mesma energia inovando na sua relação, para renovar a paixão. Casais poderão, ainda, engravidar de forma inesperada, embora não seja o período indicado para quem quer planejar uma gravidez.

Aproveite as Luas Novas de janeiro, maio e julho para iniciar novos romances e relacionamentos ou até para tomar uma iniciativa romântica com seu parceiro(a).

Os nascidos no primeiro decanato que forem solteiros devem estar atentos na hora de escolher suas companhias, pois poderão atrair figuras dominadoras e entrar em uma roubada. Tudo bem se você procurar sair da mesmice e buscar pessoas diferentes do seu padrão habitual, só se certifique de não entrar em um padrão de relacionamento tóxico. O ponto favorável é que a sua essência normalmente foge de pessoas controladoras. De 31/03 a 22/10, os aquarianos do primeiro decanato encontram condições favoráveis para o romance e para fazer as pazes em caso de necessidade, no âmbito de qualquer relação.

Os aquarianos do segundo e terceiro decanatos poderão estar mais vibrantes enquanto Júpiter ainda estiver em Gêmeos, até 09/06. Dessa forma, podem estar com maior disposição para socializar e se aventurar, além de atrair mais os olhares por onde passam. Os nascidos no terceiro decanato devem cuidar com a tendência a chutar o pau da barraca entre 01/01 a 07/07 e 08/11 a 31/12, pois o nível de tolerância estará baixíssimo.

Em geral, os melhores períodos para as relações, encontros amorosos e colaboração são: 01/01 até 03/01 (Vênus em Aquário), 04/02 até 28/02 (Vênus em Áries), 30/04 até 06/06 (Vênus em Áries), 04/07 até 31/07 até 25/08 (Vênus em Gêmeos), 13/10 até 06/11 (Vênus em Libra), 30/11 até 24/12 (Vênus em Sagitário).

Os menos favoráveis são: 01/03 até 12/04 (Vênus retrógrada), 06/06 até 04/07 (Vênus em Touro), 25/08 até 19/09 (Vênus em Leão), 06/11 até 30/11 (Vênus em Escorpião).

Saúde: Este ano, caso tenha de fazer algum tratamento ou procedimento de saúde, se for possível, deixe para fazê-lo a partir do dia 10/06, quando Júpiter, o grande benfeitor, passar para a sua Casa 6 da saúde e do cotidiano. Há maior proteção e as chances de que o tratamento dê certo são altas. Os dias 24/06 e 12/08 poderão ser ainda mais benéficos, pela conjunção de Júpiter ao Sol e à Vênus no Céu, respectivamente. Este será também o período em que você pode se sentir com mais energia este ano, com aumento da vitalidade e disposição de uma forma geral. Ainda, existirá uma inquietação no que diz respeito à sua saúde, no sentido de que você irá querer melhorá-la, seja buscando tratamento para alguma condição preexistente, seja buscando apenas melhorar a qualidade de vida como prevenção.

Aproveite a Lua Nova de janeiro e a de junho para iniciar quaisquer atividades ou tratamentos relacionados ao seu bem-estar e saúde.

Como há favorecimento para que você fique mais saudável, vá atrás daquilo que entende que precisa melhorar, seja consultando um nutricionista, um médico do esporte, contratando um *personal trainer* ou estudando a respeito de melhores práticas de saúde, que poderá até passar adiante. Júpiter pode aumentar um pouco o nível de ansiedade, até porque sua rotina ficará bastante ocupada com ele aí. Assim, atividades de contemplação, como meditação, Tai-Chi etc. serão muito bem-vindas.

Sem sombra de dúvidas, os aquarianos do primeiro decanato são os que precisam adotar os maiores cuidados de saúde este ano, dada a conjunção com Plutão ao seu Sol (ou Ascendente). A má notícia é que esse trânsito dura aproximadamente quatro anos e a boa notícia é que quando você aprende as lições de Plutão e toma as medidas necessárias, você sai fortalecido e transformado. Por isso, tudo que foi dito no parágrafo anterior é praticamente obrigatório para estes aquarianos. Você precisa adotar um estilo de vida saudável o quanto antes e estar com seu *check-up* todo em dia. Plutão quando mal aspectado ou mal gerenciado, geralmente ataca os órgãos genitais, excretores e glândula tireoide. Aqueles que já passaram por algum tipo de câncer fazem bem em manter um monitoramento mais frequente nesse período.

Já os nascidos no segundo decanato devem ter um ano bastante tranquilo em termos de saúde, mas farão muito bem em tomar medidas preventivas, até porque, em poucos anos, chegará a sua vez de enfrentar o trânsito de Plutão. Os do terceiro decanato estão em uma situação bastante parecida, exceto pelo fato de que Urano está tensionando seu Sol (ou Ascendente) entre 01/01 e 07/07 e entre 09/11 e 31/12, irá aumentar em muito o nível de ansiedade, nervosismo e tensão. Então, será interessante buscarem atividades que sejam uma válvula de escape para tais condições. Caso contrário, poderão apresentar problemas de pressão alta, arritmia, insônia e até problemas cardíacos e de circulação. Vale a pena investir em atividades que lhes façam desacelerar e tirar o foco daquilo que está sendo fonte de estresse.

Os períodos de maior energia, saúde, vigor e vitalidade são: 17/06 até 22/09 (Marte em Libra), 04/11 até 15/12 (Marte em Sagitário).

Os períodos menos favoráveis para cirurgia e vitalidade são: 01/01 até 24/02 (Marte retrógrado), 18/04 até 17/06 (Marte em Leão), 22/09 até 04/11 (Marte em Escorpião).

Os períodos menos favorecidos para tratamentos e procedimentos estéticos são: 01/03 até 13/04 (Vênus retrógrada), 06/06 até 04/07 até (Vênus em Touro), 25/08 até 19/09 (Vênus em Leão), 06/11 até 30/11 (Vênus em Escorpião).

PEIXES (20/02 A 20/03) – Regente Netuno

Primeiro decanato: de 20/02 a 29/02
Segundo decanato: de 01/03 a 10/03
Terceiro decanato: de 11/03 a 20/03

Panorama Geral: Este será um ano de muito trabalho interior, familiar e relativo aos seus próprios interesses, com menor atuação no mundo lá fora. Os maiores aprendizados terão relação com suas experiências pessoais, suas reflexões e sua própria interiorização.

Júpiter vem desde o ano passado passando pela sua Casa 4, da vida doméstica, da família e da vida interior, por onde ficará até 09/06. Com isso, os piscianos podem estar concentrados em melhorar sua moradia, seja mudando para um lugar mais amplo, mais agradável, seja apenas buscando melhorias para sua atual residência. Querem mais qualidade de vida, maior sensação de alegria e satisfação. A ambição do momento é ser feliz. Além disso, pode haver uma valorização de seus imóveis.

Outras possibilidades nesse período são o crescimento da família, benefícios para familiares, imóveis recebidos por herança ou até uma ajuda de custo recebida de familiares para financiar uma viagem, um curso no exterior etc. É um aspecto favorável ao entendimento e à harmonia familiar de forma geral.

Em 10/06, Júpiter passará para outro setor da vida dos piscianos: do amor, dos filhos, do prazer e da identidade e por lá ficará até meados do ano seguinte. É um momento de expansão do seu ser, das suas capacidades e da sua criatividade. Além disso, nesse período você irá buscar mais prazer para a sua vida, fazendo mais do que você gosta. Será prioridade se sentir valorizado(a), importante de alguma forma e talvez deixar sua marca no mundo. Para alguns, isso se traduz em ter filhos. Haverá, ainda, grande fertilidade. Aqueles que já tenham filhos poderão querer ampliar a família ou até, dependendo da idade, ganharem netos. Os filhos poderão fazer alguma viagem para o exterior ou estudar em um lugar distante. Há expansão para a vida dos filhos, de acordo com sua idade.

Saturno iniciará e terminará o ano ainda na Casa 1 dos piscianos, por onde ele já vem transitando há algum tempo. O planeta das lições de vida permanece aí de 01/01 a 25/05 e de 02/09 a 31/12, reforçando o momento de adquirir uma estrutura para si e por si, especialmente para os piscianos do segundo e terceiro decanatos. Muitas vezes, Saturno pode tirar uma figura paterna de nossas vidas quando atravessa para a Casa 1, indicando que é chegada a hora de caminhar com as próprias pernas. Há uma sensação de que você não pode mais perder tempo com futilidades ou com o que não é útil, então você aprender também a priorizar. Os aquarianos que estão sob esta influência serão vistos como em uma fase mais chata, ranzinza e antissocial, mas faz parte do amadurecimento e do fato de que não sobra muita energia para o lazer. Pode ser um indicador de maternidade ou paternidade, uma vez que este é um evento que traz amadurecimento e maiores responsabilidades consigo.

Netuno, seu planeta regente, se encontra na mesma área que Saturno por alguns períodos este ano na Casa 1, de 01/01 a 30/03 e de 23/10 a 31/12. Enquanto Saturno quer estruturar, disciplinar, Netuno quer diluir, dissolver. Por isso o desafio é ainda maior. Você precisa se organizar para não se perder. Não se perder inclusive de você mesmo. Dá uma sensação de estranhamento de si mesmo, de não se reconhecer na própria pele, podendo agravar inseguranças e medos, os quais Saturno por si só já revolveria. É preciso atenção em dobro nas mensagens que passa para os outros.

A Casa 1, do eu, da individualidade, aliás, será remexida com o novo ciclo de eclipses no eixo Peixe-Virgem que está por vir. Os eclipses são a maneira de o universo realizar alterações de curso para corrigir a rota. Acontece que, muitas vezes, podem ser eventos dramáticos, caso estejamos muito longe dela. Assim, é bom ter em mente que no dia 07/09 ocorre um Eclipse Lunar na sua Casa 1, indicando possivelmente o início de um novo ciclo.

Entre 26/05 e 01/09, Saturno fará um primeiro ensaio no Signo de Áries, passando para a Casa 2 dos piscianos. Nessa posição, ele vem para lhe ensinar o valor de gerir melhor seus recursos e valores materiais. Os nascidos no primeiro decanato serão, em 2025, os mais afetados por suas lições. Já Netuno irá fazer sua passagem pela Casa 2 de 31/03 a 22/10, dificultando também o trabalho que Saturno lhe passou de organizar e disciplinar suas finanças. Preste bastante atenção, pois o seu julgamento para atribuir valor às coisas e até às situações e pessoas estará prejudicado.

Urano continua sua passagem pela Casa 3 dos piscianos, nos períodos de 01/01 a 07/07 e de 08/11 a 31/12, trazendo "coincidências" e imprevistos nos pequenos deslocamentos, como encontrar uma pessoa que você vem evitando, atrasar um voo marcado, ir parar no endereço errado etc. Por isso, com ele nessa posição, tenha sempre uma certa flexibilidade de agenda, reservando um tempo maior para os deslocamentos e viagens. Pode ainda acontecer algum evento inesperado no que se refere à relação com irmãos, primos ou vizinhos. Você poderá despertar interesse por assuntos novos e ganhar aptidões mentais que antes pareciam bloqueadas.

No período de 08/07 a 08/11, Urano entrará na Casa 4 da família e da vida íntima, sinalizando que podem ocorrer reviravoltas nessa área, como mudança repentina de moradia, provavelmente indo para um local completamente diferente. Além disso, é possível ter que conviver com o rompimento dos laços familiares com alguém, por exemplo, com os pais, avós etc.

Carreira e Finanças: Os nascidos no segundo e terceiro decanatos podem estar em um momento de expansão no que diz respeito à carreira, podendo ser, inclusive indicativo de mudança para o exterior por conta do trabalho, até 09/06. É possível que estejam insatisfeitos com seu trabalho atual. Quando Júpiter mudar para Câncer, a partir de 10/06, todos os piscianos tendem a estar em um momento de fluência e maior satisfação. Aqueles que lidam com mercado do entretenimento ou infantil poderão ver seus negócios expandirem nesse mesmo período. Artistas também poderão se beneficiar desse movimento, passando para uma fase de criação que pode dar muitos frutos.

Júpiter é o regente da área da carreira e vida pública dos piscianos e pode lhes trazer alguns benefícios especialmente quando faz aspectos interessantes e harmônicos no Céu, como no dia 24/06 e 12/08, quando faz conjunção ao Sol e a Vênus, respectivamente.

Enquanto Saturno transitar sua Casa 1, de 01/01 a 25/05 e de 02/09 a 31/12, especialmente os nascidos no segundo e terceiro decanatos, precisarão ficar mais seletivos e focar naquilo que realmente importa, pois não será um período em que sobra energia e espaço para o que der e vier. Isso serve para a sua rotina de trabalho também. Mais do que nunca, você precisará aprender a se planejar e escolher. Só assim obterá resultado, na conta do esforço focado. Não é hora de querer dar conta de tudo por si, não há tempo a perder, então, aprenda e delegar. Algumas vezes poderá dar uma sensação de que você não conseguirá dar conta, mas tenha certeza de que Saturno só coloca em seu caminho o que está dentro da sua capacidade. É um período para focar em produção. Para alguns, pode até significar um momento de troca de emprego ou de promoção. Se decidir mudar de profissão neste ciclo, tenha certeza de que é algo para o qual você já tinha uma vocação e esta ficou para trás ou algo que já estudou muito e foi ficando para depois ou, ainda, algo em que você pode se associar a alguém que já detenha muito conhecimento sobre aquilo.

Quando Saturno entrar em Áries, de 26/05 a 01/09, ele estará fazendo seu primeiro ensaio na sua Casa 2, dos valores materiais e pessoais. Nesse sentido, a lição dele passará a ser como administrar melhor seus recursos. É possível que haja primeiramente uma redução na entrada, mas não necessariamente. Talvez seja um momento em que você se compromete em adquirir patrimônio, como uma casa, e terá que fazer alguns sacrifícios, a fim de encaixar as parcelas no seu orçamento. Fato é que não é um período de abundância, em que pode esbanjar, pelo contrário. Quanto mais você cortar os supérfluos e souber poupar, melhor será o retorno, sendo que, ao final desse trânsito, você poderá acabar melhor e com mais dinheiro ou patrimônio do que quando começou.

É preciso destacar que Netuno também estará transitando pela Casa 2 de 31/03 a 22/10, fazendo com que essa tarefa seja, talvez, ainda mais custosa, especialmente para os nascidos no terceiro decanato. Pode ocorrer de o dinheiro estar saindo e você nem sabe como. Fique atento às pequenas despesas, como aquele cafezinho de todos os dias. Outra possibilidade é que você seja chamado a ajudar financeiramente alguém de sua família e isso é o que faz você ter de apertar as contas. Redobre a atenção em qualquer transação financeira, pois você não estará sabendo valorar as coisas como deve ser.

Os piscianos vêm de um ciclo de eclipses que mexeu muito já com a área das finanças, pegando seu eixo dos recursos próprios e dos recursos de terceiros. Em 2025, ocorre um fechamento deste ciclo, com um último Eclipse Solar em 29/03, na sua Casa dos recursos próprios. O Eclipse Solar, muitas vezes, traz alguma situação do passado que pode, de alguma forma (positiva ou negativa) afetar aquele setor. Mais um sinal de que é bom estar em dia com suas contas.

Os nascidos no terceiro decanato poderão se beneficiar de um aspecto favorável de Urano de 01/01 a 07/07 e de 09/11 a 31/12, para aprender novas tecnologias, contribuir com ideias e soluções inovadoras e fazer ajustes e mudanças que desejarem na sua vida, o que inclui a área profissional.

Em geral, os melhores períodos para trabalho, dinheiro, negócios e aquisições são: 03/01 até 04/02 (Vênus em Peixes), 13/04 até 30/04 (Vênus em Peixes), 06/06 até 04/07 (Vênus em Touro), 31/07 até 25/08 (Vênus em Câncer), 06/11 até 30/11 (Vênus em Escorpião), 24/12 até 17/01 (Vênus em Capricórnio).

Os menos favoráveis são: 01/03 até 12/04 (Vênus retrógrada), 04/07 até 31/07 (Vênus em Gêmeos), 19/09 até 13/10 (Vênus em Virgem), 30/11 até 24/12 (Vênus em Sagitário).

Relacionamentos: No primeiro semestre, enquanto Júpiter estiver na Casa 4 dos piscianos, ele garante maior prazer e harmonia nas relações em família. Porém, Urano na Casa 3, de 01/01 a 07/07 e de 09/11 a 31/12, pode trazer surpresas nas relações com irmãos ou vizinhos.

Já no segundo semestre, Júpiter, o grande benfeitor, passa para a Casa 5 do amor e do prazer dos piscianos, abrindo um período que irá durar aproximadamente um ano, extremamente favorável ao romance. Com Júpiter nessa posição, você irá buscar pessoas que lhe deem valor, que façam você se sentir amado e importante, não se contentando com pouco. Por isso mesmo, são situações a partir das quais pode surgir uma história de amor mais promissora. Os solteiros terão muitas oportunidades para conhecer pessoas interessantes e namorar bastante. Oportunidades para encontros amorosos incluem viagens para longe da sua origem e cursos superiores, como graduação ou um MBA. Júpiter concede fertilidade, portanto, é preciso redobrar os cuidados com possíveis gestações indesejadas.

Os dias 24/06 e 12/08, quando Júpiter encontra o Sol e Vênus no Céu, respectivamente, podem favorecer encontros e bons momentos especiais a dois. Aproveite também a energia das Luas Novas de fevereiro, junho e agosto para tomar iniciativas positivas dentro das suas relações.

Já os casais que querem ter filhos poderão engravidar sob esta influência, sendo um bom momento para tratamentos de fertilidade e o indício de felicidade com a notícia da chegada de um bebê. Aqueles que possuem filhos em idade de entrar na faculdade, fazer intercâmbio, expandir seus horizontes, poderão vê-los sendo bem-sucedidos e talvez se afastando do ninho. Assim, o casal fica com mais espaço e pode preenchê-lo com novidades na relação a dois, quem sabe fazendo uma viagem ou algum outro tipo de aventura. Os filhos podem, também, estar na idade de namorar.

Saturno transitando pela Casa 1 dos piscianos de 01/01 a 25/05 e de 02/09 a 31/12 é um indicativo de maiores responsabilidades na vida, que pode ser traduzido, por exemplo, pela experiência da paternidade ou da maternidade. Indica, de qualquer forma, menos tempo e energia para as relações, pois você estará bastante tomado pelo dever. Pode ser o dever de criar uma criança, o dever com o trabalho ou até com uma questão de saúde. Fato é que a disponibilidade para os outros estará diminuída. Porém, pode indicar um momento em que você irá buscar estabilizar e formalizar uma relação, podendo até mesmo ser significador de casamento. Afinal, casamento também implica responsabilidades.

Com o início de um novo ciclo de eclipses, que se dará no eixo Virgem-Peixes por um tempo, as relações dos piscianos estarão sendo atingidas. Assim, esses eventos poderão trazer alguma ação ou decisão corajosa no setor das relações e parcerias dos piscianos, especialmente nos eclipses de 14/03 e de 21/09. Fique atento na proximidade dessas datas, para não chegar ao eclipse com alguma situação-limite em sua relação conjugal ou namoro, por exemplo.

Os nascidos no terceiro decanato poderão realizar mudanças positivas ou até mesmo rompimentos menos traumáticos de suas relações no período em que Urano ainda estiver em Touro, de 01/01 a 07/07 e de 09/11 a 31/12. Os mesmos piscianos do primeiro decanato deverão ser um pouco mais seletivos enquanto estiverem com Netuno conjunto ao seu Sol (ou Ascendente) entre 01/01 a 30/03 e, após, entre 23/10 a 31/12. Há falta de clareza e objetividade para realizar bons julgamentos nessa passagem.

Em geral, os melhores períodos para as relações, encontros amorosos e colaboração são: 03/01 até 04/02 (Vênus em Peixes), 13/04 até 30/04 (Vênus em Peixes), 06/06 até 04/07 (Vênus em Touro), 31/07 até 25/08 (Vênus em Câncer), 06/11 até 30/11 (Vênus em Escorpião), 24/12 até 17/01 (Vênus em Capricórnio).

Os menos favoráveis são: 01/03 até 12/04 (Vênus retrógrada), 04/07 até 31/07 (Vênus em Gêmeos), 19/09 até 13/10 (Vênus em Virgem), 30/11 até 24/12 (Vênus em Sagitário).

Saúde: Saturno transitando pela Casa 1 dos piscianos vem testando a vitalidade e o ânimo destes nativos, especialmente os nascidos no primeiro decanato. De 01/01 a 25/05 e 02/09 a 31/12, ele continua sua passagem por esse setor, atingindo mais os do segundo e terceiro decanatos. Sob esta influência, há uma sensação de que nada mais cabe, de que não sobra energia e no pouco tempo livre, a vontade é descansar. Com razão, pois nesta posição ele está exigindo bastante em termos de produtividade e foco, sem que você consiga tirar o pé do acelerador. Parece que você rende menos com a mesma quantidade de energia que antes lhe rendia mais. Dessa forma, fique com o essencial e o que dá resultado.

Possíveis efeitos físicos dessa influência incluem a sensação de envelhecimento, ressecamento da pele, desidratação, problemas e limitação nas articulações, na coluna, nos dentes, de vista e de calcificações, como pedra nos rins ou na vesícula. Tratamentos iniciados sob esta influência serão, provavelmente menos radicais, porém de longo prazo. É, contudo, um período excelente para fazer dieta, emagrecer, investir no funcionamento do corpo, pois agora você terá maior disciplina e persistência para tudo que diga respeito ao corpo.

Netuno também de passagem pela Casa 1 do corpo físico, de 01/01 a 30/03 e de 23/10 a 31/12 é outro indicador de queda na saúde e baixa vitalidade, especialmente para os nascidos no terceiro decanato. Você estará mais suscetível a contrair doenças virais, bacterianas e alergias. Além disso, existe maior suscetibilidade a reações alérgicas aos medicamentos, anestesia e substâncias químicas em geral. Netuno causa, ainda, inseguranças e medos, que podem gerar uma sensação de incapacidade. Outras possibilidades netunianas são doenças psicossomáticas, doenças de difícil diagnóstico e problemas de ordem psíquica.

Importante lembrar do Eclipse Lunar de 07/09 que cairá na Casa 1 dos piscianos, e que pode desencadear questões e até crises relacionadas ao corpo físico. Por isso, procure chegar com bons hábitos e a saúde em dia nas proximidades do eclipse.

Os nascidos no segundo e terceiro decanato poderão sofrer de certa ansiedade no primeiro semestre, enquanto Júpiter fizer um aspecto desarmônico ao Sol (ou Ascendente). Há uma tendência a fazer uma má avaliação da própria capacidade, além de ansiedade por querer dar conta de mais do que consegue. Júpiter predispõe, ainda, problemas de fígado e de açúcar no sangue.

Se precisar realizar algum tratamento de saúde importante aproveite principalmente as Luas Novas de fevereiro e de julho.

Os períodos de maior energia, saúde, vigor e vitalidade são: 25/02 até 18/04 (Marte em Câncer), 22/09 até 04/11 (Marte em Escorpião), 15/12 até 23/01/2026 (Marte em Capricórnio).

Os períodos menos favoráveis para cirurgia e vitalidade são: 01/01 até 24/02 (Marte retrógrado), 17/06 até 06/08 (Marte em Virgem), 04/11 até 15/12 (Marte em Sagitário).

Os períodos menos favorecidos tratamentos e procedimentos estéticos são: 01/03 até 13/04 (Vênus retrógrada), 04/07 até 31/07 (Vênus em Gêmeos), 19/09 até 13/10 (Vênus em Virgem), 30/11 até 24/12 (Vênus em Sagitário).

CALENDÁRIO DAS FASES DA LUA EM 2025

Janeiro

Crescente	06/01	20:55	16°55' de Áries
Cheia	13/01	19:26	23°59' de Câncer
Minguante	21/01	17:30	02°03' de Escorpião
Nova	29/01	09:36	09°51' de Aquário

Fevereiro

Crescente	05/02	05:02	16°46' de Touro
Cheia	12/02	10:53	24°06' de Leão
Minguante	20/02	14:31	02°19' de Sagitário
Nova	27/02	21:44	09°40' de Peixes

Março

Crescente	06/03	13:32	16°21' de Gêmeos
Cheia	14/03	03:54	23°56' de Virgem
Minguante	22/03	08:29	02°05' de Capricórnio
Nova	29/03	07:58	09°00' de Áries

Abril

Crescente	04/04	23:15	15°33' de Câncer
Cheia	12/04	21:23	23°20' de Libra
Minguante	20/04	22:35	01°12' de Aquário
Nova	27/04	16:30	07°46' de Touro

Maio

Crescente	04/05	10:52	14°21' de Leão
Cheia	12/05	13:55	22°12' de Escorpião
Minguante	20/05	08:58	29°43' de Aquário
Nova	27/05	00:02	06°05' de Gêmeos

Junho

Crescente	03/06	00:41	12°50' de Virgem
Cheia	11/06	04:42	20°38' de Sagitário
Minguante	18/06	16:18	27°47' de Peixes
Nova	25/06	07:31	04°07' de Câncer

Julho

Crescente	02/07	16:29	11°09' de Libra
Cheia	10/07	17:35	18°49' de Capricórnio
Minguante	17/07	21:38	25°40' de Áries
Nova	24/07	16:11	02°08' de Leão

Agosto

Crescente	01/08	09:40	09°31' de Escorpião
Cheia	09/08	04:54	16°59' de Aquário
Minguante	16/08	02:12	23°36' de Touro
Nova	23/08	03:05	00°22' de Virgem
Crescente	31/08	03:25	08°07' de Sagitário

Setembro

Cheia	07/09	15:08	15°21' de Peixes
Minguante	14/09	07:33	21°52' de Gêmeos
Nova	21/09	16:54	29°05' de Virgem
Crescente	29/09	20:53	07°05' de Capricórnio

Outubro

Cheia	07/10	00:47	14°08' de Áries
Minguante	13/10	15:11	20°39' de Câncer
Nova	21/10	09:24	28°21' de Libra
Crescente	29/10	13:21	06°30' Aquário

Novembro

Cheia	05/11	10:18	13°22' de Touro
Minguante	12/11	02:27	20°04' de Leão
Nova	20/11	03:46	28°11' de Escorpião
Crescente	28/11	03:58	06°17´de Peixes

Dezembro

Cheia	04/12	20:13	13°03' de Gêmeos
Minguante	11/12	17:52	20°04' de Virgem
Nova	19/12	22:42	28°24' de Sagitário
Crescente	27/12	16:10	06°17' de Áries

AS FASES DA LUA

LUA NOVA

Esta fase ocorre quando o Sol e a Lua estão em conjunção, isto é, no mesmo signo, em graus exatos ou muito próximos.

A luz refletida da Lua é menor do que em qualquer outra fase do seu ciclo.

A atração gravitacional da Lua sobre a Terra é a mais forte, e pode ser apenas comparada com a fase da Lua Cheia.

Neste momento, a Lua nasce e se põe junto com o Sol e, ofuscada pela proximidade deste, fica invisível.

Considera-se este como um período de ponto de partida, já que Sol e Lua estão unidos no mesmo grau. Novos começos, projetos e ideias estão em plena germinação.

Um alívio ou liberação das pressões do mês anterior nos dá a sensação de estarmos quites com o que passou e disponíveis para começar algo novinho em folha. Não vamos trazer nada da fase anterior para este momento — o que era importante e nos envolvia perdeu a força. Estamos aliviados e descarregados. Qualquer direção pode nos atrair.

Todos os resíduos e expectativas do mês anterior já devem ter sido zerados, para que possamos... Mudar de assunto. Como se estivéssemos inaugurando uma agenda nova. É necessário que introduzamos um assunto, uma pauta, uma ideia nova em nossas vidas, e muitas coisas vão ser geradas a partir daí.

Todas as possibilidades estão presentes. Qualquer coisa que fizermos nessa época, até mesmo uma palavra ou um pensamento idealizado, terá muito mais chance de se concretizar. Assim, no mínimo, uma intenção deve ser colocada.

Qualquer coisa deve ser plantada aqui: a semente de um projeto, de um romance, de uma ideia ou de uma planta. Nem tudo vai dar resultado, mas estamos plantando no período mais fértil possível.

Nunca podemos saber, de antemão, onde novos começos vão nos levar, mas os primeiros passos devem ser dados aqui.

O instinto está muito aguçado e o estado de alerta também, funcionando como um guia. A vida está se expressando na sua forma mais básica. A consciência das coisas não está muito clara e só o impulso nos orienta. A ação ainda é muito espontânea. Não temos nem plano, nem estratégia. Só o vigor do começo.

Haverá mais chances de lidar com qualquer coisa que diga respeito a nós mesmos e não aos outros — que dependa só de nossa própria intenção e empenho e que possamos fazer por conta própria. Relacionamentos começados aqui podem ser estimulantes e muito espontâneos, mas não duradouros. Isso porque as relações nesse momento são baseadas nas expectativas pessoais e não na observação de quem é o outro, ou do que a realidade pode de fato oferecer.

Ainda dentro do estilo "tudo-depende-da-motivação-pessoal", empregos, atividades, assim como tarefas que oferecem maior autonomia, que possam ser realizados com um maior índice de liberdade, são os mais vantajosos nessa fase.

Bom para:

- Comprar casa, adquirir imóvel para investimento;
- Fertilidade em alta: concepção, fertilização, gestação;
- Comprar legumes, verduras e frutas maduros somente para consumo imediato (acelera a deterioração);
- Comprar flores desabrochadas somente para consumo imediato (diminui a durabilidade);
- Comprar legumes, verduras e frutas verdes e flores em botão (acelera amadurecimento);
- Criar;
- Relacionamentos passageiros e que tendem a servir mais para afirmação do ego;
- Ganhar peso;
- Cortar o cabelo para acelerar crescimento;
- Introduzir um elemento novo em qualquer esquema;
- Viagem de lazer;
- Fazer poupança;
- Cobrar débitos;
- Começar cursos;
- Iniciar um novo trabalho;
- Trabalhos autônomos, os que dependem de iniciativa pessoal e de pouca colaboração;
- Contratar empregados que precisam ter iniciativa própria;
- Começar uma construção ou uma obra;
- Consertar carro;
- Cirurgia — cinco dias antes e cinco dias depois.

Desaconselhável:

- Cirurgia: no dia exato da Lua Nova;
- Exames, check-ups e diagnósticos, pois falta clareza.

LUA CRESCENTE

Esta fase ocorre quando o Sol e a Lua estão em signos que se encontram a 90º graus de distância entre si — uma quadratura — o que representa desarmonia de qualidades. Nela, a luz refletida da Lua é progressivamente maior.

Agora, metade da Lua pode ser vista no céu. Ela é visível ao meio-dia e desaparece à meia-noite. É um aspecto de crise e resistência. Seja lá o que estejamos pretendendo, passará por um teste e precisará ser defendido, sustentado e direcionado com firmeza. Isso significa ter opções, manter o curso das atividades e comprometer-se. Não é hora de fugir, desistir, duvidar. Temos de aumentar nossa resistência contra as oposições encontradas no caminho. As coisas estão bem mais visíveis.

É o primeiro estágio de desenvolvimento dos nossos desejos e objetivos. Tudo está muito vulnerável, pois há uma luta entre o que era apenas um projeto e o que pode de fato tomar forma. Aqui, nem todas as promessas são cumpridas, nem todos os anseios são concretizados, assim como nem todas as sementes vingam. É um período muito movimentado no qual as coisas se aceleram, mas os resultados não estão garantidos, e sim lutando para se imporem.

Os obstáculos devem ser enfrentados e ainda há tempo para qualquer mudança necessária se o crescimento estiver impedido.

O padrão que predominar na Lua Crescente é o que vai progredir durante todo o ciclo lunar, seja o de crescimento do sucesso ou de crescimento dos obstáculos. É bom abandonarmos completamente os planos que não estão desabrochando e nos concentrarmos nas sementes que estão crescendo.

Tudo está mais claro, delineado e definido. Temos mais certeza do que queremos, conhecemos melhor a possibilidade de realização do que pretendemos e também os problemas e as resistências à concretização de nossos objetivos. Afinal, tanto as chances quanto os obstáculos se apresentaram.

O que ou quem quer que tenha que resistir aos nossos intentos vai aparecer e a hora é de enfrentar ou negociar. As chances estão empatadas. A natureza de todas as coisas está lutando para vencer — até as adversidades. Então, em vez de enfrentar cegamente os nossos obstáculos, pois, com isso, perderemos o fôlego, devemos reconhecer os limites e usar nossos recursos e nossas competências. Aliás, esta é a natureza das quadraturas.

Não estamos mais por conta própria ou dependendo apenas de nosso empenho pessoal. Temos que trocar com os outros e com as circunstâncias externas.

É hora de concentrar e focar os esforços. Nada de atirar em todas as direções. Por exemplo: não quebrar o ritmo, não interromper uma dieta, ou um programa de exercícios, não faltar a um compromisso, não se omitir ou se afastar de um relacionamento. A hora é de comparecer e marcar presença. Uma ausência pode, literalmente, nos tirar do jogo. Não ser reticente e não permitir que sejam conosco é a melhor tática.

Devemos fazer uma proposta, tomar uma atitude, sustentar uma opinião ou, ainda, mudá-las se não estivermos encontrando eco. Também devemos mudar a tática de luta, se sentirmos que perdemos força ou o alvo se distanciou. Esta é a fase que pede mais desinibição, encorajamento e comunicação. Sair da sombra, do silêncio e da letargia é o que vai nos fazer dar voz e formas às coisas. Nós devemos insistir no que está ganhando força e aproveitar o crescimento da onda.

Bom para:

- Cortar o cabelo para crescimento rápido — em compensação, o fio cresce mais fino;
- Cortar o cabelo para acelerar o crescimento quando se quer alterar o corte anterior, eliminar a tintura ou o permanente;
- Tratamento de beleza;
- Ganhar peso ou aumentar o peso de qualquer coisa;
- Fazer poupança e investimentos;
- Comprar imóvel para investimento;
- Cobrar débitos;
- Viagem de lazer;
- Começar cursos;
- Iniciar novos trabalhos;
- Trabalhos de venda, contratar empregados para área de vendas;
- Acordos e parcerias;
- Romances iniciados nesta fase são mais duradouros e satisfatórios;
- Atividades físicas que consomem muita energia e vigor;
- Lançamentos;
- Noites de autógrafos, exposições e vernissage;
- Favorece mais quem empresta do que quem pega emprestado;
- Presença de público;
- Assinar contratos, papéis importantes e acordos;
- Novos empreendimentos;
- Comprar legumes, verduras e frutas maduros somente para consumo imediato (acelera a deterioração);
- Comprar flores desabrochadas somente para consumo imediato (diminui a durabilidade);
- Comprar legumes, verduras e frutas verdes e flores em botão (acelera o amadurecimento);

• Plantio de cereais, frutas e flores;
• Transplantes e enxertos;
• Crescimento da parte aérea das plantas e vegetação.

Desaconselhável:

• Dietas de emagrecimento (é mais difícil perder peso);
• Estabelecer propósitos e planos com pouca praticidade ou imaturos.

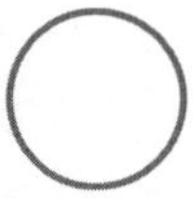

LUA CHEIA

Ocorre quando Sol e Lua estão em signos opostos, ou seja, se encontram a 180° graus de distância, formando uma oposição.

A luz refletida da Lua atinge o seu ponto máximo. Nesse ponto, o círculo lunar é inteiramente visível durante toda a noite. O Sol se põe a Oeste e a Lua nasce na direção oposta no Leste. A atração gravitacional do Sol e da Lua sobre a Terra é a mais forte, equivalente apenas à da Lua Nova. Só que, aqui, essas forças operam em direções opostas sobre a Terra. Esse é um aspecto de polarização, culminância, mas também de complementaridade dos opostos. A Lua Cheia é um transbordamento.

Se os obstáculos surgidos na fase da Lua Crescente foram enfrentados e todas as etapas próprias do processo de crescimento foram cumpridas a tempo, no período anterior, então a Lua Cheia trará realização e culminância. Caso contrário, experimentaremos frustração, conflito e muita ansiedade.

A Lua Cheia revela o máximo de qualquer situação. O sucesso ou o fracasso dos nossos esforços será revelado à plena luz da Lua Cheia. Nessa fase também, o humor das pessoas está completamente alterado.

O magnetismo da Lua Cheia influencia os níveis de água no nosso corpo e em todo o planeta, elevando-os. Todos os frutos deveriam estar agora plenamente fertilizados e prontos para colheita. A luz não vai crescer para além desse ponto. Não se pode brilhar mais do que isso e nenhum projeto vai desabrochar para além desse nível.

Tudo chegou ao seu clímax e à sua energia máxima. Se não estivermos preenchidos e satisfeitos, a reação de descontentamento se intensificará. Toda iluminação que vinha crescendo e todo o campo magnético que vinha se ampliando devem ser canalizados para algo; caso contrário, a ansiedade e agitação crescerão desproporcionalmente. As sensações e as emoções estão muito aguçadas.

Pode-se esperar mudança de tempo e marés altas devido ao aumento de força gravitacional. E também um sensível aumento do número de partos. É comum ocorrer antecipação dos nascimentos devido ao aumento de volume de água no organismo. O que quer que tenha que ser atraído energicamente, o será aqui.

Ocorre um aumento de preocupação com os relacionamentos, podendo até mesmo ficar obsessivo com alguma relação em particular. Em nenhuma outra fase os relacionamentos terão igual importância. Desse modo, problemas nas relações existentes, ou mesmo a falta de um relacionamento, podem nos afetar mais do que o normal. Encontros iniciados nessa fase exigem o máximo de negociação e colaboração dos parceiros, pois é uma fase que mostra muito explicitamente as diferenças.

Viveremos nessa fase as consequências internas e externas das ações iniciadas na Lua Nova.

Se fomos bem-sucedidos nessa fase, as experiências começam a ser usadas, ampliadas, partilhadas e assimiladas. Se o que tentamos até agora não teve forças para vingar, ou se faltou empenho para lutar pelo que desejávamos, é hora de abandonar as expectativas e voltar a tentar apenas na fase da Lua Crescente do próximo mês.

Um clima de anticlímax pode nos invadir. As reações emocionais são mais intensas do que o normal e um sentimento de perturbação e excitação invade a alma. É muito mais difícil manter o equilíbrio.

LUA DISSEMINADORA

É assim chamada a segunda fase da Lua Cheia, que ocorre 45º após o seu início (o que equivale a aproximadamente cinco dias depois da entrada da Lua Cheia) e permanece até o início da Lua Minguante.

Aqui é aconselhável espalhar, disseminar, desconcentrar. É favorável dispersar energia, porque os problemas também se dispersarão, mas ao mesmo tempo isso indica espalhar os recursos, partilhá-los, pensar nos outros, porque os retornos podem desdobrar-se e multiplicar-se.

Os relacionamentos criados nesta fase são bastante resistentes, mas atraem pessoas que gostam de impor seu ponto de vista a todo custo. Acabam gerando relações nas quais um dos parceiros termina cedendo e se submetendo à firme vontade do outro.

Bom para:

- Cortar o cabelo para crescer mais cheio com fio mais forte (volume);
- Hidratação e nutrição da pele (os poros mais dilatados absorvem melhor os nutrientes);
- Encontros sexuais;

- Encantamento e magnetismo;
- Grande presença de público;
- Atividades de muito público realizadas em um ambiente externo;
- Aumento de frequência em bares, restaurantes, etc. (as pessoas saem mais, tudo fica cheio);
- Atividades de comércio;
- Apresentações, shows, exposições, espetáculos, lançamentos e noites de autógrafos;
- Acelerar o amadurecimento de frutas e legumes;
- Desabrochar os botões das flores;
- Colheita de plantas curativas;
- Colheita de frutos mais suculentos;
- Pesca.

Desaconselhável:

- Cirurgia (aumenta o risco de hemorragia, inflamação, edemas e hematomas);
- Dietas para emagrecimento (há maior retenção de líquido);
- Depilação e tinturas de cabelo (crescimento acelerado dos pelos);
- Capinar e aparar grama (crescimento acelerado do capim);
- Legumes e frutas já maduros (acelera a deterioração);
- Comprar flores (diminui a durabilidade);
- Sono (predisposição para alteração do sono e insônia);
- Cerimônias de casamento (excesso de vulnerabilidade, excitação e predisposição à discórdia);
- Pegar estrada (predispõe a aumento de acidentes);
- Sair de carro (caos e congestionamento no trânsito).

LUA MINGUANTE

A luz refletida da Lua começa progressivamente a diminuir. Na primeira fase da Lua Minguante, ela ainda é bastante visível, mas, aos poucos, vai extinguindo seu brilho.

É a fase de menor força de atração gravitacional da Lua sobre a Terra, é o mais baixo nível de volume de água no organismo e no planeta.

O período sugere mais recolhimento e interiorização. Devemos olhar para dentro e examinar como nos sentimos em relação às vitórias ou insucessos da Lua Cheia. Os resultados do ciclo inteiro devem ser revistos, avaliados e resumidos agora. Devemos nos ajustar às circunstâncias que prevaleceram. É uma energia de síntese. É tempo de conciliar as coisas e terminá-las para não começar um novo ciclo com pendências.

Não é aconselhável nenhuma resistência, muito pelo contrário, a fase é de aceitação e adaptação, como se a Lua estivesse perdendo fôlego e luz. Não devemos desgastar as situações para que elas possam ser retomadas à frente. O que não aconteceu até agora não terá mais forças para acontecer. Não temos a menor condição para uma reviravolta.

Em compensação, conflitos e crises perdem igualmente força e podem apaziguar-se e até desaparecer por completo ou perder totalmente o impacto sobre nós. Temos mais facilidade para largar as coisas, pois estamos menos afetados por elas. Afinal as possibilidades ficaram totalmente esclarecidas na Lua Cheia, agora sabemos o que fazer com elas.

A questão aqui é se estamos contentes com o resultado final de nossas tentativas. Se não estivermos, temos que nos ajustar à realidade. Mudar dentro — para melhorar fora.

É comum nos sentirmos desorientados nessa fase. As pessoas que não têm o hábito da introspecção e da autoanálise podem reagir negativamente a esta fase e sofrer um pouco de depressão.

As tentativas feitas na vida profissional não são muito bem-sucedidas. É melhor insistir nas atividades que já estejam em curso e que se realizem em um clima de recolhimento.

Nas pessoas mais interiorizadas, só os relacionamentos mais íntimos e profundos encontram eco. Geralmente, nesta fase, formam-se relações onde um dos parceiros precisa da ajuda e conforto do outro.

Não é recomendável divulgação, lançamento de produtos ou promulgação de leis. Eles podem passar despercebidos.

LUA BALSÂMICA

É assim chamado o último estágio da Lua Minguante (que ocorre nos últimos quatro dias desta fase). Este é um tempo de retração, restauração, cura e rejuvenescimento. O termo balsâmico quer dizer “elemento ou agente que cura, suaviza e restaura”.

É hora de largar a atração magnética que a Lua exerce sobre nós e nos deixar conduzir no vazio, na sombra. Por incrível que pareça, ficar à deriva trará os melhores resultados. Também devemos procurar fazer as coisas por elas mesmas, sem nenhum outro propósito, além de simplesmente fazê-las.

Uma energia sutil, mais suave, é filtrada, e a cura pode acontecer. A energia psíquica está no máximo e é a intuição que nos guia. Devemos aceitar as coisas com os resultados que se apresentarem. Tudo está na sua forma final e não vai passar disso. Colhemos o que semeamos. É tempo de retroceder, levantar acampamento, limpar o terreno, descansar e principalmente armazenar forças, para a próxima fase que em breve se iniciará.

Não se começa coisa alguma, ao contrário: resolvem-se todas as pendências existentes, senão vão perdurar pelo mês seguinte. Nesses últimos quatro dias da Lua Minguante, um clima propício à reflexão nos invade com bastante naturalidade. As pessoas estão mais maleáveis e dispostas a fazer adaptações e conciliações.

Não é um período brilhante para entrevistas de trabalho, pois falta clareza e objetividade na expressão e definição do que se pretende realizar.

Nos relacionamentos, este é um momento de mais aceitação entre os parceiros.

Bom para:

- Dietas de emagrecimento (intensivas para perder peso rápido);
- Dietas de desintoxicação;
- Processos diuréticos e de eliminação;
- Cortar o cabelo para conservar o corte;
- Cortar o cabelo para aumentar o volume (fios mais grossos, pois o crescimento é lento);
- Tintura de cabelo;
- Depilação (retarda o crescimento dos pelos);
- Limpeza de pele;
- Tratamento para rejuvenescimento;
- Cirurgias;
- Cicatrização mais rápida;
- Tratamentos dentários;
- Cortar hábitos, vícios e condicionamentos;
- Encerrar relacionamentos;
- Dispensar serviços e funcionários;
- Arrumar a casa;
- Jogar coisas fora;
- Conserto de roupas;
- Limpeza de papéis;
- Pintar paredes e madeira (absorção e adesão da tinta são melhores);
- Dedetização;
- Combater todos os tipos de pragas;
- Colher frutos (os que não forem colhidos até aqui vão encruar);
- Comprar frutas, legumes e verduras maduros (retarda a deterioração). Cuidado para não os comprar já secos;

• Comprar flores desabrochadas (retarda a deterioração). Cuidado para não as comprar já secas;

• Poda;

• Tudo que cresce debaixo da terra;

• Plantio de hortaliças;

• Corte de madeira;

• Adubagem;

• Desumidificação, secagem e desidratação;

• Capinar e aparar a grama;

• Balanço financeiro do mês;

• Corte de despesas;

• Pegar empréstimo;

• Terminar todas as pendências;

• Romances começados nessa fase transformam as pessoas envolvidas;

• Finalizar relacionamentos;

• Quitar pagamentos;

• Fazer conservas de frutas e legumes;

• Cultivo de ervas medicinais;

• Retardar o crescimento.

Desaconselhável:

• Inseminação, fertilização, concepção e gestação;

• Atividades de público (a mais baixa frequência de público);

• Divulgação;

• Poupança e investimentos;

• Abrir negócios;

• Lançamentos;

• Vernissage, noite de autógrafos, exibições, estreias, inaugurações, exposições;

• Conservação de frutas, verduras, legumes e flores;

• Comprar frutas, legumes e verduras verdes (ressecam antes de amadurecer);

• Comprar flores em broto (ressecam antes de desabrochar);

• Começar qualquer coisa (é uma energia de fim).

LUA E CIRURGIA

Lua Minguante:

Melhor fase para procedimentos cirúrgicos. A recuperação será mais rápida do que o esperado. Há uma diminuição do nível de líquidos e fluidos corporais, favorecendo sua natural eliminação e menor tendência a inchaços.

Lua Nova:

Evitar procedimentos cirúrgicos no dia exato da Lua Nova e no dia seguinte. Sempre há algum tipo de ocultação nesse período.

Lua Cheia:

Evitar recorrer a procedimentos cirúrgicos durante essa fase. Os fluidos e líquidos do corpo encontram-se em seu nível máximo, havendo assim maior tendência a inchaços, inflamações, hematomas e risco de hemorragia. A recuperação será mais lenta do que o previsto.

Lua Fora de Curso:

Nunca operar três horas antes de seu início, durante sua ocorrência e três horas depois de seu término.

PROCEDIMENTOS CIRÚRGICOS

Signos Fixos:

Há maior estabilidade tanto durante o procedimento quanto no pós-operatório de cirurgias feitas quando a Lua se encontra em Touro, Leão, Escorpião ou Aquário, exceto quando envolvem partes do corpo regidas por estes signos.

Signos Mutáveis:

Evitar cirurgias quando a Lua encontra-se em Gêmeos, Peixes, Sagitário e Virgem. O período sugere instabilidade, reações e comportamentos irregulares durante a cirurgia e no pós-operatório.

Signos Regentes:

Evitar operar órgãos ou partes do corpo que são regidos pelo signo onde a Lua se encontra ou pelo signo oposto a este.

SIGNOS	PARTES E ÓRGÃOS DO CORPO
Áries/Libra	Face, cérebro e região da cabeça
Libra/Áries	Rins
Touro/Escorpião	Garganta, tireoide, lábios e boca
Escorpião/Touro	Aparelhos urinários e genital, intestino grosso e reto
Gêmeos/Sagitário	Pulmões, traqueia, laringe, faringe, mãos, braços, pernas e trompas
Sagitário/Gêmeos	Bacia, coxa, fígado, quadril
Câncer/Capricórnio	Estômago, abdômen, aparelho digestivo, útero e ovários
Capricórnio/Câncer	Coluna, ossos, juntas, joelhos, pele, dentes, vista e vesícula
Leão/ Aquário	Região lombar e coração
Aquário/Leão	Calcanhar, tornozelos, veias, vasos e capilares
Virgem/Peixes	Aparelho gastrintestinal
Peixes/Virgem	Pés e sistema linfático

Mercúrio retrógrado

Evitar procedimentos cirúrgicos e diagnósticos. Há maior imprecisão no resultado de exames e probabilidade de equívocos por parte dos médicos e assistentes. Não é incomum haver necessidade de a cirurgia ser refeita.

Marte retrógrado

Evitar cirurgia. Tendência a maior inchaço, sangramento e inflamação.

(Ver os períodos em que estes planetas ficam retrógrados em 2025, na seção Movimento Retrógrado dos planetas).

CALENDÁRIO DA LUA FORA DE CURSO 2025

JANEIRO

INÍCIO	FIM
01/01 – 03:03	01/01 – 07:49
03/01 – 01:14	03/01 – 12:20
05/01 – 11:31	05/01 – 16:00
07/01 – 18:17	07/01 – 19:11
09/01 – 19:51	09/01 – 22:06
11/01 – 21:04	12/01 – 01:23
14/01 – 01:46	14/01 – 06:11
16/01 – 01:11	16/01 – 13:45
18/01 – 23:02	19/01 – 00:32
21/01 – 01:34	21/01 – 13:19
23/01 – 21:04	24/01 – 01:28
26/01 – 06:40	26/01 – 10:42
28/01 – 12:49	28/01 – 16:31
30/01 – 08:30	30/01 – 19:52

FEVEREIRO

INÍCIO	FIM
01/02 – 19:07	01/02 – 22:09
03/02 – 07:20	04/02 – 00:33
06/02 – 00:30	06/02 – 03:43
08/02 – 04:53	08/02 – 08:03
10/02 – 10:50	10/02 – 14:00
12/02 – 16:13	12/02 – 22:06
15/02 – 05:36	15/02 – 08:44
17/02 – 20:25	17/02 – 21:18
20/02 – 07:06	20/02 – 09:54
22/02 – 17:39	22/02 – 20:08
25/02 – 00:29	25/02 – 02:39
26/02 – 19:05	27/02 – 05:46

MARÇO

INÍCIO	FIM
01/03 – 05:06	01/03 – 06:51
02/03 – 10:51	03/03 – 07:36
05/03 – 07:54	05/03 – 09:29
07/03 – 11:58	07/03 – 13:28
09/03 – 18:33	09/03 – 19:58
11/03 – 17:17	12/03 – 04:55
14/03 – 14:48	14/03 – 15:58
16/03 – 06:54	17/03 – 04:30
19/03 – 16:29	19/03 – 17:16
22/03 – 03:53	22/03 – 04:28
24/03 – 12:01	24/03 – 12:24
26/03 – 07:16	26/03 – 16:31
28/03 – 17:31	28/03 – 17:35
30/03 – 06:18	30/03 – 17:15

ABRIL

INÍCIO	FIM
01/04 – 14:43	01/04 – 17:25
03/04 – 15:27	03/04 – 19:49
05/04 – 19:55	06/04 – 01:33
08/04 – 01:07	08/04 – 10:39
10/04 – 16:50	10/04 – 22:11
13/04 – 07:01	13/04 – 10:53
15/04 – 23:24	15/04 – 23:36
18/04 – 08:39	18/04 – 11:11
20/04 – 14:21	20/04 – 20:21
22/04 – 18:56	23/04 – 02:06
24/04 – 23:58	25/04 – 04:23
26/04 – 13:19	27/04 – 04:16
29/04 – 02:18	29/04 – 03:34

MAIO | JUNHO

INÍCIO	FIM	INÍCIO	FIM
01/05 – 00:49	01/05 – 04:22	01/06 – 20:39	01/06 – 23:59
03/05 – 05:03	03/05 – 08:28	04/06 – 08:12	04/06 – 10:38
05/05 – 10:04	05/05 – 16:39	06/06 – 22:05	06/06 – 23:22
08/05 – 01:12	08/05 – 04:06	09/06 – 09:07	09/06 – 11:55
10/05 – 03:17	10/05 – 16:58	11/06 – 16:59	11/06 – 22:54
13/05 – 03:38	13/05 – 05:34	14/06 – 05:52	14/06 – 07:59
15/05 – 15:29	15/05 – 16:57	16/06 – 14:31	16/06 – 15:08
18/05 – 01:27	18/05 – 02:29	18/06 – 18:35	18/06 – 20:07
20/05 – 08:58	20/05 – 09:28	20/06 – 22:50	20/06 – 22:52
22/05 – 13:07	22/05 – 13:25	22/06 – 22:51	22/06 – 23:56
24/05 – 08:44	24/05 – 14:37	23/06 – 05:27	25/06 – 00:43
26/05 – 10:52	26/05 – 14:21	27/06 – 02:17	27/06 – 03:05
28/05 – 10:02	28/05 – 14:32	29/06 – 08:03	29/06 – 08:43
30/05 – 13:51	30/05 – 17:16		

JULHO | AGOSTO

INÍCIO	FIM	INÍCIO	FIM
01/07 – 17:47	01/07 – 18:16	02/08 – 22:08	03/08 – 03:00
02/07 – 16:29	04/07 – 06:32	05/08 – 12:29	05/08 – 14:03
06/07 – 19:05	06/07 – 19:07	06/08 – 14:39	07/08 – 22:17
07/07 – 18:30	09/07 – 05:54	09/08 – 04:56	10/08 – 03:49
10/07 – 17:37	11/07 – 14:20	11/08 – 03:55	12/08 – 07:32
12/07 – 16:46	13/07 – 20:44	13/08 – 19:55	14/08 – 10:21
15/07 – 14:10	16/07 – 01:32	16/08 – 02:12	16/08 – 13:00
17/07 – 21:38	18/07 – 04:58	18/08 – 08:54	18/08 – 16:04
20/07 – 03:44	20/07 – 07:21	20/08 – 09:28	20/08 – 20:16
21/07 – 16:53	22/07 – 09:25	21/08 – 15:13	23/08 – 02:23
23/07 – 21:43	24/07 – 12:41	25/08 – 10:54	25/08 – 11:07
26/07 – 08:02	26/07 – 17:55	26/08 – 23:07	27/08 – 22:26
28/07 – 21:57	29/07 – 02:42	29/08 – 21:48	30/08 – 11:04
31/07 – 00:58	31/07 – 14:24		

SETEMBRO		OUTUBRO	
INÍCIO	FIM	INÍCIO	FIM
01/09 – 22:39	02/09 – 22:44	01/10 – 12:34	01/10 – 16:51
04/09 – 07:09	04/09 – 07:31	03/10 – 15:16	03/10 – 23:06
05/09 – 17:52	06/09 – 12:54	05/10 – 21:30	06/10 – 01:47
08/09 – 14:45	08/09 – 15:36	07/10 – 15:24	08/10 – 02:12
10/09 – 03:54	10/09 – 17:03	09/10 – 21:32	10/10 – 02:11
12/09 – 17:15	12/09 – 18:38	11/10 – 23:56	12/10 – 03:36
14/09 – 19:47	14/09 – 21:30	14/10 – 02:06	14/10 – 07:46
17/09 – 00:14	17/09 – 02:19	16/10 – 02:07	16/10 – 15:05
19/09 – 09:22	19/09 – 09:24	18/10 – 18:11	19/10 – 01:01
21/09 – 16:54	21/09 – 18:40	21/10 – 09:24	21/10 – 12:41
23/09 – 13:03	24/09 – 06:00	24/10 – 01:15	24/10 – 01:18
26/09 – 14:45	26/09 – 18:36	26/10 – 13:42	26/10 – 13:52
29/09 – 02:45	29/09 – 06:54	29/10 – 00:39	29/10 – 00:55
		31/10 – 03:16	31/10 – 08:45

NOVEMBRO		DEZEMBRO	
INÍCIO	FIM	INÍCIO	FIM
02/11 – 12:16	02/11 – 12:39	01/12 – 15:15	02/12 – 00:12
04/11 – 08:22	04/11 – 13:15	03/12 – 22:51	03/12 – 23:47
06/11 – 11:52	06/11 – 12:20	05/12 – 21:56	05/12 – 22:53
08/11 – 11:33	08/11 – 12:05	07/12 – 22:46	07/12 – 23:47
10/11 – 14:23	10/11 – 14:33	10/12 – 01:57	10/12 – 04:19
12/11 – 20:30	12/11 – 20:51	12/12 – 11:51	12/12 – 13:03
15/11 – 06:09	15/11 – 06:43	15/12 – 00:37	15/12 – 00:50
17/11 – 08:52	17/11 – 18:44	17/12 – 12:25	17/12 – 13:38
20/11 – 06:25	20/11 – 07:25	20/12 – 00:42	20/12 – 01:52
22/11 – 18:48	22/11 – 19:52	22/12 – 11:44	22/12 – 12:51
25/11 – 06:10	25/11 – 07:15	24/12 – 18:42	24/12 – 22:08
27/11 – 14:54	27/11 – 16:23	27/12 – 04:04	27/12 – 05:01
29/11 – 21:06	29/11 – 22:06	28/12 – 23:14	29/01 – 08:57
		31/12 – 09:26	31/12 – 10:12

LUA FORA DE CURSO

Tecnicamente, a Lua Fora de Curso é o intervalo que vai da hora em que a Lua forma seu último aspecto com um planeta, antes de deixar um signo, até o momento em que entra no signo seguinte.

Esse período ficou tradicionalmente conhecido como um período infrutífero. As atividades realizadas enquanto a Lua está Fora de Curso, geralmente, não dão resultados. Isso vem da ideia de que, depois de a Lua ter percorrido todos os aspectos dentro de um signo, ela ficaria sem rumo, "vazia", sem objetivo, e cairia em uma espécie de vácuo, um "ponto cego", até entrar no signo seguinte e começar uma nova série de aspectos com outros planetas.

Durante o período em que a Lua está Fora de Curso, é como se ela entrasse simbolicamente em repouso. Portanto, não acessamos o conhecimento instintivo que a Lua nos oferece.

As perspectivas de qualquer assunto não estão claras ou são mal avaliadas. Podemos nos sentir vagos e confusos, agindo sem objetivo ou finalidade definida, ou, ainda, estarmos lidando com pessoas que estejam assim. E, por isso, não acertamos o alvo.

Durante esse período, tudo está estéril, incerto e descontínuo. Nos são negados os frutos de empreendimentos que, em outros momentos, seriam promissores.

Algumas coisas que não acontecem neste momento podem ser tentadas de novo em outra hora. Devemos usar esse período para assimilar o que ocorreu nos últimos dias, antes de iniciarmos um novo curso de ação.

Por isso:

Evite: decisões importantes, cirurgias e atividades para as quais espera desdobramentos futuros, pois as coisas podem não sair como planejadas ou podem estar baseadas em falsos julgamentos.

Dedique-se: às atividades rotineiras; ao que já foi planejado anteriormente; aos assuntos sem maior relevância ou dos quais você não espera muito.

Nota: A Lua se move 1º a cada duas horas ou duas horas e meia. Sua influência exata sobre cada planeta dura apenas algumas horas, mas, na realidade, seus efeitos podem fazer-se sentir por grande parte do dia. O início do período da Lua Fora de Curso baseia-se no momento do último aspecto exato que ela forma com um planeta, antes de entrar em um novo signo. No entanto, ela ainda estará se afastando deste planeta por algum tempo. Por isso, este período, em certos casos, pode coincidir com a formação de aspectos da Lua com outros planetas, o que não é tecnicamente preciso. Considere, portanto, os períodos fornecidos no Calendário da Lua Fora de Curso, apresentado anteriormente, para evitar a escolha de uma data inadequada para a realização de atividades importantes.

Janeiro 2025

Domingo	Segunda-feira	Terça-feira	Quarta-feira	Quinta-feira	Sexta-feira	Sábado
			1 ♒	2	3 ♓	4
			Lua Nova em Aquário às 07:49 LFC Início às 03:03 Fim às 07:49	Lua Nova em Aquário	Lua Nova em Peixes às 12:20 LFC Início às01:14 Fim às 12:20	Lua Nova em Peixes
5 ♈	6 ☾16º55'♈	7 ♉	8	9	10 ♊	11
Lua Nova em Áries às 16:00 LFC Início às11:31 Fim às 16:00	Lua Crescente em Áries às 20:55	Lua Crescente em Touro às 19:11 LFC Início às18:17 Fim às 19:11	Lua Crescente em Touro	Lua Crescente em Gêmeos às 22:06 LFC Início às 19:51 Fim às 22:06	Lua Crescente em Gêmeos	Lua Crescente em Gêmeos LFC Início às 21:04
12 ♋	13 ○23º59' ♋	14 ♌	15	16 ♍	17	18
Lua Crescente em Câncer às 01:23 LFC Fim às 01:23	Lua Cheia em Câncer às 19:26	Lua Cheia em Leão às 06:11 LFC Início às 01:46 Fim às 06:11	Lua Cheia em Leão	Lua Cheia em Virgem às 13:45 LFC Início às 01:11 Fim às 13:45	Lua Cheia em Virgem	Lua Cheia em Virgem LFC Início às 23:02
19 ♎	20	21 ☽02º03'♏	22	23	24 ♐	25
Lua Cheia em em Libra às 00:32 LFC Fim às 00:32 Entrada do Sol no Signo de Aquário às 16h59min52	Lua Cheia em Libra	Lua Minguante em Escorpião às 17:30 Lua em Escorpião às 13:19 LFC Início às 01:34 Fim às 13:19	Lua Minguante em Escorpião	Lua Minguante em Escorpião LFC Início às 21:04	Lua Minguante em Sagitário às 01:28 LFC Fim às 01:28	Lua Minguante em Sagitário
26 ♑	27	28 ♒	29 ● 09º51' ♋	30	31	
Lua Minguante em Capricórnio às 10:42 LFC Início às 06:40 Fim às 10:42	Lua Minguante em Capricórnio	Lua Minguante em Aquário às 16:31 LFC Início às 12:49 Fim às 16:31	Lua Nova em Aquário às 09:36	Lua Nova em Peixes às 19:52 LFC Início às 08:30 Fim às 19:52	Lua Nova em Peixes	

Mandala Lua Cheia Mês de Janeiro

Lua Cheia
Dia: 13/01
Hora: 19:26
23º59' de Câncer

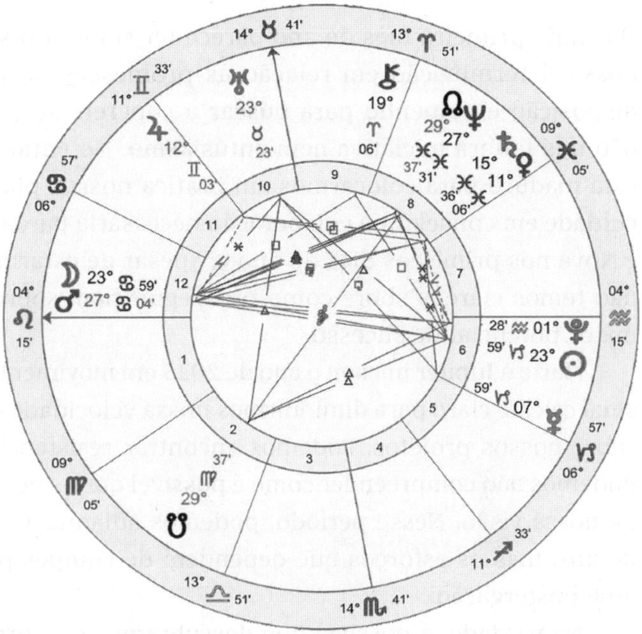

Mandala Lua Nova Mês de Janeiro

Lua Nova
Dia: 29/01
Hora: 9:36
09º51' de Aquário

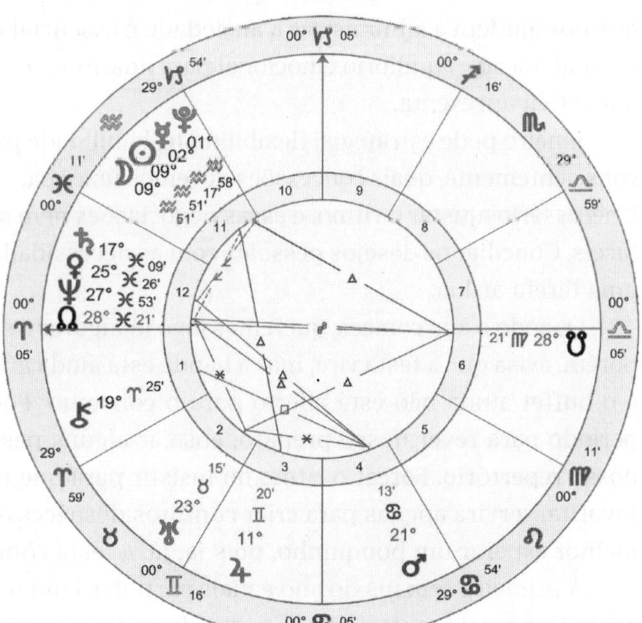

CÉU DO MÊS DE JANEIRO

O céu do primeiro mês do ano parece ter sido feito sob medida para testar nossa determinação em relação às promessas da virada do ano. Temos disposição e empenho para buscar a concretização dos nossos desejos e não nos faltará iniciativa nem entusiasmo. No entanto, o tempo ainda não está maduro para colocarmos em prática nossos planos e temos mais dificuldade em conseguir a colaboração necessária para tirá-los do papel. A Lua é Nova nos primeiros dias do ano e, apesar de estarmos mobilizados, ainda não temos clareza sobre como prosseguir nem sobre quais iniciativas tem maior potencial de sucesso.

Marte e Júpiter iniciam o ano de 2025 em movimento retrógrado. Esse é um sinal celeste claro para diminuirmos nossa velocidade e reduzirmos a pressão sobre nossos projetos. Podemos encontrar resistência e, em contrapartida, podemos não compreender como é possível que as pessoas não compartilhem da nossa visão. Nesse período, podemos adiantar o que depender somente de nós, mas os esforços que dependem de equipes podem se beneficiar de uma postergação.

Na verdade, é possível que descubramos que precisamos mesmo rever nossa lista de objetivos. É possível que tenhamos exagerado, é possível que não tenhamos identificado que o nosso crescimento precisa começar pelo crescimento interior e pela descoberta do significado mais profundo do que pretendemos com as mudanças que queremos implementar. Buscar atividades que nos ajudem a administrar a ansiedade é essencial em janeiro. Precisamos de moderação e equilíbrio emocional para lidarmos com alguns dos obstáculos que o Céu apresenta.

Janeiro pede estratégia, flexibilidade, habilidade para negociar e escolher, conscientemente, quais concessões devemos fazer para obter o que desejamos. É necessário ajustar o ritmo, e essas negociações nem sempre são tranquilas e fáceis. Conciliar os desejos pessoais com as necessidades do coletivo é sempre uma tarefa árdua.

Quando o ano começa, queremos logo inaugurar o salão de festas. Esse ano, porém, avisa que a festa virá, mas a banda está ainda afinando os instrumentos e o buffet ainda não está aberto para o consumo. Podemos aproveitar esse período para rever nosso preparo, ensaiar alguns passos de dança e ajustar nosso repertório. Forçar o ritmo ou insistir para que toquem a nossa música favorita, servirá apenas para criar conflitos desnecessários e improdutivos. É melhor esperar um pouquinho, pois já, já, a festa começará.

A primeira semana do ano é mais curtinha, com o feriado da Confraternização Universal acontecendo na quarta-feira. Essa é uma boa oportunidade para descansar, reduzindo a tensão que a quadratura entre Marte e Plutão desenha desde o final do ano passado. O melhor a fazer é lembrar que ninguém é o centro do universo, mesmo que acreditemos o contrário. Às vezes, quando renunciamos aos holofotes, somos capazes de vislumbrar o que precisa ser eliminado e regenerado para atingir todo o seu potencial. Podemos aproveitar a Lua Nova do primeiro dia do ano que, ao se separar de Urano, se aproxima de Plutão, reforçando a intensidade e o desejo de renovação.

Há uma sinalização clara da necessidade de estabelecermos limites e de estruturar muito bem nossas ideias e emoções nessa semana. A quadratura de Júpiter com Saturno ratifica a importância da organização para podermos cumprir as promessas feitas para o novo ano.

No dia 03/01, a Vênus entra no Signo de Peixes, veste suas roupas favoritas e traz mais suavidade para nossos dias. Vênus permanecerá nesse signo ao longo de todo o mês de janeiro, facilitando as ações altruístas e promovendo a compaixão entre as pessoas. Um pouco de empatia pode ser capaz de operar milagres.

A primeira semana de 2025 termina com o bom aspecto entre o Sol e Saturno. Esse diálogo facilita a realização das tarefas que ficaram pendentes. A disciplina ajuda a priorização, fazendo desse sábado, um dia bastante produtivo.

O bom aspecto entre o Sol e Saturno perdura no início da segunda semana de janeiro, indicando que o caminho é persistir na disciplina, focando no que é concreto e no que ajuda a estruturar as emoções. A tensão entre Marte e Plutão, embora comece a se desfazer, ainda está bem presente até a quarta-feira, enviando sinais de alerta.

Na segunda-feira, dia 06/01, outro movimento no Céu reforça a tendência ao tumulto desse início de semana. Com a quadratura de Mercúrio com Netuno, é muito fácil se confundir, se iludir, criar e ser vítima de mal-entendidos. Entre a segunda-feira e a terça feira, é altamente recomendável checar informações recebidas, reler a mensagem antes de enviar, pedir conselhos para pessoas com mais experiência antes de empenhar a palavra.

A Lua, em Áries, entra em sua fase Crescente e nos ajuda a compreender o que merece, realmente, receber nossa energia e atenção. No entanto, devemos evitar precipitações e julgamentos muito rápidos, baseados apenas no desejo de velocidade e ação.

No dia 07/01, Marte volta a ocupar o Signo de Câncer. O planeta da ação direta e do embate claro não está nada confortável nas águas do Caranguejo. Nesse signo, Marte defende com garra, e de maneira indireta, o seu território emocional, aquilo que reconhece como familiar e próximo. Há uma tendência à irritação velada e ao ressentimento. Portanto, considerando que a atmosfera ainda está carregada, o melhor mesmo é nos concentrarmos na tarefa diante de nós, sem nos sobrecarregarmos, atribuindo sentidos ocultos no que nos cerca.

À medida em que a semana transcorre, o clima melhora e fica mais suave. A Lua continua crescendo e ganhando luzes enquanto caminha pelo Signo de Touro e de Gêmeos. Na quinta, Mercúrio deixa o jovial Signo de Sagitário e assume o ar mais sério e determinado de Capricórnio, permanecendo aí até o dia 27/01. Nesse período, nossa mente trabalhará focada em buscar saídas práticas e estratégias que primem pela objetividade e pela prudência na obtenção dos resultados esperados.

Sexta-feira chega com um aspecto harmonioso entre Marte e Netuno, facilitando a luta pelos nossos sonhos e utopias. Uma bela maneira de aproveitar essa conversa bonita entre os planetas é se dedicar a cuidar de quem precisa de nós. Outra boa dica para o final de semana, é procurar um lugar especial para relaxar, meditar e refletir sobre tudo o que foi vivido na primeira quinzena do ano. Janeiro é um mês excelente para corrigir rotas e ajustar os planos.

A segunda quinzena de janeiro promete mais harmonia e bons momentos do que as semanas anteriores. No domingo, o Sol faz um trígono com Urano, promovendo revelações surpreendentes a respeito de nós mesmos e do mundo ao nosso redor. O trígono entre Marte e Netuno permanece ativo até a quinta-feira, favorecendo o autoconhecimento. Podemos aproveitar esses dias para descobrir o que, realmente, tem valor para nós nos múltiplos aspectos de nossa vida.

A Lua chega ao auge na noite de segunda-feira, sentindo-se em casa no Signo de Câncer. O passado, e as lembranças que nos trazem bem-estar, merecem ser cultivados e reconhecidos. Esse é o auge da lunação que se iniciou em dezembro de 2024, no Signo de Capricórnio. A Lua Cheia ilumina os esforços realizados até aqui, reconhecendo e valorizando as vitórias que trouxeram aconchego.

Entre a quarta-feira e a quinta-feira, temos um momento tenso na semana, ainda que de curta duração. O Sol em oposição a Marte evidencia os resultados das nossas ações e motivações. E quanto maior for a consciência a respeito do que nos move, melhor será a colheita. No entanto, com Marte transitando pelo Signo de Câncer, há a possibilidade de percebermos que nem todos os sentimentos por trás de nossas ações são altruístas. Também é possível, considerando que a Lua Cheia em Câncer reforçará essa oposição, que seja necessário esclarecer publicamente as ações realizadas. Objetividade e prudência são bons conselhos para lidarmos com os eventos desses dias. Devemos evitar a irritabilidade e a tendência a entrar em ebulição. Na quarta-feira, Vênus quadra Júpiter, indicando uma tendência à indulgência, à falta de disciplina e à arrogância. É interessante atentarmos também para os excessos de generosidade, motivados pelo desejo de agradar. Limites são bem-vindos nesse período. Já na quinta-feira, o Sol forma um sextil a Netuno, auxiliando a percepção das emoções que nos cercam. Essa bússola atuará até o sábado, nos ajudando a corrigir o tom do que desafinou nos últimos dias.

No sábado, Mercúrio está em bom aspecto com Vênus, facilitando a compreensão do que os outros necessitam e ajudando a estabelecer estratégias para o equilíbrio dos desejos. E, se o que necessitávamos era de limite e estrutura para as nossas emoções, o encontro entre Vênus e Saturno poderá ser muito útil. O amor, nesse sábado, é vivido de maneira ponderada e pragmática. O clima pode esfriar, mas o afeto é sólido.

O domingo continua com o clima mais sóbrio do sábado. Além da conversa com Vênus, Mercúrio também se senta à mesa com Saturno para encontrar a melhor maneira de lidar com a situação. Correção de rumos, seriedade e ponderações críticas na justa medida, dão o tom do domingo e do começo da semana. E a semana começa marcando o início de uma nova jornada do Sol. Nesse dia, o Sol entra no Signo de Aquário, reforçando a importância da originalidade e da atuação em prol dos interesses coletivos. E, logo em seu primeiro movimento, o Sol encontra Plutão. Ou seja, a semana dá claros sinais de que será intensa e que as reflexões do final de semana podem levar a mudanças profundas e reais.

O Céu parece favorecer mesmo as mudanças. Além do encontro entre Sol e Plutão, Marte forma um ângulo favorável com Urano ao longo de toda a semana, acelerando os acontecimentos e fornecendo a energia necessária para realizá-las. E, para confirmar a necessidade de finalizar e eliminar o que não tem mais vitalidade, a Lua entra em sua fase Minguante no Signo de Escorpião no dia 21/01.

A quinta-feira pede um ajuste de pensamentos, ações e emoções, com a oposição entre Mercúrio e Marte. O maior risco nesse encontro é esquecer a cautela e a precisão, e acabar falando e agindo à base do impulso e das emoções. O excesso de franqueza, vestida de objetividade, pode provocar reações intensas em pessoas que podem se sentir atacadas e/ou invadidas. Quando pedirmos opiniões aos outros, é bom nos perguntarmos se estamos preparados para ouvir. As palavras ditas nesses dias podem ser duras, mas serão reveladoras. Também na quinta-feira, Mercúrio fará um bom aspecto a Urano, aumentando a velocidade e estimulando o surgimento de soluções inusitadas para os problemas presentes. Uma dica: com a presença desses aspectos no Céu, é recomendada atenção aos deslocamentos e à realização de atividades mais arriscadas, pois os acidentes são possíveis.

O sábado traz movimentos mais estimulantes, promovendo boas chances de divertimento e romance. A Lua continua seu caminho, preparando-se para encerrar seu ciclo, chegando à fase Balsâmica em Sagitário. Esse é um momento propício à restauração e à cura. A intuição alcança um pico nesses dias que antecedem a Lua Nova. Em Sagitário, a Lua busca a alegria e o otimismo para regenerar o que precisa de cuidado. Ainda no sábado, Vênus faz um convite irresistível a Marte, aumentando as chances de se conseguir o que deseja de uma maneira encantadora.

POSIÇÃO DIÁRIA DA LUA EM JANEIRO

DIA 01 DE JANEIRO – QUARTA-FEIRA

● *Nova* ● *em Aquário às 07:49 LFC Início às 03:03 LFC Fim às 07:49*

Enquanto a Lua estiver em Aquário, o clima será de libertação em qualquer segmento da vida. Ótimo para fazermos mudanças que nos favorecerão para este ano. Teremos disposição para convivermos em grupo e podemos acabar juntando pessoas diferentes entre si. Todos se entendem. Aproveitando a Lua na fase Nova, devemos espalhar as sementes do que desejamos que frutifique para que vire realidade.

• Lua sextil Netuno — 01:15 às 04:48 (exato 03:03)

Damos início ao ano novo sob as bênçãos desse aspecto, promovendo sensibilidade e empatia para realmente desejarmos tudo de bom para quem nos cerca. Quem ainda estiver acordado e festejando desfrutará de um clima de suavidade e glamour. Podemos sonhar acordados e programar o roteiro desse ano.

• Lua conjunção Plutão — 07:57 às 11:30 (exato 09:44)

Aqui a dica valiosa é descansar! Um sono profundo pode ser revitalizante e curativo. Tanto para o corpo como para a mente. Se algo nos incomoda a nível emocional, é hora de investigar a razão e tratar de resolvê-la.

• Lua oposição Marte — 09:09 às 12:36 (exato 10:52)

Essa configuração pede movimento para o corpo. Caminhadas, exercícios físicos ou a prática de um esporte serão benéficos para anular o mau humor, a irritação e possíveis desavenças que venham a acontecer.

DIA 02 DE JANEIRO – QUINTA-FEIRA

● *Nova* ● *em Aquário*

• Lua trígono Júpiter — 05:06 às 08:35 (exato 06:51)

Há uma sensação de bem-estar interno que nos faz pensar que hoje tudo é possível. Para que nossos desejos sejam realizados hoje tudo depende apenas de uma dose extra de otimismo. E teremos isso sob essa configuração. Podemos também levar uma palavra de fé a alguém que esteja necessitando de uma força.

·Lua trígono Mercúrio — 21:37 às 01:28 de 03/01 (exato 23:33)

Recados importantes devem ser dados neste momento. Favorece também as trocas de informações. É recomendável buscar dicas para resolver qualquer coisa. A comunicação flui melhor assim como o entendimento entre todos.

·Lua quadratura Urano — 23:28 às 02:56 de 03/01 (exato 01:14 de 03/01)

Com Urano alfinetando a Lua, nos tornamos elétricos e pouco tolerantes. Devemos desligar mais cedo o aparelho celular, a TV e o computador. No lugar desses, podemos colocar uma música suave, tomar um chá relaxante e evitar assuntos que nos tirem do sério.

DIA 03 DE JANEIRO – SEXTA-FEIRA

● *Nova* ● *em Peixes às 12:20 LFC Início às 01:14 LFC Fim às 12:20*

Enquanto a Lua estiver em Peixes, os dias se iniciarão de um jeito e terminarão de outro. Devemos aguardar os desfechos antes de tomarmos uma decisão. Essa Lua nos torna mais impressionáveis e vulneráveis. As notícias nos impressionam de forma mais aguda. Os sonhos são mais frequentes e nos seguem o dia todo. Ficamos mais crédulos e procuramos respostas em religiões ou filosofias para os males do mundo.

·Lua conjunção Vênus — 11:27 às 15:12 (exato 13:20)

Essa sexta-feira vem premiada com esse aspecto que fala de amor, encanto e beleza. Os tratamentos de beleza e estética estão favorecidos. Também é ótimo dia para compras de artigos de decoração. Presentes comprados nessas horas agradam em cheio a quem for recebê-los. Excelente momento para reunir amigos, ou estar com alguém especial. No caso de estar solteiro, capriche no visual e no charme. As chances irão surgir.

DIA 04 DE JANEIRO – SÁBADO

● *Nova* ● *em Peixes*

·Lua quadratura Júpiter — 08:50 às 12:15 (exato 10:33)

A tendência aqui será de consumir mais, seja comendo no café da manhã ou então comprando em demasia. Isso porque há uma sensação de desabastecimento emocional, o que nos leva a querer mais e mais. Vamos ficar de olho nesse comportamento e evitarmos assim, esses excessos que só serão prejudiciais.

·Lua sextil Sol — 11:39 às 15:22 (exato 13:31)

Este aspecto vem salvar o nosso dia. Há um alinhamento natural entre nossas emoções e nossos desejos. O que faz com que façamos as escolhas certas. O sentimento é de integração com tudo que diz respeito a nossa vida. Parece que as coisas funcionam do jeito que tem de ser e a sensação é que para tudo há um propósito. Favorece também acordos e conversas entre casais.

·Lua conjunção Saturno — 12:12 às 15:39 (exato 13:56)

O que foi combinado para essas horas será cumprido. Aqui pega mal faltar com a palavra. Devemos atentar para um sentimento de carência e de solidão próprios dessa configuração. Vamos fazer uso do bom senso e do discernimento aproveitando o aspecto anterior.

DIA 05 DE JANEIRO – DOMINGO

● *Nova* ● *em Áries às 16:00 LFC Início às 11:31 LFC Fim às 16:00*

Enquanto a Lua estiver em Áries, o momento é de resolvermos questões e impasses com rapidez, já que todos estão mais diretos e francos. E desse jeito funcionará melhor. Deixemos de rodeios e sigamos direto ao ponto: aqui tudo se agiliza! É partir logo para a ação que vai trazer os resultados satisfatórios. Atividades ligadas a competição e aos esportes em alta.

·Lua sextil Urano — 03:12 às 06:38 (exato 04:55)

Quem levanta cedo pode iniciar as atividades buscando novas alternativas. Fazer as coisas de forma diferente do habitual fará o dia render mais. As novidades são muito bem-vindas e podem ser incorporadas na nossa vida.

·Lua quadratura Mercúrio — 07:02 às 10:51 (exato 08:57)

Nessas horas, é importante prestarmos muita atenção às informações recebidas. É possível que elas contenham erros. Os recados devem ser passados com bastante cuidado para não ocorram mal-entendidos entre as partes. Também devemos nos abster de comentários sobre assuntos dos quais não se tenha certeza absoluta.

·Lua conjunção Netuno — 09:46 às 13:12 (exato 11:31)

Esse aspecto tem como característica nos deixar desatentos, desligados ou confusos. No mesmo seguimento do aspecto anterior, vamos redobrar a atenção a tudo o que fizermos. Se for sair, verifique se não esqueceu nada. Dê uma checada no endereço para onde vai e, se for preparar o almoço desse domingo, cuidado para não trocar os temperos!

·Lua trígono Marte — 14:44 às 18:05 (exato 16:24)

A partir de agora a vibe passa a ser outra. O que tiver de ser resolvido ou solucionado, será nestas horas. Temos pique para enfrentar o que vier e disposição para agir ou tomar uma decisão. Passeios ao ar livre serão ótimas pedidas para essa tarde.

·Lua sextil Plutão — 16:22 às 19:48 (exato 18:05)

Temos agora uma ótima energia de recuperação em todos os níveis. Seja de saúde ou afetiva. Temos a chance de resgatar um relacionamento e dissolver mágoas. Também é possível abandonarmos padrões emocionais negativos. Favorece uma boa arrumação na casa, onde podemos encontrar algo que andava perdido.

DIA 06 DE JANEIRO – SEGUNDA-FEIRA

☾ Crescente às 20:55 em 16º55' de Áries ☾ em Áries

·Lua sextil Júpiter — 11:56 às 15:19 (exato 13:38)

Nestas horas há um clima de bem-estar geral. Ficamos mais otimistas e com bom humor. Tudo parece transcorrer com mais facilidade. No trabalho, é conveniente prestar atenção nas oportunidades de crescimento e expansão.

·Lua quadratura Sol — 19:05 às 22:46 (exato 20:55)

Este aspecto corresponde a entrada da Lua na Fase Crescente. É importante não desacelerar o ritmo para continuarmos firmes na busca dos nossos propósitos. Esta é uma Fase onde será possível colhermos algo do que foi plantado na Lua Nova.

DIA 07 DE JANEIRO – TERÇA-FEIRA

☾ Crescente ☾ em Touro às 19:11

LFC Início às 18:17 LFC Fim às 19:11

Enquanto a Lua estiver em Touro, a pressa anterior agora cede lugar a um clima de calmaria. Temos vontade de deitar em uma rede e apreciar a natureza. Em Touro, a Lua nos reserva dias para aguardar o tempo certo para cada coisa. O desejo é por situações seguras, já conhecidas. Estamos mais persistentes e dedicados a aquisições materiais. No amor, esqueça a troca por mensagens! Nada melhor do que estar de corpo presente e demonstrar afeto.

·Lua trígono Mercúrio — 15:55 às 19:41 (exato 17:48)

Com a mente alerta e as palavras afiadas, é um bom momento para os diálogos, para a troca de informações e todo o tipo de divulgação. Privilegia, também, estudos de toda ordem. Compras e vendas em geral estão beneficiadas.

·Lua quadratura Marte — 16:36 às 19:54 (exato 18:17)

Este aspecto faz aumentar a irritação e a impaciência frente a um obstáculo. Portanto, deixe para depois as questões complicadas a resolver. No trabalho, faça pausas para respirar e se reorganizar internamente. Melhor evitar ambientes fechados. Ou situações onde nos sentimos diminuídos de algum modo.

·Lua quadratura Plutão — 19:39 às 23:04 (exato 21:21)

Cuidado com a noite. Há propensão à violência social. Temos que evitar locais com muita gente ou tidos como perigosos. Não devemos aceitar provocação de nenhuma espécie. Os ânimos ficam alterados.

DIA 08 DE JANEIRO – QUARTA-FEIRA

☾ Crescente ☾ em Touro

·Lua sextil Vênus — 02:32 às 06:12 (exato 04:22)

Que delícia este aspecto! Ainda mais com a Lua em Touro. Apesar de ser madrugada, favorece o amor em todas as suas formas, intensifica a sensualidade e as trocas de carícias. Quem estiver acordado poderá apostar em uma atividade do seu agrado.

·Lua sextil Saturno — 19:13 às 22:38 (exato 20:56)

Bom momento para conversas com pessoas mais experientes e de bom senso. Podemos extrair bons conselhos através de vivências relatadas por essas pessoas. Visitar parentes mais idosos também está favorecido esta noite. Em casa é hora de dar uma espiada na despensa e fazer uma lista dos itens que estão faltando.

DIA 09 DE JANEIRO – QUINTA-FEIRA

☾ Crescente ☾ em Gêmeos às 22:06 LFC Início às 19:51 LFC Fim às 22:06

Enquanto a Lua estiver em Gêmeos, temos mais facilidade para resolver duas ou mais coisas ao mesmo tempo. As pessoas ficam mais curiosas, comunicativas e com histórias para contar. Há uma movimentação maior nas ruas e no comércio. Estamos ávidos por novidades. É um período favorável a pequenas viagens e aos deslocamentos em geral.

·Lua trígono Sol — 02:03 às 05:42 (exato 03:52)

Essa beleza de aspecto nos torna mais coesos, equilibrados e aptos a ver a vida com sabedoria. Os que exercem funções nestas horas ou que estejam de plantão conseguem enxergar possibilidades positivas em seus projetos e afazeres.

·Lua conjunção Urano — 09:17 às 12:41 (exato 10:59)

Horas bastante agitadas. Tudo sai do programado. Com a Lua em Touro (a Lua vai para Gêmeos só à noite), que não é propensa a novidades nem mudanças, isso pode gerar muita ansiedade. Então, o melhor será ter uma "carta da manga" para ter uma alternativa frente a imprevistos.

·Lua sextil Netuno — 16:03 às 19:27 (exato 17:45)

Temos uma tarde/noite suave, delicada, que pede uma programação leve. Cinema, exposição de arte, fotografia e teatro são atividades em alta. O clima é de ajuda mútua, seja no trabalho ou no âmbito pessoal. Para atrair alguém do nosso interesse podemos criar uma atmosfera mágica e envolvente.

·Lua sextil Marte — 18:10 às 21:28 (exato 19:51)

Se precisarmos tomar uma decisão ou tomar uma atitude, este é o momento. Isso porque estamos com uma sensação de capacidade ampliada, o que nos concede força e coragem. Esta noite está propícia ao amor carnal. Em um instante a relação se torna quente, vigorosa e animada!

·Lua trígono Plutão — 22:41 às 02:06 de 10/01 (exato 00:34 de 10/01)

Ótimo para recuperar relacionamentos importantes. Amores antigos, que vão além das aparências, estão particularmente beneficiados. Momento excelente para perdoar e limpar mágoas

DIA 10 DE JANEIRO – SEXTA-FEIRA

☾ *Crescente* ☾ *em Gêmeos*

• Lua quadratura Vênus — 09:27 às 13:08 (exato 11:17)

Aqui é preciso prestar atenção aos gastos. Tendência a flutuação financeira. Não é o melhor horário para ir às compras. Erramos na quantidade e no valor do produto. Também não estão favorecidos os tratamentos de beleza. Melhor não mudar a tinta do cabelo e nem fazer corte, pois o resultado pode não agradar depois.

• Lua conjunção Júpiter — 17:18 às 22:42 (exato 19:00)

Alto-astral e sensação de que podemos ir muito além das nossas expectativas. Isso promove uma força interior capaz de nos fazer resolver qualquer questão. Favorece trabalhos em equipe, devido ao espírito de colaboração. Esse aspecto sugere sorte, então, devemos estar atentos as chances e oportunidades que surgirem. Como é sexta-feira à noite, o happy hour promete ser muito animado.

• Lua quadratura Saturno — 22:32 às 01:58 de 11/01 (exato 00:15 de 11/01)

Agora o clima passa a ser bem diferente do anterior. Ficamos mais ligados ao que não está fluindo como esperávamos. O espírito crítico se acentua. O melhor neste momento será fazer tudo por conta própria, sem solicitar favores de ninguém. Uma negativa aumentará o sentimento de rejeição.

DIA 11 DE JANEIRO – SÁBADO

☾ *Crescente* ☾ *em Gêmeos LFC Início às 21:04*

• Lua quadratura Netuno — 19:19 às 22:46 (exato 21:04)

Esta noite de sábado pede descanso, ou uma atividade que não exija esforço. Devemos nos abster de discussões ou de pessoas que possam nos ferir. A sensibilidade está muito acentuada. Não devemos esperar mais do que as pessoas podem dar, para evitarmos decepção. No caso de precisar dirigir, é necessário redobrar a atenção. Este aspecto provoca confusão e desatenção. Não é aconselhável cobrar uma definição de ninguém.

DIA 12 DE JANEIRO – DOMINGO

☾ *Crescente* ☾ *em Câncer às 01:23 LFC Fim às 01:23*

Enquanto a Lua estiver em Câncer, as pessoas estão mais sensíveis e se magoam com facilidade. É preciso tato para abordagem de assuntos delicados. Todos estão mais intimistas e voltados para a vida doméstica. São dias para reunir a família ou as pessoas mais íntimas. Fica mais difícil tirar as pessoas de casa. Preferimos a sensação de bem-estar e de proteção que o lar oferece.

• Lua oposição Mercúrio — 09:56 às 13:49 (exato 11:52)

Não se aconselha expressar sentimentos nestas horas. As palavras podem não corresponder ao que, de fato, se passa no íntimo. Cuidado com palavras inapropriadas que podem causar ressentimento nas relações. Nas conversas ou comunicados será prudente verificar se a mensagem foi bem compreendida.

· Lua trígono Vênus — 17:03 às 20:49 (exato 18:56)

Um gostoso final de domingo nos aguarda! É tempo de sedução, de afeto e todas as demonstrações de amor serão como bálsamo para a alma. Podemos caprichar em um jantar romântico para o ser amado. Ou tentar uma reconciliação, pois há uma predisposição à harmonia e ao entendimento.

DIA 13 DE JANEIRO – SEGUNDA-FEIRA

○ *Cheia às 19:26 em 23º59'* ○ *de Câncer*

· Lua trígono Saturno — 02:43 às 06:15 (exato 04:29)

Um brinde para os que tiverem atividades ou exerçam profissão nestas horas. A produtividade está em alta e o tempo parece render mais. Há um aumento do bom senso o que possibilita chegar a uma conclusão acertada sobre um assunto.

· Lua sextil Urano — 16:34 às 20:08 (exato 18:21)

Esse aspecto favorece as mudanças e inovações. As arrumações na casa, como trocar móveis de lugar ou mudar uma decoração, servirão para renovar também o nosso estado interior. Seja em casa ou no trabalho, sair da rotina, procurar conselho ou parecer de pessoas com outro ponto de vista será vantajoso.

· Lua oposição Sol — 17:31 às 21:22 (exato 19:26)

Este é o aspecto correspondente a Fase da Lua Cheia! Aqui há um transbordamento de emoções. Algo pode se intensificar e vir à tona. As reações emocionais se tornam mais intensas. Alguém poderá se tornar extremamente importante para nós. Estamos em uma situação de igualdade de forças e não devemos subestimar ninguém.

· Lua conjunção Marte — 23:03 às 02:32 de 14/01 (exato 00:47 de 14/01)

Energia bélica no ar. O pavio está curto! Não devemos provocar e nem "cair na pilha" de uma provocação. A tendência é que os ânimos se alterem e uma simples discussão vire coisa mais séria.

· Lua trígono Netuno — 23:57 às 03:33 de 14/01 (exato 01:45 de 14/01)

Vamos procurar algo que nos inspire nestas horas. Pode ser um bom filme, uma leitura edificante ou uma meditação. Músicas para relaxar ajudarão para um sono reconfortante.

DIA 14 DE JANEIRO – TERÇA-FEIRA

○ *Cheia* ○ *em Leão às 06:11 LFC Início às 01:46 LFC Fim às 06:11*

Enquanto a Lua estiver em Leão, as pessoas se tornam mais demonstrativas de seus sentimentos. Estamos mais alegres, cheios de vida e vibrantes. As festas e comemorações são bem-vindas e todos comparecem. Ainda mais na Lua Cheia! As pessoas querem se sentir importantes através de privilégios e se concedem prazeres, na base do "eu mereço"! Comércio de joias e itens caros em alta.

· Lua oposição Plutão — 07:04 às 10:41 (exato 08:52)

É importante nesta manhã não nos deixarmos levar por lembranças de mágoas passadas. No trabalho, caso surja uma crise, um desentendimento ou mesmo uma ameaça, estes devem ser contornados politicamente.

DIA 15 DE JANEIRO – QUARTA-FEIRA

◯ *Cheia* ◯ *em Leão*

· Lua sextil Júpiter — 02:08 às 05:48 (exato 03:58)

Esta madrugada favorece viagens e deslocamentos em geral. O clima é de aventura, alegria e bom humor. Em qualquer relação agir com generosidade e espírito de grandeza ajudará a superar algum obstáculo.

· Lua quadratura Urano — 23:17 às 03:02 de 16/01 (exato 01:11 de 16/01)

Tendência a insônia por conta da excitação e ansiedade provocadas por essa elétrica configuração. Pode-se esperar mudança brusca de tempo. Algo da nossa rotina pode ser alterado. Ou uma situação apresentar um desfecho diferente do esperado.

DIA 16 DE JANEIRO – QUINTA-FEIRA

◯ *Cheia* ◯ *em Virgem às 13:45 LFC Início às 01:11 LFC Fim às 13:45*

Enquanto a Lua estiver em Virgem, as pessoas se tornam mais seletivas, críticas e exigentes. Ficamos intransigentes com desordem e falta de higiene. Trabalhos meticulosos, cheios de detalhes serão feitos com mais facilidade. Também são dias propícios a dietas, cuidar da alimentação, organizar armários e fazer pequenos consertos.

Com uma capacidade maior de observação, o que estiver fora de ordem, ou malfeito, nos incomodará mais. As emoções atingem menores proporções e deixamos os dramas de lado.

Hoje a Lua não faz aspecto com outros planetas no céu. Devemos observar as recomendações para a fase e o signo em que a Lua se encontra.

DIA 17 DE JANEIRO – SEXTA-FEIRA

◯ *Cheia (disseminadora)* ◯ *em Virgem*

· Lua quadratura Júpiter — 10:36 às 14:29 (exato 12:32)

No trabalho poderá haver um clima de menor produtividade. As pessoas estão propensas à lei do menor esforço. Portanto, o melhor será se dedicar a tarefas menos complicadas e que não sejam desgastantes. Este aspecto pode, também, gerar um estado de otimismo que acaba não se confirmando nos resultados.

·Lua trígono Mercúrio — 14:13 às 18:41 (exato 16:27)

Momento muito apropriado a estudos e todo o tipo de trabalho que exija bastante atenção. Favorece as negociações, especialmente, as de pequenos itens que envolvam detalhamentos. Excelente para lançamento de campanhas publicitárias, para fretes e pequenas viagens.

·Lua oposição Vênus — 16:38 às 20:53 (exato 18:45)

Um estado de carência poderá agora nos invadir nos levando a atitudes que podem ser caracterizadas como infantis. Naquela base do "quero porque quero", a frustração será grande, caso não se cumpra o nosso querer. Vamos fazer algo que minimize este estado emocional, cuidando do outro como gostaríamos de sermos cuidados.

·Lua oposição Saturno — 18:44 às 22:41 (exato 20:43)

Este horário sugere um estado de pessimismo frente ao que esteja acontecendo. A tendência é exigir do outro mais do que lhe é possível. Essa atitude pode piorar uma relação. Devemos nos perguntar se somos capazes de fazer melhor, antes de criticar outra pessoa.

DIA 18 DE JANEIRO – SÁBADO

○ *Cheia (disseminadora)* ○ *em Virgem LFC Início às 23:02*

·Lua trígono Urano — 09:41 às 13:12 (exato 11:13)

Sob essa configuração estamos dispostos a fazer boas alterações na nossa rotina. Isso trará um novo frescor e sensação de renovação em nossas vidas. Que tal experimentar um novo sabor, mudar um trajeto ou procurar conversar com pessoas com pontos de vista diferentes do nosso?

·Lua sextil Marte — 12:56 às 16:48 (exato 14:52)

A energia marciana se faz presente nessas horas nos dando condições para agir e tomar decisões. As coisas tendem a acelerar e a tomar o rumo necessário. Há, também, maior disposição para atividades físicas.

·Lua oposição Netuno — 17:47 às 21:48 (exato 19:48)

Um pouco de preguiça para as tarefas árduas se faz presente. Devemos nos preservar de trabalhos complicados, de muito esforço físico (este aspecto é bem diferente do anterior). A partir dessas horas, tudo muda. Então, se há uma questão a ser resolvida ou se temos que correr atrás de alguma coisa, isso deverá ser feito nas horas anteriores. Aqui é para atividades amenas ou para relaxar.

·Lua trígono Sol — 20:49 às 01:12 de 19/01 (exato 23:02)

Os pares arquetípicos, Lua e Sol, se harmonizam nessas horas concedendo maior entendimento entre as pessoas. Especialmente entre pessoas de sexo diferente, beneficiando o relacionamento entre casais. É uma noite propícia a concepção, gestação, nascimentos e partos.

DIA 19 DE JANEIRO – DOMINGO

◯ *Cheia (disseminadora)* ◯ *em Libra às 00:32 LFC Fim às 00:32*

Entrada do Sol no Signo de Aquário às 16h59min52

Enquanto a Lua estiver em Libra, o melhor é fazer as coisas em par. Esse é um signo de aliança! Aqui tudo o que fizermos a dois, faremos melhor. Trata-se, também, de um bom período para se fazer sociedade de toda tipo: casamento, amizade, ou parceria de negócios. As pessoas se tornam mais diplomáticas e dispostas a reconciliação. Os ambientes chiques e refinados terão preferência. Bares, restaurantes e festas tendem a ser bem concorridos, pois trata-se de um signo avesso a solidão.

· Lua trígono Plutão — 01:49 às 05:51 (exato 03:50)

Com a Lua na Fase Disseminadora, aqui é um bom momento para espalharmos, disseminarmos os problemas que nos afetam. E fazemos isso nos desconcentrando deles. Algo pode ser resolvido, parando de nos afligir. Esta Lua nos dá uma condição maior de desapego.

· Lua trígono Júpiter — 22:04 às 12:56 de 20/01 (exato 00:05 de 20/01)

O dia que começou bem termina bem, sob a auspiciosa energia de Júpiter! Estamos mais confiantes e podemos animar alguém que precise, neste momento, de um estímulo. No relacionamento, devemos agir com espírito de grandeza para afastar qualquer obstáculo que prejudicava uma aproximação.

DIA 20 DE JANEIRO – SEGUNDA-FEIRA

◯ *Cheia (disseminadora)* ◯ *em Libra*

· Lua quadratura Mercúrio — 11:02 às 15:42 (exato 13:22)

Não favorece reuniões importantes no trabalho. As pessoas tendem à dispersão. Há muita conversa, mas pouco resultado. É preciso, também, prestar atenção as negociações, assinaturas, documentos e assuntos burocráticos. Sob essa configuração pode haver erros nas mensagens, escritas ou faladas.

· Lua quadratura Marte — 23:55 às 03:31 de 21/01 (exato 01:33 de 21/01)

Estado de humor alterado. Pouca tolerância para assuntos que levem a cobranças ou polêmicas. Aqui o ideal é descansar a mente e o corpo, como sugere o horário. Quem estiver na rua, muito cuidado com o trânsito. Importante não aceitar provocação.

DIA 21 DE JANEIRO – TERÇA-FEIRA

☽ *Minguante às 17:30 em 02º03' de Escorpião* ☽ *em Escorpião às 13:19*

LFC Início às 01:34 LFC Fim às 13:19

Enquanto a Lua estiver em Escorpião, favorece trabalhos ligados à investigação, pesquisas e também aqueles que precisem de um "mergulho" de dedicação total. Um clima de maior erotismo leva a encontros de natureza sexual com mais facilidade. As pessoas estão mais sensíveis para o que consideram ofensas ou insultos. Podemos ficar obcecados por um assunto ou tema, principalmente se estiver mal resolvido. E não vamos sossegar até resolver de vez!

• Lua quadratura Plutão — 14:48 às 18:52 (exato 16:50)

Devemos ter bastante cuidado nestas horas no que se refere às nossas emoções. Elas se alteram e tendem a ser extremas e radicais, o que deve ser evitado. Coisas podem se agravar aqui, podendo ser uma doença, um sentimento de traição, uma desconfiança ou uma ameaça. Portanto, ficar longe de pessoas agressivas, das relações tóxicas e de lugares perigosos se faz necessário.

• Lua quadratura Sol — 15:17 às 19:43 (exato 17:30)

Este aspecto corresponde a entrada da Lua na Fase Minguante! É um período de mais interiorização e avaliação dos resultados desse ciclo. Nestas horas, nossa energia está em baixa. Devemos nos poupar de situações ou trabalhos árduos. É preciso respeitar nossos limites.

DIA 22 DE JANEIRO – QUARTA-FEIRA

☽ *Minguante* ☽ *em Escorpião*

• Lua trígono Saturno — 20:37 às 00:39 de 23/01 (exato 22:38)

Horas apropriadas para uma boa arrumação na casa, para aqueles que gostam de atividades à noite. Bom momento para arrumarmos um armário e separar o que nos interessa daquilo que não nos é mais útil. Contamos com uma disposição produtiva e, com as emoções no lugar, é mais fácil avaliar o que, de fato, é importante em nossa vida. Contamos com maior objetividade para discernir sobre qualquer situação.

DIA 23 DE JANEIRO – QUINTA-FEIRA

☽ *Minguante* ☽ *em Escorpião LFC Início às 21:04*

• Lua trígono Vênus — 03:40 às 07:59 (exato 05:50)

Ótimo horário para estarmos bem confortáveis e em boa companhia. Clima de sedução está no ar. Este aspecto favorece o entendimento entre as pessoas. Disposição para cooperar leva a obtenção de favores com mais facilidade.

• Lua sextil Mercúrio— 08:52 às 13:26 (exato 11:09)

Favorável à comunicação em todas as formas. Recados e mensagens devem ser passados nestas horas. As reuniões de trabalho fluem e muitas ideias podem ser apresentadas. Aproveitando a Lua em Escorpião, podemos nos dedicar a um assunto do qual é preciso uma solução definitiva.

·Lua oposição Urano — 10:13 às 14:11 (exato 12:12)

Melhor nos precaver de possíveis imprevistos. É preciso jogo de cintura frente a qualquer situação que saia do programado. Com uma disposição leve e desapegada, deixamos as coisas fluírem sem resistência.

·Lua trígono Marte — 10:16 às 14:07 (exato 12:12)

Este aspecto unido ao anterior provoca uma necessidade de movimento. Há maior disposição para se correr atrás do que deseja. O ideal aqui é gastar energia em atividades físicas. Favorece as atividades autônomas. Em qualquer relação, devemos ser francos e espontâneos.

·Lua trígono Netuno — 19:04 às 23:01 (exato 21:03)

Sensibilidade, sentimento de empatia e espírito de colaboração estão em alta! Qualquer desavença ocorrida durante o dia poderá ser resolvida com boa vontade e compaixão. As práticas de meditação, ioga e de religiosidade estão favorecidas.

DIA 24 DE JANEIRO – SEXTA-FEIRA

☽ *Minguante* ☽ *em Sagitário às 01:28 LFC Fim às 01:28*

Enquanto a Lua estiver em Sagitário, o espírito de aventura domina o período. Todos estão com vontade de sair e de expandir horizontes. Passeios ao ar livre e em espaços amplos serão mais procurados. Há uma energia de otimismo e alegria permeando a todos nesses dias. Esperamos o melhor dos outros e, também, damos o nosso melhor. Isso porque contamos com entusiasmo e altas expectativas de que tudo dará certo. Dias propícios para sairmos da rotina e buscarmos o que nos entusiasme a alma.

·Lua sextil Plutão — 03:03 às 06:58 (exato 05:01)

Este aspecto é apropriado para um bom e restaurador sono, como sugere o horário. As recuperações também são beneficiadas. Sejam de saúde ou de relacionamento. Para quem tem atividades nestas horas, podem mergulhar em tarefas que necessitem muita dedicação.

·Lua sextil Sol — 08:47 às 13:02 (exato 10:55)

Horas premiadas com essa energia entre Sol e Lua! Favorece relações afetivas entre os pares, facilitando o entendimento e os acordos. Clima de harmonia e equilíbrio. É mais fácil resolver conflitos internos e dissipar dúvidas. No trabalho há maior facilidade na distribuição de tarefas segundo a competência e posição de cada um.

·Lua oposição Júpiter — 21:49 às 01:39 de 25/01 (exato 23:45)

Tendência a se querer mais do que é necessário. Há uma insatisfação com o que nos cerca. Vamos usar de bom senso e reduzir o tamanho de nossos anseios. Eles estão fora da realidade. É preciso, também, controlar a gula e a vontade de consumir comidas, doces e bebidas.

DIA 25 DE JANEIRO – SÁBADO

☽ Minguante (balsâmica) ☽ em Sagitário

·Lua quadratura Saturno — 07:55 às 11:45 (exato 09:50)

Este sábado traz uma energia de pessimismo e de falta. Parece que as coisas estão travadas e não fluem como desejamos. É preciso não jogar as frustrações para o outro. Há um sentimento de solidão interno. Devemos controlar o excesso de espírito crítico. Os problemas podem parecer maiores do que na verdade são.

·Lua quadratura Vênus — 18:32 às 22:34 (exato 20:33)

O sentimento de carência e desejo de sermos aceitos a qualquer custo continuam. É necessário fazermos a nossa parte também, pois o outro está no "mesmo barco", sofrendo a mesma influência. Uma boa dica é fazer pelo outro o que gostaríamos fizesse por nós. Cuidado com compras nestas horas. Para quem estiver pelo shopping ou pelo supermercado, atenção! Compramos a mais do que queremos, ou compramos itens desnecessários, e só vamos dar conta disso depois.

DIA 26 DE JANEIRO – DOMINGO

☽ Minguante (balsâmica) ☽ em Capricórnio às 10:42
LFC Início às 06:40 LFC Fim às 10:42

Enquanto a Lua estiver em Capricórnio, prevalece um sentimento de seriedade e comprometimento. Falta de responsabilidade aqui passa a ser erro grave. No trabalho ou na escola, tudo deve obedecer ao prazo estipulado e ser feito com capricho. Os erros são mais notados. A praticidade e a produtividade dominam o período. Temos uma visão mais realista acerca dos fatos. Estamos muito determinados a alcançar nossos objetivos.

·Lua quadratura Netuno — 04:47 às 08:30 (exato 6:39)

Vamos aproveitar para descansar, dormir e sonhar. Nada de pressa para nada. Estamos com a energia em baixa e devemos nos poupar. A sensibilidade também se aguça e ficamos mais vulneráveis ao que nos atinge. Estamos, também, mais distraídos e desanimados.

DIA 27 DE JANEIRO – SEGUNDA-FEIRA

☽ Minguante (balsâmica) ☽ em Capricórnio

·Lua sextil Saturno — 15:44 às 19:20 (exato 17:32)

Muita capacidade de produção nesta tarde de segunda-feira. Bom horário para lidarmos com obrigações, mesmo as mais penosas. Ou para terminar algo pendente. O que foi combinado será cumprido. No caso de se pretender fazer um reparo na casa, este é um bom momento. Também é válido para a contratação de mão de obra especializada.

DIA 28 DE JANEIRO – TERÇA-FEIRA

☽ *Minguante (balsâmica)* ☽ *em Aquário às 16:31*

LFC Início às 12:49 LFC Fim às 16:31

Enquanto a Lua estiver em Aquário, predomina um espírito gregário e comunitário. As pessoas podem se sentir mais atraídas para estar em meio a amigos, do que, propriamente, com seus familiares. Estamos propensos a atitudes mais autênticas, sem a preocupação de seguir normas ou regras estabelecidas. Aliás, quebrar padrões e ter uma conduta livre para se reinventar será compensador!

· Lua oposição Marte — 00:08 às 03:35 (exato 01:52)

Predisposição a brigas e desentendimentos. Melhor estar em casa e, de preferência, dormindo como sugere o horário. Quem estiver na rua, muita atenção ao trânsito. Não se deve "bater de frente" com ninguém, especialmente com quem não tem nada a perder.

· Lua trígono Urano — 02:56 às 06:27 (exato 04:41)

Para quem tiver trabalho nesta madrugada, este aspecto sugere que as atividades sejam feitas com criatividade. Quem trabalha com invenções ou tecnologia será beneficiado. Uma boa ideia poderá surgir e é aconselhável anotá-la.

· Lua sextil Vênus — 05:00 às 08:45 (exato 06:52)

Para ficar "bem na fita" com a pessoa amada, que tal preparar aquele café da manhã com açúcar e com afeto? Ou, se estiver longe, mandar uma mensagem amorosa... Será muito bem recebida e surtirá ótimos efeitos.

· Lua sextil Netuno — 11:02 às 14:33 (exato 12:48)

Momento de muita inspiração que beneficia pessoas ligadas às artes em geral. Quem puder estar junto ao mar ou cachoeira receberá uma ótima vibração. Há ainda a promessa de encontros e momentos agradáveis nesse tipo de paisagem.

· Lua conjunção Mercúrio — 16:46 às 20:43 (exato 18:45)

A mente está ativada e as ideias estão "pipocando". As palavras fluem com facilidade. Beneficia todo tipo de diálogo e acordos. O aumento da flexibilidade favorece as negociações. Os trajetos e deslocamentos são feitos com agilidade.

· Lua conjunção Plutão — 18:11 às 21:40 (exato 19:55)

Energia intensa que revolve o passado e traz à tona sentimentos que ainda não foram resolvidos. Temos aqui uma oportunidade para resolvê-los e procurar expurgar uma possível mágoa. Esta energia mexe muito com o nosso estado emocional, portanto, fazer um "mergulho" interno e perceber nossos verdadeiros anseios é indicado. Excelente para as terapias que trabalhem com o inconsciente.

DIA 29 DE JANEIRO – QUARTA-FEIRA

● *Nova às 09:36 em 09°51' de Aquário* ● *em Aquário*

·Lua conjunção Sol — 07:44 às 11:26 (exato 09:35)

Lua Nova, tudo de novo outra vez! Neste novo ciclo da Lua é muito importante termos em mente o que desejamos realizar daqui para frente. É tempo de renovação e esperança. Mas ainda não existe certeza de nada. Tudo está em forma embrionária, tomando forma. Podemos ter o contorno, mas não os detalhes. Por essa razão, durante a Lua Nova, é muito importante conseguirmos lançar ideias, propostas e desejos como sementes que queremos ver germinar.

·Lua trígono Júpiter — 10:25 às 13:51 (exato 12:08)

Essa energia nos confere ânimo e bastante entusiasmo. Almoços de negócios, ou mesmo entre amigos, transcorrem em clima de confiança e generosidade. É mais fácil tirar as pessoas de casa para passeios ou para prestarem uma ajuda. Nestas horas, estamos mais otimistas e apostando no melhor dos outros.

DIA 30 DE JANEIRO – QUINTA-FEIRA

● *Nova* ● *em Peixes às 19:52 LFC Início às 08:30 LFC Fim às 19:52*

Enquanto a Lua estiver em Peixes, as pessoas ficam mais assustadas e impressionadas com notícias de guerra, de assaltos e tudo que aflige a alma. Queremos nos apegar a uma crença, seja religiosa ou filosófica, que nos dê alento e paz. As casas de produtos esotéricos, as igrejas, templos, centros de meditação e ioga, costumam receber mais público.

·Lua quadratura Urano — 06:46 às 10:10 (exato 08:28)

A manhã começa bem nervosa e agitada. Há tendência a sobressalto ao acordar. Compromissos são cancelados, decisões ficam suspensas ou tomam rumos surpreendentes. É melhor não forçar o ritmo de nada para não causar rupturas. Devemos ter uma atitude flexível diante de qualquer mudança em nossa rotina.

DIA 31 DE JANEIRO – SEXTA-FEIRA

● *Nova* ● *em Peixes*

·Lua quadratura Júpiter — 13:11 às 16:32 (exato 14:52)

A tendência aqui é termos uma percepção distorcida sobre alguma coisa ou alguém e exagerarmos nas expectativas. Assim, poderá haver uma frustração. O conselho é esperar menos das situações e fazer a nossa parte, seja no trabalho ou na vida pessoal, usando o bom senso.

·Lua conjunção Saturno — 23:27 às 02:50 de 01/02 (exato 01:09 de 01/02)

Para o sono ser tranquilo, é preciso termos resolvido todas as pendências do dia. A consciência aqui se volta para preocupações do cotidiano. Isso nos abala emocionalmente, caso não tenhamos concluído um assunto ou uma tarefa.

Fevereiro 2025

Domingo	Segunda-feira	Terça-feira	Quarta-feira	Quinta-feira	Sexta-feira	Sábado
						1 ♈
						Lua Nova em Áries às 22:09 LFC Início às19:07 Fim às 22:09
2	3	4 ♉	5 ☾16'46'♉	6 ♊	7	8 ♋
Lua Nova em Áries	Lua Nova em Áries LFC Início às 07:20	Lua Nova em Touro às 00:33 LFC Fim às 00:33	Lua Crescente às 05:02 em Touro	Lua Crescente em Gêmeos às 03:43 LFC Início às00:30 Fim às 03:43	Lua Crescente em Gêmeos	Lua Crescente em Câncer às 08:03 LFC Início às 04:53 Fim às 08:03
9	10 ♌	11	12 ○24º06' ♌	13	14	15 ♎
Lua Crescente em Câncer	Lua Crescente em Leão às 14:00 LFC Início às 10:50 Fim às 14:00	Lua Crescente em Leão	Lua Cheia às 10:53 em Leão Lua em Virgem às 22:06 LFC Início às16:13 Fim às 22:06	Lua Cheia em Virgem	Lua Cheia em Virgem	Lua Cheia em Libra às 08:44 LFC Início às 05:36 Fim às 08:44
16	17 ♏	18	19	20 ☽02º19' ♐	21	22 ♑
Lua Cheia em Libra	Lua Cheia em Escorpião às 21:18 LFC Início às20:25 Fim às 21:18	Lua Cheia em Escorpião Entrada do Sol no Signo de Peixes às 07h06min18	Lua Cheia em Escorpião	Lua Minguante às 14:31 em Sagitário Lua em Sagitário às 09:54 LFC Início às 07:06 Fim às 09:54	Lua Minguante em Sagitário	Lua Minguante em Capricórnio às 20:08 LFC Início às 17:39 Fim às 20:08
23	24	25 ♒	26	27 ● 09º40' ♓	28	
Lua Minguante em Capricórnio	Lua Minguante em Capricórnio	Lua Minguante em Aquário às 02:39 LFC Início às 00:29 Fim às 02:39	Lua Minguante em Aquário LFC Início às 19:05	Lua Nova às 21:44 em Peixes Lua em Peixes às 05:46 LFC Fim às 05:46	Lua Nova em Peixes	

Mandala Lua Cheia Mês de Fevereiro

Lua Cheia
Dia: 12/02
Hora: 10:53
24º06' de Leão

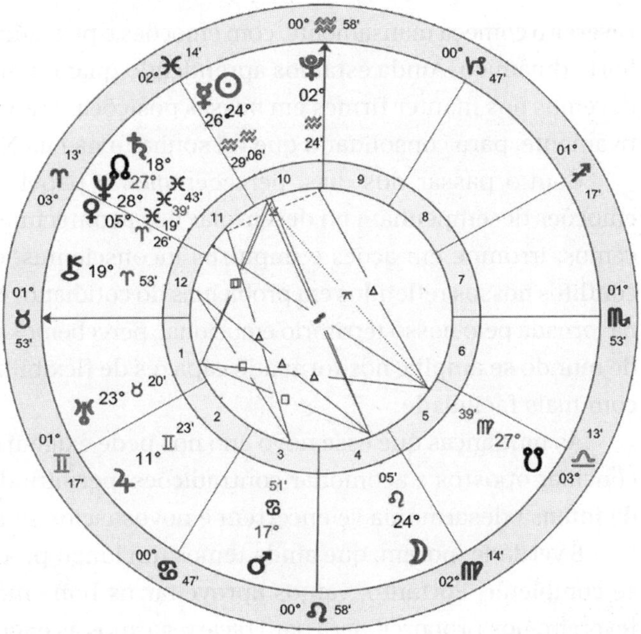

Mandala Lua Nova Mês de Fevereiro

Lua Nova
Dia: 27/02
Hora: 21:44
09º40' de Peixes

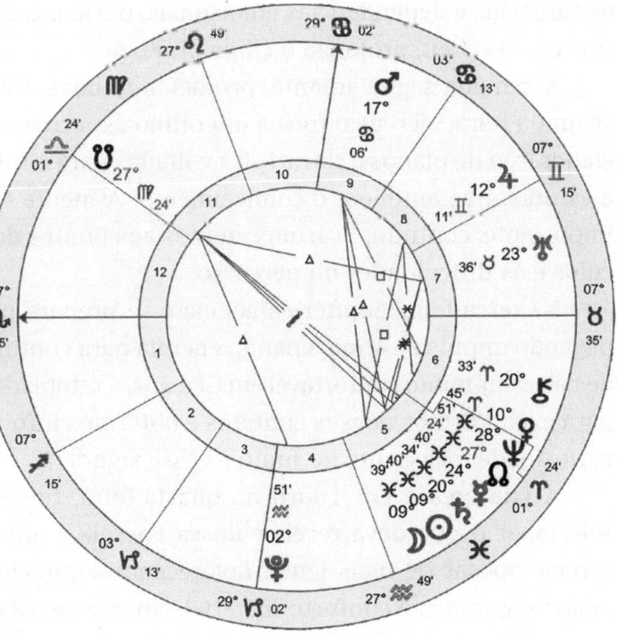

CÉU DO MÊS DE FEVEREIRO

Fevereiro começa mansamente, com emoções e pensamento buscando um equilíbrio dinâmico. Ainda estamos aprendendo quando devemos ceder e quando devemos nos manter firmes em nossas posições. Trabalhamos, interna e coletivamente, para consolidar o que foi sonhado na Lua Nova do final de janeiro.

Com o passar dos dias, perceberemos o papel importante que nossas emoções desempenham no desenrolar dos acontecimentos. O que não conhecemos, irrompe em ações e impulsos inconscientes, ou podemos encontrar conflitos nossos refletidos em problemas do cotidiano. Ao decidirmos embarcar na jornada pelo nosso território emocional, percebemos que nossa compreensão de mundo se amplia, nos tornando capazes de flexibilizar e acomodar o outro com mais facilidade.

As mudanças que esse novo ano nos pede exigem de nós a capacidade de conciliar opostos e acomodar contradições, permitindo, assim, que períodos de intensa desarmonia se encerrem e novos ciclos se iniciem.

É verdade, porém, que ainda temos um longo percurso até esse processo se completar. Portanto, vamos aproveitar os bons momentos que o mês de fevereiro nos proporcionará para recarregarmos as energias e nos prepararmos para os desafios que os outros meses trarão.

O primeiro final de semana do mês é abençoado pelo encontro entre Vênus e Netuno. Os sonhos e o romance são beneficiados por essa conjunção. Mesmo que a conjunção entre Saturno e Lua traga sobriedade e limites para as carências e dependências emocionais, o trígono entre o Sol e Júpiter, ainda presente no Céu, prolonga o clima otimista.

A semana segue adiante, prometendo boas notícias e avanços. Logo na segunda-feira, Mercúrio forma um ótimo aspecto com Júpiter, favorecendo a elaboração de planos e estratégias voltadas para o futuro, contatos comerciais e estudos que ampliem o conhecimento. A mente está afiada e perspicaz. É importante, contudo, ficarmos atentos aos limites das realizações, aos obstáculos e às dificuldades do percurso.

Na terça-feira, Júpiter estaciona e se prepara para o movimento direto, pegando impulso e armazenando energia para continuar seu caminho. Apesar de não estar muito confortável em Gêmeos, a retomada sinaliza maior facilidade para expandirmos nossos contatos e obtermos informações que satisfaçam a curiosidade incessante de Júpiter nesse signo.

A Lua cresce em Touro na quarta-feira, reforçando a importância de selecionar o que deve receber nossa energia e atenção. A Lua está firme e serena, apesar de mais lenta, favorecendo as iniciativas que proporcionem maior segurança e conforto material. No mesmo dia, Vênus deixa o Signo de

Peixes e entra em Áries. Nesse signo, Vênus volta o olhar para si, para os seus desejos e suas vontades. O afeto, enquanto Vênus estiver nesse signo, é claro, direto e franco.

E a semana continua fluida e favorável. Na quinta-feira, dia 06/02, o Céu traz dois aspectos bonitos e proveitosos. Vênus conversa com Plutão, intensificando as emoções e os desejos. Ainda na quinta, Marte forma um trígono com Saturno, reforçando a determinação e a capacidade de fazer o necessário para alcançar o que se quer.

O domingo adiciona mais um aspecto interessante a essa semana movimentada. O Sol em Aquário se encontra com Mercúrio, facilitando as viagens, a comunicação e a expressão das ideias. Ótimo momento para conversar sobre o futuro e sobre o que queremos para ele.

Os bons aspectos da semana anterior permanecem vigentes no início da segunda semana de fevereiro. A conjunção entre o Sol e Mercúrio e o trígono entre Marte e Saturno reforçam a facilidade de aliar comunicação e clareza mental com determinação e disciplina emocional.

No entanto, apesar de o bom aspecto entre Marte e Saturno permanecer ativo até a quarta-feira, dois novos aspectos indicam a possibilidade de imprevistos e rupturas ocorrerem entre segunda-feira e quarta-feira. Na segunda-feira, dia 10/02, Mercúrio quadra Urano e, na sequência, o Sol faz o mesmo.

Essa é uma configuração irritante, sinalizando que circunstâncias podem trazer mudanças bruscas e alterar os planos traçados, a rotina e as estratégias. É possível que as ideias e a vontade se deparem com novos desafios. Portanto, o melhor a fazer nesses dias é deixar um bom espaço livre nas agendas para acomodar os imprevistos que podem ocorrer.

Na quarta-feira, a Lua atinge a sua plenitude em Leão, coroando o ciclo iniciado ao final de janeiro. Esse fato reforça a orientação para proceder com mais cautela e observação, evitando forçar situações ou demandar decisões e atitudes de maneira veemente. Com a Lua Cheia, a atmosfera é mais propensa a reações exageradas e públicas.

A Lua Cheia do dia 12 de fevereiro ressalta o protagonismo de Urano. Ou seja, é possível que os resultados esperados sejam bem diferentes dos imaginados. A tensão entre o que se idealizou como sendo o melhor para todos, esbarra na necessidade de reconhecimento individual. Essa disputa precisa ser equacionada de maneira a acomodar, ao máximo, as expectativas antagônicas. A criatividade e a disponibilidade de percorrer caminhos diferentes, lançando um novo olhar sobre o que é valoroso, pode nos ajudar a encontrar saídas para o problema apresentado pela Lua Cheia. Precisamos, nessa fase, tomar cuidado com ultimatos e demandas acirradas e inflexíveis, pois as consequências podem ser imprevisíveis.

No sábado, há mais um movimento importante. Mercúrio se despede de Aquário e começa seu percurso pelo Signo de Peixes. Entre os dias 14 de fevereiro e 03 de março, o planeta da comunicação, do intelecto, das conexões e trocas encontra-se desguarnecido de algumas de suas principais características. A capacidade de se expressar claramente e perceber os detalhes deixa de ser a maneira com que percebemos a realidade. Em Peixes, a compreensão se dá de maneira subjetiva, intuitiva e integral. Nesse período, a imaginação ganha destaque.

Após o tumulto sinalizado pelos aspectos da Lua Cheia, a segunda quinzena se apresenta mais tranquila, sem tantos aspectos desafiadores. Isso não significa, porém, que se trata de uma semana com grandes vantagens, pois tampouco há aspectos harmônicos se formando no Céu. O ideal a se fazer, durante esses dias é acompanhar os movimentos lunares e aproveitar as oportunidades que eles sinalizam.

Na quarta-feira, temos os dois principais movimentos da semana. A Lua inicia a sua fase Minguante em Sagitário, finalizando a lunação e favorecendo a adaptabilidade e a capacidade de vislumbrarmos os aprendizados desse ciclo. Nesse mesmo dia, Mercúrio, já em Peixes, forma um ângulo tenso com Júpiter. Mesmo apresentando o risco de exagerarmos ao acreditar que a boa sorte resolverá tudo, esse aspecto pode ser bem aproveitado. Para tanto, precisamos cuidar dos detalhes dos nossos planos e evitarmos a arrogância, acreditando que sabemos tudo a respeito de tudo. Um pouco de humildade nos levará bem mais longe.

O final do mês de fevereiro promete mais fluidez, movimento e oportunidades. Domingo, dia 23/02, é marcado pelo retorno de Marte ao seu movimento direto e pelo bom aspecto formado entre esse planeta e Mercúrio.

Marte, ao avançar pelo Signo de Câncer, reencontra a energia para enfrentar as batalhas e os projetos ganham tração. O diálogo amistoso entre Mercúrio e Marte favorece todo o tipo de esforço mental, e não falta disposição para enfrentar os problemas mais difíceis. Essa boa energia permanece disponível até a segunda-feira, dia 24/02. Nesse dia, a Lua Minguante entra em sua fase balsâmica, no Signo de Capricórnio. Esse é um bom momento para recarregar as energias, usando da introspecção para aliviar a carga e escolher o que é necessário para restaurar as forças, empenhando-se na busca pelos nossos objetivos.

No dia 25/02, terça-feira, Mercúrio se encontra com Saturno, trazendo mais concentração e precisão. Temos que cuidar apenas para não permitir que a seriedade excessiva, e o foco nos aspectos mais difíceis das situações, coloram, desfavoravelmente, a avaliação do período vivido.

Na quinta-feira, dia 27/02, a Lua Nova em Peixes, inaugura a última lunação do ano astrológico iniciado em março de 2024. Esse novo ciclo de 28 dias é marcado pela ênfase no elemento água, com uma grande concentração de planetas no Signo de Peixes. Nesses dias, o sonho, a subjetividade, a capacidade de coexistência entre opostos, a compaixão e a intuição ocupam o lugar de honra. Há o desejo de iniciar novas atividades e de começar o ano para valer. No entanto, as condições ainda não estão plenamente disponíveis. O melhor a fazer é aproveitar a grande flexibilidade que se apresenta para dissolver os posicionamentos rígidos e os sentimentos endurecidos que possam ter atravancado o nosso caminho até agora. Dessa maneira, a nova lunação será um terreno fértil, ajudando a preparar o terreno para tudo o que março promete.

POSIÇÃO DIÁRIA DA LUA EM FEVEREIRO

DIA 01 DE FEVEREIRO – SÁBADO

● *Nova* ● *em Áries às 22:09 LFC Início às 19:07 LFC Fim às 22:09*

Enquanto a Lua estiver em Áries, ficamos mais audaciosos e corajosos, ousando movimentos impulsivos em direção à conquista dos desejos. É o momento para semear coisas, sendo favorável para iniciar algo que vinha sendo planejado. Bom período para colocar em prática ações que foram postergadas no passado. Ouse e movimente-se.

• Lua trígono Marte — 04:23 às 07:39 (exato 06:01)

Hoje vai ser mais fácil pular da cama cedo, iniciando o dia com mais energia e vitalidade. Exercitar-se pela manhã trará dinamismo, fazendo com que cumpra com mais facilidade o que foi planejado. A ação será mais assertiva quando acompanhada da sua sensibilidade.

• Lua sextil Urano — 09:13 às 12:33 (exato 10:53)

Esteja aberto a novidades, para fazer coisas diferentes, senão abrirá espaço para situações inesperadas, podendo gerar surpresas interessantes. A versatilidade pode ser a saída sob uma nova perspectiva diante de um antigo posicionamento.

• Lua conjunção Netuno — 17:07 às 20:28 (exato 18:48)

Procure descansar, porque não terá como focar em resoluções práticas. É melhor assistir a um bom filme, jogar conversa fora ou apenas idealizar situações que no fundo você reconhece serem impossíveis. Evite comportamentos escapistas.

• Lua conjunção Vênus — 17:19 às 20:51 (exato 19:07)

Nesta noite teremos abertura para o amor, a sedução e a busca do prazer. Estaremos mais abertos a vivenciar experiências que nos levem a exercitar o bem querer seja por si próprio ou pelo outro. Invista no seu poder de sedução.

• Lua sextil Plutão — 23:58 às 03:20 de 02/02 (exato 01:39 de 02/02)

A madrugada abrirá oportunidade de refazer-se emocionalmente. Liberte-se de mágoas e ressentimentos, ressurgindo mais leve e pronto para novamente acreditar que recomeços são possíveis. Excelente para fazer uma faxina emocional. Renove as energias.

DIA 02 DE FEVEREIRO – DOMINGO

● *Nova* ● *em Áries*

·Lua sextil Mercúrio — 11:41 às 15:29 (exato 13:35)

Domingo bem animado, excelente para encontrar pessoas, participar de atividades em grupo e até de cunho social. A comunicação tenderá a fluir melhor, pois há receptividade para as diferenças. Ficará mais fácil persuadir alguém quanto a uma nova ideia. A mente estará aberta coisas novas. Troque experiências.

·Lua sextil Júpiter — 15:22 às 18:43 (exato 17:03)

Aproveite a tarde de domingo para se divertir, há uma energia de abertura e expansão que facilitará encontros interessantes. Não é o momento de se deixar abater por situações que não deram certo. Encha-se de otimismo e trace as metas para a nova semana.

·Lua sextil Sol — 20:34 às 00:11 de 03/02 (exato 22:23)

Alinhe suas emoções com seus objetivos. É um excelente momento para compreender melhor o que deseja de verdade. O impulso para a ação deve conter um cronograma, aumentando a assertividade.

DIA 03 DE FEVEREIRO – SEGUNDA-FEIRA

● *Nova* ● *em Áries LFC Início às 07:20*

·Lua quadratura Marte — 05:40 às 08:58 (exato 07:20)

Não será o melhor dia para se deixar abater por qualquer tipo de contrariedade. Acordos estarão mais dificultados. Portanto, tente manter o clima o mais leve possível, já que os nervos tenderão a estar à flor da pele. Invista em exercícios físicos vigorosos.

DIA 04 DE FEVEREIRO – TERÇA-FEIRA

● *Nova* ● *em Touro às 00:33 LFC Fim às 00:33*

Enquanto a Lua estiver em Touro, a persistência e a teimosia poderão ser usadas de forma produtiva, porque tenderemos a proteger o que conquistamos ao buscar algum tipo de sentimento de segurança seja material ou emocional. Exercite a paciência sabendo escolher o melhor momento para alcançar resultados concretos. Invista em ações que preservem.

·Lua quadratura Plutão — 02:30 às 05:53 (exato 04:12)

Hoje teremos um dia desafiante, principalmente na parte da manhã onde teremos que vencer nossos próprios fantasmas emocionais. Situações antigas poderão emergir, obrigando-nos a encarar sentimentos de falta, abandono e rejeição. Utilize este momento para limpar de vez aquilo que se tornou um peso internamente. Não é o melhor dia para tratar questões delicadas.

· Lua quadratura Mercúrio — 21:09 às 01:02 de 05/02 (exato 23:05)

Palavras podem ser mais destruidoras do que ações. Sendo assim, cuidado com a forma como pontua suas insatisfações. Pode ser que o outro não compreenda seus questionamentos. A empatia deverá ser cultivada a fim de que se possa manter um diálogo produtivo. Vai ser mais difícil manter a concentração.

DIA 05 DE FEVEREIRO – QUARTA-FEIRA

☾ *Crescente às 05:02 em 16º46' de Touro* ☾ *em Touro*

· Lua quadratura Sol — 03:11 às 06:52 (exato 05:02)

Um mar de sentimentos contraditórios poderá atrapalhar seu descanso. Tente não levar tão a sério questões que estão lhe impedindo de relaxar. Abrir mão de certezas poderá ser um grande passo para encontrar uma solução conciliatória.

· Lua sextil Saturno — 05:15 às 08:42 (exato 06:58)

O melhor a fazer é ter uma visão pragmática, buscando saídas concretas. Vista-se de racionalidade e mantenha o foco no que considera prioridade no dia de hoje. Ficará mais fácil fazer qualquer tipo sacrifício necessário.

· Lua sextil Marte — 07:35 às 10:57 (exato 09:16)

O melhor caminho será agir com a sensibilidade necessária para entender o que importa para o outro. Todos buscamos a segurança, seja emocional ou material. Criar uma atmosfera de intimidade fará toda a diferença para alcançar bons resultados.

· Lua conjunção Urano — 14:27 às 17:53 (exato 16:10)

Esteja preparado para imprevistos. Assim, espace os compromissos e tente fazer uma coisa de cada vez para que isso não desequilibre seu emocional, caindo no nervosismo e impaciência. Cuidado com acidentes provocados por uma atenção dividida.

· Lua sextil Netuno — 22:45 às 02:12 de 06/02 (exato 00:30 de 06/02)

Tire a noite para descansar, desanuviando dos problemas. A sensibilidade estará aflorada, por isso fique atento aos seus sonhos. Soluções criativas poderão motivá-lo a superar os obstáculos.

DIA 06 DE FEVEREIRO – QUINTA-FEIRA

☾ *Crescente* ☾ *em Gêmeos às 03:43*

LFC Início às 00:30 LFC Fim às 03:43

Enquanto a Lua estiver em Gêmeos, abre-se um canal para encontros interessantes, contatos prósperos e até mesmo facilidade para qualquer tipo de negociação. Dessa forma, esse não é o momento para se isolar em casa, já que se abrem oportunidades maiores durante o convívio social. Por esse motivo, procure aceitar os convites que forem feitos a você, circule e amplie seus contatos.

•Lua sextil Vênus — 04:27 às 08:05 (exato 06:16)

Será um dia em que energias positivas motivarão uma virada de jogo. Assim, procure se sentir bem consigo mesmo, iniciando o dia com uma atividade prazerosa. Invista no seu lado sedutor. Cultivar o amor-próprio abre espaço para ser amado.

•Lua trígono Plutão — 05:50 às 09:17 (exato 07:33)

Energia positiva para reconciliações, seja consigo mesmo, ao perdoar-se por erros ou deslizes cometidos no passado, como também com quem lhe deixou mágoas. Apodere-se do seu poder pessoal e reconstrua aquilo que vem deixando para depois. É preciso limpar o terreno para que esse possa retornar a ser fértil.

•Lua conjunção Júpiter — 21:31 às 01:00 de 07/02 (exato 23:16)

Apodere-se do otimismo, tendo confiança em si para se colocar na direção da conquista que se deseja. Há uma energia de sorte e benefícios nos encontros. Excelente momento para encontrar amigos e fazer contatos interessantes para retomar o caminho da prosperidade.

DIA 07 DE FEVEREIRO – SEXTA-FEIRA

☾ *Crescente* ☾ *em Gêmeos*

•Lua trígono Mercúrio — 08:10 às 12:11 (exato 10:10)

A sexta-feira promete! Motive-se a pular cedo da cama, e, na parte da manhã, ativar sua rede de contatos. A comunicação tenderá a fluir melhor se estiver focado em um único interesse. O diálogo será a melhor saída para você conseguir vencer qualquer tipo de obstáculo existente. Assim, invista na habilidade da escuta, para então ter meios de obter bons resultados por meio da persuasão.

•Lua quadratura Saturno — 09:28 às 13:00 (exato 11:14)

Será preciso maior esforço para não cair na negatividade diante de uma adversidade. Lute contra o mau humor, já sabendo que os resultados podem não ser tão positivos como o esperado. Desafios devem ser encarados como aprendizagem.

•Lua trígono Sol — 11:03 às 14:49 (exato 12:56)

A adaptabilidade será uma aliada para manter-se como favorito nos jogos diários da vida. Invista em uma visão mais leve das circunstâncias, racionalizando as emoções e cultivando um canal de comunicação diante da divergência de posições. Isso fará toda diferença.

DIA 08 DE FEVEREIRO – SÁBADO

☾ Crescente ☾ em Câncer às 08:03

LFC Início às 04:53 LFC Fim às 08:03

Enquanto a Lua estiver em Câncer, podemos valorizar aquilo que nos é familiar. Ficará mais desafiador lidar com ambientes onde não nos sentimos acolhidos. O momento mais introspectivo pode ser bastante produtivo ao analisarmos experiências passadas com uma visão construtiva. Memórias podem reacender saudades, favorecendo uma aproximação com pessoas queridas que por algum motivo a vida afastou. Cultive seus afetos.

· Lua quadratura Netuno — 03:05 às 06:38 (exato 04:53)

Tente acordar mais cedo se tiver um compromisso importante. A agilidade poderá estar diminuta em função de uma dificuldade de focar no que deve ser cumprido. Será mais produtivo transferir compromissos que exigirão uma decisão definitiva.

· Lua quadratura Vênus — 11:35 às 15:19 (exato 13:27)

Esteja preparado para lidar com a contrariedade, já que a amorosidade não estará em alta. Reclamar da vida não irá amenizar um sentimento de desprazer que poderá dominar seu dia. Invista em algo prazeroso, para atenuar o maior desgaste emocional. Não é o melhor momento para discutir a relação.

DIA 09 DE FEVEREIRO – DOMINGO

☾ Crescente ☾ em Câncer

· Lua conjunção Marte — 15:00 às 18:34 (exato 16:47)

Você sentirá mais motivação para lidar com desafios. A ousadia deverá ser moderada ao mensurar os riscos. Há maior tendência a reatividade diante de qualquer tipo de contrariedade. Sabendo disso, controle seu emocional para não colocar tudo a perder diante de uma situação importante.

· Lua trígono Saturno — 15:07 às 18:45 (exato 16:56)

Assumir, de forma madura, o que sente será a melhor maneira de lidar com questionamentos que envolvam diferenças na forma de ver ou sentir sobre uma questão. Agir de forma prática facilitará o êxito do que se propõem a fazer.

· Lua sextil Urano — 23:59 às 03:37 de 10/02 (exato 01:48 de 10/02)

Período propício para novas experiência. *Insights* poderão surgir facilitando uma melhor solução. Abra-se para ver a mesma situação por outro ângulo.

DIA 10 DE FEVEREIRO – SEGUNDA-FEIRA

☾ Crescente ☾ em Leão às 14:00

LFC Início às 10:50 LFC Fim às 14:00

Enquanto a Lua estiver em Leão, tendemos a priorizar o bem-estar próprio. Manter a autoestima alta poderá trazer oportunidades, já que a confiança em si mesmo será algo admirado até pelos adversários. A conquista será facilitada por meio da generosidade. Encha-se de alegria e siga em frente.

· Lua trígono Netuno — 08:59 às 12:39 (exato 10:50)

Ao longo da manhã, a receptividade será maior, facilitando dar ou receber ajuda. Sabendo disso, busque ser mais solícito, cultivando um comportamento mais generoso. Isso fará com que amplie as possibilidades de benefícios.

· Lua oposição Plutão — 16:29 às 20:10 (exato 18:20)

Na parte da tarde deixe para ficar mais na sua. Isso porque há uma energia de desestabilização das relações, não sendo o melhor momento para travar desavenças nem questionar algo que já estava estabelecido. O melhor mesmo é passar desapercebido.

· Lua trígono Vênus — 20:24 às 00:16 de 11/02 (exato 22:20)

Termine o dia fazendo algo prazeroso, seja para você mesmo ou bem acompanhado. Se necessitar de algum tipo de conciliação, invista em um local agradável, bonito e sedutor. Isso fará toda diferença.

DIA 11 DE FEVEREIRO – TERÇA-FEIRA

☾ *Crescente* ☾ *em Leão*

· Lua sextil Júpiter — 09:06 às 12:50 (exato 10:58)

Levante o astral vestindo-se das suas melhores qualidades. Não é para se apequenar, mas, sim, se apoderar daquilo que fez você chegar até aqui. Todos temos qualidades e defeitos. O que nos diferencia é a forma que cada um tem de aproveitar o que se tem de melhor. Assim, acredite em você e espalhe confiança. A positividade e otimismo se expandirá.

DIA 12 DE FEVEREIRO – QUARTA-FEIRA

○ *Cheia às 10:53 em 24º06' de Leão* ○ *em Virgem às 22:06*

LFC Início às 16:13 LFC Fim às 22:06

Enquanto a Lua estiver em Virgem, procuremos ser mais funcionais para obter o melhor resultado. A produtividade será alcançada a partir de uma análise crítica de si próprio, com o objetivo de não se perder com aquilo que não é relevante no momento. Estabelecer prazos viáveis facilitará chegar aonde se deseja.

· Lua quadratura Urano — 07:32 às 11:19 (exato 09:26)

Quanto mais coisas você se propuser a fazer, mais imprevistos acontecerão. Diante disso, procure realizar uma coisa de cada vez, a fim de controlar as emoções para não desencadear um nervosismo improdutivo. É recomendável tirar uns minutos para relaxar ao longo da manhã. Diminua o ritmo.

· Lua oposição Sol — 08:49 às 12:56 (exato 10:53)

Nem sempre as coisas acontecem como programamos. Com isso em mente, evite se abater por um mau humor diante de erros ou atrasos. Alinhar as emoções com as obrigações facilitará lidar com situações desarmônicas.

· Lua oposição Mercúrio — 13:58 às 18:25 (exato 16:13)

Redobre a atenção com a comunicação. Certifique-se de que a outra pessoa entendeu o que você quis dizer. Reveja o que foi escrito e procure acompanhar de perto tudo que foi delegado. A fluência de negociações poderá ser interrompida, exigindo mais empenho para finalização.

DIA 13 DE FEVEREIRO – QUINTA-FEIRA

○ *Cheia* ○ *em Virgem*

· Lua quadratura Júpiter — 18:12 às 22:06 (exato 20:09)

Uma insatisfação poderá invadir suas emoções, fazendo com que desperte uma sensação de tristeza que poderá ser compensada com abusos na alimentação ou compras impulsivas. Procure se exercitar para acalmar os ânimos e manter a ansiedade controlada.

DIA 14 DE FEVEREIRO – SEXTA-FEIRA

○ *Cheia* ○ *em Virgem*

· Lua sextil Marte — 00:17 às 10:10 (exato 08:13)

Alimente o guerreiro que habita dentro de você, estipulando uma agenda que consiga realizar. Não exija além do que pode suportar. Exercitar-se pela manhã trará mais vigor e vitalidade. A produtividade se dará ao manter-se equilibrado nas suas emoções.

· Lua oposição Saturno — 08:53 às 12:52 (exato 10:52)

Cuidado para não levar tudo com tanto afinco. Use a crítica de forma positiva fazendo com que essa não se torne paralisante. Ninguém é perfeito, muito menos você. Exija de si aquilo que é possível, tendo em mente que só se vence obstáculos com a perseverança.

· Lua trígono Urano — 17:35 às 21:33 (exato 19:34)

Aproveite o final do dia para se desfazer do que não serve mais. Jogue fora emoções paralisantes, mágoas recorrentes e desafetos que surgirem por desavenças irrelevantes. Isso renovará suas energias, trazendo a sensação de leveza.

DIA 15 DE FEVEREIRO – SÁBADO

○ *Cheia* ○ *em Libra às 08:44 LFC Início às 05:36 LFC Fim às 08:44*

Enquanto a Lua estiver em Libra, busque equilibrar as emoções priorizando um comportamento mais estético nas relações. Seja mais cordial e diplomático para conquistar o que deseja. Racionalizar os sentimentos aumentará as chances de êxito nos acontecimentos diários. Estar acompanhado fará a diferença, assim, compartilhe momentos prazerosos seja com amigos ou com o ser amado.

· **Lua oposição Netuno — 03:35 às 07:35 (exato 05:36)**

Manter o foco no que é prioridade será mais desafiador. Isso porque um cansaço poderá lhe invadir exigindo diminuir o esforço empregado nas atividades programadas. Não é o melhor dia para tratar de assuntos importantes. A análise ou conclusão de um fato pode se dar de forma equivocada. Há uma tendência a uma visão distorcida dos acontecimentos. Cuidado com falsas expectativas.

· **Lua trígono Plutão — 11:45 às 15:45 (exato 13:45)**

Para recuperar energia, invista em uma alimentação revigorante e no descanso necessário para rever situações que assombram seu ser. É um excelente momento para reformular, desfazer e transformar sentimento em relação a antigas feridas emocionais. Aproveite para esclarecer as coisas.

· **Lua oposição Vênus — 21:13 às 01:24 de 16/02 (exato 23:19)**

Privilegiar a tolerância pode trazer irritação. No entanto, isso é o melhor a fazer em um momento em que você não se sente equilibrado o suficiente para lidar com contestações. Busque o melhor momento para entrar em um acordo. O entendimento não estará facilitado.

DIA 16 DE FEVEREIRO – DOMINGO

○ *Cheia* ○ *em Libra*

· **Lua trígono Júpiter — 05:49 às 09:52 (exato 07:51)**

O domingo se iniciará banhado por uma perspectiva otimista. Surfe nessa energia e curta uma manhã animada com um passeio ao ar livre com quem faz você feliz. Olhar a vida por uma perspectiva positiva amenizará os danos emocionais gerados por antigas frustrações. Inspire-se.

· **Lua quadratura Marte — 17:35 às 21:37 (exato 19:36)**

A tendência é que fique mais difícil compartilhar ideias, vontades e até o espaço. Sabendo disso, procure ficar mais na sua, não se deixando levar por qualquer tipo de provocação. Privilegiar a autonomia de decisão garantirá a paz de espírito.

DIA 17 DE FEVEREIRO – SEGUNDA-FEIRA

○ *Cheia (disseminadora)* ○ *em Escorpião às 21:18*

LFC Início às 20:25 LFC Fim às 21:18

Enquanto a Lua estiver em Escorpião, as emoções tendem a aflorar de forma mais passional, sendo difícil navegar em águas serenas, principalmente quando questões foram jogadas para debaixo do tapete. Tente controlar a intensidade das necessidades emocionais para que essa não lhe torne improdutivo.

·Lua trígono Sol — 18:10 às 22:37 (exato 20:25)

Alinhar as emoções com os objetivos fará com que flua melhor as realizações, resultando na confiança necessária para solucionar aquilo que lhe exigia maior clareza.

DIA 18 DE FEVEREIRO – TERÇA-FEIRA

○ *Cheia (disseminadora)* ○ *em Escorpião*

Entrada do Sol no Signo de Peixes às 07h06min18

·Lua quadratura Plutão — 00:31 às 04:36 (exato 02:33)

Medos poderão emergir sob pesadelos que agitarão seu descanso. Sabendo disso, procure relaxar no final da noite. Evite assistir noticiário sobre crimes ou filmes intensos. Escutar uma música relaxante ou ler um livro de poemas poderá amenizar a tensão da madrugada.

·Lua trígono Mercúrio — 10:30 às 15:19 (exato 12:54)

Uma manhã inspirada para encontrar soluções antes imaginadas. Assim, abra-se para novas possibilidades, não teimando em se achar o dono da razão. Informe-se sobre o que de novo está acontecendo. Atualize-se.

DIA 19 DE FEVEREIRO – QUARTA-FEIRA

○ *Cheia (disseminadora)* ○ *em Escorpião*

·Lua trígono Marte — 06:05 às 10:07 (exato 08:06)

Manhã animada, vista-se do guerreiro que habita dentro de você e conquiste os objetivos traçados. Pode ser que um jeito antigo de se fazer algo lhe inspire a encontrar soluções novas. Ative sua memória emocional.

·Lua trígono Saturno — 10:56 às 15:00 (exato 12:58)

Manhã produtiva, já que qualquer desafio será encarado da melhor forma possível.

Organize-se para que possa mergulhar fundo no que é prioridade no momento. Você dará conta de tudo que se propuser a realizar.

·Lua oposição Urano — 18:46 às 22:47 (exato 20:47)

Vá com calma para não levar as situações ao extremo. Quando se estica muito a corda, ela pode arrebentar no lado mais fraco. Assim, cuidado com suas decisões. A melhor coisa a fazer é se afastar até as coisas esfriarem. A impulsividade aqui não será a melhor forma de resolver.

DIA 20 DE FEVEREIRO – QUINTA-FEIRA

☽ *Minguante às 14:31 em 02º19' de Sagitário* ☽ *em Sagitário às 09:54*

LFC Início às 07:06 LFC Fim às 09:54

Enquanto a Lua estiver em Sagitário, tendemos a ampliar a visão, olhando mais à frente e não apenas ao que acontece no momento. O vislumbre de um cenário mais otimista e promissor será o combustível para ultrapassar uma fase mais limitante. Se as coisas não saíram como o esperado, busque conhecimento sobre o assunto traçando novas metas com os ajustes necessários. Não há obstáculo que não possa ser vencido.

• Lua trígono Netuno — 05:05 às 09:05 (exato 07:06)

Motive-se mediante de uma visão mais positiva da vida. É muito importante se alimentar de um sentido maior, indo além das praticidades que dominam a rotina. Invista nesse olhar sensível e belo ao longo do seu dia. Inspire-se.

• Lua quadratura Sol — 12:22 às 16:42 (exato 14:31)

Às vezes é necessário entender que os acontecimentos têm uma velocidade própria. Cultivar a resiliência será a melhor forma de não cair na insatisfação. A regulação emocional facilitará você a entender que ainda não é o melhor momento. Acalme-se.

• Lua sextil Plutão — 13:11 às 17:10 (exato 15:11)

Busque dentro de você a melhor forma de lidar com a situação no momento. Rever as últimas atitudes será a melhor forma de transformar algo negativo em aprendizado. Corrigir erros não é sinônimo de fraqueza e, sim, de inteligência emocional.

DIA 21 DE FEVEREIRO – SEXTA-FEIRA

☽ *Minguante* ☽ *em Sagitário*

• Lua trígono Vênus — 02:26 às 06:28 (exato 04:27)

Ver o lado belo da vida pode ser antídoto nos momentos de insatisfação. Exalte seus sucessos, seus ganhos e conquistas. Isso trará uma alegria importante para começar o dia. Vista-se para vencer.

• Lua oposição Júpiter — 07:10 às 11:06 (exato 09:08)

Exageros deverão ser evitados a fim de que possa manter sobre controle as suas emoções. De nada vai adiantar o nervosismo ou sair descontando em todos ao seu redor. Isso só atrairá para você sentimentos de derrota ou improdutividade. Controle-se e siga adiante com sorriso no rosto e a visão de onde deseja chegar.

• Lua quadratura Mercúrio — 09:35 às 14:10 (exato 11:53)

Informe-se para ter em mãos meios suficientes para diminuir a possibilidade de erro. Não é o melhor dia para tirar conclusões precipitadas ou definir negócios sem averiguar cada pormenor. Prepare-se para pequenos contratempos que, no final, se não checados, poderão inviabilizar a produtividade do seu dia.

• Lua quadratura Saturno — 22:53 às 02:46 de 22/02 (exato 00:50 de 22/02)

Um fim de dia exaustivo, que pode levá-lo a um mau humor recheado por um espírito crítico. Tente equilibrar a tendência a ver tudo de forma tão rígida. Ninguém é perfeito.

DIA 22 DE FEVEREIRO – SÁBADO

☽ *Minguante* ☽ *em Capricórnio às 20:08*
LFC Início às 17:39 LFC Fim às 20:08

Enquanto a Lua estiver em Capricórnio, o pragmatismo invade nossas emoções a fim de que possamos alcançar o que nos é prioridade. A praticidade como se encara as emoções faz com que fique mais fácil uma análise fria e objetiva do que foi conquistado ou não nesse ciclo lunar. É o momento para rever e pontuar erros e acertos.

· Lua quadratura Netuno — 15:44 às 19:31 (exato 17:39)

Neste sábado o melhor a fazer é tentar relaxar e esquecer o que não deu certo. Não tire conclusões e apenas tente descasar. Ocupe sua mente com informações leves que possa de alguma forma amenizar a dureza da vida. Não é o melhor momento para colocar as coisas a limpo. Duvide de suas conclusões.

DIA 23 DE FEVEREIRO – DOMINGO

☽ *Minguante* ☽ *em Capricórnio*

· Lua sextil Sol — 03:24 às 07:27 (exato 05:26)

Inicie a manhã mais animado, procurando aproveitar o dia para fazer algo produtivo. O encontro da racionalidade com a sensibilidade pode resultar em ideias bastante criativas. Exercitar-se logo cedo fará com que se sinta melhor.

· Lua quadratura Vênus — 12:59 às 16:43 (exato 14:51)

Prepare-se para encontrar contratempos e ate desafetos ao longo do dia. As pessoas não estarão muito acessíveis. Sabendo disso, evite cultivar desavenças para que essas não acabem com seu dia de descanso. Opte por atividades prazerosas que dependam somente de você.

DIA 24 DE FEVEREIRO – SEGUNDA-FEIRA

☽ *Minguante (balsâmica)* ☽ *em Capricórnio*

· Lua oposição Marte — 01:43 às 05:20 (exato 03:31)

O ímpeto de agir baseado nas suas impressões emocionais deve ser contido por uma visão mais objetiva da situação. De nada adiantará cultivar ervas daninhas raivosas dentro de si. Isso só lhe trará um sono agitado e pouco renovador. Procure entender de onde vem a insatisfação.

· Lua sextil Mercúrio — 03:35 às 07:46 (exato 05:41)

Entender os sentimentos tende a ser a melhor forma de controlar as ações. Busque uma reflexão profunda dos pensamentos que habitam suas preocupações. Muitas vezes essas são superdimensionadas, alimentadas por memórias emocionais oriundas de uma percepção distorcida. Excelente momento para uma autoanálise.

·Lua sextil Saturno — 07:21 às 10:58 (exato 09:09)

Fica mais claro para você, o quanto consegue suportar e a velocidade com que alcança resultado. Use isso ao seu favor, apoderando-se de uma melhor maneira de gerir o tempo e o esforço empregado. Um choque de gestão fará com que consiga priorizar demandas, aumentando sua produtividade.

·Lua trígono Urano — 13:26 às 17:00 (exato 15:14)

O entendimento da necessidade de ser mais ágil para solucionar, descartar ou mesmo inovar quando é necessário, resultará em um dia mais animadamente produtivo. Seja versátil para conseguir atender às inúmeras demandas do seu dia.

·Lua sextil Netuno — 22:42 às 02:13 de 25/02 (exato 00:29 de 25/02)

Finalmente o dia chegou ao fim e você poderá usufruir de uma sensação de dever cumprido, animado por uma perspectiva mais prazerosa e lúdica de que sonhos podem, sim, se concretizar. Assim, que tal uma meditação para acalmar a mente e poder ampliar a percepção quanto ao que movimenta suas escolhas? Pense nisso.

DIA 25 DE FEVEREIRO – TERÇA-FEIRA

☽ *Minguante (balsâmica)* ☽ *em Aquário às 02:39*

LFC Início às 00:29 LFC Fim às 02:39

Enquanto a Lua estiver em Aquário, ficará mais fácil a interação com grupos sociais diversos. Diante da amplitude do entendimento de que somos seres sociais e que, de alguma forma, necessitam conviver em grupos a fim de se espelhar no que veem de bom ou não do outro. Como um parâmetro que guia a um aperfeiçoamento evolutivo do ser.

·Lua conjunção Plutão — 05:47 às 09:17 (exato 07:32)

Um dia muito interessante para mergulhar fundo em questões inacabadas, com intuito de descartar ou mesmo reformular aquilo que ainda tem chance de sobreviver. Assim, aproveite o momento para rever projetos, posições, afetos e até amores e desamores. Um comportamento mais humilde diante do outro poderá impulsionar um entendimento verdadeiro que alavancará um recomeço.

·Lua sextil Vênus — 19:09 às 22:38 (exato 20:54)

Que delícia de noite, banhada por uma energia recheada de bem querer, seja por si mesmo ou para com aquele(s) que habita(m) seu coração. Proporcione-se momentos prazerosos.

·Lua trígono Júpiter — 21:49 às 01:16 de 26/02 (exato 23:32)

Banhe-se de uma perspectiva otimista mesmo que o cenário esteja desafiador. A vida é feita de altos e baixos, onde a transitoriedade nos ensina que a adaptabilidade é o segredo da felicidade.

DIA 26 DE FEVEREIRO – QUARTA-FEIRA

☽ *Minguante (balsâmica)* ☽ *em Aquário LFC Início às 19:05*

·Lua quadratura Urano — 17:23 às 20:44 (exato 19:05)

Pode ser que você esteja por demais angustiado e irritado diante de qualquer situação que invada seu espaço. Procure respeitar a sua individualidade e a do outro, principalmente ao não insistir que as coisas sejam do seu jeito. Tudo que trouxer um significado intrínseco de sufocamento poderá gerar rompimento. Desacelere.

DIA 27 DE FEVEREIRO – QUINTA-FEIRA

● *Nova às 21:44 em 09º40' de Peixes* ● *em Peixes às 05:46*

LFC Fim às 05:46

Enquanto a Lua estiver em Peixes, é preciso cultivar a sensibilidade de entender o momento certo para atuar ou deixar que as coisas tomem o curso da vida. Uma visão mais ampliada e lúdica pode aflorar uma nova interpretação diante de um antigo assunto proporcionando uma mudança de perspectiva baseadas no concreto para algo mais sábio quando se percebe que existe muito mais coisas do que os olhos podem enxergar. A empatia pode ser o caminho do entendimento.

·Lua conjunção Sol — 19:58 às 23:30 (exato 21:44)

Quando as emoções estão alinhadas com os objetivos tudo fluir melhor. Ative o seu lado mais intuitivo deixando fluir uma sabedoria subjetiva que poderá trazer soluçoes antes inimagináveis.

DIA 28 DE FEVEREIRO – SEXTA-FEIRA

● *Nova* ● *em Peixes*

·Lua quadratura Júpiter — 00:15 às 03:32 (exato 01:54)

Cuidado para não devorar a geladeira na madrugada, buscando satisfazer um vazio existencial que pede por um novo sentido de vida. Quando o emocional domina a racionalidade, nos tornamos vítimas dos nossos fantasmas. Reflita sob uma nova perspectiva.

·Lua trígono Marte — 08:18 às 11:35 (exato 09:57)

Manhã produtiva por se sentir mais animado e disposto a colocar em prática tudo o que foi planejado. Não desperdice energia com o que não trará resultado. Cultive a assertividade.

·Lua conjunção Saturno — 14:03 às 17:20 (exato 15:41)

A sensação de cansaço pode ser um sinal de esgotamento físico, mas também emocional. Poupe-se resolvendo um problema de cada vez. O que puder ser postergado, deixe para um dia que se sentir melhor. Isso evitará o mau humor.

• **Lua sextil Urano — 18:54 às 22:09 (exato 20:31)**

Programe-se para fazer algo diferente, que tire você da rotina e traga uma sensação de liberdade e novidade. Isso amenizará a pressão que vivenciou ao longo do dia. Evite assuntos pesados, priorizando jogar conversa fora e não pensar muito no que precisará ser feito amanhã. Alimente-se de liberdade.

• **Lua conjunção Mercúrio — 23:29 às 03:08 de 01/03 (exato 01:18 de 01/03)**

A agitação mental tornará mais difícil o relaxamento nessa noite de sexta-feira. Então aproveite para encontrar amigos, circular por lugares animados ou então ter aquele papo gostoso que alimenta mais a alma do que o cérebro.

Março 2025

Domingo	Segunda-feira	Terça-feira	Quarta-feira	Quinta-feira	Sexta-feira	Sábado
						1 ♈
						Lua Nova em Áries às 06:51 LFC Início às 05:06 Fim às 06:51
2	3 ♉	4	5 ♊	6 ☽ 16°21' ♊	7 ♋	8
Lua Nova em Áries LFC Início às 10:51	Lua Nova em Touro às 07:36 LFC Fim às 07:36	Lua Nova em Touro	Lua Nova em Gêmeos às 09:29 LFC Início às07:54 Fim às 09:29	Lua Crescente em Gêmeos às 13:32	Lua Crescente em Câncer às 13:28 LFC Início às 11:58 Fim às 13:28	Lua Crescente em Câncer
9 ♌	10	11	12 ♍	13	14 ○ 23°56' ♍ ♎	15
Lua Crescente em Leão às 19:58 LFC Início às 18:33 Fim às 19:58	Lua Crescente em Leão	Lua Crescente em Leão LFC Início às 17:17	Lua Crescente em Virgem às 04:55 LFC Fim às 04:55	Lua Crescente em Virgem	Lua Cheia em Virgem às 03:54 Lua em Libra às 15:58 LFC Início às 14:48 Fim às 15:58 Eclipse Lunar às 03:54 em 23°56' de Virgem	Lua Cheia em Libra Início Mercúrio retrógrado
16	17 ♏	18	1 9 ♐	20	21	22 ☾ 02°05' ♑
Lua Cheia em Libra LFC Início às 06:54 Mercúrio retrógrado	Lua Cheia em Escorpião às 04:30 LFC Fim às 04:30 Mercúrio retrógrado	Lua Cheia em Escorpião Mercúrio retrógrado	Lua Cheia em Sagitário às 17:16 LFC Início às 16:29 Fim às 17:16 Mercúrio retrógrado	Lua Cheia em em Sagitário Entrada do Sol no Signo de Áries às 06h01min13 Mercúrio retrógrado	Lua Cheia em em Sagitário Mercúrio retrógrado	Lua Minguante em Capricórnio às 08:29 Lua em Capricórnio às 04:28 LFC Início às 03:53 Fim às 04:28 Mercúrio retrógrado
23	24 ♒	25	2 6 ♓	27	28	29 ● 09°00' ♈
Lua Minguante em Capricórnio Mercúrio retrógrado	Lua Minguante em Aquário às 12:24 LFC Início às 12:01 Fim às 12:24 Mercúrio retrógrado	Lua Minguante em Aquário Mercúrio retrógrado	Lua Minguante em Peixes às 16:31 LFC Início às 07:16 Fim às 16:31 Mercúrio retrógrado	Lua Minguante em Peixes Mercúrio retrógrado	Lua Minguante em Áries às 17:35 LFC Início às17:31 Fim às 17:35 Mercúrio retrógrado	Lua Nova em Áries às 07:58 Eclipse Solar às 07:58 em 09°00' de Áries Mercúrio retrógrado
30	31					
Lua Nova em Touro às 17:15 LFC Início às06:18 Fim às 17:15 Mercúrio retrógrado	Lua Nova em Touro Mercúrio retrógrado					

Mandala Lua Cheia Mês de Março

Lua Cheia
Dia: 14/03
Hora: 3:54
23º56’ de Virgem

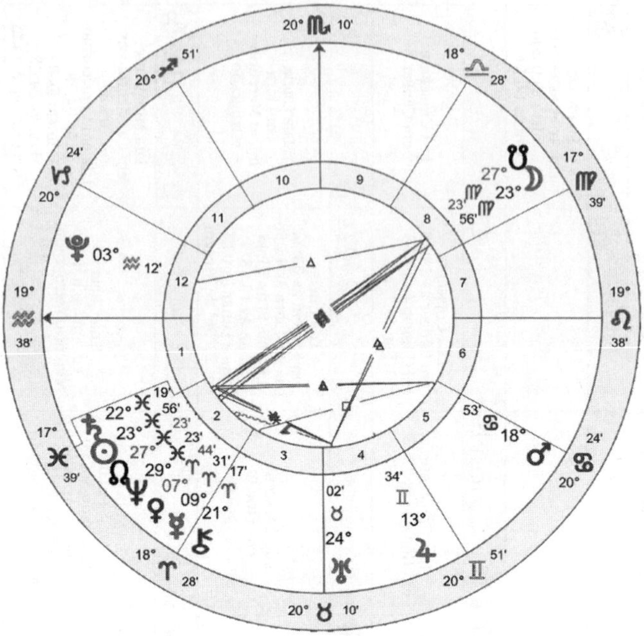

Mandala Lua Nova Mês de Março

Lua Nova
Dia: 29/03
Hora: 7:58
09º00’ de Áries

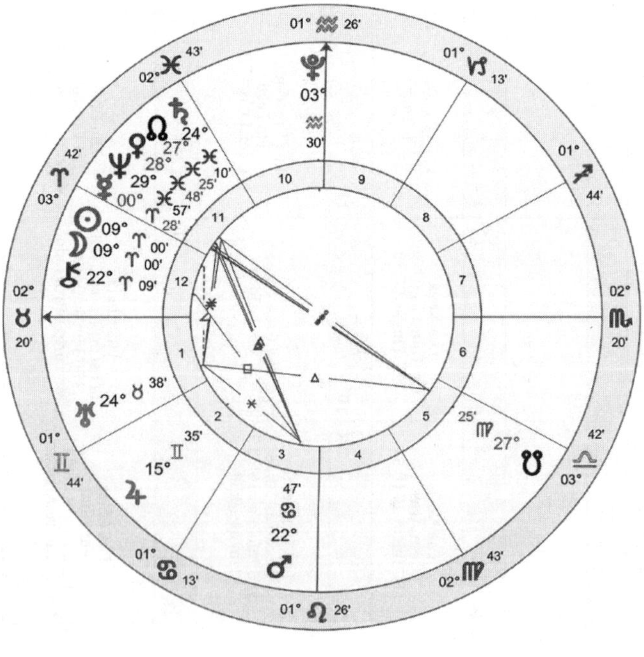

CÉU DO MÊS DE MARÇO

O Carnaval na primeira semana de março é um jeito curiosamente suave de começar um período cheio de desafios, desenhados sob medida para testar nossas habilidades. Março anuncia o final do verão com o Solstício de Outono. E, com a entrada do Sol em Áries, no dia 20/03, anuncia também o Novo Ano Astrológico. Começamos a nova jornada celeste do Sol e o ano zodiacal de 2025.

Para marcar a entrada do novo ano, março traz consigo: um Eclipse Solar Parcial em Áries, um Eclipse Lunar Total em Virgem, a primeira retrogradação de Mercúrio e o início da única retrogradação de Vênus para o ano. Tanto Mercúrio quanto Vênus percorrerão os Signos de Áries, Virgem e Peixes, e perceberemos a importância dos temas representados por esses signos e planetas para o início do nosso percurso para o ano. Os assuntos que nos mobilizam ao longo dos próximos dias são: o coletivo e o individual; a saúde física e saúde mental; nossos quereres e os desejos dos outros; o ordinário e o transcendente.

Processamos as informações que recebemos de maneira emocional, podendo perceber reflexos do que acontece em nosso corpo e nas nossas relações. Ao longo do mês, vamos ajustando nossas lentes, à medida em que revisamos nossos pensamentos, relações, aquisições, escolhas, negociações e acordos. Compreendendo que, para que algo novo nasça, é preciso abandonar o que não faz mais sentido. Março é um mês de despedidas e boas-vindas.

Nessa transição de uma estação para outra, precisamos exercitar a flexibilidade, a paciência e a prudência. Alternando a sensibilidade e a consideração pelos sentimentos dos outros com a afirmação do que queremos e do que nos faz bem. Essa conciliação demandará de nós uma diminuição da velocidade para que não nos atropelemos ou arrisquemos além do necessário para manter o movimento.

Podemos aproveitar março para testar novos formatos, modelos e maneiras de agir, procurando o melhor caminho para nós, que cause o maior benefício possível para todos ou, pelo menos, o menor dano. Será melhor deixar para decidir apenas depois de avaliar, criteriosamente, os impactos e as consequências que as novas possibilidades podem trazer. De preferência, após os eclipses e após o final das retrogradações.

Março funciona bem como tubo de ensaio para nossos planos, permitindo a revisão de nossas premissas e motivações. Os obstáculos que surgem nos ajudam a clarear nossos propósitos e a elencar nossos recursos com maior precisão. Tomando esse tempo agora, poderemos seguir a viagem mais seguros, melhor preparados e com maiores chances de sucesso.

Vênus estará retrógrado no primeiro dia de março, refazendo seus passos por Áries e Peixes entre os dias 01/03 e 12/04. É o planeta que rege nossas escolhas, em especial, as relacionadas aos nossos desejos e ao nosso prazer. Dessa maneira, Vênus rege os assuntos ligados aos nossos relacionamentos, nossa autoestima, ao que damos valor e o que elegemos como belo.

Em março, Vênus percorrerá, majoritariamente, o Signo de Áries. Sendo assim, a busca pelo prazer tende a ser feita de maneira mais impulsiva, mais imediatista e mais direta. Por isso, a atenção deve ser redobrada com as escolhas realizadas no calor da emoção, evitando comprometer recursos e realizar intervenções estéticas de caráter mais permanente. O arrependimento é uma possibilidade real quando Vênus está retrógrado.

No domingo de Carnaval, dia 02/03, o Sol esbarra em Júpiter, promovendo excessos de toda natureza. Podemos nos comprometer com muito mais do que podemos realizar. Esse encontro permanecerá ativo ao longo do Carnaval e, para evitar suas armadilhas e aproveitar o que ele tem de melhor, o segredo é não perder os limites de vista.

Ainda no domingo, mais um aspecto reforça o alerta de cuidado. Mercúrio se encontra com Netuno, e juntos permanecerão até a segunda de Carnaval. Sob esse aspecto, a inspiração estará em alta, mas a confusão e a tendência à ilusão também. A comunicação pode ser truncada, e mal-entendidos podem ocorrer. Golpes e enganos também fazem parte da ordem desses dias.

A Lua em Touro, sai da sua fase escura e ganha luzes durante o Carnaval, ressaltando o nosso desejo de busca por conforto e prazer. O Céu promete um Carnaval muito agradável, desde que saibamos evitar os excessos e nos cerquemos daqueles em quem confiamos.

Na terça-feira de Carnaval, dia 04/03, o ritmo muda com a entrada de Mercúrio em Áries. Tudo fica mais veloz: as ideias, os encontros, os deslocamentos e os contatos. O Carnaval termina com mais um movimento de Mercúrio. Até sexta-feira, Mercúrio forma um bom aspecto com Plutão, indicando que será mais fácil perceber o que se encontra além das aparências e das palavras fáceis.

Já na quinta-feira, dia 06/03, a Lua entra em sua fase Crescente, no Signo de Gêmeos. Os contatos ganham destaque, as conversas ganham agilidade e relevância. As informações que surgem nesse período podem nos ajudar a discernir quais as oportunidades se beneficiam da nossa atenção para prosperar.

A semana termina com um lindo contato entre o Sol e Marte, facilitando a autoexpressão, as atividades físicas e a identificação do que nos faz brilhar. Esse aspecto casa muito bem com a fase lunar Crescente, tornando o momento ideal para o ajuste do nosso foco.

Essa é uma das semanas mais agitadas do ano, com o Sol realizando vários movimentos relevantes. No domingo, dia 09/03, ainda estamos sob o embalo do trígono entre o Sol e Marte, reforçando a necessidade de identificarmos e seguirmos o nosso caminho.

A segunda-feira muda o tom a partir do encontro do Sol e Saturno, que permanece ativo ao longo de toda a semana. Esse é um excelente aspecto para o trabalho e para todas as atividades que demandam seriedade e responsabilidade. Organização, planejamento e foco são as palavras principais para a semana.

Entre os dias 11/03 e 15/03, Mercúrio em conjunção com Vênus facilita a compreensão e a expressão das emoções. Apesar da sobriedade e do isolamento sinalizado pelo aspecto entre o Sol e Saturno, esse encontro suaviza um pouco a aridez da semana após o Carnaval.

A Lua se torna Cheia em Virgem na sexta-feira, dia 14/03, marcando o primeiro eclipse do ano. O Eclipse Lunar Total privilegia o futuro. Situações, pessoas, compromissos e decisões anteriores podem ser sacrificadas, repentinamente, ao revelarem que perderam o seu propósito.

Como em todo eclipse, é essencial não permitir que os assuntos se acumulem e/ou que a tensão chegue ao limite nos dias que o antecedem. Eclipses são períodos de revelações, decisões e rupturas. Ao enfatizar o eixo Peixes/Virgem, mobiliza assuntos referentes à saúde física e mental, ao romance, aos sonhos e ao cotidiano. Nesse momento, a Lua faz um aspecto tenso com Saturno, indicando que é preciso equilibrar a idealização com a realidade, evitando o excesso de crítica. A Lua e o Sol também fazem belos aspectos com Urano, sinalizando que a renovação é um bom caminho para encontrarmos soluções aos dilemas apresentados pelo Eclipse Lunar.

No sábado, dia 15/03, fechando a semana, Mercúrio inicia o seu primeiro movimento retrógrado do ano. Devemos manter em mente que as escolhas feitas até agora, assim como os acordos firmados, podem passar por algumas revisões e reajustes até que, em abril, os dois planetas retomem seus movimentos diretos e possamos chegar à versão mais definitiva da situação.

Entre os dias 16 e 22 de março, o Céu desenha aspectos predominantemente harmoniosos. Com um pouco de boa vontade, e outro tanto de discernimento, é possível usufruir do clima mais romântico e inspirado da semana. A ideia de buscar alternativas mais criativas e diferentes para expressar quem somos permanece em alta no domingo, concluindo o final de semana.

O próximo movimento acontece na terça-feira, novamente capitaneado pelo Sol. Dessa vez, o Astro Rei se encontra com Netuno, entre 19/03 e 21/03, trazendo maior consciência não só das nossas emoções como das outras pessoas que fazem parte do nosso cotidiano. A empatia está em alta, assim como o altruísmo. No entanto, é possível que toda essa sensibilidade possa ser, ocasionalmente, demais para suportar e nos leve a buscar maneiras de escapar. Se isso acontecer, uma dica para contornar as emoções são atividades contemplativas como meditação e práticas artísticas. Nosso corpo está mais sensível e nossa vitalidade está mais vulnerável nesses dias. Portanto, cuidado com o uso de substâncias químicas, pois as reações podem ser adversas.

Na quinta-feira, dia 20/03, temos o Equinócio de Outono, a entrada do Sol no Signo de Áries e com eles o início do Novo Ano Astrológico. Que seja bem-vindo! O Sol em Áries está exaltado, iluminando nosso impulso vital, nossa coragem e a nossa capacidade de nos lançarmos em direção ao que queremos. Podemos ler mais sobre o que o novo ano nos reserva nos capítulos dedicados a ele nesta edição de *O livro da Lua*.

Nesse mesmo dia, Vênus convida Plutão para uma conversa amigável, aprofundando as emoções, possibilitando a compreensão de sentimentos até então disfarçados ou inacessíveis a nós. Encontros que ocorrem nesse final de semana tendem a ser marcantes e significativos.

A superficialidade, definitivamente, está descartada essa semana. Além dos aspectos anteriores, no sábado, dia 22/03, a Lua inicia sua fase Minguante, no Signo de Capricórnio. Seriedade, sobriedade e compromisso são as atitudes que nos trazem segurança e aconchego. Entre as experiências dessa lunação, são as que apresentaram resistência ao tempo que devem deixar marcas mais perenes.

O final de março promete muita sensibilidade, possibilidades de cura, revelações e uma compreensão mais profundas das emoções que nos mobilizam. O sextil entre o Sol e Plutão abre a semana brindando a consciência com clareza e intensidade, facilitando o processo de renovação. No entanto, a potência sinalizada por esse aspecto deve ser utilizada para o benefício do maior número possível de pessoas, em vez de se concentrar em objetivos egoístas. O Sol também se encontra com Vênus no domingo, reforçando o foco da semana nos relacionamentos.

A Lua Minguante e os aspectos que envolvem Plutão indicam que esse é um momento propício para faxinas. Limpando e erradicando o que está atrapalhando o nosso crescimento. Vênus estará em bom aspecto com Plutão até terça-feira, nos ajudando a identificar o que tem real valor.

Entre segunda-feira e terça-feira, o Sol deixa Vênus para fazer uma conjunção com Mercúrio. Essa conjunção estará ativa até quinta-feira, dia 27/03. Não podemos esquecer que ambos os planetas, Vênus e Mercúrio, continuam em movimento retrógrado, promovendo uma revisão entre impulso e emoção, em todos os acordos, negociações, relacionamentos e nas palavras trocadas. No dia 27/03, Vênus retornará ao Signo de Peixes, exaltando-se no signo do amor sem fronteiras. A conjunção entre Vênus e Netuno nesse mesmo dia reforça o foco nas emoções e nos inclina ao altruísmo, às atitudes inspiradas e ao amor incondicional.

Antes disso, na quarta-feira, dia 26/03, a Lua entra em sua fase balsâmica. Tantas revisões e mergulhos na alma podem ter nos causado algum desconforto e nos deixando mais à flor da pele. Essa Lua é, então, um respiro, um pequeno alívio, que nos proporciona um momento de cuidado, distanciamento emocional e restauro. Essa é uma pausa bem-vinda e nos prepara para o Eclipse Solar Parcial do dia 29/03. Eclipses são momentos de transbordamentos e desarranjos. O que estava por um triz, se rompe e o que estava escondido, se mostra. Por isso, é recomendado aproveitar os dias de Lua balsâmica e todos as descobertas que os aspectos dessa semana proporcionaram, para reduzir a pressão e limpar o terreno para a Lua Nova em Áries.

O Eclipse Solar marca um confronto entre o passado e o futuro. Como o princípio da consciência, representado pelo Sol, está oculto pela Lua, é o passado que ganha maior força. O cuidado que devemos ter é com comportamentos, relacionamentos e condicionamentos já superados. Nesse momento, eles podem ressurgir e podemos nos encontrar revivendo situações que já não tem mais vitalidade, apenas por serem familiares. A conjunção entre Netuno e Mercúrio, do dia 29/03, também reforça a necessidade de mantermos os olhos bem abertos e os pés firmados no chão. Por mais encantadoras que sejam as promessas ouvidas nessa época, é bom verificar o que têm de real e o que são, na realidade, ilusões bonitas nas quais queremos acreditar.

A última semana de março nos dá muitas ferramentas para contornar essa cilada. A maioria dos aspectos falam de revisão, claridade e limpeza, sublinhando a importância de sermos honestos e transparentes conosco e com os outros. Essa é uma atitude essencial para que o ano que se inicia esse mês possa se realizar em todo o seu potencial transformador.

Março termina com Mercúrio chegando a Peixes em seu movimento retró grado. Mais uma vez é ressaltada, a sinalização para ficarmos atentos à nossa comunicação, aos deslocamentos, aos acordos e à clareza da compreensão do que é dito.

No entanto, é a entrada do planeta Netuno em Áries, no dia 30/03, a maior novidade desse momento. A última vez em que Netuno esteve no Signo de Áries foi entre 1861 e 1875. Foi um período de muitas inovações nos campos ideológicos e espirituais. Por exemplo, Alan Kardec e seus estudos sobre os fenômenos espirituais (1962) e Karl Marx e a publicação de *O Capital* (1867). Nesse período também tivemos a Guerra de Secessão Americana (1961) e Guerra entre o Paraguai e o Brasil (1864). O que faremos nesse período e como viveremos essa nova fase da humanidade dependerá, principalmente, do quanto tivermos evoluído até agora. Vamos trabalhar para que a face luminosa de Netuno se manifeste em nossas vidas e em nosso planeta, aproveitando os encontros amorosos e os ensinamentos que o Céu nos presenteou ao longo desse mês.

POSIÇÃO DIÁRIA DA LUA EM MARÇO

DIA 01 DE MARÇO – SÁBADO

● *Nova* ● *em Áries às 06:51 LFC Início às 05:06 LFC Fim às 06:51*

Enquanto a Lua estiver em Áries, contamos com uma energia impulsionadora para iniciar novos projetos. Ganhamos uma dose extra de entusiasmo e determinação para agarrar as oportunidades que aparecem. Estamos mais ousados e confiantes, com muito ânimo para abrir novos caminhos. Mas atenção! É importante não deixar a pressa e a impaciência nos dominarem. Às vezes, podemos nos empolgar demais e agir por impulso, sem pensar direito nas consequências. Cuidado para não confundir coragem com impulsividade. As atividades físicas serão ótimas aliadas para canalizar toda essa energia de forma positiva. Que tal retomar aquela atividade física que estava sendo adiada? Experimentar novos esportes? Colocar o corpo em movimento é essencial nesta fase. Evite marcar cirurgias nos rins e na região da cabeça.

• Lua conjunção Netuno — 03:27 às 06:42 (exato 05:06)

A madrugada pode ser marcada por encontros inusitados, romantismo e encantamento. Durante o sono, podemos vivenciar uma viagem astral e ter sonhos relevadores. Caso ocorra, anote as mensagens e sensações recebidas assim que acordar, evitando o esquecimento e confusão de ideias. Acordamos mais sonolento, mas com bons insights. Cuidado com atrasos e perda de objetos.

• Lua trígono Plutão — 09:56 às 13:11 (exato 11:33)

A energia restauradora é potencializada, nos ajudando a retomar aquele projeto que estava dado como perdido. Estaremos com as emoções mais fortalecidas, podendo realizar mudanças decisivas no rumo dos nossos caminhos. Muito favorável ao reestabelecimento da nossa saúde.

• Lua conjunção Vênus — 22:48 às 02:02 de 02/03 (exato 00:25 de 02/03)

Nossa autoestima ganhará força, assim como nosso poder de sedução. Encontros amorosos e com amigos que estimamos ficam muito favoráveis. Romantismo, beleza e harmonia pairam no ar. Aproveite!

DIA 02 DE MARÇO – DOMINGO

● *Nova* ● *em Áries LFC Início às 10:51*

• Lua sextil Júpiter — 01:17 às 04:32 (exato 02:55)

Iniciaremos o dia motivados a dar passos mais largos em nossos projetos e a explorar novos horizontes. Estamos mais ousados, otimistas e cheios de fé, o que pode nos trazer muita sorte.

Ampliar nossa visão, investindo em estudos mais aprofundados, irá trazer resultados muito positivos e prósperos. Projetos relacionados a viagens, espiritualidade e estudos acadêmicos serão favorecidos.

·Lua quadratura Marte — 09:13 às 12:29 (exato 10:51)

No meio da manhã podemos nos sentir mais irritadiços, impacientes e também ansiosos. Fazer atividades físicas para liberar as tensões e, com isso, acalmar os ânimos é uma ótima opção, pois será uma verdadeira válvula de escape. Procure almoçar alimentos mais leves. Respire e reflita antes de agir, evitando atitudes reativas que podem nos trazer mais problemas do que soluções. Esteja preparado para encarar possíveis contratempos com mais calma e tolerância.

DIA 03 DE MARÇO – SEGUNDA-FEIRA

● *Nova* ● *em Touro às 07:36 LFC Fim às 07:36*

Enquanto a Lua estiver em Touro, iniciamos uma fase de maior tranquilidade e persistência. Conforto, beleza e estabilidade ganham grande importância na nossa rotina. Corremos de qualquer situação que nos coloque em riscos. Se permita desfrutar da sua zona de conforto, diminuir o ritmo frenético da rotina, ir a bons restaurantes, frequentar lugares que tragam prazer e apreciar o belo da vida. Bom período para planejamentos financeiros, mas evite o excesso de gastos, pois desfrutar de prazeres e conforto pode nos levar ao consumismo. Fique atento a preguiça e ao sedentarismo, não deixe de colocar seu corpo em movimento.

·Lua quadratura Plutão — 10:48 às 14:05 (exato 12:27)

A inflexibilidade ganha força e há maior dificuldade em aceitar mudanças que precisam ser feitas, o que pode gerar certa irritabilidade. Pegue leve com você e com a autocobrança em relação as questões internas que precisam ser transformadas. Preste atenção nelas, mas não será hoje que você encontrará fluidez para resolvê-las. Deixe que as circunstâncias o conduzam sem tentar controlá-las, que tudo ficará mais leve. Atividades como meditação, ioga e sessões de terapia podem ajudar muito. Relaxe!

DIA 04 DE MARÇO – TERÇA-FEIRA

● *Nova* ● *em Touro*

·Lua sextil Sol — 04:59 às 08:33 (exato 06:46)

Acordamos com coragem e disposição para colocar em prática tudo aquilo que desejamos. Nos sentimos mais vivos e emocionalmente mais satisfeitos. Surge uma harmonia interna que pode nos inspirar a criação de novas ideias e projetos. A relação entre casais ganha um brilho extra de amor e harmonia. Momento favorável à concepção e nascimentos.

· Lua sextil Marte — 10:44 às 14:05 (exato 12:24)

Somos tomados por uma onda de energia, ânimo e disposição. Nossos sentimentos e vontades são potencializados. Conseguimos estruturar melhor nossos planejamentos e nos sentimos mais seguros para colocá-los em prática. Aquilo que estava parado tende a ganhar movimento, pois estamos mais estruturados, corajosos e ousados. A produtividade estará em alta, aproveite!

· Lua sextil Saturno — 16:55 às 20:18 (exato 18:36)

Tarde favorável para organizar nossos sentimentos e ideias. Ficamos com uma energia mais pragmática que nos ajudará muito na concretização dos nossos desejos e planos. Temos mais paciência, persistência e disciplina para resolver de forma mais prática todas as pendências da nossa vida. Aproveite essa energia de resoluções e desfrute de uma sensação de missão cumprida ao final do dia.

· Lua conjunção Urano — 21:15 às 00:37 de 05/03 (exato 22:56)

Durante a noite, o desejo por mudanças pode tomar conta de nós. Inovar nossos projetos pessoais e profissionais, pode nos trazer maior realização pessoal. Parcerias com pessoas diferentes podem trazer novas ideias e motivações. Evite a intolerância e a mente fechada, se abra para novas possibilidades. Nos relacionamentos pode haver uma certa instabilidade emocional, devido a um desejo de maior liberdade e espaço. Observe se esse desejo é momentâneo e se vale a pena uma conversa sobre o assunto, não tome decisões repentinas, avalie bem a situação. Com tantas emoções, procure focar no que for mais importante no momento.

DIA 05 DE MARÇO – QUARTA-FEIRA

● *Nova* ● *em Gêmeos às 09:29 LFC Início às 07:54 LFC Fim às 09:29*

Enquanto a Lua estiver em Gêmeos, informe-se, pesquise, levante o máximo de dados possíveis sobre os assuntos de seu interesse, criando bases para colocar seus projetos em andamento. Estaremos mais antenados e curiosos. Aproveite essa energia para socializar e aprender coisas novas, pois muitas trocas interessantes podem ocorrer.

Publicidade e comércio ficarão muito favorecidos neste período, portanto, aproveite para divulgar suas ideias, trabalhos e produtos de forma presencial ou via rede social. Ative seus contatos e faça novos cursos. Somente tome cuidado para não perder o foco em meio a tantos interesses e informações, organize-se.

· Lua sextil Netuno — 06:11 às 09:35 (exato 07:54)

Uma manhã com potencial criativo e inspirador. Que tal iniciar o dia colocando uma boa música para se inspirar ainda mais? Devemos ficar atentos à nossa intuição, que estará aflorada e poderá nos trazer bons *insights*. Nos sentiremos mais calorosos, o que poderá criar uma magia nos relacionamentos. Por ora, evite atividades que exijam muito foco, deixe-as para mais tarde, se possível. Caso trabalhe com artes, como teatro, cinema, música, pinturas ou espetáculos, é um momento muito favorável para divulgá-las e atingir um grande número de pessoas. Aproveite e se inspire, deixando esta energia fluir!

·Lua trígono Plutão — 12:53 às 16:18 (exato 14:35)

Durante a tarde, a energia segue propícia a ouvirmos nossa voz interior. Podemos nos sentir mais instintivos e perceptivos. É um ótimo momento para rever e regenerar nossos sentimentos, retomando projetos, estudos e assuntos que nos são importantes, mas foram deixados em "stand by". Não fuja de possíveis reencontros, pois eles podem causar verdadeiras transformações em seu caminho.

·Lua sextil Mercúrio — 13:09 às 16:53 (exato 15:01)

Um dia de muitas oportunidades, sendo muito favorável para um bom networking. A comunicação e trocas de ideias tendem a estarem mais claras e serem mais facilmente aceitas. Nos sentimos mais dispostos, podendo dar conta de múltiplas tarefas. Ótimo dia para publicações, lançamento de livros, divulgação do trabalho, marketing e vendas, e até mesmo para se candidatar a vagas de emprego. Aproveite!

DIA 06 DE MARÇO – QUINTA-FEIRA

☾ Crescente às 13:32 em 16º21' de Gêmeos ☾ em Gêmeos

·Lua sextil Vênus — 01:38 às 05:02 (exato 03:20)

A madrugada traz um ar de harmonia e acolhimento. O sono tende a ser tranquilo e restaurador. Busque manter essa sintonia ao acordar, faça um ritual de skincare, vista uma roupa bem bonita e tome um bom café da manhã. Hoje, a beleza e os prazeres da vida ganham importância e nossa autoestima se eleva. Ficamos mais sociáveis e nos sentimos mais atraentes. Use essa energia maravilhosa a seu favor.

·Lua conjunção Júpiter — 05:32 às 09:01 (exato 07:16)

No período da manhã, a boa sorte, fé e otimismo nos acompanham. Há um desejo de ampliar nossos contatos e círculo social. Bom momento para se inscrever em um novo curso ou aprofundar os conhecimentos já adquiridos, ampliando nossos horizontes. A criatividade e as boas ideias estarão em alta. Aproveite!

·Lua quadratura Sol — 11:39 às 15:23 (exato 13:32)

A insegurança pode ganhar força durante o dia. O ego e as emoções tendem a entrar em conflito. Aproveite este momento de certa tensão interna para perceber como você lida emocionalmente com questões de autoafirmação. Lembre-se que o julgamento do outro não é tão importante quanto a clareza dos nossos verdadeiros sentimentos. Um dia para mais reflexões do que ações.

·Lua quadratura Saturno — 20:36 às 00:08 de 07/03 (exato 22:22)

A noite segue no fluxo de um processo mais interno. Continue a respeitar seus sentimentos, dando mais importância a eles do que ao julgamento dos outros. Seja gentil com os outros, mas principalmente com você. Isso lhe ajudará a lidar melhor com possíveis frustações e apegos a padrões do passado. Neste momento é essencial que pare e organize seus sentimentos e ideias. Muitas informações às vezes nos confundem, portanto, colocar tudo em ordem de forma mais realista é imprescindível.

DIA 07 DE MARÇO – SEXTA-FEIRA

☾ *Crescente* ☾ *em Câncer às 13:28 LFC Início às 11:58 LFC Fim às 13:28*

Enquanto a Lua estiver em Câncer, ficamos mais propensos a buscar situações cotidianas mais acolhedoras, como programas em família ou com amigos mais íntimos e queridos que nos tragam certa familiaridade. O acolhimento ganha importância, assim como as emoções que passam aflorar, nos deixando mais sensíveis. Podemos estar mais vulneráveis e até um pouco carentes, portanto, cuide com carinho das suas emoções. Aproveite para curtir o aconchego do seu lar, que pode ser muito inspirador, refletindo no desenvolvimento positivo dos seus projetos. Bom momento para quem deseja se casar ou engravidar. Cuidado com possíveis excessos de apego e controle.

·Lua quadratura Netuno — 10:10 às 13:43 (exato 11:58)

Cuidado com possíveis ilusões e excesso de pensamentos, que podem trazer um esgotamento e confusão emocional. Procure adiar decisões importantes que exijam certa clareza mental e emocional. Tente canalizar toda fantasia da mente para se inspirar com ideias e possibilidades. Fique atento a possíveis mudanças de humor e dispersões. Revise as informações, se possível, com pausas para descanso, evitando erros de interpretação. Sentimentos do passado podem vir à tona. Sendo assim, fazer práticas que nos tragam para o presente, como meditação, será de grande ajuda.

·Lua quadratura Mercúrio — 22:08 às 02:01 de 08/03 (exato 00:04 de 08/03)

Aproveite a noite de sexta-feira para desacelerar um pouco a mente. Faça um detox das redes sociais e dê preferência para ler um bom livro. Procure colocar seus pensamentos e sentimentos em ordem, evitando, assim, possíveis desentendimentos de comunicação. Se gosta de escrever, fazer um diário relatando os sentimentos e pensamentos ocorridos durante seu dia, ajudará muito nesta organização mental. Cuidado com as palavras, pois pode ser mal-interpretado.

DIA 08 DE MARÇO – SÁBADO

☾ *Crescente* ☾ *em Câncer*

·Lua quadratura Vênus — 05:33 às 09:05 (exato 07:19)

Há certa desarmonia nos nossos sentimentos. Fazer atividades prazerosas pela manhã, como caminhadas em meio à natureza, em ambientes bonitos e agradáveis ajudará a harmonizar nossas emoções. Não é um bom dia para mudanças na aparência, ainda mais porque essa insatisfação com o visual pode ser momentânea e passageira. Cuidado com exageros alimentares e gastos desnecessários como formas de compensação. Tome um café da manhã leve e faça uma mesa bonita. Se acolha!

·Lua conjunção Marte — 20:01 às 23:43 (exato 21:52)

Nos sentimos mais animados e cheios de energia. Combine encontros com os amigos e se divirta, canalizando toda essa energia de forma positiva. Mas tome cuidado com a impaciência e a inflexibilidade, lembre-se que sua liberdade deve respeitar a liberdade do outro.

·Lua trígono Sol — 21:16 às 01:14 de 09/03 (exato 23:15)

A noite de sábado pode ser de grande satisfação mental e emocional, um equilíbrio entre o ego e suas emoções. Por estar muito atrativo, as relações tendem a fluir, garantindo maior vitalidade e harmonia entre os casais. Aproveite!

DIA 09 DE MARÇO – DOMINGO

☾ *Crescente* ☾ *em Leão às 19:58 LFC Início às 18:33 LFC Fim às 19:58*

Enquanto a Lua estiver em Leão, a alegria, entusiasmo e autoestima tendem a estar em alta. Relembramos nosso valor e o prazer pela vida. Projetos que necessitem da nossa exposição e imagem se encontram favorecidos. Aproveite para se divertir e festejar a vida, mas controle os excessos e ostentações. Evite marcar cirurgias no coração, região da lombar, veias, varizes, vasos capilares e tornozelos.

·Lua trígono Saturno – 02:48 às 06:31 (exato 04:40)

O dia inicia facilitando a organização das nossas emoções. Sentimo-nos capazes de fazer planejamentos de maneira mais pragmática, realista e autoconfiante. Projetos que necessitam de ousadia, persistência e durabilidade ganham uma fluidez maior na sua concretização. Aproveite essa energia para resolver os assuntos que se encontram pendentes e se organizar para a semana.

·Lua sextil Urano – 06:48 às 10:29 (exato 08:38)

Uma manhã motivada pelo desejo de mudanças e inovações. Talvez sinta vontade de mudar sua imagem, mudando a cor do cabelo, fazendo um novo corte, repensando no estilo, assim como o desejo por novos rumos profissionais que possam trazer mais sucesso e realização pessoal. Inspire-se com esses ares inovadores. Fazer algo diferente na rotina poderá potencializar sua criatividade, mas cuidado com possíveis imprevistos.

·Lua trígono Netuno — 16:40 às 20:23 (exato 18:33)

Atenção para a intuição que estará ainda mais aguçada. Faça atividades mais relaxantes, descanse, assista um bom filme, coloque sua playlist favorita para tocar, conecte-se com sua espiritualidade e deixe sua intuição fluir, preparando-se para iniciar uma nova semana cheia de inspiração.

·Lua oposição Plutão — 23:55 às 03:39 de 10/03 (exato 01:47 de 10/03)

Antes de dormir podem surgir alguns sentimentos mais densos que podem trazer preocupações e medos, mas não se deixe levar por uma visão negativa, canalize essa energia para verificar o que precisa começar a ser reestruturado e curado em sua vida. Encare esses sentimentos sabendo que tem o poder de transformá-los para melhor.

DIA 10 DE MARÇO — SEGUNDA-FEIRA

☾ *Crescente* ☾ *em Leão*

· Lua trígono Mercúrio — 08:56 às 12:55 (exato 10:56)

A semana inicia favorável a interações sociais, pesquisas e estudos. Excelente para conduzir palestras, expor seus conhecimentos e opiniões, as quais tendem a ser admiradas e respeitadas. Bom para publicidade e vendas presenciais ou online. Aproveite para dar um "up" na sua rede social, principalmente se for um instrumento de trabalho. A criatividade estará a todo vapor. Nos relacionamentos que necessitam de diálogo e compreensão este é o momento ideal para uma boa conversa.

·Lua trígono Vênus — 11:30 às 15:10 (exato 13:20)

Arrume-se e aprecie suas qualidades. Não economize amor por si e pelo outro. Harmonia de sentimentos e romantismo trarão mais leveza e otimismo para o início desta semana. Planejamentos financeiros e orçamentos tendem a fluir com mais facilidade e eficiência.

·Lua sextil Júpiter — 18:50 às 22:40 (exato 20:45)

O dia segue regado por grande otimismo e fé. A criatividade continua em alta, sendo excelente para expansão positiva de ideias e negócios. Produtos e vendas tendem a atingir grande número de pessoas, favorecendo o sucesso no crescimento de projetos.

DIA 11 DE MARÇO — TERÇA-FEIRA

☾ *Crescente* ☾ *em Leão LFC Início às 17:17*

·Lua quadratura Urano — 15:20 às 19:11 (exato 17:17)

O desejo de romper com a rotina e ter mais liberdade pode trazer uma certa tensão nas atividades do dia, pois nem sempre isso é possível. Mantenha a calma e busque entender os motivos que geram esse desejo. Conscientize-se da importância das mudanças, mas evite fazê-las no calor da emoção. Analise bem a situação, evitando imprevistos que possam trazer mais problemas do que soluções.

DIA 12 DE MARÇO – QUARTA-FEIRA

☾ *Crescente* ☾ *em Virgem às 04:55 LFC Fim às 04:55*

Enquanto a Lua estiver em Virgem, ficamos mais críticos, práticos e também detalhistas. Esse é o momento ideal para colocar todos os setores da vida em ordem, com muita clareza e discernimento. Cuidar da saúde física, assim como da mental, ajudará muito a ganhar força para esse processo de organização. Maior contato com a natureza, alimentação leve e hábitos mais saudáveis são essenciais para equilibrar as emoções e trazer bem-estar neste período.

Hoje a Lua não faz aspecto com outros planetas no Céu. Isso significa que devemos observar as recomendações para a fase e o signo em que a Lua se encontra.

DIA 13 DE MARÇO – QUINTA-FEIRA

☾ *Crescente* ☾ *em Virgem*

• Lua quadratura Júpiter — 05:13 às 09:11 (exato 07:12)

Atenção aos exageros e também à falta de limites. Expandir os horizontes é muito bom, mas neste momento é indicado que o faça sob uma boa e minuciosa análise, planejando os passos de forma realista e mais eficaz. Se possível, logo pela manhã, faça atividades como caminhadas em parques, em meio a natureza, já que isso tende a ajudar a trazer mais calma, foco e bastante inspiração para o seu dia. Procure se alimentar de maneira mais leve e natural.

• Lua sextil Marte — 15:44 às 19:45 (exato 17:44)

Durante a tarde ganhamos um "boost" de energia para resolver de forma mais prática aquilo que ainda se encontra pendente. A proatividade estará em alta, assim como a disposição para atividade física. Aproveite!

• Lua oposição Saturno — 22:39 às 02:40 de 14/03 (exato 00:39 de 14/03)

Não se deixe desanimar pela pressão das demandas do dia, o que não deu para fazer, não deu, e faz parte! Deixe para resolver essas pendências outro dia, com a mente mais relaxada. Olhe para dentro e busque se conscientizar sobre suas emoções. É um ótimo momento para encarar seus pensamentos e sentimentos de forma realista, colocando-os em ordem. Práticas como escrever essas percepções em um diário e meditar antes de dormir podem ser ótimas opções. Tente, pois fará toda diferença!

DIA 14 DE MARÇO – SEXTA-FEIRA

○ *Cheia às 03:54 em 23º56' de Virgem* ○ *em Libra às 15:58*

LFC Início às 14:48 LFC Fim às 15:58

Eclipse Lunar às 03:54 em 23º56' de Virgem

Enquanto a Lua estiver em Libra, é tempo de buscar mais harmonia e equilíbrio em sua rotina. Revise o que precisa ser feito e o que gostaria de fazer, encontrando um meio-termo que possa trazer ainda mais prazer ao dia a dia. Atividades relacionadas à arte e também à beleza são muito bem-vindas, podendo trazer uma atmosfera mais harmônica à nossa vida. Parcerias e relacionamentos ganham destaque. Nesse período, é importante não economizar na diplomacia ao lidar com o outro. Tudo que for feito em parceria tende a fluir melhor e ter mais sucesso. Atenção com os rins, beba bastante água ao logo deste período. Evite marcar cirurgia nos rins e na região da cabeça.

· Lua oposição Sol — 01:44 às 06:04 (exato 03:54)

A relação entre razão e emoção pede maior atenção e cuidado nessa madrugada. Sentimentos passados podem vir à tona, acompanhados por uma certa falta de clareza que pode nos levar a inseguranças. Se conscientizar sobre essas emoções pode ser um grande diferencial para lidar com essas questões. Não seja tão orgulhoso e crítico com você mesmo, se perdoe, se for o caso, e lembre-se de que errar é humano e faz parte do nosso processo de evolução.

· Lua trígono Urano — 02:06 às 06:05 (exato 04:05)

Durante a madrugada de eclipse, a sensibilidade e a intuição ficam afloradas. Aproveite essa conexão para se abrir a novas ideias e planejar novas direções para seu futuro. Atente-se, pois durante o sono e ao acordar você pode ter alguns insights, não deixe de anotá-los.

· Lua oposição Netuno — 12:47 às 16:47 (exato 14:48)

Cuidado com fantasias e ilusões. Nesta tarde, a confusão mental pode tomar conta, deixando nossa produtividade mais baixa. Já a possibilidade de distração, perda de objetos e erros nos deslocamentos tendem a estar muito presentes. Pode haver um sentimento de insatisfação pessoal, uma falta de encanto com as tarefas cotidianas. Respire e concentre-se em suas atividades, não deixe que sua mente atrapalhe seus afazeres. Mudanças no visual não são indicadas no dia de hoje, é melhor deixá-las para outro dia.

· Lua trígono Plutão — 20:26 às 00:27 de 15/03 (exato 22:26)

Após um dia de fortes emoções e insights, convém refletir sobre as questões internas que necessitam de regeneração. As energias fluem a favor dessas mudanças mais profundas, mas é importante ter consciência sobre elas e estar disposto a desapegar de padrões antigos. Há grande poder de renovação e resgate de emoções durante a noite. Programas e encontros agradáveis com parceiros e amigos podem ajudar a renovar suas energias.

DIA 15 DE MARÇO – SÁBADO

◯ *Cheia* ◯ *em Libra*

Início Mercúrio retrógrado

·Lua oposição Vênus — 04:28 às 08:19 (exato 06:23)

A insatisfação pode tomar conta de suas emoções. Tente entender a origem dela. Não é uma manhã favorável a tomar decisões ou para fazer mudanças na aparência. Procure a diplomacia ao lidar com o outro. Cuidado com gastos desnecessários e excessivos. Não é uma data indicada a marcar casamentos.

·Lua oposição Mercúrio — 09:11 às 13:11 (exato 11:11)

A diplomacia ao se comunicar e lidar com o outro continua sendo necessária durante o dia. Há maior dificuldade em dizer o que realmente pensa e sente. Pondere melhor antes de falar, evitando conflitos ou erros de interpretação. É um bom momento para repensar o jeito que você vem se expressando e fazer os ajustes necessários. Caso tenha compromissos, procure antecipar-se, evitando possíveis atrasos. Evite fazer muitas coisas ao mesmo tempo. Acalme sua mente.

·Lua trígono Júpiter — 17:35 às 21:39 (exato 19:37)

A criatividade e desejo de expansão se afloram no final da tarde. Alimentar sua fé e otimismo, ajudará a ultrapassar barreiras e a deixar as coisas mais leves. Saia um pouco da rotina, pois isso trará uma sensação de expansão. Aproveite o sábado para se divertir e celebrar a vida junto a pessoas queridas. As parcerias e relacionamentos tendem a ser muito positivas e cheias de sorte.

DIA 16 DE MARÇO – DOMINGO

◯ *Cheia* ◯ *em Libra LFC Início às 06:54*

Mercúrio retrógrado

·Lua quadratura Marte — 04:49 às 08:56 (exato 06:54)

Controlar a impaciência é um desafio. Aproveite o dia para relaxar. Fazer atividades físicas pela manhã ajudará a canalizar as densas energias de forma mais positiva. Coloque o físico em movimento e relaxe a mente. Fuja de discussões, pois provavelmente criará mais problemas do que soluções. Nos relacionamentos, seja mais tolerante e empático com as opiniões e escolhas do outro. Lembre-se que tem dias que vale mais a pena ser feliz do que ter razão.

DIA 17 DE MARÇO – SEGUNDA-FEIRA

◯ *Cheia* ◯ *em Escorpião às 04:30 LFC Fim às 04:30*

Mercúrio retrógrado

Enquanto a Lua estiver em Escorpião, sentimos tudo com mais intensidade. Emoções mais íntimas e profundas ganham espaço nos nossos dias e podemos até nos perceber obcecados por determinados assuntos. Junto com a retrogradação de Mercúrio, esta é uma fase favorável para revisitar nossos sentimentos ao fazer uma faxina interna, desapegando de tudo o que não faz mais sentido e que nos impede de avançar. Momento de renascimento e cura.

• Lua quadratura Plutão — 09:08 às 13:12 (exato 11:10)

Hora de encarar de frente os apegos emocionais que impedem que a sua vida avance. Evite um desgaste emocional, canalizando essa intensa energia de conexão interna para curar suas feridas. Sessões de terapia cairão muito bem durante esta fase. Cuide com carinho das suas emoções, lembrando que a capacidade de transformação e renovação deste momento é uma oportunidade maravilhosa e libertadora. Não a deixe passar! Nesse processo, controle suas reações emocionais, evite excessos, possíveis discussões e desentendimentos. Não se envolva em um caos externo, concentre-se em organizar primeiramente seu caos interno, que terá mais sucesso.

DIA 18 DE MARÇO – TERÇA-FEIRA

○ *Cheia (disseminadora)* ○ *em Escorpião*

Mercúrio retrógrado

• Lua trígono Marte — 18:51 às 22:59 (exato 20:55)

Emoção e ação entram em sintonia ganhando maior fluidez. Momento favorável para colocar em prática aquele projeto pessoal ou profissional que estava parado. Há muita disposição para resolver pendências e colocar a "mão na massa". Nos relacionamentos, podemos ter momentos de grande intensidade com aqueles que amamos.

DIA 19 DE MARÇO – QUARTA-FEIRA

○ *Cheia (disseminadora)* ○ *em Sagitário às 17:16*

LFC Início às 16:29 LFC Fim às 17:16

Mercúrio retrógrado

Enquanto a Lua estiver em Sagitário, o entusiasmo entra em cena. Nos sentimos mais alegres e otimistas, com o desejo de ir além, de expandir nossos horizontes. Sentimos que o espaço ficou pequeno para nós. Esse é o momento perfeito para viagens internacionais e estudos acadêmicos. Tudo aquilo que possa contribuir para a ampliação dos nossos conhecimentos é muito bem-vindo e favorável. Fé e otimismo comandam a energia do momento. Aproveite para olhar para o futuro de forma mais ousada e grandiosa, permitindo-se sonhar mais alto. Somente cuidado com exageros e desperdícios. Evite marcar cirurgias nas coxas, quadris, ciático, fígado, vias respiratórias, pernas, braços e mãos.

• Lua trígono Saturno — 00:59 às 05:04 (exato 03:02)

Momento ideal para fazer ou refazer seus planejamentos. Quando planejamos nossos passos conseguimos ir mais longe. Tudo o que for criado e expandido neste momento tende a ser sólido e durável. Portanto, sonhe alto, mas não tire os pés do chão, não esqueça que os limites existem e tem sua devida importância. Organize de forma realista cada etapa desse longo e próspero caminho almejado. Para quem está pensando em viajar, é um ótimo momento para planejar um bom roteiro. Bom momento também para elaborar um pré-projeto de mestrado ou doutorado.

· Lua oposição Urano — 03:36 às 07:39 (exato 05:38)

Fique atento à ansiedade. O desejo de acelerar os processos e chegar mais rápido aos resultados podem atrapalhar seus planos. Ao acordar, se possível, faça uma prática de respiração, para não sair atropelando tudo e todos, inclusive você. A necessidade de mais liberdade e espaço se destaca. Utilize o bom senso e não tome decisões de que possa vir a se arrepender mais tarde. Acalme-se, pois esse sentimento logo passará. Se necessitar de aparelhos tecnológicos, como GPS, internet e computadores, logo pelo início da manhã, esteja preparado para possíveis imprevistos.

· Lua trígono Sol — 13:55 às 18:18 (exato 16:07)

Surge um equilíbrio entre razão e emoção, e os ânimos se estabilizam. Muita vitalidade e produtividade guiam de forma positiva as atividades durante a tarde. Os planos fluem e vão mais longe. Parcerias muito positivas e prósperas podem ser feitas. Período excelente para criar coisas novas. Nos relacionamentos, a harmonia toma conta.

· Lua trígono Netuno — 14:26 às 18:28 (exato 16:29)

Durante a tarde, nossa conexao com o Universo ganha um brilho, trazendo um sentimento de magia e encantamento dentro de nós. Use e abuse dessa energia para se inspirar e colocar a criatividade para funcionar. Esteja atento a sua intuição, não a ignore. Se trabalha com música, dança, artes em geral, pode ter grandes inspirações que vão alavancar sua carreira e projetos.

· Lua sextil Plutão — 21:58 às 01:59 de 20/03 (exato 23:59)

Oportunidades de transformação e cura são potencializadas. O vigor e a disposição aumentam. Fica mais fácil desapegar dos temas que não estão mais fluindo. Aproveite essa energia para se reformular e abrir espaço para o novo.

DIA 20 DE MARÇO – QUINTA-FEIRA

○ *Cheia (disseminadora)* ○ *em Sagitário*

Mercúrio retrógrado

Entrada do Sol no Signo de Áries às 06h01min13

Equinócio da Primavera H. Norte — Equinócio de Outono H. Sul

· Lua trígono Vênus — 00:14 às 04:03 (exato 02:09)

Harmonia e leveza tomam conta da madrugada, garantindo um sono tranquilo e restaurador. Romance e ternura pairam no ar. A autoestima é favorecida.

·Lua trígono Mercúrio — 07:01 às 10:49 (exato 08:55)

Manhã muito favorável aos estudos e trabalhos que exijam maior comunicação, troca de informações e interação entre as pessoas. Você compreende e é compreendido. Publicações e vendas também são muito favorecidas nesta manhã. Se precisa fazer aquele post na rede social, não hesite, pois provavelmente atingirá um bom número de pessoas e os resultados poderão ser bem positivos. Sua mente está a todo vapor e muito assertiva, aproveite!

·Lua oposição Júpiter — 20:01 às 00:01 de 21/03 (exato 22:01)

Após um dia tão produtivo e estimulante, podemos nos sentir mentalmente esgotados. Aproveite a noite para desacelerar, tome um banho bem relaxante, assista um filme leve e divertido, leia um livro e dê um tempo dos estímulos das redes sociais.

DIA 21 DE MARÇO – SEXTA-FEIRA

○ *Cheia (disseminadora)* ○ *em Sagitário*

Mercúrio retrógrado

·Lua quadratura Saturno — 13:24 às 17:21 (exato 15:23)

Não é momento de forçar situações que não estão fluindo. O dia pede que você estabeleça alguns limites nas suas atividades e planos. Pare, revise seus projetos e se pergunte "Será que esses prazos são possíveis? Será que essa meta é a ideal? Será que estou realmente disposto a isso? Será que ainda desejo o resultado que foi traçado ou hoje prefiro outro?". Repense e, se necessário, recalcule suas rotas. Mantenha a calma e a paciência.

DIA 22 DE MARÇO – SÁBADO

☽ *Minguante às 08:29 em 02º05' de Capricórnio* ☽ *em Capricórnio às 04:28*
LFC Início às 03:53 LFC Fim às 04:28

Mercúrio retrógrado

Enquanto a Lua estiver em Capricórnio, uma visão mais realista sobre todos os aspectos da nossa vida é imprescindível. Uma energia que requer mais maturidade e responsabilidade ao lidar com os assuntos pessoais e principalmente profissionais.

Questões relacionadas a profissão e ao financeiro ganham ênfase. É o momento de buscar segurança e estabilidade, ser mais pragmático e evitar correr riscos. Cuidado com a autocobrança e o excesso de críticas.

·Lua quadratura Netuno — 01:56 às 05:48 (exato 03:53)

Ao despertar, você pode se sentir ainda cansado e com um ritmo mais lento. Se puder, fique um pouco mais na cama, descanse e relaxe. Se tiver que trabalhar, fique atento ao relógio, evitando atrasos, esquecimento de objetos e erros no seu trajeto. Se possível, adie atividades que exijam muito foco e produtividade, para que não ocorram possíveis erros. Caso não seja possível, procure revisar esses trabalhos quantas vezes for necessário antes de os dar como finalizados.

·Lua quadratura Sol — 06:24 às 10:34 (exato 08:29)

Emoção e razão não se entendem bem pela manhã, o que pode trazer uma certa insatisfação e insegurança. Relaxe e não exija muita produtividade da sua parte. Se puder escolher, não tome decisões importantes hoje, pois a falta de clareza estará presente.

·Lua quadratura Vênus — 08:20 às 11:59 (exato 10:10)

Podemos nos sentir menos atraentes e com a autoestima mais baixa. Não é um bom dia para mudanças no visual e muita interação social. Cuidado para não compensar as emoções na alimentação e nos gastos. Procure se alimentar de forma equilibrada e canalizar sua energia em atividades que além de prazer não lhe tragam danos, como escutar uma boa música, ir a uma exposição, caminhar em um parque, ir a locais onde possa apreciar o ambiente e arquitetura. Nos relacionamentos, tenha mais cuidado e paciência com o outro.

·Lua quadratura Mercúrio — 14:25 às 17:59 (exato 16:12)

Neste sábado, as interações sociais não estarão muito favorecidas. Se recolher e descansar a mente talvez seja uma opção mais acertada. As conversas tendem a não ser muito bem interpretadas e há ainda uma dificuldade em expressar de forma clara suas opiniões e sentimentos, o que pode gerar certo estresse e desentendimentos. Deslocamentos e conexão à internet podem deixar a desejar, causando imprevistos. Mantenha a calma e procure atividades que relaxem sua mente, como assistir um filme bem leve e divertido ou ler um livro. Aproveite para fazer um pequeno detox do celular e das redes sociais.

DIA 23 DE MARÇO – DOMINGO

☽ *Minguante* ☽ *em Capricórnio*

Mercúrio retrógrado

·Lua oposição Marte — 18:29 às 22:14 (exato 20:22)

Há uma impaciência que dificulta colocar nossos planos em prática. Isso pode gerar mais irritabilidade e intolerância com nós mesmos e com os outros. Respeite seus limites e a baixa de energia deste domingo. Aproveite para descansar. Não force situações e evite desentendimentos.

·Lua sextil Saturno — 22:50 às 02:31 de 24/03 (exato 00:41 de 24/03)

Uma noite perfeita para organizar seu planejamento para a próxima semana. Planejar seus próximos passos e metas a serem alcançadas, com foco na realidade do seu momento, trará grande tranquilidade e segurança para esta noite de domingo.

DIA 24 DE MARÇO – SEGUNDA-FEIRA

☽ *Minguante* ☽ *em Aquário às 12:24*

LFC Início às 12:01 LFC Fim às 12:24

Mercúrio retrógrado

Enquanto a Lua estiver em Aquário, as ideias inovadoras ganham força. A vontade e necessidade de mudanças se tornam presentes e ocorrem com maior fluidez. Para quem deseja utilizar meios mais tecnológicos no trabalho, este é o momento perfeito. O ritmo fica mais acelerado e nossa mente mais perspicaz. Nesse fluxo acelerado das coisas, imprevistos podem ocorrer, por isso é importante estar preparado para saídas rápidas e estratégicas. Atividades que ajudem a desacelerar o corpo e a mente são muito favoráveis e evitarão um possível estresse. A originalidade será essencial em tudo o que fizer, seja autêntico e livre de possíveis aprisionamentos sociais.

• Lua trígono Urano — 00:27 às 04:07 (exato 02:17)

Os sonhos tendem a ser bem agitados durante a noite, mas podem trazer bons insights. Podemos levantar cheios de energia e inspirados a fazer coisas diferentes na nossa rotina, como mudar o trajeto até o trabalho ou tomar um café da manhã diferente, nos trazendo a sensação de certa liberdade.

• Lua sextil Netuno — 10:11 às 13:48 (exato 12:01)

A inspiração e intuição aguçada nos ajudará a inovar na criação de planos. A atividade mental rende muito e estamos mais sociáveis e agregadores. Trabalhos coletivos e mais humanitários tendem a ter muito sucesso. Bom momento para nos conectarmos com nossa essência, nos trazendo maior identidade.

• Lua sextil Vênus — 13:31 às 16:57 (exato 15:14)

Cooperação e trabalho em equipe estão favoráveis, pois há gentileza e cordialidade circulando entre as pessoas. Os relacionamentos ganham maior fluidez, e compreendemos melhor as particularidades do outro. Nossa autoestima fica mais elevada e o desejo por atividades mais prazerosas, onde possamos apreciar as artes e a beleza, fica mais latente. Aproveite essa harmonia que está no ar.

• Lua conjunção Plutão — 16:46 às 20:20 (exato 18:33)

Não lute contra as mudanças, permita que elas fluam e terá resultados incrivelmente positivos. Desapegue de padrões repetitivos e de querer dominar as situações. Deixe que o Universo guie você, pois o caminho será melhor do que você possa imaginar. Confie!

• Lua sextil Mercúrio — 18:25 às 21:46 (exato 20:05)

Bom momento para revisar assuntos e acrescentar novos aprendizados a eles. A divulgação dos seus conhecimentos estará em alta, sobretudo através das redes sociais, aproveite esse momento e, provavelmente, terá muito sucesso e alcance. Sua comunicação poderá abrir novos horizontes para as pessoas que a escutarem. Não guarde suas palavras para você. Compartilhe!

·Lua sextil Sol — 18:39 às 22:30 (exato 20:35)

Bom momento para revisitar suas emoções e alinhá-las com sua mente, gerando verdadeira satisfação e maior autenticidade. Boas ideias podem surgir durante essa noite. Os relacionamentos podem ganhar um brilho especial, havendo maior equilíbrio e entendimento entre os casais.

DIA 25 DE MARÇO – TERÇA-FEIRA

☽ *Minguante* ☽ *em Aquário*

Mercúrio retrógrado

·Lua trígono Júpiter — 13:15 às 16:45 (exato 15:00)

O desejo de ir mais longe fica evidente. Olhe para as suas conquistas, revise-as e faça os acertos necessários para conseguir dar passos ainda mais largos. A fé e o otimismo são essenciais para esse processo. A sorte estará a seu favor.

DIA 26 DE MARÇO – QUARTA-FEIRA

☽ *Minguante (balsâmica)* ☽ *em Peixes às 16:31*

LFC Início às 07:16 LFC Fim às 16:31

Mercúrio retrógrado

Enquanto a Lua estiver em Peixes, não coloque tanta razão nas situações. Entregue-se e se permita que forças maiores lhe guiem. Tenha fé no desenrolar positivo que as circunstâncias podem tomar. Esteja mais conectado a sua espiritualidade, aguçando a capacidade de ouvir sua intuição, que estará potente neste período. Coisas mágicas e inexplicáveis podem acontecer e te surpreender. Somente tome cuidado com ilusões e possíveis fantasias. É momento de sonhar, mas sem perder o discernimento. Atividades que tragam equilíbrio entre razão e emoção, como meditação, podem ajudar muito a encontrar este equilíbrio.

·Lua quadratura Urano — 05:32 às 08:57 (exato 07:14)

A manhã começa com grande agito mental e podemos acordar já nos sentindo esgotados. Não tente resolver tudo ao mesmo tempo, pois falta desempenho mental para isso, o que pode causar estresse. Exercícios de respiração e alongamento podem ser bons aliados para aliviar. Esteja preparado para imprevistos logo pela manhã, mantenha a calma diante dos contratempos, seja flexível e mude os planos se necessário. Mantenha o foco no que é prioridade.

DIA 27 DE MARÇO – QUINTA-FEIRA

☽ *Minguante (balsâmica)* ☽ *em Peixes*

Mercúrio retrógrado

·Lua quadratura Júpiter — 16:16 às 19:34 (exato 17:55)

Organize-se para realizar as atividades importantes antes do período da tarde, pois após esse horário as produções podem ter maior dificuldade de fluir. Um sentimento de insatisfação toma conta de nós. Não force as situações, desenvolva as atividades do jeito que for possível, mesmo que rendam menos do que suas expectativas apostavam. Evite exageros e atitudes compensatórias, como gastos e alimentação em excesso.

DIA 28 DE MARÇO – SEXTA-FEIRA

☽ *Minguante (balsâmica)* ☽ *em Áries às 17:35*

LFC Início às 17:31 LFC Fim às 17:35

Mercúrio retrógrado

Enquanto a Lua estiver em Áries, nos sentimos cheios de energia e garra para colocar as ideias em ação. Aproveite essa energia e não perca tempo. Revise o que precisa ser aperfeiçoado, faça os devidos ajustes nos seus planos e coloque a mão na massa. Período muito favorável para retomar e incluir na rotina atividades físicas mais vigorosas, como corrida, crossfit, artes marciais. As práticas esportivas ajudarão a liberar o excesso de energia, aliviando o estresse, impaciência e agressividade. As atividades autônomas ficam muito favorecidas neste período.

• Lua trígono Marte — 03:48 às 07:06 (exato 05:27)

As emoções ganham ânimo. Acordamos com mais disposição para fazer o que tem de ser feito, sem deixar para depois. Aproveite o momento para colocar seus planos em ação, mas fique atento com a pressa e a ansiedade. Tome cuidado para não atropelar o processo e pular etapas importantes. Respire e faça as devidas revisões.

• Lua conjunção Saturno — 06:25 às 09:40 (exato 08:03)

Canalize corretamente toda energia sentida ao acordar. É essencial que haja um planejamento e consciência dos planos que queremos colocar em ação ao longo do dia. Não desperdice essa poderosa energia fazendo as coisas sem antes pensar, pois há chances de ter problemas no caminho.

• Lua sextil Urano — 07:18 às 10:32 (exato 08:55)

Durante a manhã nossa mente estará a todo vapor. Boas ideias e *insights* provavelmente surgirão, então fique atento para não os perder em meio a tantos pensamentos. Atividades ao ar livre pela manhã serão muito favoráveis para acalmar a mente e a ansiedade. Podemos sentir necessidade de sair da rotina, e se for possível, faça trajetos diferentes, vista uma roupa nova, tome um café no meio do caminho, mas esteja atento para lidar com possíveis imprevistos. Estaremos com maior facilidade em nos desapegar de tudo que nos prende.

• Lua conjunção Vênus — 14:33 às 17:49 (exato 16:16)

Durante a tarde, os ânimos se harmonizam. Sentimos a necessidade de realizar tarefas que nos deem mais prazer. Se possível, realize as atividades mais pesadas e menos prazerosas durante a manhã. Ficamos mais confiantes e com a autoestima mais elevada. É uma tarde muito boa para mudanças no visual, planejamentos financeiros e apreciação das artes. O romantismo pode tomar conta. Que tal planejar um programa a dois em um bom restaurante para esse final de tarde? Ou então um encontro agradável com os amigos? Aproveite!

·Lua conjunção Netuno — 15:53 às 19:06 (exato 17:31)

Estamos mais imaginativos, sonhando com os resultados do nosso trabalho ou com a sexta-feira à noite. Um ar de encantamento toma conta de nós e os pensamentos podem ficar um pouco confusos. Ficamos mais dispersos e podemos perder o foco nas atividades que exijam maior atenção. Adiá-las será uma opção mais segura, mas caso não possa, não deixe de fazer uma boa revisão. Estar com os amigos ou com seu parceiro após o expediente trará um tom de magia, mas caso prefira ficar em casa, o descanso e assistir a um bom filme também serão atividades muito revigorantes.

·Lua conjunção Mercúrio — 17:30 às 20:33 (exato 19:02)

O poder de comunicação se potencializa e ficamos mais assertivos, sendo um ótimo momento do dia para divulgar nosso trabalho, fazer publicações e boas vendas. Só não esqueça de fazer uma revisão antes de divulgá-los. Estaremos mais ousados e sociáveis, sentindo a necessidade de encontrar pessoas com quem possamos ter boas trocas.

·Lua sextil Plutão — 21:36 às 00:48 de 29/03 (exato 23:12)

Momento favorável para rever e desapegar de tudo aquilo que não nos agrega mais. Desapegue de sentimentos e situações que estejam empacando seus caminhos. Os relacionamentos podem ter uma renovação e maior aprofundamento. Encontros amorosos tendem a ser bem intensos e estimulantes durante essa noite. Lugares mais fechados e íntimos são uma boa pedida. Aproveite!

DIA 29 DE MARÇO – SÁBADO

● *Nova às 07:58 em 09º00' de Áries* ● *em Áries*

Mercúrio retrógrado

Eclipse Solar às 07:58 em 09º00' de Áries

·Lua conjunção Sol — 06:15 às 09:39 (exato 07:57)

Com o Sol eclipsado, a energia para novos começos fica favorável. Suas emoções se alinham com o foco nos seus objetivos, havendo maior identidade nas suas ideias e projetos. A sensação de bem-estar toma conta desta manhã, que tende a ser bastante inspiradora e produtiva.

·Lua sextil Júpiter — 16:55 às 20:07 (exato 18:31)

O desejo por expandir novos horizontes fica latente nesta tarde. Ficamos tomados pela fé e otimismo, que favorecem a criação de ideias mais amplas para nossa vida. O céu é o limite e a sensação é que conseguimos chegar lá. Confie e se prepare para começar a planejar novos e amplos caminhos. A noite promete ser bem animada, abrindo possibilidades para conhecer novas pessoas e ampliar seu círculo social. Só tome cuidado com os excessos que toda essa animação pode gerar, procure pegar leve nos gastos e no consumo de bebidas e alimentos.

DIA 30 DE MARÇO – DOMINGO

● Nova ● em Touro às 17:15

LFC Início às 06:18 LFC Fim às 17:15

Mercúrio retrógrado

Enquanto a Lua estiver em Touro, buscamos mais segurança e estabilidade, portanto, acelerar os processos não é uma boa ideia. Momento ideal para começar a construir bases sólidas para nossos projetos de vida. Estamos mais persistentes, pacientes e focados em nossos propósitos, favorecendo a concretização de planos. Evite correr riscos e fuja de situações que tragam desconforto. Aliás, conforto e bem-estar são uma necessidade deste período, o que pode nos deixar mais preguiçosos e comilões. Fique atento a esses possíveis excessos.

• Lua quadratura Marte — 04:40 às 07:54 (exato 06:18)

Podemos acordar mais irritadiços e impacientes. Nossos ânimos ficam instáveis e a paciência por um fio. Fuja de provocações, evitando discussões que possam sair do controle. Não estimule seu instinto competitivo. Talvez a melhor pedida seja passar o domingo fazendo atividades mais relaxantes, curtindo sua individualidade em casa ou ao ar livre.

• Lua quadratura Plutão — 21:17 às 00:28 de 31/03 (exato 22:52)

Durante a noite, é possível que um sentimento de angústia tome conta de nós. Podemos nos perceber obcecados por um determinado assunto que ainda não foi solucionado. Se for o caso, tente relaxar e liberar o controle da situação. Quando desapegamos, as coisas tendem a fluir, lembre-se disso! Feridas do passado também podem vir à tona, mexendo ainda mais com nossas emoções. Evite maximizar as situações, tentando desenvolver uma visão mais racional do que emocional sobre o tema. Ir mais a fundo nessas emoções e detectar o que precisa ser ressignificado pode ser uma dolorosa, mas eficiente saída. Atividades que nos ajudem a olhar para dentro de nós mesmos são indicadas, como meditações ou escrever sobre nossos sentimentos.

DIA 31 DE MARÇO – SEGUNDA-FEIRA

● Nova ● em Touro

Mercúrio retrógrado

Hoje a Lua não faz aspecto com outros planetas no Céu. Devemos observar as recomendações para a fase e o signo em que a Lua se encontra.

Abril 2025

Domingo	Segunda-feira	Terça-feira	Quarta-feira	Quinta-feira	Sexta-feira	Sábado
		1 ♊	2	3	4 ☽15º33' ♋	5
		Lua Nova em Gêmeos às 17:25 LFC Início às 14:43 Fim às 17:25 Mercúrio retrógrado	Lua Nova em Gêmeos Mercúrio retrógrado	Lua Nova em Câncer às 19:49 LFC Início às 15:27 Fim às 19:49 Mercúrio retrógrado	Lua Crescente às 23:15 em Câncer Mercúrio retrógrado	Lua Crescente em Câncer LFC Início às 19:55 Mercúrio retrógrado
6 ♌	7	8 ♍	9	10 ♎	11	12 ○23º20' ♎
Lua Crescente em Leão às 01:33 LFC Fim às 01:33 Mercúrio retrógrado	Lua Crescente em Leão Fim Mercúrio retrógrado	Lua Crescente em Virgem às 10:39 LFC Início às 01:07 Fim às 10:39	Lua Crescente em Virgem	Lua Crescente em Libra às 22:11 LFC Início às 16:50 Fim às 22:11	Lua Crescente em Libra	Lua Cheia em Libra às 21:23
13 ♏	14	15 ♐	16	17	18 ♑	19
Lua Cheia em Escorpião às 10:53 LFC Início às 07:01 Fim às 10:53	Lua Cheia em Escorpião	Lua Cheia em Sagitário às 23:36 LFC Início às23:24 Fim às 23:36	Lua Cheia em Sagitário	Lua Cheia em Sagitário	Lua Cheia em Capricórnio às 11:11 LFC Início às08:39 Fim às 11:11	Lua Cheia em Capricórnio Entrada do Sol no Signo de Touro às 16hs55min45
20 ☽01º12' ♒	21	22	23 ♓	24	25 ♈	26
Lua Minguante em Aquário às 22:35 Lua em Aquário às 20:21 LFC Início às 14:21 Fim às 20:21	Lua Minguante em Aquário	Lua Minguante em Aquário LFC Início às 18:56	Lua Minguante em Peixes às 02:06 LFC Fim às 02:06	Lua Minguante em Peixes LFC Início às 23:58	Lua Minguante em Áries às 04:23 LFC Fim às 04:23	Lua Minguante em Áries LFC Início 13:19
27 07°46' ♉	28	29 ♊	30			
Lua Nova em Touro às 16:30 Lua em Touro às 04:16 LFC Fim às 04:16	Lua Nova em Touro	Lua Nova em Gêmeos às 03:34 LFC Início às 02:[illegible]8 Fim às 03:34	Lua Nova em Gêmeos			

Mandala Lua Cheia Mês de Abril

Lua Cheia
Dia: 12/04
Hora: 21:23
23º20' de Libra

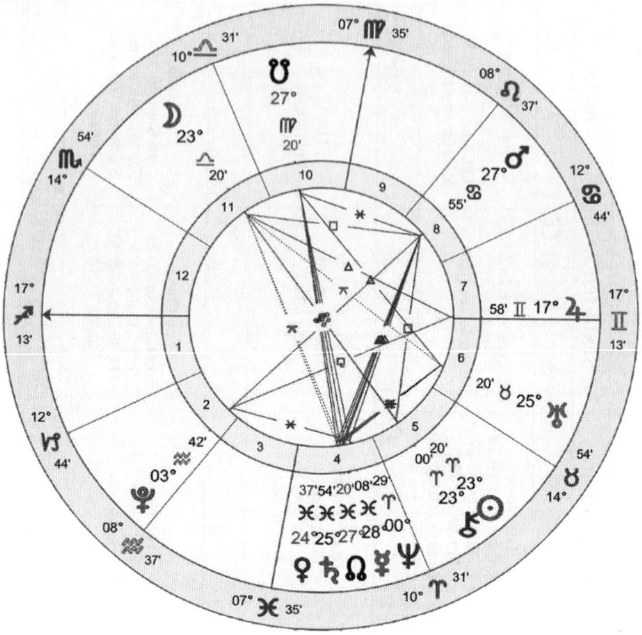

Mandala Lua Nova Mês de Abril

Lua Nova
Dia: 27/04
Hora: 16:30
07º46' de Touro

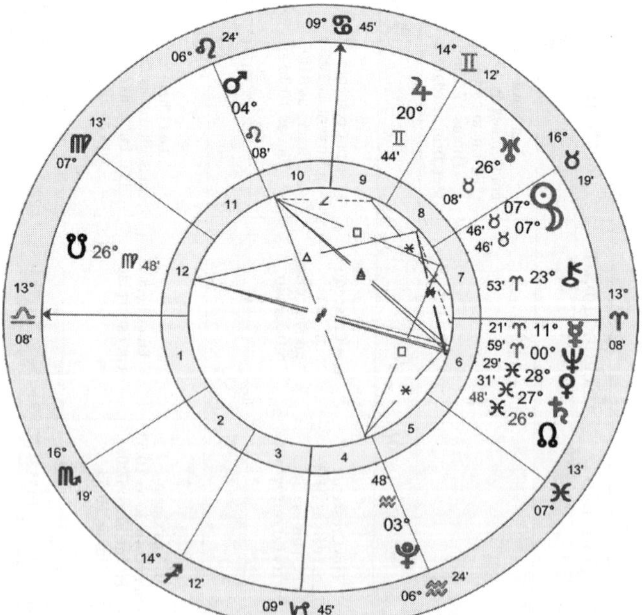

CÉU DO MÊS DE ABRIL

O Carnaval já passou, o outono já chegou e o mês de abril parece querer esperar o melhor momento para começar de vez. Há uma atmosfera de expectativa ao nosso redor e a disposição para dar o primeiro passo é latente, mas ainda hesitamos, preferindo experimentar e ajustar as coisas enquanto aguardamos o melhor momento para nos lançarmos. A partir da segunda quinzena, quando Vênus e Mercúrio se unirem a todos os outros planetas em movimento direto, podemos avançar com maior segurança. A Lua Nova em Touro no primeiro dia do mês reforça o nosso desejo por demonstrações concretas, sejam elas materiais ou emocionais, de que estamos no caminho certo.

Há no Céu uma boa dica de como prosseguir com mais segurança nesse mês. Saturno, em Peixes, continua a sua boa conversa com Urano, em Touro. Esse aspecto começou no mês passado e permanecerá ativo ao longo de todo mês de abril.

Esse trânsito pede um esforço consciente, além de paciência, para que seus benefícios sejam colhidos. O esforço necessário não demanda sacrifícios intensos, apenas dedicação e atenção para não deixar as oportunidades passarem despercebidas. Saturno e Urano, em harmonia, sugerem um equilíbrio entre o antigo e o novo, um momento em que as estruturas são flexíveis o suficiente para aceitar alterações e as mudanças se dão sem movimentos que comprometam as estruturas vigentes.

O caminho traçado pelo Céu de abril aponta para mudanças duradouras que demandam trabalho, dedicação e comprometimento. O mês nos pede para seguirmos caminhando sem pressa, mas sem retroceder.

Vênus e Mercúrio estão em conjunção nos primeiros dias do mês, ambos no Signo de Peixes. Nesse signo, Vênus está em ótima posição, já Mercúrio demora para encontrar seu ritmo, distraindo-se com facilidade. O fato de os dois ainda estarem em movimento retrógrado tampouco ajuda no arranque das atividades do mês. O clima é ameno, com tendências harmoniosas e inspiradas, mas não favorece atividades mais assertivas.

Em paralelo à conversa entre Vênus e Mercúrio, Marte se aproxima de Saturno e Urano. Ele passa a formar aspectos favoráveis com os dois planetas, os quais, por sua vez, já estão avançando lado a lado.

A rotina apresenta sinais de esgotamento e é preciso buscar novidades, parceiros e situações que auxiliem a conquista dos resultados desejados. Urano estimula Marte a experimentar o inusitado, enquanto Saturno ajuda a dar constância e perseverança à busca. Na sexta-feira, dia 04/04, há uma mudança de ritmo mais acentuada. A Lua cresce em Câncer, soberana, nos orientando em direção às atividades que trazem segurança emocional. Marte também se encontra no Signo de Câncer e, embora esse não seja um lugar onde ele fique à vontade, essa posição reforça o tema da necessidade íntima de defender seu território. A estratégia adotada, porém, tende a ser indireta, se aproximando do alvo de soslaio.

No sábado, dia 05/04, dois novos aspectos sugerem o favorecimento do andamento dos nossos objetivos. O Sol faz um bom aspecto com Júpiter, trazendo a sensação do Universo estar conspirando a nosso favor. Ao mesmo tempo, Vênus faz um lindo trígono com Marte. Esse diálogo facilita as iniciativas românticas, que fluem com naturalidade e são bem recebidas. As diversões a dois, com a família e com os amigos, estão em alta nesse final de semana.

Ainda no sábado, mais um aspecto se forma, sendo que esse durará quase todo o mês de abril. Vênus, ao refazer seu caminho por Peixes, reencontra Saturno. Esse encontro colore de praticidade todos as demonstrações afetivas e confere peso e sobriedade ao que damos valor.

A segunda semana de abril dá continuidade aos encontros da semana anterior até a terça-feira, dia 08/04. A partir da quarta-feira, os aspectos entre Sol, Júpiter, Vênus e Marte perdem a força. O trânsito entre Marte, Urano e Saturno se desfazem somente a partir da quinta-feira. Por isso, é aconselhável concentrarmos nossos esforços no começo da semana.

As principais novidades dessa semana são a retomada do movimento direto por Mercúrio, no dia 07/04, e a Lua Cheia do sábado.

Mercúrio, agora em movimento direto, percorrerá o Signo de Peixes, onde se encontra debilitado, apenas por mais uma semana. A partir da segunda-feira, os assuntos ligados a contratos, comunicações, acordos e trocas passam a fluir de maneira menos truncada. No entanto, é melhor ainda andarmos com cautela até o momento em que Mercúrio deixar Peixes definitivamente.

No dia 12/04, sábado, a Lua chega ao seu pico luminoso em Libra, sob a benéfica regência de Vênus. Em Libra, a nossa necessidade de estabelecer relações harmoniosas prevalece. O Céu, iluminado pela Lua Cheia, enfatiza a importância da flexibilidade e da adaptabilidade. Além disso, é importante lembrar que Vênus permanece de braços dados com Saturno, conferindo um colorido ainda mais mental à Lua Cheia.

O sucesso se veste de elegância, equilíbrio e diplomacia. As demonstrações emocionais excessivas não são recomendadas sob essa configuração, especialmente, em público. Atitudes mais refinadas, mais gentis, que levam o outro em consideração, são as mais apreciadas e com maiores chances de receberem aprovação e aplausos.

A segunda quinzena de abril traz mais novidades. No domingo, dia. 13/04, é a vez de Vênus retomar seu movimento direto. A partir desse dia, nossas escolhas correm menos riscos de gerarem arrependimentos. Vênus ainda estará no Signo de Peixes até o final do mês e essa é uma excelente notícia. Em Peixes, Vênus está exaltado e luminoso. Nesse signo, amar é a melhor recompensa.

Na quarta-feira, dia 16/04, Mercúrio abandona a confusão pisciana e assume as cores e o impulso ariano. Em Áries, Mercúrio é rápido, incisivo, direto e franco. O ritmo das negociações acelera rapidamente e ganha vivacidade. Depois de tanto tempo tendo que lidar com impedimentos, revisões e mais revisões, é natural que essa mudança traga entusiasmo. Os bons aspectos de Saturno nos ajudam a manter a velocidade sem esquecer a prudência. Mesmo assim, é bom redobrar o cuidado com as nossas palavras entre os dias 15 e 18 de abril, pois o encontro entre Mercúrio e Netuno pode trazer mal-entendidos e confusão.

No dia 18/04, sexta-feira, Marte também muda e ingressa no Signo de Leão. Nossas ações perdem o caráter indireto e reivindicam seu lugar ao Sol. Em Leão, Marte carrega nas cores e na vitalidade. Enquanto estiver no Signo de Leão, buscamos empenhar nossa energia naquilo que reflita quem somos e no que possa nos deixar orgulhosos. Um dos perigos desse posicionamento é a tendência a crer que somos infalíveis, pois a nossa vaidade pode se confundir com as nossas realizações. Leão também é conhecido pela sua rigidez e esse fato, somado às características de Marte, pode causar alguns embates e desgastes desnecessários.

E, no sábado, em meio ao feriado, temos a última novidade da semana com a entrada do Sol em Touro. Nosso foco deixa o impulso ariano e o desejo por novas conquistas, e nos voltamos para a concretização do que nos parece ser mais promissor até o momento.

As perguntas mudam com a passagem do Sol pelo Signo de Touro. O que precisa da nossa atenção? O que merece a nossa paciência e nossa determinação? Qual das sementes que plantamos no primeiro quadrimestre do ano começa a apresentar as primeiras folhas? São esses os projetos que merecem nosso compromisso no período taurino do ano.

A penúltima semana de abril é a mais tensa do mês. Três aspectos sinalizam a possibilidade de conflitos, envolvendo a expressão da nossa individualidade, a nossa vaidade e a vontade do grupo ao qual pertencemos.

O primeiro aspecto, a quadratura do Sol com Marte, é formado no domingo de Páscoa. Essa quadratura aponta para a necessidade de estarmos conscientes do que motiva as nossas ações nos próximos quatro dias. Movimentos que estão baseados, unicamente, na afirmação da nossa vaidade e orgulho tendem a ser as mais desafiadas. A quarta-feira, dia 23/04, é o dia mais crítico, já que teremos três aspectos difíceis atuando. Enquanto a quadratura do Sol com Marte se desfaz, o Sol faz uma nova quadratura na terça-feira. Dessa vez, o desentendimento se dá com Plutão, perdurando até a quinta-feira, dia 24/04.

E, para completar o cenário tenso, Marte faz uma oposição a Plutão a partir da quarta-feira que permanecerá atuante até a terça-feira, dia 29/04.

Então, ao longo desses dias, devemos nos preparar para atuarmos sob uma pressão intensa. Precisamos cultivar a coragem e deixarmos ir o que não tem mais vitalidade, o que não funciona mais, ou o que já perdeu o sentido de ser. O que estava funcionando de maneira improvisada, assim como aquilo que foi feito sem capricho, tende a ser exposto e eliminado.

Outra possível manifestação desses aspectos é encontrarmos uma resistência considerável ao tentarmos efetuar as mudanças necessárias para conseguirmos avançar. Problemas com autoridades e disputas de poder são comuns nessas circunstâncias. Agressividade, acidentes, brigas e outras circunstâncias desagradáveis e perigosas podem ocorrer. Cuidado, prudência e lucidez são muito importantes nesses dias.

Afortunadamente, o antídoto para os efeitos mais problemáticos desses aspectos também está presente nos desenhos formados no Céu, à nossa disposição. Isso, é claro, se conseguirmos evitar que a vaidade, o orgulho e a teimosia nos ceguem.

Estamos em uma semana de Lua Minguante, ou seja, tudo tende a perder a força e a se desfazer na finalização da lunação. As ações de desapego são as mais alinhadas com essa etapa do ciclo lunar. Na quinta-feira a fase balsâmica se inicia, favorecendo os processos de regeneração e cura.

Vênus, por sua vez, ainda está formando bons aspectos com Urano e Saturno, indicando que correção, sobriedade, autenticidade e responsabilidade são qualidades muito úteis em momentos de conflitos como os desses dias. Para lidar com os confrontos, que nem sempre seguem as regras do bom combate, a captação de aliados para nos ajudar e interceder a nosso favor é essencial.

Para nos apoiar com essa tarefa, temos o sextil formado por Mercúrio e Plutão, entre os dias 20/04 e 22/04. As informações obtidas durante esses dias poderão ser muito úteis para assegurar a boa condução dos nossos objetivos. Tudo o que ultrapassar os testes desses dias deve ser plenamente valorizado.

A oposição entre Marte e Plutão fica exata e mais intensa entre domingo e segunda-feira, e perde sua força na terça-feira, dia 29/04. Essa intensificação coincide com a chegada da Lua Nova em Touro no domingo, colorindo o próximo ciclo com a disputa acirrada entre nossa vontade e a vontade do coletivo, entre o nosso desejo de deixar nossa marca no mundo e a resistência daqueles que detêm o poder de fazer e permitir as mudanças.

A oposição entre Marte e Plutão também nos deixa cheios de energia, podendo nos levar a desconsiderar os perigos em situações de risco, assim como nos deixar tão autocentrados que esquecemos de considerar os impactos que nossas ações acarretam aos outros. Se conseguirmos usar esse potencial para realizarmos as mudanças necessárias e positivas em nossas vidas, àquelas que temos constantemente adiado, daremos o melhor destino para a energia desse aspecto.

A Lua Nova traz, além da marca de disputas de poder, a presença estabilizadora da conjunção entre Vênus e Saturno. Lembrando que Vênus ainda está muito bem-posicionado em Peixes e em movimento direto. Vênus é o dispositor da Lua, ou seja, é o rei dessa lunação. Isso nos ajuda a compreender que o segredo para conseguirmos obter o que desejamos durante essa lunação, passa por nos sentirmos confortáveis, por sermos empáticos e compassivos com o que os outros sentem e precisam.

Assim como em sermos autênticos, trabalhando duro e com entusiasmo na direção do nosso alvo. Tudo isso sem perdermos de vista que não é possível ganharmos todas as batalhas e que, por vezes, para avançarmos, é necessário cedermos algo também.

No último dia do mês, Vênus avança e chega a Áries. Depois de uma longa temporada privilegiando o amor incondicional, Vênus agora enaltece o amor-próprio. Enquanto Vênus transitar pelo Signo de Áries, o que amamos nos serve de espelho. Nesse signo, Vênus não deixa dúvidas nem sobre o quê, nem sobre o quanto deseja.

A competição faz parte do jogo de sedução e o entusiasmo também. Os amores podem desaparecer tão bruscamente quanto surgiram, deixando-nos atordoados. É uma época idealista e impulsiva, dinâmica e agitada. Buscamos a independência e a faísca que faz tudo brilhar mais forte ao longo desses dias. Se conseguirmos não esquecer que o outro também tem desejos próprios e considerarmos as emoções alheias como igualmente importantes, passaremos muito bem essa temporada.

POSIÇÃO DIÁRIA DA LUA EM ABRIL

DIA 01 DE ABRIL – TERÇA-FEIRA

● *Nova* ● *em Gêmeos às 17:25 LFC Início às 14:43 LFC Fim às 17:25*

Mercúrio retrógrado

Enquanto a Lua estiver em Gêmeos, conversamos e nos comunicamos mais. Torna-se fundamental sair, circular, encontrar pessoas e trocar ideias. Não bastam os pensamentos. É preciso divulgar as ideias. Ficamos mais curiosos e querendo saber sobre o que nos cerca, mesmo que superficialmente. Temos maior capacidade para nos adaptarmos às situações em geral. Vamos aproveitar essa versátil Lua para aumentar nossos contatos, investindo em encontros e divulgando nossos trabalhos.

·Lua sextil Marte — 05:35 às 08:53 (exato 07:14)

Temos uma configuração que estimula as atividades físicas. Beneficia quem acorda cedo para ir à academia, fazer natação ou caminhadas. O corpo reage bem. As pessoas que trabalham neste horário contam com uma vigorosa energia para realizarem suas tarefas com rapidez e empenho.

·Lua sextil Saturno — 06:54 às 10:10 (exato 08:32)

Produtividade e disciplina favorecem a conclusão de trabalhos de forma eficiente. Associado ao aspecto anterior, é ótimo, pois estamos usando objetividade e estímulo.

·Lua conjunção Urano — 07:17 às 10:33 (exato 08:55)

Esse aspecto surge para dar uma "bagunçada" na nossa manhã. Há um excesso de eletricidade no ar, tornando as pessoas mais agitadas e menos tolerantes a qualquer tipo de pressão. Vamos nos ater aos aspectos anteriores, na medida do possível. Imprevistos podem acontecer fazendo com que tenhamos de mudar a rota, o caminho, ou uma pretensão.

·Lua sextil Vênus — 11:19 às 14:28 (exato 12:53)

A partir desse momento, o dia passa a ser muito favorável. Bom momento para as relações em geral. Há mais afeto, há mais boa vontade e desejo de agradar o outro. Um almoço a dois promete muita conversa agradável e romance.

·Lua sextil Mercúrio — 13:08 às 16:16 (exato 14:43)

Conversas animadas com boas trocas de interesse serão muito proveitosas. Toda a forma de comunicação está ativada. Podemos expressar em palavras o que sentimos e seremos compreendidos. No trabalho as tarefas fluem com facilidade. Também é um bom horário para reuniões. A pauta fecha a contento.

·Lua sextil Netuno — 15:55 às 19:12 (exato 17:33)

Estamos com a percepção ampliada e poderá haver boas "coincidências". Nessa tarde, programas como cinema, shows ou happy hour serão deliciosamente apreciados. Conseguir adesão para causas humanitárias também é mais fácil.

·Lua trígono Plutão — 21:37 às 00:55 de 02/04 (exato 23:16)

Excelente momento para resgatar qualquer situação deixada de lado ou que esteja estagnada. Aqui se recupera, de forma muito positiva, nosso estado emocional e nos sentimos mais potentes para lidarmos com situações que precisem ser mudadas.

DIA 02 DE ABRIL – QUARTA-FEIRA

● *Nova* ● *em Gêmeos*

Mercúrio retrógrado

·Lua sextil Sol — 13:32 às 17:07 (exato 15:19)

Temos uma bela quarta-feira pela frente. Sob essa configuração todo tipo de encontro está facilitado. Com a intuição ampliada, percebemos melhor os anseios do outro. Isso gera uma compreensão mútua e harmonia entre os casais. Se está precisando de colaboração, é mais fácil conseguir pedindo a uma pessoa do sexo oposto ao nosso.

·Lua conjunção Júpiter — 18:43 às 22:07 (exato 20:25)

Outra bela combinação para a nossa noite. Com o espírito aventureiro, esse é o momento de programar uma viagem, uma excursão ou passeios. O estado de espírito é de otimismo e pensamos grande. Mesmo diante de dificuldades temos uma atitude positiva e podemos estimular alguém que esteja "pra baixo".

DIA 03 DE ABRIL – QUINTA-FEIRA

●*Nova* ● *em Câncer às 19:49 LFC Início às 15:27 LFC Fim às 19:49*

Mercúrio retrógrado

Enquanto a Lua estiver em Câncer, a Lua promove um clima de muita sensibilidade. Muito cuidado com palavras ou mesmo atitudes que possam magoar quem está próximo. Será mais difícil de digerir e esquecer, ficando o ressentimento. As pessoas ficam mais apegadas à casa, à família e aos mais íntimos. Memórias passadas costumam aparecer e interferir no nosso estado emocional.

·Lua quadratura Saturno — 09:08 às 12:35 (exato 10:52)

Devemos evitar tarefas pesadas, pois há mais dificuldade em realizarmos tais atividades. O astral é pesado, o pessimismo predomina. Não é aconselhável atividades como tratamento dentário pesado ou fazer qualquer coisa que leve a um incômodo maior. Cuidado, também, com excesso de críticas. Seja para si mesmo ou para com o outro.

·Lua quadratura Vênus — 11:55 às 15:16 (exato 13:36)

Unido ao anterior, este aspecto nos torna mais carentes e também mais vulneráveis a emoções um tanto distorcidas. Dessa forma, há uma necessidade em querermos compensar as frustrações sentidas, seja exigindo mais atenção daqueles que nos rodeiam ou mesmo comendo mais por prazer do que por nutrição.

·Lua quadratura Mercúrio — 13:45 às 17:07 (exato 15:27)

Muita cautela em relação às palavras. Há possibilidade de não expressarmos corretamente os sentimentos. Também não se aconselha reuniões importantes, as pessoas estão dispersas e é mais difícil fechar a pauta.

·Lua quadratura Netuno — 18:22 às 21:51 (exato 20:07)

Preguiça e apatia dominarão nessa noite. Não se aconselha nenhuma tarefa de peso. Nem algo que mobilize negativamente o nosso estado emocional, como notícias tristes. Se houver algo que se possa fazer em relação a minimizar o sofrimento de alguém, nos sentiremos mais abastecidos.

DIA 04 DE ABRIL – SEXTA-FEIRA

☾ *Crescente às 23:15 em 15º33' de Câncer* ☾ *em Câncer*

Mercúrio retrógrado

·Lua quadratura Sol — 21:18 às 01:10 de 05/04 (exato 23:15)

Este é o único aspecto no dia de hoje e marca a entrada da Lua na Fase Crescente! Nestas horas podem-se esperar conflitos entre casais que divergem nas opiniões. Há uma contradição entre o que se é e o que se sente, entre os propósitos e as necessidades.

DIA 05 DE ABRIL – SÁBADO

☾ *Crescente* ☾ *em Câncer LFC Início às 19:55*

Mercúrio retrógrado

·Lua sextil Urano — 14:29 às 18:10 (exato 16:19)

Horas ideais para sair da rotina e abrir espaço para as novidades. É também um ótimo período para buscarmos alternativas para o que ainda não deu certo. Trabalhos que dependam da criatividade e de boas ideias estão favorecidos.

·Lua trígono Saturno — 14:37 às 18:19 (exato 16:28)

Tudo o que for proposto será cumprido. As tarefas fluem e são realizadas no tempo estabelecido. É possível fazermos escolhas confiáveis usando o bom senso e a praticidade.

·Lua conjunção Marte — 14:56 às 18:41 (exato 16:48)

Será aconselhável nos movimentarmos para evitarmos mau humor. No trabalho, não devemos ficar muito tempo sentados. Devemos alternar tarefas e evitar a repetição. Exercícios físicos em alta.

·Lua trígono Vênus — 15:48 às 19:23 (exato 17:35)

Este aspecto unido ao anterior pode dar um click no relacionamento e, de repente, torná-lo bastante interessante. Inclusive no amor carnal. Temos disposição, espírito de aventura e muita sedução no ar!

·Lua trígono Mercúrio — 18:05 às 21:43 (exato 19:55)

Também temos no diálogo um grande aliado. As conversas fluem e as trocas de ideias estão favorecidas. Todo tipo de encontro está favorecido, inclusive, os casuais. Nesta noite de sábado podemos esperar muito movimento nos bares e locais de encontro.

DIA 06 DE ABRIL – DOMINGO

☾ *Crescente* ☾ *em Leão às 01:33 LFC Fim às 01:33*

Mercúrio retrógrado

Enquanto a Lua estiver em Leão, dias festivos, coloridos e de maior demonstração de sentimentos. As pessoas se entusiasmam facilmente. As festas, as comemorações, as homenagens e shows, ganham um brilho todo especial. As pessoas passam a dar mais valor aos elogios e galanteios, todos querem "aparecer" de alguma forma. Seja caprichando no vestuário, no cabelo ou mediante uma atitude magnânima. Este signo nos traz a nobreza, o orgulho e a generosidade. Vamos praticar tudo isso sem moderação!

· Lua trígono Netuno — 00:10 às 03:53 (exato 02:01)

Um sono bem gostoso e relaxante nos aguarda nesta madrugada. É possível sonharmos com algo significativo para nós. Uma forte sensação de encantamento nos invade e tudo parece mais leve e possível. Os notívagos podem se deliciar com um bom vinho e uma música que os transportem para lembranças maravilhosas.

· Lua oposição Plutão — 06:26 às 10:10 (exato 08:18)

Agora o astral é outro. O início da manhã tende a ser mais pesado. Devemos evitar qualquer tipo de conflito. No trânsito também devemos ter cautela. No trabalho, a melhor atitude é não "bater de frente" com quem esteja em uma posição superior.

DIA 07 DE ABRIL – SEGUNDA-FEIRA

☾ *Crescente* ☾ *em Leão*

Fim Mercúrio retrógrado

· Lua sextil Júpiter — 07:40 às 11:32 (exato 09:36)

Este aspecto garante um clima de generosidade entre as pessoas. Temos a impressão de que as coisas estão correndo conforme o esperado. Momento favorável para as atividades que reúnam público, como competições esportivas, feiras de negócios ou lançamentos de produtos com demonstrações.

· Lua trígono Sol — 09:25 às 13:35 (exato 11:30)

Esta também é uma bela configuração que nos permite um bem-estar extra. Vamos aproveitar para correr atrás do que desejamos alcançar. Ao sermos convidados para algum evento, devemos comparecer. A hora é de atuar e colocar nossa energia a favor de nossas intenções.

· Lua quadratura Urano — 23:11 às 03:04 de 08/04 (exato 01:07 de 08/04)

Horas nervosas e agitadas. As coisas parecem ganhar uma urgência, e é mais difícil manter a calma frente a possíveis imprevistos. Massagens, banhos relaxantes e chás calmantes são boas pedidas para ajudar a conciliar o sono. As pessoas com predisposição à ansiedade ficam mais vulneráveis a esse distúrbio, pedindo maiores cuidados.

DIA 08 DE ABRIL – TERÇA-FEIRA

☾ *Crescente* ☾ *em Virgem às 10:39 LFC Início às 01:07 LFC Fim às 10:39*

Enquanto a Lua estiver em Virgem, nos tornamos mais atentos, percebendo a desordem e também a falta de higiene que passa a nos incomodar além do normal. Somos ainda capazes de perceber detalhes que antes passariam despercebidos por nós. Por isso, esta Lua favorece trabalhos mais minuciosos. Qualquer tarefa tende a ser executada com mais perfeição. As pessoas notarão com facilidade, qualquer deslize em relação a aparência e asseio do outro.

Hoje a Lua não faz aspecto com outros planetas no céu. Devemos observar as recomendações para a fase e o signo em que a Lua se encontra.

DIA 09 DE ABRIL – QUARTA-FEIRA

☾ *Crescente* ☾ *em Virgem*

·Lua quadratura Júpiter — 19:03 às 23:05 (exato 21:04)

Aqui as expectativas tendem a crescer em relação a algo que se espera. Devemos "baixar a bola" porque a tendência será que elas não se cumpram e traga algum tipo de frustração. Também não se aconselha a ir ao mercado com fome. Todo tipo de desperdício é possível sob essa configuração já que compraremos itens em demasia ou desnecessários.

DIA 10 DE ABRIL – QUINTA-FEIRA

☾ *Crescente* ☾ *em Libra às 22:11 LFC Início às 16:50 LFC Fim às 22:11*

Enquanto a Lua estiver em Libra, o astral é de conciliação e ajudas mútuas. Os pratos da balança devem estar em equilíbrio. No caso de um só dar e o outro só receber, esse desequilíbrio será logo notado e malvisto. Aqui é muito importante a parceria. Fazer tudo a dois renderá mais frutos. As atitudes elegantes, a sobriedade e a educação valerão mais do que nunca no meio social.

·Lua oposição Vênus — 09:39 às 13:37 (exato 11:38)

Não é indicado a atividades que requeiram disciplina. O estado geral é de preguiça e indolência. Não devemos marcar nada que nos custe muito nem financeiramente, nem emocionalmente.

·Lua trígono Urano — 10:35 às 14:36 (exato 12:35)

Vamos aproveitar para fazer algo diferente do usual ou partir para novas experiências. Os trabalhos criativos estão beneficiados. Há também maior disposição para desabafar emoções contidas.

·Lua oposição Saturno — 11:23 às 15:26 (exato 13:25)

Aqui é preciso atenção ao espírito crítico, que se torna mais acentuado. Melhor não pedir favores nestas horas e preferir realizar tarefas por conta própria. O trato com as pessoas não está facilitado.

·Lua sextil Marte — 14:14 às 18:23 (exato 16:19)

Este aspecto auxilia ao anterior nos dando maior capacidade de autonomia. Uma atitude tomada tende a trazer resultados rápidos. Impasses e dúvidas poderão ser superados. No trabalho, é aconselhável alternar as atividades. Ficar mais tempo parado pode gerar mau humor.

·Lua oposição Mercúrio — 14:45 às 18:52 (exato 16:50)

As emoções se confundem com a mente. Achamos que queremos algo, mas esse algo não é do que estamos precisando. Isso causa um desconforto interno. Portanto, antes de escolher o nosso desejo, devemos avaliar bem se está de acordo com nossas necessidades.

·Lua oposição Netuno — 21:02 às 01:04 de 11/04 (exato 23:03)

A noite é hora de descansar, repousar a mente e se ater a atividades leves. Estamos mais sensíveis ao que nos toca o coração. Certa melancolia pode alterar nosso humor. Nossa resistência está em baixa. Há predisposição a problemas alérgicos.

DIA 11 DE ABRIL – SEXTA-FEIRA

☾ *Crescente* ☾ *em Libra*

·Lua trígono Plutão — 03:36 às 07:38 (exato 05:37)

Logo na madrugada, esta configuração vem para nos restabelecer a energia prejudicada pelo aspecto de ontem à noite. Usufruímos de um sono restaurador. Acordamos dispostos a enfrentar o que vier pela frente. Aos que trabalham nestas horas, é aconselhável aproveitar o aumento de concentração. Valerá a pena, portanto, mergulhar nas tarefas que exijam total dedicação.

DIA 12 DE ABRIL – SÁBADO

○ *Cheia às 21:23 em 23º20' de Libra* ○ *em Libra*

·Lua trígono Júpiter — 08:16 às 12:23 (exato 10:19)

Pela manhã, somos invadidos por uma sensação de que podemos fazer de tudo para as coisas darem certo. Isso ajudará a fazer coisas grandiosas nestas horas. Favorece atividades que reúnam grande público. Também beneficia fertilização, concepção e partos.

·Lua oposição Sol — 19:09 às 23:34 (exato 21:23)

Entrada da Lua Cheia! Mais possibilidade de inchaços e retenção de líquido. As marés sobem, assim como as emoções transbordam! Uma situação chega ao limite e vem à tona! Podemos esperar reações incontidas e emoções fora do controle. Por outro lado, as sensações estão muito aguçadas, o que promove um bom momento para os encontros sexuais.

DIA 13 DE ABRIL – DOMINGO

○ *Cheia* ○ *em Escorpião às 10:53 LFC Início às 07:01 LFC Fim às 10:53*

Enquanto a Lua estiver em Escorpião, as pessoas se tornam mais reservadas e sérias. Devido ao aumento de desconfiança em relação ao que nos cerca, devemos usar o máximo de sinceridades nas palavras e ações. Colocando tudo "às claras", será possível resolver melhor os impasses. Nos sentiremos mais seguros emocionalmente se tivermos as situações sob controle. Favorece atividades profissionais que exigem intensa dedicação. As áreas de pesquisa e as ligadas a cura também estão beneficiadas.

• Lua quadratura Marte — 04:54 às 09:06 (exato 07:01)

Neste início de manhã, o melhor será nos resguardarmos de discussões. Uma fagulha pode facilmente se tornar um incêndio. Mau humor e irritabilidade dominam o período nestas horas. Quem puder levantar cedo e ir à academia ou praticar um esporte conseguirá escoar essa energia bélica de forma saudável.

• Lua quadratura Plutão — 16:24 às 20:28 (exato 18:26)

Nestas horas também se recomenda cautela no trato com as pessoas. Algo pode sair do limite e ter consequências desastrosas. Cuidado, também, nas ruas e no trânsito. Não é aconselhável bater de frente com ninguém, especialmente, se for alguém do nosso desafeto.

DIA 14 DE ABRIL – SEGUNDA-FEIRA

◯ *Cheia* ◯ *em Escorpião*

Hoje a Lua não faz aspecto com outros planetas no Céu. Devemos observar as recomendações para a fase e o signo em que a Lua se encontra.

DIA 15 DE ABRIL – TERÇA-FEIRA

◯ *Cheia* ◯ *em Sagitário às 23:36 LFC Início às 23:24 LFC Fim às 23:36*

Enquanto a Lua estiver em Sagitário, teremos ótimos dias para buscarmos conhecimento sobre algo de nosso interesse. As viagens, aventuras, passeios em espaços amplos, avistar o horizonte, serão muito apreciados. O setor de turismo tende a ficar mais ativado. Trabalhos ligados à importação e à exportação, assim como negócios ligados ao estrangeiro estão beneficiados.

• Lua trígono Vênus — 11:01 às 15:05 (exato 13:03)

Horas apropriadas à sedução e ao encantamento. Um almoço com alguém especial promete um astral de afeto e compreensão. Todos os encontros estão em alta. Para encantar alguém, capriche no visual e abuse do charme.

• Lua oposição Urano — 12:29 às 16:32 (exato 14:30)

Dê preferência a ir em um lugar novo, a um restaurante ainda não conhecido ou fazer um trajeto diferente daquele usual. Esta energia pede inovação e desafia nossa capacidade criativa. Se algo não sair como programado, relaxe e embarque no que for possível realizar.

• Lua trígono Saturno — 13:57 às 18:01 (exato 15:59)

Nestas horas contamos com uma predisposição a fazermos tudo o que tivermos de fazer. A agenda será cumprida. As emoções estão funcionando de acordo com a razão. Isso nos permite lidar com as questões de forma sensata e amadurecida.

·Lua trígono Marte — 19:46 às 23:56 (exato 21:51)

Se algo ainda ficou pendente, será facilmente resolvido agora. Este aspecto confere muita disposição e energia para o que der e vier. Temos mais vigor, inclusive, para realizar trabalhos braçais. Favorece o setor de emergência, onde tomar uma decisão rápida se faz necessário.

·Lua trígono Mercúrio — 21:15 às 01:31 de 16/04 (exato 23:24)

Favorece escritores, pesquisadores e influenciadores. As palavras fluem com facilidade. Tudo o que envolver comunicação está ativado de forma positiva. Horário ideal para passar mensagens, fazer comunicados e convites.

·Lua trígono Netuno — 22:49 às 02:51 de 16/04 (exato 00:50 de 16/04)

Vamos aproveitar esta inspiradora energia para tocarmos o coração de alguém que nos seja importante. Fiquemos atentos ao que ou a quem nos chega de forma natural, sem que tenhamos procurado. Tem uma razão importante aí!

DIA 16 DE ABRIL – QUARTA-FEIRA

◯ *Cheia (disseminadora)* ◯ *em Sagitário*

·Lua sextil Plutão — 05:07 às 09:08 (exato 07:07)

Favorável a exames, consultas e *check-up*. O diagnóstico tende a ser correto. Estamos com a capacidade de concentração ampliada, o que facilita tarefas que exijam muita dedicação. Também contribui para a recuperação de relacionamento que se tinha como perdido. Perdoar e limpar mágoas é o que de melhor devemos fazer.

DIA 17 DE ABRIL – QUINTA-FEIRA

◯ *Cheia (disseminadora)* ◯ *em Sagitário*

·Lua oposição Júpiter — 11:10 às 15:11 (exato 13:11)

Nesse período, a propensão será para o exagero. Queremos tudo a mais. Seja em relação a compras, a comer ou a beber. Dessa forma, muito cuidado com todo esse exagero. Pode levar a problemas de saúde ou desperdício de dinheiro. Em qualquer situação, o melhor será não esperar nada além do que for possível.

·Lua quadratura Vênus — 23:40 às 03:39 de 18/04 (exato 01:40 de 18/04)

Esta configuração é conhecida por nos levar a um estado de carência e desnutrição emocional. Podemos nos equivocar em relação a esse sentimento e tentarmos nos compensar por meio de um comportamento infantil. Querendo paparicos e mimos por parte do outro. Neste momento, é provável que isso não nos satisfaça, aumentando ainda mais nossa frustração. O ideal, então, é evitar esse comportamento e, também, as exigências. Melhor ir para cama em paz!

DIA 18 DE ABRIL – SEXTA-FEIRA

○ *Cheia (disseminadora)* ○ *em Capricórnio às 11:11*

LFC Início às 08:39 LFC Fim às 11:11

Enquanto a Lua estiver em Capricórnio, são favorecidos os trabalhos em que é exigida muita responsabilidade e competência. No amor, as atitudes ligadas a compromisso e seriedade valerão mais do que as palavras doces ao pé do ouvido. O que se quer é atitude, é comprometimento e não um comportamento fugaz. A palavra empenhada aqui tende a ser válida. Profissões liberais e as que se exerce com autonomia estão beneficiadas.

• Lua quadratura Saturno — 02:21 às 06:19 (exato 04:20)

Os que tiverem atividades nestas horas ficam com a sensação de que o tempo não passa. Tudo se torna mais pesado e difícil de resolver do que normalmente. É mais aconselhável o trabalho isolado pois o trato com as pessoas não está facilitado.

• Lua trígono Sol — 06:29 às 10:45 (exato 08:39)

Este belo aspecto nos faz lembrar o quanto somos capazes e do nosso verdadeiro valor. Com ânimo lá em cima e cabeça erguida, vamos, com fé, fazer o que tiver de ser feito, seja na área profissional ou no âmbito pessoal. Podemos ter a sensação de estarmos no lugar certo para cumprir nossa missão. Um ótimo dia para o entendimento entre os casais. Dia de boa energia e capacidade para resolver conflitos.

• Lua quadratura Netuno — 10:35 às 14:30 (exato 12:32)

Nestas horas o melhor será buscar atividades amenas, leves. É preciso maior atenção a tudo o que se faz, pois há propensão a esquecimentos. No caso de ir a um compromisso ou encontro, é aconselhável checar endereço, horário e local.

• Lua quadratura Mercúrio — 12:44 às 16:55 (exato 14:50)

É melhor evitar conversas densas, principalmente com críticas. Há possibilidade de ocorrerem mal-entendidos e de as coisas ficarem ainda piores. Também vamos evitar assuntos que gerem comentários, porque facilmente se transformarão em fofoca, mesmo que a intenção não seja essa. Então, neste período, só devemos fazer comentários positivos.

DIA 19 DE ABRIL – SÁBADO

○ *Cheia (disseminadora)* ○ *em Capricórnio*

Entrada do Sol no Signo de Touro às 16hs55min45

Hoje a Lua não faz aspecto com outros planetas no Céu. Devemos observar as recomendações para a fase e o signo em que a Lua se encontra.

DIA 20 DE ABRIL – DOMINGO

☽Minguante às 22:35 em 01º12' de Aquário ☽ em Aquário às 20:21
LFC Início às 14:21 LFC Fim às 20:21

Enquanto a Lua estiver em Aquário, serão favorecidos trabalhos com tecnologia de ponta ou robótica. As inovações são muito bem aceitas. Estamos mais reativos a qualquer tipo de pressão. Liberdade é a palavra mestra desse signo. Serão dias especialmente convidativos para reuniões em grupo e bem informais. Ficamos mais à vontade para mudar de opinião e de ideia. Nada é tão rígido que não possa ganhar outro rumo. Mesmo que de última hora.

· Lua sextil Vênus — 10:28 às 14:17 (exato 12:23)

Seja no trabalho, ou nas relações pessoais, encontramos mais colaboração e receptividade por parte de todos. Também podemos ir às compras. Encontraremos o que nos agrada e o que nos é adequado. O almoço de domingo promete um clima de harmonia e afeto entre familiares ou pessoas queridas.

· Lua trígono Urano — 10:33 às 14:18 (exato 12:26)

Uma boa dica será preparar uma receita nova para o almoço. Ou ir a um restaurante recém-inaugurado. Ou, também, ir a um local que não conhecemos. Essa sensação de "primeira vez" trará um sentimento de gratificação emocional.

· Lua sextil Saturno — 12:27 às 16:13 (exato 14:21)

Se há parentes idosos, este horário é excelente para visitá-los, para conhecer suas histórias ou ouvi-las novamente e para oferecer carinho e apoio. Em troca, nos beneficiaremos de suas experiências e sabedoria. Para quem estiver procurando imóvel, será mais fácil encontrar o que deseja.

· Lua quadratura Sol — 20:35 às 00:35 de 21/04 (exato 22:35)

Este aspecto marca a entrada da Lua na Fase Minguante. Podemos sentir, nestas horas, uma baixa de energia. Não devemos exigir mais do que o corpo está aguentando. Este final de domingo pede descanso, atividades amenas e alimentação adequada.

DIA 21 de ABRIL – SEGUNDA-FEIRA

☽Minguante ☽ em Aquário

· Lua conjunção Plutão — 01:28 às 05:09 (exato 03:19)

Esta poderosa configuração se dá na madrugada, onde boa parte das pessoas está dormindo. Para essas, há uma energia de cura e restabelecimento das forças que vem, justamente, por meio de um sono reparador. Os que exercem funções neste horário contam com uma força extra para encarar os desafios ou dar por encerrada uma situação limite.

· Lua sextil Mercúrio — 02:00 às 05:58 (exato 03:59)

Aqueles que preferem o silêncio da madrugada para estudar, trabalhar ou ainda pesquisar terão aqui uma excelente oportunidade para realizarem o que se propor. A mente tende a se aguçar e, com isso, há melhoria na capacidade de entendimento.

DIA 22 DE ABRIL – TERÇA-FEIRA

☽ *Minguante* ☽ *em Aquário LFC Início às 18:56*

• Lua trígono Júpiter — 06:16 às 09:51 (exato 08:04)

Vamos acordar otimistas nesta terça-feira! Nestas horas o bom humor fará com que possamos enxergar o melhor nas pessoas, nas situações e em nós mesmos. Com boa disposição emocional podemos tornar tudo mais agradável, seja em uma relação, em um trabalho ou mudando uma atitude para melhor.

• Lua quadratura Urano — 17:09 às 20:40 (exato 18:56)

Provável haver mudanças durante estas horas. A rotina se desprograma e, com isso, somos obrigados a rever possibilidades. A dica principal é manter a calma, respirar fundo e devagar, procurando manter o foco no que realmente importa.

DIA 23 DE ABRIL – QUARTA-FEIRA

☽ *Minguante* ☽ *em Peixes às 02:06 LFC Fim às 02:06*

Enquanto a Lua estiver em Peixes, as pessoas se tornam mais vulneráveis, mais medrosas e tementes a forças sobrenaturais. Sonhamos mais e esses sonhos podem exercer um impacto nas emoções. Ficamos o dia todo impregnados com essa sensação. A atração pela magia, pela fantasia, pelas religiões e pelos cultos se acentua. Somos invadidos por sentimentos benevolentes que nos leva a querer ajudar e amparar os mais necessitados.

• Lua sextil Sol — 06:22 às 10:04 (exato 08:13)

Este belo aspecto favorece fertilização e partos, já que a Lua representa fertilidade e o Sol é o significador de geração de vida! Há maior entendimento entre os casais que tendem a estar em harmonia. Esta é a melhor hora para pedir e conseguir algo do parceiro ou parceira.

DIA 24 DE ABRIL – QUINTA-FEIRA

☽ *Minguante (balsâmica)* ☽ *em Peixes LFC Início às 23:58*

• Lua quadratura Júpiter — 10:29 às 13:50 (exato 12:09)

Importante não criar altas expectativas. As coisas tendem a não saírem da forma como se imaginou. Vamos deixar que as coisas e situações se apresentem normalmente. Vamos seguir o fluxo sem resistência. Dessa forma, evitaremos maiores frustrações.

• Lua sextil Urano — 20:11 às 23:28 (exato 21:50)

No amor, vale uma pitada de novidade. Um clima de aventura favorece os romances. Podemos pensar em colocar uma roupa diferente, acessórios ousados ou mesmo usar uma fantasia. Todas as novidades e o que for diferente do usual será bem aceito.

·Lua conjunção Saturno — 22:14 às 01:32 de 25/04 (exato 23:53)

Há um clima de seriedade e comprometimento. Atitudes ou palavras fúteis pegarão mal. O que for combinado aqui terá de ser cumprido. Devemos afastar qualquer tipo de insegurança. O melhor é ter a pauta do dia concluída e nenhuma pendência para o dia seguinte. Isso garantirá melhor qualidade de sono.

·Lua conjunção Vênus — 22:15 às 01:37 de 25/04 (exato 23:58)

Esta noite de sábado vem premiada! Aproveitando a Lua em Capricórnio, é um excelente momento para pedido de casamento ou mesmo para firmar qualquer outro compromisso. O amor está no ar, em todas as suas formas. Encontros e festas são beneficiados, devido à predisposição afetuosa entre as pessoas.

DIA 25 DE ABRIL – SEXTA-FEIRA

☽ *Minguante (balsâmica)* ☽ *em Áries às 04:23 LFC Fim às 04:23*

Enquanto a Lua estiver em Áries, impera a pressa, o chegar primeiro e a competitividade. Temos energia para impor nossas vontades e realizá-las. Não aguentamos ficar em um impasse esperando que a solução venha de outra pessoa. Aqui, o agir pede prioridade. São dias dinâmicos, para fazer uso da autonomia, da franqueza e da coragem para enfrentar obstáculos.

·Lua conjunção Netuno — 04:15 às 07:30 (exato 05:53)

Ainda bem que nestas horas podemos dormir para recuperar energia. Estamos mais sensíveis e vulneráveis a alergias e doenças em geral. O organismo está com o poder de recuperação em baixa.

·Lua trígono Marte — 07:48 às 11:08 (exato 09:28)

Pronto, a partir de agora volta o vigor com força total. Podemos partir para as "lutas" confiantes de que seremos capazes de resolver tudo o que dependa de nossa iniciativa. No amor, vale a pena ser ousado e direto. Uma atitude de estímulo e encorajamento fortalecerá o vínculo da relação.

·Lua sextil Plutão — 08:56 às 12:10 (exato 10:33)

Este aspecto unido ao anterior reforça ainda mais nossa energia de lutar e transformar o que for necessário. Podemos, também, usar essa energia para fazer obras ou pequenos consertos na casa. Uma boa arrumação nos armários, gavetas e cantos nos dará uma confortável sensação de arrumação interna, também.

·Lua conjunção Mercúrio — 17:19 às 20:48 (exato 19:04)

Este final de tarde e noite promete muita conversa animada, muito movimento nos bares, shows, eventos e todo local de encontro. Será uma delícia encontrar a galera e trocar ideias e informações. Devemos procurar locais onde os serviços sejam agilizados e que não tenha lista de espera. A internet estará muito ativa.

DIA 26 DE ABRIL – SÁBADO

☽ *Minguante (balsâmica)* ☽ *em Áries LFC Início às 13:19*

·Lua sextil Júpiter — 11:41 às 14:54 (exato 13:19)

Esta configuração brinda o nosso sábado com alegria e alto-astral. As viagens e passeios estão facilitados. Um programa ao ar livre, em locais amplos será muito apreciado. Programas culturais como exposições, também estão em alta. Eventos de grande porte estão beneficiados, como campeonatos, competições, festivais e congressos.

DIA 27 DE ABRIL – DOMINGO

● *Nova às 16:30 em 07º46' de Touro* ● *em Touro às 04:16*

LFC Fim às 04:16

Enquanto a Lua estiver em Touro, o astral muda completamente. Em vez de correria, impera a calma. Em vez de impaciência, contamos com tolerância. Ninguém quer se estressar. Serviços que ofereçam mordomia e conforto estão privilegiados. As pessoas procuram estabilidade e segurança. O contato físico e a afabilidades ganham vital importância. Os sentidos também se aguçam e passamos a apreciar mais uma boa mesa, carinho e aromas. As situações provisórias não serão bem aceitas.

·Lua quadratura Plutão — 08:41 às 11:50 (exato 10:15)

A manhã conta com um astral pesado. Isso significa que situações limite podem vir à tona e gerar desconforto emocional entre as pessoas envolvidas. Fazer planos mais simples e se manter rigorosamente dentro dos limites ajudará a manter as situações sob controle. Não é hora de "colocar ninguém contra a parede".

·Lua quadratura Marte — 09:00 às 12:15 (exato 10:37)

Esta configuração vem reforçar ainda mais o astral pesado da manhã. Ficamos mais irritados com as contrariedades. Grau de tolerância zero! Se faz necessário muito cuidado no trato com as pessoas. Cautela também no trânsito. Qualquer fagulha vira um fogaréu!

·Lua conjunção Sol — 14:50 às 18:11 (exato 16:30)

Este horário marca a entrada da Lua na Fase Nova! Há um estado geral de entusiasmo, renovação e esperança. Apesar da convicção de que novas oportunidades vão surgir, não temos ainda elementos suficientes para avaliar o que vem pela frente. A hora é de observar, tudo ainda está em sua forma rudimentar.

DIA 28 DE ABRIL – SEGUNDA-FEIRA

● *Nova* ● *em Touro*

•Lua conjunção Urano — 19:57 às 23:08 (exato 21:32)

O sono vai chegar mais tarde esta noite, devido a essa energia "elétrica" que propicia a agitação. Um acontecimento ou uma circunstância poderá nos surpreender trazendo um resultado inesperado.

•Lua sextil Saturno — 22:15 às 01:26 de 29/04 (exato 23:50)

A nosso favor, temos essa configuração que permite mais concentração e disciplina. Podemos nos beneficiar de um sentimento de apaziguamento das emoções. Isso nos ajuda a superar os contratempos do aspecto anterior.

DIA 29 DE ABRIL – TERÇA-FEIRA

● *Nova* ● *em Gêmeos às 03:34 LFC Início às 02:18 LFC Fim às 03:34*

Enquanto a Lua estiver em Gêmeos, há mais camaradagem e espontaneidade nos relacionamentos em geral. Não temos disposição para nos dedicarmos a uma única tarefa por muito tempo. Esta Lua pede variedade e mudança de interesses. Estamos mais inquietos, ávidos por novidades. As trocas de informações se dão com muita facilidade. Favorece estudos e trabalhos mentais.

•Lua sextil Vênus — 00:38 às 03:56 (exato 02:18)

Esta bela configuração traz bem-estar e boa vontade nas relações afetivas. Favorece as conversas e acordos sobre o relacionamento. A internet está a todo vapor. Conversas amigáveis e amorosas predominam.

•Lua sextil Netuno — 03:38 às 06:49 (exato 05:13)

Continua um clima suave, de boa vontade entre as pessoas. Os pedidos de ajuda tendem a ser atendidos prontamente. Encontros românticos com boa dose de fantasia estão favorecidos. Há mais inspiração para dizer as palavras certas.

•Lua trígono Plutão — 08:02 às 11:14 (exato 09:38)

Energia de força e magnetismo. Podemos conseguir algo pelo qual viemos lutando. Favorece arrumações na casa ou no trabalho. Contamos com mais capacidade para nos aprofundarmos em um assunto ou em um vínculo pessoal.

•Lua sextil Marte — 09:49 às 13:07 (exato 11:28)

Horas em que somos capazes de resolver muitas coisas que dependem da nossa iniciativa. Também beneficia todo tipo de atividade física. Contamos com dinamismo, força e coragem para enfrentar qualquer situação.

DIA 30 DE ABRIL – QUARTA-FEIRA

● *Nova* ● *em Gêmeos*

•Lua sextil Mercúrio — 01:03 às 04:37 (exato 02:49)

Horas bastante apropriadas para estudos, leituras, escritos e comunicação para os que gostam de utilizar este horário para isso. Facilidade para enviar mensagens, avisos e convites. As palavras tendem a ser fiéis aos sentimentos. Ou seja, o que dizemos é realmente o que sentimos.

· Lua conjunção Júpiter — 12:17 às 15:37 (exato 13:57)

Um sentimento de alegria nos invade devido à sensação de que tudo dará certo no dia de hoje. Podemos programar viagens. Aliás, as viagens estão muito beneficiadas. Bom momento para atividades ou trabalhos em equipe. Todos querem dar o melhor de si. Estamos mais generosos e contamos com a boa vontade dos que nos cercam.

· Lua quadratura Saturno — 23:07 às 02:29 de 01/05 (exato 00:48 de 01/05)

À noite, o astral muda totalmente e traz uma sensação de pessimismo frente a qualquer obstáculo. Para termos um sono tranquilo, não se deve ter pendências a resolver, senão, ficaremos com elas martelando na nossa mente. Os que tiverem atividades nestas horas sentem um peso maior nas tarefas e uma diminuição de colaboração.

Maio 2025

Domingo	Segunda-feira	Terça-feira	Quarta-feira	Quinta-feira	Sexta-feira	Sábado
				1 ♋	2	3 ♌
				Lua Nova em Câncer às 04:22 LFC Início às 00:49 Fim às 04:22	Lua Nova em Câncer	Lua Nova em Leão às 08:28 LFC Início às 05:03 Fim às 08:28
4 ☽14º21' ♌	5 ♍	6	7	8 ♎	9	10 ♏
Lua Crescente em Leão às 10:52	Lua Crescente em Virgem às 16:39 LFC Início às 10:04 Fim às 16:39	Lua Crescente em Virgem	Lua Crescente em Virgem	Lua Crescente em Libra às 04:06 LFC Início às 01:12 Fim às 04:06	Lua Crescente em Libra	Lua Crescente em Escorpião às 16:58 LFC Início às 03:17 Fim às 16:58
11	12 ○22º12' ♏	13 ♐	14	15 ♑	16	17
Lua Crescente em Escorpião	Lua Cheia em Escorpião às 13:55	Lua Cheia em Sagitário às 05:34 LFC Início às 03:38 Fim às 05:34	Lua Cheia em Sagitário	Lua Cheia em Capricórnio às 16:57 LFC Início às 15:29 Fim às 16:57	Lua Cheia em Capricórnio	Lua Cheia em Capricórnio
18 ♒	19	20 ☽ 29º43' ♒♓	21	22 ♈	23 ♈	24 ♉
Lua Cheia em Aquário às 02:29 LFC Início às 01:27 Fim às 02:29	Lua Cheia em Aquário	Lua Minguante às 08:58 em Aquário às 08:58 Lua em Peixes às 09:23 LFC 03:58 Fim às 09:28 Entrada do Sol no Signo de Gêmeos às 15h54min22	Lua Minguante em Peixes	Lua Minguante em Áries às 13:25 LFC Início às 13:07 Fim às 13:25	Lua Minguante em Áries	Lua Minguante em Touro às 14:37 LFC Início às 08:44 Fim às 14:37
25	26 ♊	27 06°05' ♊	28 ♋	29	30 ♌	31
Lua Minguante em Touro	Lua Minguante em Gêmeos às 14:21 LFC Início às 10:52 Fim às 14:21	Lua Nova em Gêmeos às 00:02	Lua Nova em Câncer às 14:32 LFC Início às 10:02 Fim às 14:32	Lua Nova em Câncer	Lua Nova em Leão às 17:16 LFC Início às 13:51 Fim às 17:16	Lua Nova em Leão

Mandala Lua Cheia Mês de Maio

Lua Cheia
Dia: 12/05
Hora: 13:55
22º12' de Escorpião

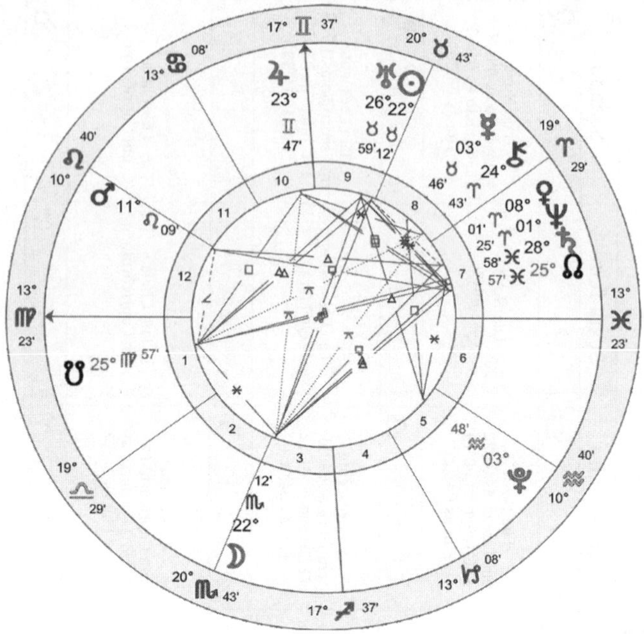

Mandala Lua Nova Mês de Maio

Lua Nova
Dia: 27/05
Hora: 00:02
06º05' de Gêmeos

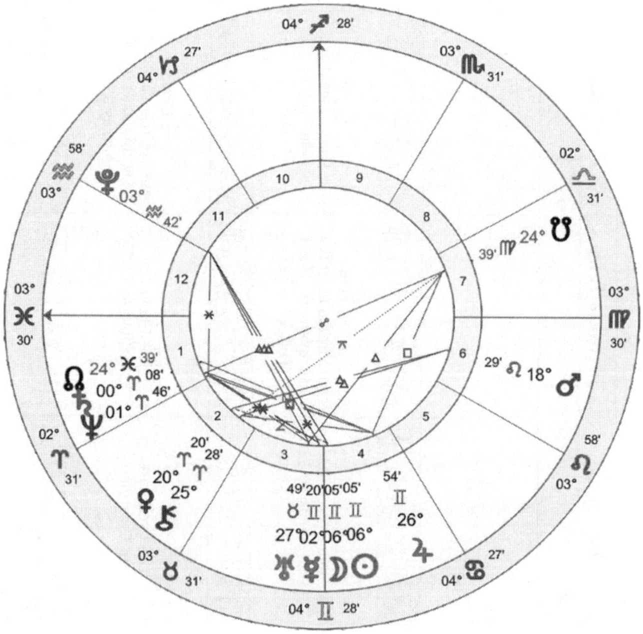

CÉU DO MÊS DE MAIO

Maio começa com um feriado prolongado e ainda sob o impacto dos aspectos formados na Lua Nova do final de abril. O ritmo do mês é forte e cadenciado, marcando as posições com contornos claros e definidos. Todos parecem saber exatamente o que querem e como querem que aconteça. Há pouco espaço para concessões e contemporizações até meados de maio. Enquanto isso, a Lua segue seu caminho, ganhando luzes e facilitando a percepção de quais intenções merecem, de fato, nossa energia.

Se, por um lado, a ênfase no ritmo fixo de maio, indica que os avanços podem ser custosos e que podem encontrar obstáculos poderosos, por outro, a disposição para transformar as ideias em realidade é abundante. A primeira quinzena do mês tem como desafio principal encontrar a dosagem exata de entusiasmo e pragmatismo para contornar e desmontar possíveis impasses.

Há mais uma sinalização celeste indicando a importância da persistência. Entre os dias 04/05 e 13/10, Plutão, lentamente, retrocederá entre os graus 3º e 1º de Aquário. A retrogradação de Plutão avisa que o que não foi radicalmente erradicado pode ressurgir nesse período, demandando esforço adicional para ser eliminado de vez. Da mesma maneira, as situações que considerávamos perdidas podem, surpreendentemente, ganhar nova vida.

A rigidez presente nas primeiras semanas de maio irá aos poucos se dissolver, permitindo uma troca mais fácil e dinâmica de ideias e ideais. Mais próximo ao final do mês, será possível ver os pontos que viabilizam a construção de pontes entre tantos interesses, aparentemente, inconciliáveis.

Os aspectos harmônicos dessa semana prometem um feriado prolongado inspirado e romântico, principalmente para aqueles que decidirem inovar de forma discreta um pouquinho a tradição. A conjunção entre Vênus e Netuno permanece ativa até a segunda-feira, favorecendo o prolongamento do clima romântico até o início da semana.

No mesmo dia em que Plutão inicia seu movimento retrógrado, a Lua entra em sua fase crescente, no Signo de Leão. Nossa tendência pelos próximos dois dias é buscar o reconhecimento daquilo que nos faz únicos. Em sua fase Crescente, a Lua reforça a necessidade de realizarmos ajustes importantes nos projetos iniciados nessa lunação. Nem todas as iniciativas têm potencial para trazer os resultados esperados, e a tensão entre o Sol e Lua espelha a importância de sabermos identificar qual a semente que deve ser cultivada. A teimosia, ilustrada pela tensão entre os dois signos fixos — Touro e Leão —, mostra que as dificuldades podem envolver apego, possessividade, orgulho e vaidade.

O aspecto positivo entre Mercúrio e Júpiter, entre domingo e terça-feira, beneficia os encontros com pessoas que ocupem posições de destaque nos assuntos que nos interessam, assim como a realização de atividades que ampliem nossos horizontes. Por sua vez, entre domingo e quinta-feira, os aspectos harmoniosos entre Vênus, Netuno e Plutão beneficiam a expressão inspirada e profunda das nossas emoções e desejos. Nossas escolhas, nesses dias, são marcadas pela paixão e o idealismo.

Outro movimento importante dessa semana ocorre no sábado. No dia 10/05, Mercúrio ingressa no Signo de Touro, perdendo a velocidade e o impulso característicos da sua passagem por Áries. No Signo de Touro, o pensamento é mais lento e metódico, focado nas aplicações práticas. Para podermos aproveitar melhor o período entre os dias 10/05 e 27/05, o aprendizado deve ser prático e, se possível, vivenciando a teoria.

A entrada de Mercúrio em Touro não se dá de maneira tranquila. Ao cruzar os primeiros graus desse signo, Mercúrio quadra Plutão, indicando que as comunicações se intensificam e as oposições são significativas. É muito comum nos encontrarmos engatados em discussões que tem, como pano de fundo, a tentativa de impor a nossa visão de mundo sobre o outro. Também é possível nos vermos obcecados com uma ideia ou uma preocupação que nos tira o sono. No entanto, é bem provável que, quando a quarta-feira chegar, o que nos incomodava tenha perdido muito de sua importância. Entre a segunda-feira e a terça-feira, o segredo é nos mantermos com a mente aberta para acolher outros pontos-de vista. Outro bom uso para a energia desses dias é o estudo de temas complexos, cujo significado demande mergulhos mais profundos.

A quadratura entre Mercúrio e Plutão ocorre no mesmo dia em que a Lua se torna Cheia em Escorpião. Ao longo desse dia, antes de chegar ao seu auge, a Lua ativará a quadratura entre os dois, intensificando os desentendimentos, tornando claro tanto os problemas de comunicação quanto as emoções que estão norteiam a disputa pelo poder. Diante da força dessa Lua Cheia, não devemos negligenciar a importância de sermos honestos a respeito das nossas motivações. Manipulações são possíveis, mas devem ser evitadas ao máximo.

O que transborda nesse dia tende a ser algo que estava oculto há bastante tempo. Sendo assim, o ideal é deixar essa segunda-feira o mais leve possível, evitando reuniões e encontros que tenham um teor potencial explosivo, mesmo que nossa ansiedade nos impulsione a buscar o alívio a qualquer custo. Palavras ditas hoje cavam fundo, causando danos significativos. A verdade é que elas podem não refletir o que pensamos, por mais que sejam emocionalmente sinceras. Sendo assim, é melhor esperar um pouco mais.

No sábado, dia 17/05, acontece a conjunção entre o Sol e Urano, ambos em Touro. Esse é mais um aspecto tenso em uma semana já bastante ativada.

É preciso ter consciência do que está causando o desejo irresistível de nos rebelarmos contra tudo e todos. Quando não temos consciência das nossas emoções e frustrações, ou quando tentamos manter as coisas como são apenas por inércia, é natural que rupturas ocorram. Outra possibilidade de expressão dessa conjunção é o comportamento errático que favorece a ocorrência de acidentes. É prudente sermos cuidadosos conosco ao longo desses dias.

O final de semana permanece intenso. Com a conjunção entre o Sol e Urano, um novo aspecto desarmônico se forma com a quadratura entre Mercúrio e Marte. Estamos excessivamente sensíveis, sujeitos a nos ofendermos por muito pouco. É claro que defender nossas ideias é importante, porém, não é sensato nos identificarmos a tal ponto com elas que passamos a considerar qualquer oposição como um desafio pessoal e uma convocação à guerra. Esse é mais um aspecto que pode significar a possibilidade de acidentes. É bom evitarmos atividades arriscadas, excesso de velocidade e a falta de atenção gerada por discussões. Principalmente quando estamos envolvidos com atividades que requerem concentração e que podem ser perigosas.

No entanto, o pior da tempestade parece estar próximo a passar. No próprio domingo, Vênus faz um lindo trígono a Marte. Isso nos ajuda a acertar o tom e aponta os benefícios de sermos assertivos sem recorrermos à agressividade desmedida. Honestidade e franqueza não precisam ser sinônimos de grosseria. Esse ajuste permite que o encanto e admiração retornem à cena, suavizando a atmosfera.

No dia 19/05, segunda-feira, os aspectos mais tensos perdem a força e outro aspecto positivo surge, dessa vez, entre o Sol e Saturno, reforçando o aspecto positivo entre Marte e Vênus. Esse é um ótimo aspecto para o começo da semana, pois sua principal característica é dispor de disciplina e responsabilidade, nos ajudando a trabalhar com afinco e quitar as pendências. Entre os dias 19/05 e 21/05, é recomendável nos aconselharmos com pessoas com maior experiência sobre os problemas que consideramos difíceis de resolver. São dias produtivos, de foco e seriedade.

O clima continua mudando, à medida em que a semana progride. Na terça-feira, dia 20/05, a Lua mingua em Peixes, dissolvendo as fronteiras emocionais, as mágoas e as emoções enrijecidas. Os bons contatos entre o Sol e Saturno e entre Vênus e Marte continuam colorindo o cenário. É nesse dia que o Sol ingressa no Signo de Gêmeos, iluminando nossa curiosidade, incentivando as trocas, os contatos, a comunicação, os deslocamentos, as atividades intelectuais e as habilidades manuais.

Na quarta-feira, mais um aspecto harmônico suaviza o clima. O sextil entre Sol e Netuno estará em vigência até sexta-feira, dia 23/05, ampliando a nossa sensibilidade e a sintonia com as emoções daqueles que nos cercam.

Essa habilidade nos inclina a compreender e a ajudar as pessoas a alcançarem aquilo que necessitam. São dias para reduzir o ritmo, abrir espaço para atividades voluntárias e àquelas que favoreçam um contato mais profundo conosco.

Esse mergulho é favorecido na sexta-feira pela entrada da Lua em sua fase balsâmica, a qual ocorre simultaneamente ao trígono entre o Sol e Plutão. O final de semana parece favorecer todas as atividades ligadas à regeneração e à cura.

No sábado, dia 24/05, Mercúrio faz uma conjunção a Urano, em seu último movimento antes de entrar no Signo de Gêmeos logo mais, no domingo. Esse é um encontro que estimula o surgimento de intuições relâmpagos, compreensões súbitas de coisas que pareciam enigma para nós até então. É favorável nos abrirmos a novas ideias e pensamentos, porém, é importante evitarmos perder o senso crítico, assim como acharmos que nossas intuições equivalem a verdades incontestáveis. Como em todos os contatos entre Mercúrio e Urano, acidentes são possíveis, portanto, é melhor redobrarmos a atenção.

O ingresso de Mercúrio em Gêmeos é bem mais tranquilo que a sua passagem por Touro. Em Gêmeos, Mercúrio está em casa, à vontade em sua expressão mental. A inteligência ganha versatilidade, agilidade, perspicácia e velocidade. Seu primeiro movimento é o bom contato com Saturno, favorecendo a análise crítica e ponderada da situação em que nos encontramos. Somos capazes de ver tanto as falhas quanto as qualidades. Mercúrio também forma na segunda-feira, dia 26/05, um aspecto favorável com Netuno e, na terça-feira, fará outro com Plutão. Com esses movimentos, Mercúrio mobiliza e facilita conversas, encontros e negociações inspiradas, sensíveis e profundas. A imaginação e a capacidade de vermos além das aparências serão instrumentos disponíveis para nós nesses dias, basta nos colocarmos em movimento e ativarmos nossa curiosidade.

Em meio a todas essas movimentações, há uma que merece também a nossa atenção. No domingo, dia 25/05, Saturno entra em Áries. Essa posição é desfavorável a Saturno e coloca limites à nossa autoconfiança. Nossa impulsividade e entusiasmo sofrem com o contato frio do planeta da disciplina e dos resultados. Paciência e prudência passam a fazer parte do caminho que traçaremos nesse período, rumo aos nossos objetivos. E a nossa coragem, nessa passagem, é testada e forjada na adversidade.

Na terça-feira, dia 27/05, enquanto Mercúrio faz todos esses contatos benéficos no Céu, a Lua inicia uma nova ciranda, renovando-se em Gêmeos. Essa lunação é um ciclo, marcadamente, mental. A ênfase no Céu é no Signo de Gêmeos, com todo o dinamismo e adaptabilidade que esse signo confere. É hora de fazer nossas ideias circularem, serem apresentadas às perspectivas diversas e às vivências distintas das nossas. Essas trocas enriquecerão nossas intenções e permitirão que tenham mais facilidade de alcançarem todo o seu potencial. Entusiasmo e impulso não faltam. O ponto de atenção fica por conta da falta de aspectos que promovam a persistência e a sensibilidade. Portanto, durante esse ciclo, é importante não abraçarmos mais do que podemos realizar e não tratarmos levianamente as emoções, sejam elas as nossas ou das pessoas que nos acompanham.

POSIÇÃO DIÁRIA DA LUA EM MAIO

DIA 01 DE MAIO – QUINTA-FEIRA

● *Nova* ● *em Câncer às 04:22 LFC Início às 00:49 LFC Fim às 04:22*

Enquanto a Lua estiver em Câncer, nossa memória emocional estará ativada, podendo aflorar sentimentos adormecidos pelo tempo. Estará favorecido retomar antigos projetos, como também adotar uma postura mais intimista em situações profissionais. Cultivar um ambiente acolhedor no trabalho favorecerá o aumento da produtividade. Abuse de programas caseiros e valorize aqueles que ocupam um lugar na sua história de vida.

· Lua quadratura Vênus — 03:12 às 06:41 (exato 04:56)

O desafio será iniciar o dia com o humor elevado, porque haverá maior propensão a uma visão mais individualista e, consequentemente, menos agregadora. Busque amenizar questões difíceis que estiverem em evidência. Não deixe que antigas mágoas estraguem o seu dia.

· Lua quadratura Netuno — 04:32 às 07:54 (exato 06:13)

Manter o equilíbrio das emoções fará com que consiga focar no que é prioridade. A dispersão poderá estar facilitada por uma dificuldade de concentração, como também pela maior facilidade de se deixar invadir por emoções que estavam guardadas a sete chaves. Sabendo disso, tente se poupar de chateações. Cheque informações e reanálise uma mesma situação quando necessário.

· Lua sextil Sol — 22:53 às 02:36 de 02/05 (exato 00:49 de 02/05)

À noite, procure relaxar enaltecendo os ganhos realizados ao longo do dia. Isso porque haverá maior entendimento do que estava ao seu alcance para ser feito. Essa atmosfera mais congruente fará com que as relações fluam melhor. Uma massagem relaxante cairá bem.

DIA 02 DE MAIO – SEXTA-FEIRA

● *Nova* ● *em Câncer*

· Lua quadratura Mercúrio — 08:40 às 12:34 (exato 10:37)

Pode ser que as emoções não acompanhem a velocidade dos acontecimentos. Assim, procure estar mais atento para ser capaz de dar conta de múltiplas tarefas. Haverá a necessidade de empregar maior esforço para conseguir manter o foco e não perder a agilidade mental. Não é o melhor dia para tentar fechar acordos favoráveis. A comunicação não tenderá a fluir como o desejado.

DIA 03 DE MAIO – SÁBADO

● *Nova* ● *em Leão às 08:28 LFC Início às 05:03 LFC Fim às 08:28*

Enquanto a Lua estiver em Leão, ficará mais fácil priorizar a vontade pessoal. Isso porque ceder a algo somente será feito se houver algum benefício próprio. Dentro desse raciocínio, se desejar convencer alguém, comece enaltecendo o que a pessoa tem de melhor ou suas realizações bem-sucedidas. As críticas tenderão a ser vistas como pessoal e não em função de um contexto. Pratique a generosidade para colher melhores resultados.

·Lua sextil Urano — 00:18 às 03:53 (exato 02:05)

Há uma abertura para o inesperado. Assim, fique atento aos insights que tenderão a surgir por meio de novos encontros, programas diferentes e até por meio dos sonhos. Ter um caderninho e uma caneta ao lado da cama para não perder uma informação do que foi sonhado poderá trazer uma nova perspectiva para um problema que parecia impossível.

·Lua trígono Saturno — 03:13 às 06:50 (exato 05:03)

Como é compensador quando conseguimos cumprir o que foi programado! Assim, se tiver que realizar alguma tarefa que exija algum sacrifício, ela será encarada de uma maneira positiva e menos pesada. Tenderemos a reações emocionais mais racionais e com uma perspectiva mais madura da situação.

·Lua trígono Netuno — 08:47 às 12:25 (exato 10:36)

Ver o lado bom de algo ruim tenderá a colocá-lo no lugar de abençoado em vez de vítima do destino. Estaremos mais compreensivos, sendo um bom momento para tratar de um assunto delicado.

·Lua trígono Vênus — 09:38 às 13:26 (exato 11:32)

Invista em você, sentindo-se belo e sedutor. Ótimo dia para ousar mudar o visual ou fazer um novo tratamento estético. A tendência é que na parte da manhã as coisas fluam melhor. Assim, se tiver que convencer alguém, invista nessa parte do dia. Momento favorável para um almoço romântico.

·Lua oposição Plutão — 13:35 às 17:13 (exato 15:24)

Procure não ficar obcecado por um pensamento para não atrapalhar a fluidez do seu dia. É preciso esforçar-se para compreender de forma clara e racional, buscando o melhor momento para tratar do assunto. Hoje o melhor a fazer é exercer a humildade e não tomar para si o que não for necessário. Fuja de confusão.

·Lua conjunção Marte — 19:18 às 23:06 (exato 21:12)

Aproveite este sábado à noite para exercer seu potencial conquistador. Tenderemos a estar mais ousados, pela maior capacidade de demonstrar o que se tem de melhor. Use isso a seu favor, se precisar desbravar novos caminhos. Só não vá passar como um rolo compressor, pois a reação do outro será proporcional à sua.

DIA 04 DE MAIO – DOMINGO

☾ *Crescente às 10:52 em 14º21' de Leão* ☾ *em Leão*

·Lua quadratura Sol — 08:50 às 12:53 (exato 10:52)

O melhor seria dedicar essa manhã de domingo a estar mais consigo mesmo. Dessa forma, terá maior oportunidade de equilibrar as emoções diante dos objetivos traçados. Uma análise racional de si mesmo poderá trazer bons frutos e até novas conclusões.

·Lua trígono Mercúrio — 22:04 às 02:23 de 05/05 (exato 00:13 de 05/05)

Esse fim de domingo será o momento propício para ler um bom livro e até mesmo para ter aquela conversa que foi postergada. A comunicação tende a fluir melhor, favorecendo encontrar um ponto em comum diante de posições divergentes.

·Lua sextil Júpiter — 23:46 às 03:39 de 05/05 (exato 01:43 de 05/05)

Aumentar as expectativas será um motivador para dar velocidade na implantação de algo ou mesmo expandir o que já está em curso. Encha-se de positividade e encerre o fim de semana buscando uma nova perspectiva. Acredite!

DIA 05 DE MAIO – SEGUNDA-FEIRA

☾ *Crescente* ☾ *em Virgem às 16:39 LFC Início às 10:04 LFC Fim às 16:39*

Enquanto a Lua estiver em Virgem, nos tornamos mais práticos e motivados a arregaçar as mangas para cumprir da melhor maneira possível o que foi estabelecido. Esse é um excelente momento para descartar as ervas daninhas do seu emocional que tanto lhe impedem de focar naquilo que realmente vale a pena. Não é hora de desperdiçar energia naquilo que você já viu que não chegará no lugar que tanto deseja. Arrume-se por dentro e siga em frente.

·Lua quadratura Urano — 08:07 às 11:59 (exato 10:04)

Um início de semana tenso que exigirá maior jogo de cintura para que seja possível se adaptar a imprevistos que possam surgir. Use a criatividade, para não cair no nervosismo ou, devido à impaciência, acabar postergando aquilo que deve ser feito. Tenha cuidado com acidentes oriundos da falta de atenção.

DIA 06 DE MAIO – TERÇA-FEIRA

☾ *Crescente* ☾ *em Virgem*

• Lua trígono Sol — 23:40 às 03:59 de 07/05 (exato 01:50 de 07/05)

Um sentimento de dever cumprido fará a diferença para conquistar uma noite regeneradora. Persistir nos leva à construção de bases sólidas para grandes ganhos em longo prazo. Não é hora para se desviar do que é prioridade. Energize-se mirando novos resultados.

DIA 07 DE MAIO – QUARTA-FEIRA

☾ *Crescente* ☾ *em Virgem*

• Lua oposição Saturno — 22:09 às 03:12 de 08/05 (exato 01:12 de 08/05)

Será uma noite exaustiva, podendo trazer frustrações diante da atual situação de vida. Tente não se cobrar demais, listando os ganhos e analisando os resultados que não foram alcançados. Depreciar-se não adiantará nada, somente deixará você mais sem energia para encarar o resto da semana.

DIA 08 DE MAIO – QUINTA-FEIRA

☾ *Crescente* ☾ *em Libra às 04:06 LFC Início às 01:12 LFC Fim às 04:06*

Enquanto a Lua estiver em Libra, ficará mais fácil racionalizar as emoções resultando em um comportamento mais ético diante dos desafetos. É o momento de contemporizar, priorizando uma boa apresentação seja na forma de abordar o outro em uma situação, ou apenas na maneira de analisar os últimos acontecimentos.

• Lua oposição Netuno — 04:43 às 08:46 (exato 06:45)

Será primordial um esforço maior para não se deixar abater por suposições não confirmadas. Cheque antecipadamente compromissos, tarefas a serem realizadas, relatórios a entregar ou no que se refere ao cumprimento de metas. Escreva tudo que tem de fazer porque a atenção estará desfocada.

• Lua trígono Plutão — 09:46 às 13:49 (exato 11:48)

Ficará mais fácil recuperar-se de algo que não saiu como o desejado ou livrar-se de uma situação que vem tirando o seu sono. Faça uma arrumação a fim de descartar os lixos acumulados, seja no ambiente ou na alma.

• Lua oposição Vênus — 12:13 às 16:31 (exato 14:22)

A tendência é que fiquemos entre tolerar ou chutar o balde partindo para outra. Sabendo disso, cuidado para não tomar atitudes impensadas ou acabar entubando emoções que acabará esgotando-o fisicamente. Tenha em mente que hoje será mais difícil ter a colaboração de terceiros.

• Lua sextil Marte — 20:59 às 01:13 de 09/05 (exato 23:06)

Crie um ambiente belo e gostoso para seduzir o ser amado. Se estiver sozinho, presenteie-se, fazendo com que o amor próprio o engrandeça a ponto de você ter certeza das suas capacidades. O sucesso acontece para quem sabe utilizar o que tem de melhor. Ame-se.

DIA 09 DE MAIO – SEXTA-FEIRA

☾ *Crescente* ☾ *em Libra*

Hoje a Lua não faz aspecto com outros planetas no Céu. Devemos observar as recomendações para a fase e o signo em que a Lua se encontra.

DIA 10 DE MAIO – SÁBADO

☾ *Crescente* ☾ *em Escorpião às 16:58 LFC Início às 03:17 LFC Fim às 16:58*

Enquanto a Lua estiver em Escorpião, aprofunde-se naquilo que fará você chegar aonde deseja. Deixar transparecer o que sente poderá fazer com que o outro entenda o que vem lhe incomodando. Isso porque cada um sente de uma forma. Esse raciocínio facilitará transformar situações mal resolvidas.

- **Lua trígono Júpiter — 01:13 às 05:21 (exato 03:17)**

Acorde cultivando a positividade para não se abater com uma situação que não saiu como desejado. A vida é feita de desafios, e é preciso um olhar mais ampliado para que se possa valorizar os ganhos ao longo do caminho. Cultive o otimismo.

- **Lua oposição Mercúrio — 15:52 às 20:37 (exato 18:15)**

Não deixe para realizar as coisas de última hora. Haverá maior tendência a surgirem obstáculos que acabarão por gerar prejuízos irreversíveis. O melhor a fazer nesse momento é esquematizar tudo que tenha que fazer para não esquecer nada importante. Evite teimar em posicionamentos que só lhe trarão prejuízo.

- **Lua quadratura Plutão — 22:40 às 02:43 de 11/05 (exato 00:42 de 11/05)**

Fim de noite bastante exaustivo, em que será preciso um grande esforço para não se deixar abater por um sentimento profundo de prejuízo. Encare a vida como um eterno aprendizado, tendo a certeza que o sol voltará a brilhar como antes.

DIA 11 DE MAIO – DOMINGO

☾ *Crescente* ☾ *em Escorpião*

- **Lua quadratura Marte — 12:32 às 16:45 (exato 14:38)**

Hoje não é o melhor dia para uma postura reativa. Os ânimos tenderão a se exaltar diante de qualquer pequeno entrave. A rivalidade poderá ser encarada de forma extrema. Sabendo disso, fuja de embates desnecessários. Opte por programas ao ar livre e junto à natureza. Isso diminuirá a intensidade das emoções.

DIA 12 DE MAIO – SEGUNDA-FEIRA

○ Cheia às 13:55 em 22º12' de Escorpião ○ em Escorpião

· Lua oposição Sol — 11:44 às 16:07 (exato 13:55)

Prepare-se para um início de semana nervoso. Tudo tenderá a ser superavaliado. Encare os obstáculos de maneira que estes sejam minimizados. O importante será manter o equilíbrio emocional para não prejudicar a inteligência necessária para virar o jogo.

· Lua oposição Urano — 21:33 às 01:36 de 13/05 (exato 23:35)

Vai ser necessário maior esforço para relaxar e tentar ter um descanso produtivo. Sabendo disso, invista em atividades relaxantes no final da noite. Evite tratar assuntos delicados, já que há grande chance de cortes e rompimentos.

DIA 13 DE MAIO – TERÇA-FEIRA

○ Cheia ○ em Sagitário às 05:34 LFC Início às 03:38 LFC Fim às 05:34

Enquanto a Lua estiver em Sagitário, ousemos apontar nosso pensamento para além do cenário que se apresenta. Agarrar-se a uma perspectiva otimista fará toda diferença ao trazer energia para seguir adiante. Trocas intelectuais ou cursos de para atualização profissional poderão trazer uma nova forma de enxergar aquilo que não consegue ter uma conclusão definitiva. Faça esportes ao ar livre.

· Lua trígono Saturno — 01:35 às 05:37 (exato 03:38)

O dia se iniciará produtivo, nos trazendo disposição para dar conta do que vier além do programado. Isso trará mais facilidade de encontrar ajuda comprometida com resultados. Inicie o dia planejando o que deve ser feito. A sensação de controle lhe impulsionará a um ganho de produtividade.

· Lua trígono Netuno — 06:28 às 10:29 (exato 08:29)

A compreensão ao se colocar no lugar do outro poderá lhe abrir portas, encontrando maior participação até daqueles que são contrários aos seus posicionamentos. Encare a realidade de uma forma menos dura. Isso trará um frescor diante dos obstáculos.

· Lua sextil Plutão — 11:10 às 15:10 (exato 13:10)

Antigas feridas poderão ser curadas ao se colocar mais acessível, investindo em uma postura de mais humildade. Nem sempre ser o dono da razão lhe trará a satisfação desejada. Recupere-se diante daquilo que não tem mais razão de ser.

· Lua trígono Vênus — 21:39 às 01:55 de 14/05 (exato 23:47)

Um final do dia banhado de uma atmosfera calorosa, estimulando o amor e o entendimento. Excelente momento para saborear momentos prazerosos. Evite falar de problemas. Tente se divertir, exercendo seu lado sedutor.

DIA 14 DE MAIO – QUARTA-FEIRA

◯ *Cheia* ◯ *em Sagitário*

·Lua trígono Marte — 03:23 às 07:31 (exato 05:27)

Estimule o guerreiro que habita dentro de você. Não é hora de retroceder. Valorizar-se, evidenciando suas qualidades, lhe definirá como alguém capaz para assumir desafios.

DIA 15 DE MAIO – QUINTA-FEIRA

◯ *Cheia* ◯ *em Capricórnio às 16:57 LFC Início às 15:29 LFC Fim às 16:57*

Enquanto a Lua estiver em Capricórnio, tendemos a assumir uma postura mais fria e objetiva diante das emoções. O planejamento das ações resultará em maior comprometimento com resultados. Ficará mais fácil cortar os excessos e se recolocar no caminho do progresso.

·Lua oposição Júpiter — 03:54 às 07:53 (exato 05:53)

Nada de se envolver com mais coisas do que é capaz de dar conta. Isso só vai ampliar a ansiedade, causando mau humor e uma sensação de insatisfação. Hoje, o melhor é não criar grandes expectativas e ir cumprindo o que estiver ao seu alcance.

·Lua quadratura Saturno — 13:30 às 17:26 (exato 15:29)

Não adianta de nada você descontar no outro as suas frustrações. Excesso de crítica só leva a paralisação. Não é o momento para cavar mais chateações. Releve para não cair na procrastinação diante do medo de falhar.

·Lua quadratura Netuno — 17:57 às 21:52 (exato 19:54)

Final do dia confuso, sendo mais desafiador conquistar uma lucidez necessária para equilibrar as emoções. Tenderemos a distorcer a forma de enxergar um acontecimento. Sabendo disso, confirme internamente a veracidade das suas conclusões.

DIA 16 DE MAIO – SEXTA-FEIRA

◯ *Cheia (disseminadora)* ◯ *em Capricórnio*

·Lua trígono Mercúrio — 12:12 às 16:45 (exato 14:29)

Movimente-se para dinamizar o resultado das suas ações. Não é hora de ficar na passividade esperando cair no colo. A iniciativa poderá fazer total diferença na busca de resultados diante de situações travadas por falta de soluções concretas. Agilize.

·Lua quadratura Vênus — 12:41 às 16:48 (exato 14:45)

Há maior tendência de que as pessoas estejam mais individualistas, focadas nas suas próprias insatisfações. Não é o melhor momento para abordar temas que exijam uma postura mais tolerante. Invista mais ainda no trato com aqueles que precisem de ajuda.

DIA 17 DE MAIO – SÁBADO

○ *Cheia (disseminadora)* ○ *em Capricórnio*

·Lua trígono Sol — 19:25 às 23:30 (exato 21:27)

Sábado banhado de energias propulsoras para realização. Coloque-se disponível para encontros onde tenha perspectivas de crescimento e expansão. Excelente noite para focar no que é prioridade no momento.

·Lua trígono Urano — 19:30 às 23:17 (exato 21:23)

Mudar o olhar ou a forma de conduzir algo poderá trazer resultados excelentes. Não insista em antigos formatos. Fazer algo diferente ampliará novas possibilidades, sendo assim, se deseja conquistar, ouse.

·Lua sextil Saturno — 23:32 às 03:20 de 18/05 (exato 01:27 de 18/05)

Encarar a situação de forma clara e objetiva lhe trará um posicionamento mais maduro para conduzir escolhas que estejam sendo postergadas. Fazer isso estará facilitando uma postura realista e empenhada no resultado.

DIA 18 DE MAIO – DOMINGO

○ *Cheia (disseminadora)* ○ *em Aquário às 02:29 LFC Início às 01:27*
LFC Fim às 02:29

Enquanto a Lua estiver em Aquário, podemos ter mudanças intensas das emoções. Essa versatilidade poderá favorecer ousar abrir-se a novidades. A liberdade poderá ser encarada como um bem precioso. Assim, se desejar ser respeitado na sua autonomia procure respeitar as diferenças, compreendendo que a oposição pode ser complementar e não afastadora.

·Lua sextil Netuno — 03:33 às 07:19 (exato 05:26)

Vai ser mais difícil pular da cama e assumir compromissos que lhe exijam algum tipo de sacrifício. Respeite-se, deixando-se levar por uma sutileza na forma de encarar a vida. Esse maior entendimento dos acontecimentos será um grande combustível para ter um domingo de paz.

·Lua conjunção Plutão — 07:41 às 11:25 (exato 09:33)

Tem momentos na vida em que se recolher pode ser a saída para não descontar as frustrações em quem mais amamos. Use essa força renovadora que habita em você e vasculhe a origem de uma determinada insatisfação. Você é o agente da sua felicidade.

DIA 19 DE MAIO – SEGUNDA-FEIRA

○ *Cheia (disseminadora)* ○ *em Aquário*

·Lua sextil Vênus — 01:19 às 05:15 (exato 03:17)

Aproprie-se das suas qualidades e ouse correr atrás do que deseja. Começar o dia se exercitando ampliará a energia necessária para iniciar uma nova semana cheia de desafios. Vista-se de coragem.

·Lua oposição Marte — 03:28 às 07:17 (exato 05:22)

Nem sempre o seu jeito é o melhor jeito. Respeitar as qualidades dos adversários é sabedoria, e abre espaço para um melhor entendimento das diferenças. Buscar o meio termo será a melhor opção no momento.

·Lua quadratura Mercúrio — 06:50 às 11:08 (exato 08:59)

Tente não pensar em tantas coisas ao mesmo tempo. Priorize os assuntos pelo grau de importância e a possibilidade concreta de realização, porque há maior possibilidade de múltiplas situações emergirem ao mesmo tempo.

·Lua trígono Júpiter — 23:22 às 03:02 de 20/05 (exato 01:12 de 20/05)

Tenderemos a terminar este dia com uma sensação positiva de que cumprimos o que foi possível. Isso porque, ao racionalizar as emoções, ampliará a compreensão de que tudo tem sua hora. Amplie a visão das situações e exerça a gratidão.

DIA 20 DE MAIO – TERÇA-FEIRA

☽ Minguante às 08:58 em 29º43' de Aquário ☽ em Peixes às 09:28
LFC Início às 08:58 LFC Fim às 09:28

Entrada do Sol no Signo de Gêmeos às 15h54min22

Enquanto a Lua estiver em Peixes, tendemos a nos deixar invadir pela atmosfera energética do ambiente ao redor. Sabendo disso, evite expor-se emocionalmente, procurando se esforçar para ter uma visão clara do que está acontecendo. A sensibilidade pode ser uma grande aliada, ao mesmo tempo em que pode atrapalhar qualquer tipo de execução.

·Lua quadratura Urano — 03:04 às 06:40 (exato 04:53)

Fique atento aos horários, pois será mais difícil o cumprimento do que for estabelecido. Quanto mais coisas a fazer, mais irão aparecer. Assim, tente diminuir o ritmo e evite tentar realizar tudo ao mesmo tempo. Isso só aumentará as chances de elevar a ansiedade e o nervosismo. O melhor hoje é diminuir o ritmo.

·Lua quadratura Sol — 07:03 às 10:53 (exato 08:58)

A dispersão poderá fazer com que não consiga a concentração necessária para dar conta do que foi planejado. Delegar pode ser a melhor saída naquilo que sentir-se incapaz de dar o seu melhor. A troca de informação será fundamental para vencer os obstáculos.

DIA 21 DE MAIO – QUARTA-FEIRA

☽ Minguante ☽ em Peixes

·Lua sextil Mercúrio — 21:20 às 01:20 de 22/05 (exato 23:20)

Finalmente há maior clareza emocional para uma análise pragmática que lhe proporcione conclusões realistas. Unir a sensibilidade, com ideias pautadas no que é possível fará com que consiga cumprir metas e até encontrar saídas criativas. Informe-se do que é mais atual.

DIA 22 DE MAIO – QUINTA-FEIRA

☽ *Minguante* ☽ *em Áries às 13:25 LFC Início às 13:07 LFC Fim às 13:25*

Enquanto a Lua estiver em Áries, ousamos nos guiar pela autonomia de exercer a própria vontade. Entender o que lhe é prioridade é o ponta pé inicial para ser capaz de criar novas estratégias para se chegar aonde deseja. O momento é de analisar o que não deu certo e planejar uma nova estratégia de ação.

·Lua quadratura Júpiter — 04:43 às 08:10 (exato 06:27)

Prepare-se para um dia agitado, de múltiplas emoções que tenderão a bagunçar a assertividade das suas ações. Não se deixe abater por qualquer tipo de descontentamento diante dos obstáculos. Não é hora de ações irresponsáveis. Cuidado com comportamentos destemperados.

·Lua sextil Urano — 07:36 às 11:00 (exato 09:18)

Ouse um novo formato para algo que não vem tendo o resultado desejado. A versatilidade deve ser exercida quando já tentamos de tudo, mas não alcançamos o que pretendemos. Abra-se para o novo, deixando de lado até a necessidade de estar no controle.

·Lua conjunção Saturno — 11:24 às 14:47 (exato 13:07)

Combater o mau humor será fundamental para conseguir dar conta de tudo que foi estabelecido. O melhor a fazer nesse momento é reconhecer que não pode dar conta de tudo sozinho. O excesso de crítica só o impedirá de andar para a frente. Não tenha medo de rever seus posicionamentos quando achar necessário.

·Lua sextil Sol — 14:54 às 18:30 (exato 16:42)

Muitas vezes, a solução não aparecerá se você não mudar a forma de enxergar determinada situação. Peça ajuda a quem tem mais experiência e esteja disposto a lhe ensinar. Nós não nascemos sabendo tudo.

·Lua conjunção Netuno — 14:33 às 17:55 (exato 16:14)

Procure tirar uns minutos da sua tarde e tente relaxar ativando a sensibilidade para aquilo que não é visível. Pode ser que ficar mais tempo consigo mesmo seja a melhor saída para se ter maior produtividade. Respeite-se e, se necessitar, descanse um pouco após o almoço.

·Lua sextil Plutão — 18:01 às 21:21 (exato 19:41)

Você estará mais aberto a abrir mão daquilo que não condiz mais com este novo momento. Reavaliar as coisas fará com que haja maior facilidade para eliminar sentimentos que só lhe impedem de seguir adiante. Reveja posicionamentos que têm tirado sua paz.

DIA 23 DE MAIO – SEXTA-FEIRA

☽ *Minguante* ☽ *em Áries*

· Lua trígono Marte — 15:31 às 18:54 (exato 17:31)

Finalmente teremos uma sexta-feira cheia de disposição para se colocar como prioridade. Esse é um excelente dia para você se colocar diante de situações que foram empurradas para debaixo do tapete. Use seu poder de sedução para conseguir convencer aqueles que lhe são contrários. A força estará com você.

· Lua conjunção Vênus — 16:28 às 19:56 (exato 18:12)

Ouse exercer sua vontade. Presenteie-se, fugindo do papel de vítima e assumindo o protagonismo de sua vida. Qualquer atitude corajosa estará beneficiada pela beleza da autenticidade. Excelente momento para conquistar o que deseja.

DIA 24 DE MAIO – SÁBADO

☽ *Minguante (balsâmica)* ☽ *em Touro às 14:37*

LFC Início às 08:44 LFC Fim às 14:37

Enquanto a Lua estiver em Touro, tendemos a ficar mais sensoriais do que nunca. O toque, a voz adocicada e o carinho no olhar, farão com que facilite entendimentos necessários para conquista de um sentimento de segurança. Não é o melhor momento para se colocar em algum tipo de risco. Procure sedimentar o que já foi conquistado.

· Lua sextil Júpiter — 07:05 às 10:21 (exato 08:44)

Iniciar o dia cultivando a positividade trará mais tolerância e, consequentemente, mais persistência para conseguir alcançar bons resultados. A generosidade poderá ser contagiante fazendo com que os acontecimentos fluam melhor.

· Lua quadratura Plutão — 19:00 às 22:11 (exato 20:35)

Esse não é o melhor momento para entrar em disputas ou mesmo travar batalhas emocionais que façam abrir antigas feridas. Tudo tenderá a ser sentido de forma muito intensa, podendo a levar a desfechos negativos, assim como prejudiciais. Sendo assim, tome cuidado com a forma de abordar assuntos delicados.

DIA 25 DE MAIO – DOMINGO

☽ *Minguante (balsâmica)* ☽ *em Touro*

· Lua quadratura Marte — 17:27 às 20:44 (exato 19:05)

O melhor a fazer é contemporizar, respeitando a forma com que o outro sente determinada situação. Os ânimos estarão mais exaltados, assim, o melhor é relevar diante daquele que você no fundo teme perder.

DIA 26 DE MAIO – SEGUNDA-FEIRA

☽ *Minguante (balsâmica)* ☽ *em Gêmeos às 14:21*

LFC Início às 10:52 LFC Fim às 14:21

Enquanto a Lua estiver em Gêmeos, buscar novas informações de um antigo problema abrirá novas oportunidades de soluções. Portanto, não é o momento para ficar isolado cultivando perdas ou sentimento de tristeza. Circule e interaja, frequentando novos lugares que estimulem encontros promissores. Quanto mais souber sobre algo, mais se sentirá abastecido emocionalmente.

·Lua conjunção Urano — 09:16 às 12:27 (exato 10:52)

Esteja emocionalmente pronto para mudanças repentinas. Seja de humor ou mesmo quanto aos compromissos que foram agendados. Um sentimento de alerta pode deixar você com os nervos à flor da pele. Assim, procure relevar, exercitando a versatilidade.

·Lua sextil Saturno — 12:56 às 16:08 (exato 14:32)

Excelente momento para organizar, refazendo aquilo que não vem entregando os resultados esperados. Assumir uma postura mais compromissada fará com que as coisas deslanchem com mais facilidade. Baseie-se no que tiver de concreto. Assuma responsabilidades.

·Lua conjunção Mercúrio — 15:13 às 18:56 (exato 17:04)

Manter-se quieto e atento será o desafio desta tarde. Tudo pode acontecer ao mesmo tempo, exigindo uma agilidade mental para conquistar soluções inteligentes. Sabendo disso, o melhor a fazer é se preparar para dar conta do que for prioridade. Cuidado para não esquecer o que considera muito importante.

·Lua sextil Netuno — 15:34 às 18:44 (exato 17:09)

Aliar a inteligência com a sensibilidade fará com que conquiste resultados surpreendentes. Isso porque entender como as coisas estão fluindo, identificando o momento certo de agir, dará um toque especial à sua forma de conduzir as situações. Sinta o ambiente.

·Lua trígono Plutão — 18:38 às 21:49 (exato 20:14)

A noite será o momento certo para poder revitalizar relações e até conquistar o equilíbrio emocional, que tenderá a estar potencializado pela maior capacidade de fechar antigas feridas emocionais. Invista em atividades revigorantes.

·Lua conjunção Sol — 22:20 às 01:44 de 27/05 (exato 00:02 de 27/05)

Racionalizar as emoções será a melhor maneira de realizar uma análise fidedigna das circunstâncias que estão sendo vivenciadas no momento. A compreensão do que se passa internamente resultará na paz interior necessário para saber quais medidas tomar para seguir adiante.

DIA 27 DE MAIO – TERÇA-FEIRA

Nova às 00:02 em 06º05' de Gêmeos em Gêmeos

· Lua sextil Marte — 18:54 às 22:14 (exato 20:34)

Invista nos seus recursos internos para potencializar seu magnetismo ao convencer o outro. A flexibilidade irá ser sua aliada por se colocar aberta às diferenças. Você pode se surpreender como os opostos podem ser complementares.

· Lua sextil Vênus — 22:37 às 02:04 de 28/05 (exato 00:21 de 28/05)

Ver o lado belo da vida será estimulante até para se ter uma percepção melhor de si. Vista-se com a melhor roupa e se dê o mimo de privilegiar a sua vontade. O amor verdadeiro começa por si próprio. Exerça seu potencial sedutor.

DIA 28 DE MAIO – QUARTA-FEIRA

Nova em Câncer às 14:32 LFC Início às 10:02 LFC Fim às 14:32

Enquanto a Lua estiver em Câncer, tenderemos a uma maior introspecção, que deverá ser aproveitada para rever resultados passados que possam ser usados para definir passos futuros. O momento pede sensibilidade para alcançar os objetivos. O melhor caminho será através da intimidade.

· Lua conjunção Júpiter — 08:21 às 11:40 (exato 10:02)

Cultivar a positividade será essencial para se manter focado na superação de obstáculos. A abertura virá do seu esforço pessoal. No entanto, não relute em pedir ajuda para aqueles em que confia.

· Lua quadratura Saturno — 13:19 às 16:37 (exato 14:58)

Persistir deverá ser a palavra de ordem desta tarde. Isso porque tudo pode parecer muito pesado e desestimulante. Ficará mais difícil encontrar o terreno propício para a realização. Diminua a velocidade, mas não deixe de tentar avançar.

· Lua quadratura Netuno — 15:51 às 19:09 (exato 17:30)

Quando não temos total clareza de algo, o melhor é protelar uma decisão. Não é o dia para precipitações nem para se aventurar sem saber aonde ao certo está entrando. Atenção ao realizar tarefas. Enganos poderão gerar prejuízos.

DIA 29 DE MAIO – QUINTA-FEIRA

Nova em Câncer

Hoje a Lua não faz aspecto com outros planetas no Céu. Devemos observar as recomendações para a fase e o signo em que a Lua se encontra.

DIA 30 DE MAIO – SEXTA-FEIRA

Nova em Leão às 17:16 LFC Início às 13:51 LFC Fim às 17:16

Enquanto a Lua estiver em Leão, tendemos a priorizar os nossos desejos. Precisamos prestar maior atenção para não menosprezar o que é importante ao outro. Ser mais generosos será um grande recurso de convencimento. Invista em atitudes que exaltem o que você tem de melhor. Saia do papel de vítima e seja o protagonista da sua vontade.

·Lua quadratura Vênus — 03:53 às 07:35 (exato 05:44)

Será importante se esforçar para não dramatizar excessivamente os sentimentos diante do que não saiu como esperado. Amplie a visão e tente entender a situação como um todo. Nem sempre se pode ser o centro das atenções. Seja generoso consigo mesmo.

·Lua sextil Urano — 12:05 às 15:35 (exato 13:51)

Uma tarde dinâmica fará com que você tenha um comportamento mais versátil e até amplie a velocidade na resolutividade do que se faz necessário. Buscar novas formas ou formatos fará com que amplie as chances de se sentir melhor. Seja ousado.

·Lua trígono Saturno — 16:13 às 19:45 (exato 17:59)

A funcionalidade virá da sua capacidade de agir diante dos obstáculos colocados. Um choque de gestão será o melhor caminho para ampliar a sua eficiência. Não esmoreça, hoje é um excelente dia para colocar as coisas em ordem.

·Lua trígono Netuno — 18:45 às 22:17 (exato 20:31)

Tenderemos a terminar o dia animados, trazendo um colorido a uma situação que antes parecia por demais desértica. Amplie a visão dos fatos, e procure entender o movimento sutil para onde os acontecimentos estão lhe enviando. Tudo está conectado.

·Lua oposição Plutão — 21:57 às 01:29 de 31/05 (exato 23:43)

Saiba que nem sempre se é capaz de controlar tudo à sua volta. Esse não é o melhor momento para tomar atitudes baseadas na visão emocional. Pode ser que o outro não tenha tido a intenção de magoar você no fundo da sua alma. Releve situações para evitar maiores atritos e até mesmo rompimentos definitivos.

DIA 31 DE MAIO – SÁBADO

● *Nova* ● *em Leão*

·Lua sextil Sol — 09:49 às 13:42 (exato 11:45)

Um sábado excelente para curtir algo que lhe faça sorrir diante da vida. Alinhar-se emocionalmente trará uma sensação de que você deu o seu melhor e por isso o resultado será o que tiver de ser. A compreensão de si mesmo pode ser libertadora.

·Lua sextil Mercúrio — 13:27 às 17:48 (exato 15:37)

Vai ser quase impossível ficar parado sem fazer nada. Há maior tendência a sermos estimulados por interagir com pessoas, realizar trocas de informação, fazer cursos e até uma prova de concurso. Isso porque nossa mente estará mais dinâmica, nos surpreendendo com respostas inteligentes diante de velhos assuntos. Excelente momento para divulgar, comercializar ou convencer alguém de algo.

Junho 2025

Domingo	Segunda-feira	Terça-feira	Quarta-feira	Quinta-feira	Sexta-feira	Sábado
1 ♍	2	3 ☽ 12º50'♍	4 ♎	5	6 ♏	7
Lua Nova em Virgem às 23:59 LFC Início às 20:39 Fim às 23:59	Lua Nova em Virgem	Lua Crescente em Virgem às 00:41	Lua Crescente em Libra às 10:38 LFC Início às 08:12 Fim às 10:38	Lua Crescente em Libra	Lua Crescente em Escorpião às 23:22 LFC Início às 22:05 Fim às 23:22	Lua Crescente em Escorpião
8	9 ♐	10	11 ○ 20º38'♐ ♑	12	13	14 ♒
Lua Crescente em Escorpião	Lua Crescente em Sagitário às 11:55 LFC Início às 09:07 Fim às 11:55	Lua Crescente em Sagitário	Lua Cheia em Sagitário às 04:42 Lua em Capricórnio às 22:54 LFC Início às 16:59 Fim às 22:54	Lua Cheia em Capricórnio	Lua Cheia em Capricórnio	Lua Cheia em Aquário às 07:59 LFC Início às 05:52 Fim às 07:59
15	16 ♓	17	18 ☾ 27º47'♓ ♈	19	20 ♉	21
Lua Cheia em Aquário	Lua Cheia em Peixes às 15:08 LFC Início às 14:31 Fim às 15:08	Lua Cheia em Peixes	Lua Minguante em Peixes às 16:18 Lua em Áries às 20:07 LFC Início às 18:35 Fim às 20:07	Lua Minguante em Áries	Lua Minguante em Touro às 22:52 LFC 22:50 Fim às 22:52 Entrada do Sol no Signo de Câncer às 23h42min00	Lua Minguante em Touro
22 ♊	23	24	25 04º07'♋	26	27 ♌	28
Lua Minguante em Gêmeos às 23:56 LFC Início às 22:51 Fim às 23:56	Lua Minguante em Gêmeos LFC Início às 05:27	Lua Minguante em Gêmeos	Lua Nova em Câncer às 07:31 Lua em Câncer às 00:43	Lua Nova em Câncer	Lua Nova em Leão às 03:05 LFC Início às 02:17 Fim às 03:05	Lua Nova em Leão
29 ♍	30					
Lua Nova em Virgem às 08:43 LFC Início às 08:03 Fim às 08:43	Lua Nova em Virgem					

Mandala Lua Cheia de Mês de Junho

Lua Cheia
Dia: 11/06
Hora: 4:42
20º38’ de Sagitário

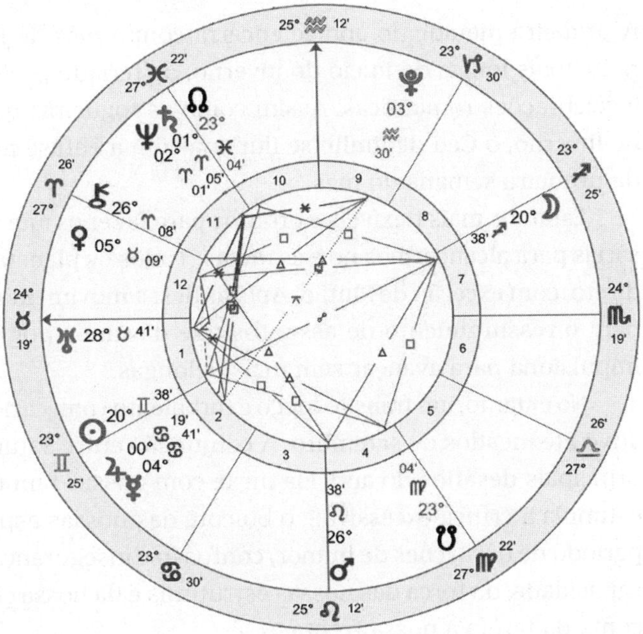

Mandala Lua Nova Mês de Junho

Lua Nova
Dia: 25/06
Hora: 7:31
04º07’ de Câncer

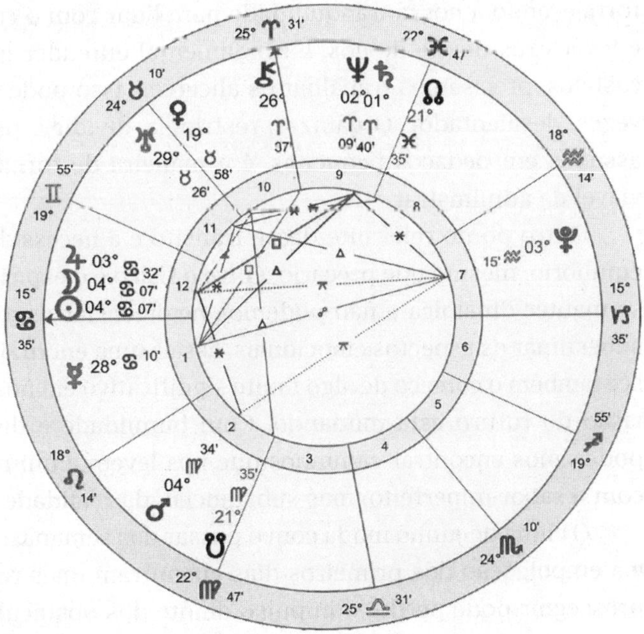

CÉU DO MÊS DE JUNHO

A primeira metade do ano se encerra com o mês de junho. Esse é o mês da noite mais longa, do início do inverno, de feriado prolongado, festas Juninas e celebrações românticas. Assim como as fogueiras que acendem o Solstício de Inverno, o Céu de junho se ilumina com a ênfase nos elementos fogo e ar da primeira semana do mês.

Estamos mais flexíveis e prontos para fazer os ajustes e adaptações necessárias para alcançarmos nossas metas. Todos os planetas estão em movimento direto, com exceção de Plutão. Apesar dessa movimentação nos manter alertas para o ressurgimento de assuntos que dávamos por encerrados, o Céu nos impulsiona para avançar sem mais delongas.

No entanto, um trânsito longo e turbulento começa nesse mês e permanecerá ativo até meados de setembro. A conjunção entre Saturno e Netuno é um dos principais desafios do ano. Ela mexe com nossas fantasias mais pessimistas, estimula a crítica excessiva e o boicote das nossas aspirações, marcando um período de oscilações de humor, confusão e insegurança. Duvidamos da nossa capacidade, da força das nossas estruturas e da nossa competência de darmos conta da tarefa à nossa frente.

Precisaremos realizar um esforço contínuo e árduo para dar limites à nossa imaginação. Nossas ilusões são postas à prova durante esse período e podemos cair na armadilha de desistir dos nossos sonhos e perder a fé nos milagres. Para navegarmos melhor por essa fase, precisamos nos apoiar na razão, fortalecendo a nossa tranquilidade para lidar com o cenário de ambiguidade e incertezas diante de nós. É fundamental entender que, para construirmos castelos, precisamos trabalhar os alicerces. Isso pode ser muito difícil e, por vezes, desalentador. Organizar, restringir, dividir o problema, ou o que nos assusta, em pedaços pequenos, é a maneira de tornar esse momento mais viável de administrar.

Outro ponto relevante desse trânsito é a necessidade de buscarmos um equilíbrio, mesmo que precário, entre o físico e o espiritual. A balança precisa se manter dinâmica e não podemos negligenciar os aspectos objetivos nem subestimar os aspectos emocionais. Essa é uma encruzilhada difícil, mas pode ser também o começo de algo muito significativo em nossas vidas, pois a nossa visão do futuro está mudando. Com humildade e disposição a sacrifícios, poderemos encontrar caminhos que nos levem a um novo sonho. Um sonho com o sabor imperfeito, mas substancial, da realidade.

O clima de junho muda com o passar das semanas. A energia extrovertida e a empolgação dos primeiros dias encontram mais resistência. O desejo de prosseguir pode perder o impulso diante dos obstáculos. Esse é o momento perfeito para recuar um pouco e conferir se é melhor seguir viagem ou verificar e fortalecer os alicerces daquilo que conquistamos até agora.

Essa mudança de ritmo é na justa medida para afinarmos nossos planos e nos prepararmos para a temporada de retrogradações que o segundo semestre trará. Junho termina em um tom mais intimista e receptivo, mais introvertido e reflexivo, avisando que o momento é perfeito para nos inventariarmos o que mais valorizamos, defendendo e cultivando o que valer a pena de verdade para nós.

A Lua em Virgem cresce em luzes na terça-feira, dia 03/06. Essa fase é excelente para exercer a seleção criteriosa de todas as intenções que plantamos no começo da lunação. Conseguimos perceber o que é mais promissor e, com isso, direcionarmos a nossa energia de forma mais eficiente.

Na quarta-feira, dia 04/06, Vênus e Júpiter formam um aspecto feliz, espalhando a boa vontade e otimismo em nossas relações. Esse trânsito também é promissor para as nossas finanças, com efeitos muito agradáveis. Na quinta-feira, dia 05/06, outro aspecto benéfico amplifica a atmosfera agradável dessa semana. Mercúrio e Marte em diálogo favorável, indicam uma aceleração nos contatos e nas atividades. A nossa capacidade de argumentação está afiada e as nossas iniciativas são valorizadas.

Um novo movimento celeste reforça a atmosfera favorável da primeira semana do mês. Na sexta-feira, Vênus ingressa em Touro, sua segunda residência zodiacal. Em Touro, temos a Vênus sensual e estável, dos sentimentos duradouros e da fidelidade. Entre os dias 06/06 e 05/07, a sedução passa pelo conforto, pelo bem-estar, pela valorização dos sentidos. Nossas escolhas são enraizadas no conhecido, testado e aprovado pela experiência.

A segunda semana de junho é mais agitada, com mais planetas mudando de signo e, consequentemente, a expressão de suas energias. No domingo, dia 08/06, Mercúrio migra para o Signo de Câncer, reduzindo a extroversão, a diversidade e a velocidade. A compreensão do mundo, entre os dias 09/06 e 26/06, é tingida pelas nossas emoções. A memória é o grande dicionário desse período. Os fatos são lidos a partir do que foi vivido e a interpretação do ocorrido é filtrada pelo que foi sentido.

Na segunda-feira, dia 09/06, outra mudança importante acontece. Júpiter ingressa em Câncer, seu lugar de exaltação. A busca pela excelência, a ética e a justiça são defendidas e honradas com a dedicação e tenacidade do Signo de Câncer. O caminho é generoso e seguro sob a proteção de Júpiter em Câncer.

Entre sexta-feira e domingo, Mercúrio se movimenta e estabelece vários contatos com outros planetas. Com Júpiter e Vênus, Mercúrio forma bons aspectos, ampliando nossa capacidade de compreender as situações e atuar de maneira mais leve na elaboração das soluções. Os obstáculos surgem pelos encontros com Saturno e Netuno. A comunicação pode ser mais difícil e confusa entre terça-feira e quarta-feira. As críticas são mais intensas e os mal-entendidos precisam ser desfeitos e/ou contornados.

Há mais dois aspectos preocupantes ocorrendo nessa semana que demandam nossa atenção. A quadratura entre Vênus e Plutão, que acontece entre segunda-feira e quarta-feira, intensifica as emoções e nos obriga a encarar as dificuldades das parcerias e relacionamentos de forma honesta e crua. As mudanças são inevitáveis, sob o risco de ocorrerem rupturas, caso não sejam realizadas de maneira integral e verdadeira. Entre quinta-feira e sábado, é Marte que se desentende com Urano. O desejo de romper com tudo que restringe a liberdade e a expressão da vontade individual é imenso. Essa impaciência aumenta a impulsividade e pode causar abalos em estruturas estabelecidas. A melhor maneira de vivenciar a tensão desses dias é permitir que mudanças criativas ocorram, desmontando as restrições que persistem apenas para a manutenção do status e da vaidade pessoal.

Também a partir do dia 10/06 e se estendendo até o dia 23/06, Júpiter desafia Saturno. Esse desentendimento provoca a necessidade de realizarmos vários ajustes em nossas vidas, projetos e relações. Nossos valores e padrões passam por um escrutínio rigoroso, e nos separamos daquilo que nos prejudica ou fere nossos princípios. A tensão é grande, pois não são escolhas nem embates simples.

Na quarta-feira, dia 11/06, a Lua chega ao seu auge, em Sagitário. Apesar da proteção de Júpiter, ela carrega consigo a tensão do conflito entre esse planeta e Saturno. Ao longo desses dias, nossos resultados passarão por uma avaliação severa e nós também avaliaremos a maneira como somos reconhecidos. Podemos nos sentir inseguros, pois as decisões tomadas nesse momento podem apresentar consequências duradouras. Mesmo assim, as mudanças que apresentam possibilidades de crescimento devem ser consideradas com carinho e coragem. O compromisso com aquilo que consideramos ser o certo deve prevalecer, ainda que nos tome mais tempo e esforço. O segredo para lidar com essa Lua Cheia é não apressar as decisões, buscando caminhos que facilitem a mudança com o menor impacto possível.

Em meio a tantos acontecimentos relevantes, um outro movimento sinaliza que essas mudanças não se referem somente a nós, mas tendem a marcar toda uma geração. No dia 10/06, Netuno forma um vínculo colaborativo com Plutão, andando lado a lado, até o final do ano. Essa é uma ajuda significativa que aponta para a importância das mudanças que estamos realizando em nossas vidas nesse momento. Muito do que conhecemos e que consideramos como retratos da nossa realidade se desfazem, nos deixando diante da possibilidade de reconstruirmos nossa vida. Para tanto, precisaremos soltar os laços e nos desapegarmos do que não tem mais sentido. Esse é um processo que afetará a sociedade como um todo e nos convida a reconstruirmos, juntos, um amanhã mais rico, bonito e inclusivo.

Os acontecimentos da semana anterior continuam reverberando no início da segunda quinzena de junho. A Lua disseminadora promove e movimenta o cenário de mudanças intensas desse período. No domingo, dia 15/06, Júpiter se desentende também com Netuno além de Saturno, adicionando mais confusão à já tensa quadratura de Marte com Urano. A urgência por mudanças, a impaciência com os costumes e responsabilidades, é acompanhada, agora, por uma demanda pela atualização dos nossos ideais e valores.

Todas essas movimentações avisam que nossos desejos devem passar pelo teste da realidade. As mudanças são inevitáveis, e essenciais, para que a vida ganhe vigor e possa se expandir para cumprir seu potencial. As questões que esse aglomerado de aspectos propõe são várias. Qual a profundidade e intensidade do nosso desejo? Qual a estrutura que suporta essa guinada, tanto material, quanto emocional? Quanto do nosso otimismo é infundado e quanto está, firmemente, enraizado em nossos valores e disposição para realizarmos os sacrifícios que toda mudança traz? Esse é um período de teste que exige de nós maturidade e capacidade de articular muitas variáveis, simultaneamente. Por isso, conduzir as energias para evitar explosões inconsequentes e rupturas destrutivas é fundamental para que as transformações ocorridas nessa fase sejam perenes e construam uma excelente base para o nosso futuro. Um dia antes do feriado, a Lua mingua em Peixes. Essa virada da Lua, na quarta-feira, nos ajuda a diminuir a fervura e a dissolver o que ainda apresenta resistências.

No dia anterior à mudança da Lua, no dia 17/06, Marte deixa o Signo de Leão e ingressa em Virgem. Essa mudança pode trazer um pouco mais de temperança às nossas ações. O que direciona a nossa energia agora é a possibilidade de servir, aprimorando, consertando, ajustando nossos planos e atividades para que ganhem eficiência e precisão. No entanto, o volume de críticas, e a intolerância aos erros, podem aumentar significativamente. Os antídotos para os efeitos colaterais da passagem de Marte por Virgem são: manter-se trabalhando, em atividade constante, escolhendo com muito cuidado nossos parceiros e aliados. Um pouco depois de realizar esse movimento, logo após a dispersão do atrito com Urano, Marte forma um bom sextil com Júpiter. Esse aspecto promete boas oportunidades e favorece as iniciativas realizadas nesse período.

A temperatura continua caindo e a agitação também. O Sol deixa o volátil Signo de Gêmeos e assume o manto de Câncer no dia 20/06. O Solstício de Inverno alonga as noites e encurta as horas de luz por todo o hemisfério sul.

Em Câncer, o Sol se recolhe e nosso olhar se volta para a intimidade, para o passado, para as recordações. Abrimos o baú da memória para selecionar o que reforça a nossa identidade e as raízes que nos revitalizam.

Há mais leveza no Céu dessa semana. O domingo traz a Lua balsâmica em Touro, onde se encontra plena e satisfeita. Sob essa fase lunar, podemos nos curar dos aprendizados, por vezes difíceis, dessa lunação.

Ainda temos alguns ajustes a fazer e talvez estejamos nos sentindo cansados de tanto atrito e severidade. Mesmo assim, essa é uma etapa importante. A hora de nos parabenizarmos pelos esforços e avanços realizados está um pouco mais adiante. Precisamos subir um pouco mais a montanha, assumindo nossas responsabilidades com relação aos outros. A partir de terça-feira, dia 24/06, o caminho fica mais suave. Nesses dias de pouca vitalidade e de cansaço, o ideal é seguirmos devagar, porém sem nos deixarmos abater. Nossa percepção está moldada pelo cansaço de tantas batalhas. Descansar o que for possível, respirar fundo e seguir em frente é o jeito correto de atravessarmos esse período.

Se conseguirmos prestar atenção, apesar do cansaço e dos obstáculos existentes, há uma confiança e um otimismo genuíno nascendo em meio a tudo isso. Se, ao olharmos ao nosso redor, pudermos perceber que nossos horizontes estão mais amplos, teremos certeza de estarmos no caminho certo. Essa é a principal promessa da Lua Nova que nasce em Câncer na quarta-feira, dia 25/06.

Novas descobertas e novos encontros, trazem mais ânimo e encanto a partir de quinta-feira. Podemos aproveitar o embalo para tentarmos resolver problemas antigos e persistentes. Uma nova perspectiva pode trazer a solução que esperávamos encontrar. Na quinta-feira, Mercúrio avança e chega a Leão. Nesse signo, a palavra tem carisma, a comunicação é assertiva e encontra eco em quem a escuta. Criativas e originais, as ideias contagiam o público. Cuidado apenas com a tendência ao dogmatismo. É preciso exercitar a escuta para evitarmos cair na armadilha de nos identificarmos, completamente, com o que pensamos.

O final de semana chega com a imaginação e a sensibilidade em alta. São bons dias para fugirmos da rotina, buscando estimular os sentidos, a fantasia e as conversas inspiradas. Nossa mente também está afiada e podemos perceber quais detalhes precisam de ajustes antes que tudo flua bem.

O mês termina com muita imaginação e com um ponto de atenção. Ao longo do domingo e da segunda-feira, a oposição entre Mercúrio e Plutão trazem os segredos à tona e podem provocar diálogos difíceis onde o que importa é convencer o outro de que temos a razão. Manipulações, ideias obsessivas são outras possibilidades para esse trânsito difícil. Atenção às palavras para não gastarmos tempo em situações que não nos levam a nada. Evitar as armadilhas do apego e da vaidade, e enfrentar o medo que as grandes mudanças trazem, viveremos o melhor que junho pode nos oferecer, marcando o começo da nossa guinada em direção ao futuro.

POSIÇÃO DIÁRIA DA LUA EM JUNHO

DIA 01 DE JUNHO – DOMINGO

● *Nova* ● *em Virgem às 23:59 LFC Início às 20:39 LFC Fim às 23:59*

Enquanto a Lua estiver em Virgem, é chegado o momento de organizar nossas metas e planos de forma mais realista e minuciosa, garantindo maior possibilidade de sucesso e concretização dos nossos sonhos. Isso vale para todos os setores da nossa vida. Organize sua rotina, analise como anda sua saúde, faça exames, procure se alimentar de forma mais natural e saudável, pratique atividades físicas, procure ter mais contato com a natureza. Cuide-se. Somente fique atento ao excesso de crítica e perfeccionismo, permita-se errar de vez em quando. Lembre-se que os erros aprimoram o processo.

·Lua conjunção Marte — 05:44 às 09:36 (exato 07:40)

Acordamos com muita energia, praticidade e ousadia. O desejo de colocar os planos em prática fica exaltado logo pela manhã. Aproveite para colocar em ação aqueles planos que já foram organizados e analisados. Nesse caso, a chance de sucesso é muito certeira. Praticar atividades físicas logo pela manhã ajudará a liberar o excesso de energia e organizar a mente.

·Lua trígono Vênus — 13:50 às 17:53 (exato 15:51)

Atividades prazerosas são a pedida desta tarde de domingo. Procure relaxar e se dedicar ao que lhe dá prazer. Exposições, passeios em parques, ir a bons restaurantes e até mesmo aquela tarde de compras no shopping. Se deseja dar uma repaginada no visual, este é o momento perfeito. Aproveite!

·Lua quadratura Urano — 18:38 às 22:25 (exato 20:31)

No final da tarde, um desejo por mudanças pode vir à tona. Analise se esse desejo é momentâneo ou se vale a pena dar a devida atenção. Essa inquietação pode trazer bons insights para melhorias e criação de novos projetos, mas é crucial acalmar a mente para evitar estresse e irritação durante esse processo. Possíveis imprevistos podem ocorrer, sendo assim, mantenha a calma e resolva somente aquilo que for possível.

·Lua sextil Júpiter — 18:42 às 22:33 (exato 20:39)

Cultive um olhar mais otimista sobre as situações e confie no seu poder de expansão. Estaremos com o raciocínio mais lógico e prático, nos permitindo analisar com maior clareza as situações. Noite propícia para planejar novas estratégias que nos permitam alcançar maiores conquistas no futuro.

DIA 02 DE JUNHO – SEGUNDA-FEIRA

● *Nova* ● *em Virgem*

•Lua quadratura Sol — 22:34 às 02:47 de 03/06 (exato 00:41 de 03/06)

A noite de segunda-feira para terça-feira não é um bom momento para tomar decisões que exijam clareza das emoções. Há uma dificuldade em alinhar nossos desejos com a realidade. Evite forçar a barra nas situações e nas relações. Se possível, deixe para depois resoluções mais importantes.

DIA 03 DE JUNHO – TERÇA-FEIRA

☾ *Crescente às 00:41 em 12º50' de Virgem* ☾ *em Virgem*

•Lua quadratura Mercúrio — 09:59 às 14:47 (exato 12:23)

Em meio a tantos pensamento e informações, podemos perder o foco no que realmente importa. Procure desacelerar a mente e colocar os pensamentos e sentimentos em ordem. Atividades físicas e exercícios de respiração podem ajudar muito. Reavalie seus planos e suas estratégias, aparando as possíveis arestas. Não é o melhor momento para expressão de ideias ou comunicações em geral. Podemos ser mal interpretados e interpretar o outro de forma equivocada, ficando sujeitos a possíveis enganos. Revise mensagens e os documentos mais importantes.

DIA 04 DE JUNHO – QUARTA-FEIRA

☾ *Crescente* ☾ *em Libra às 10:38 LFC Início às 08:12 LFC Fim às 10:38*

Enquanto a Lua estiver em Libra, a busca pela harmonia no andamento dos nossos projetos se faz necessária. As parcerias são beneficiadas, aumentando as chances de sucesso. Somos presenteados com maior diplomacia ao lidar com assuntos diversos, estando mais abertos a encontrar um caminho, harmonizando as relações e os ambientes. Assuntos ligados a estética, aparência e elegância ganham destaque. Ótimo momento para tratamentos estéticos, decoração de ambientes e artes em geral. Um período em que a leveza e a cordialidade tomam conta, mas fique atento ao excesso de indecisão.

•Lua sextil Urano — 05:14 às 09:14 (exato 07:14)

O dia começa favorável a mudanças mais radicais na aparência, na decoração dos ambientes e nos projetos em geral. Caso necessite reformular acordos, também é um ótimo momento para chegar em um consenso com o outro. Ideias muito originais podem surgir. Ficamos mais abertos a ouvir e a criar propostas diferenciadas e inovadoras. Trabalhos ligados a tecnologias também ficam muito favorecidos. Aproveite!

•Lua quadratura Júpiter — 06:09 às 10:13 (exato 08:12)

O desejo de ampliar os horizontes pode vir acompanhado por uma certa indecisão. As emoções estão guiadas por uma energia mais diplomática, analisando os prós e contras das situações e isso é muito bom, porém tome cuidado com o excesso de ponderação que pode paralisar e impedir certos avanços. Evite também gastos supérfluos.

• Lua oposição Saturno — 10:03 às 14:05 (exato 12:04)

As responsabilidades pedem maior atenção. É um bom período para resolver as pendências, com mais paciência e equilíbrio, dando prioridade às questões mais importantes e urgentes.

• Lua oposição Netuno — 12:29 às 16:30 (exato 14:30)

Durante o período da tarde, cuidado com a falta de foco nos afazeres. Podemos nos sentir mais lentos e com maior dificuldade para executar aquelas tarefas mais pesadas do cotidiano que exigem atenção plena e que não sentimos muito prazer em realizá-las. Fazer pequenas pausas durante essas atividades pode ajudar muito, mas não espere ter grande produtividade. Não é um bom período para tomar decisões definitivas e muito importantes, pois nos falta clareza. Se possível, deixe-as para outro dia, caso não seja, faça revisões antes de dar a palavra final.

• Lua conjunção Marte — 15:51 às 19:52 (exato 17:51)

Ganhamos energia para colocar em prática nossos planos. Podemos nos sentir mais irritados com nossas próprias indecisões e principalmente com indecisões alheias. Procure manter a calma e evite agir por impulso. Aqui, as atitudes não devem ser impensadas e isso naturalmente demanda mais paciência. Se possível, busque praticar atividades mais prazerosas no final da tarde, início da noite.

DIA 05 DE JUNHO – QUINTA-FEIRA

☾ *Crescente* ☾ *em Libra*

• Lua trígono Sol — 15:33 às 19:58 (exato 17:46)

Nossas emoções e desejos se alinham harmoniosamente. Recebemos um impulso adicional de energia e clareza, o que nos capacita a seguir em frente com nossos planos. Aproveite o dia de hoje para revisar suas estratégias e planos, fazendo os ajustes necessários para assegurar o sucesso contínuo de seus projetos.

DIA 06 DE JUNHO – SEXTA-FEIRA

☾ *Crescente* ☾ *em Escorpião às 23:22 LFC Início às 22:05 LFC Fim às 23:22*

Enquanto a Lua estiver em Escorpião, é tempo de transformação e renovação. Aproveite a energia desse período para olhar para dentro de si e fazer uma verdadeira faxina interna, desapegando de tudo aquilo que não nos serve mais e impede nossa evolução, sejam situações, ações, sentimentos ou pensamentos. Os sentimentos ficam intensos e profundos. Canalize essa intensa energia para curar suas feridas. Somente tome cuidado para não ficar obcecado demais por um único assunto. Seja gentil com você e seu processo. Não esqueça de que quando desapegamos, abrimos espaço para a chegada de boas novas em nossa vida.

· Lua sextil Marte — 09:10 às 13:26 (exato 11:18)

O dia inicia com muita energia de realização. Nos sentimos mais corajosos e animados. A intuição fica mais afiada e pode trazer boas ideias para serem colocadas em prática. Portanto, fique atento a sua intuição e aproveite!

· Lua trígono Mercúrio — 11:27 às 16:23 (exato 13:55)

A comunicação estará mais intuitiva e certeira. Teremos mais facilidade de ir direto ao ponto que interessa, sem rodeios. Ótimo período para resolver questões que exijam uma conversa mais profunda, para negociações e revisões de documentos.

· Lua trígono Júpiter — 19:59 às 00:08 de 07/06 (exato 22:05)

A noite da sexta-feira trará boas e prósperas ideias. Bons encontros poderão favorecer a ampliação dos nossos horizontes e expansão dos projetos. Nossa intuição continua aguçada, então não deixe de escutá-la. Encontros românticos tendem a ser mais íntimos, intensos e cheios de paixão. Aproveite essa energia.

· Lua oposição Vênus — 23:08 às 03:35 de 07/06 (exato 01:22 de 07/06)

Às vezes as coisas não acontecem exatamente como queremos e está tudo bem, pois talvez o que pensamos ser o melhor para nós não o é. Desapegue e deixe o Universo guiar seu caminho, trazendo novas possibilidades. Um sentimento de carência pode vir à tona. Nesse caso, acolha suas emoções e reflita sobre suas questões mais profundas. Ficar junto a pessoas queridas é muito aconselhável e será de grande ajuda.

DIA 07 DE JUNHO – SÁBADO

☾ Crescente ☾ em Escorpião

· Lua quadratura Plutão — 04:35 às 08:38 (exato 06:37)

Evite ficar remoendo emoções que ficaram mal resolvidas, pois isso só irá paralisar você e piorar seu estado psíquico. Canalize essa energia para se perdoar e encare as vivências da vida como um aprendizado. O que não conseguir solucionar, solte e deixe que o tempo se encarregue de resolver. Evite discussões, e cuidado para não exaltar as emoções além da realidade. Poupe-se o máximo possível no início dessa manhã de sábado.

DIA 08 DE JUNHO – DOMINGO

☾ Crescente ☾ em Escorpião

Hoje a Lua não faz aspecto com outros planetas no Céu. Devemos observar as recomendações para a fase e o signo em que a Lua se encontra.

DIA 09 DE JUNHO – SEGUNDA-FEIRA

☾ *Crescente* ☾ *em Sagitário às 11:55 LFC Início às 09:07 LFC Fim às 11:55*

Enquanto a Lua estiver em Sagitário, otimismo e entusiasmo nos guiam, intensificando nossa confiança, assim como o desejo de ampliar nossos horizontes. Nossos planos e metas ganham estratégias mais ousadas e grandiosas. Investimentos em tudo aquilo que amplie nossos conhecimentos serão muito bem-vindos e podem nos garantir muito sucesso. É um momento ideal para aprofundar nossos conhecimentos por meio de cursos, especializações e vivências. Viagens e trocas interculturais também serão muito prósperas. É um momento de muita diversão e expansão, mas procure evitar possíveis excessos.

·Lua quadratura Marte — 00:50 às 05:02 (exato 02:56)

Há um excesso de energia e vontade de expandir. Podemos ter um sono agitado ao longo da madrugada ou até insônia. Ideias grandiosas e mais ousadas podem surgir, mantenha a calma e as anote. Deixe para analisá-las mais tarde, com mais paciência e discernimento. Um banho relaxante pode ajudar a recuperar o sono e acalmar as ideias. Caso esteja em um encontro com pessoas ao longo dessa madrugada, evite possíveis discussões e imposição de ideias que podem soar mais agressivas.

·Lua oposição Urano — 07:05 às 11:06 (exato 09:07)

O sentimento de urgência em ampliar os horizontes continua latente. Analise de forma realista e mais inteligente essas urgências, evitando rompimentos desnecessários. Esteja preparado para imprevistos que podem ocorrer durante o período da manhã. Procure manter a calma e controlar a ansiedade. Praticar atividades físicas ao ar livre ajudará a equilibrar a mente e emoções.

·Lua trígono Saturno — 11:55 às 15:56 (exato 13:56)

Sentiremos que as tarefas do dia renderão mais pois haverá maior facilidade em resolver as demandas. Aproveite, afinal a energia estará altamente produtiva.

·Lua trígono Netuno — 13:55 às 17:54 (exato 15:55)

Criatividade e intuição estarão em alta. Aproveite para se inspirar. Durante a tarde, realizar as atividades com mais calma, e se possível em um ambiente mais relaxante, irá ajudar a fluir melhor. Caso não seja possível, fazer pequenas pausas será muito favorável.

·Lua sextil Plutão — 16:58 às 20:56 (exato 18:57)

Há uma abertura energética para retomar e regenerar assuntos que estavam esquecidos, mas que ainda necessitam de uma finalização. Sentimos maior facilidade de renovar as emoções e recuperar o bem-estar com nós mesmos e com os outros. Nos relacionamentos, é um bom momento para resolver questões e renovar a chama da paixão.

DIA 10 DE JUNHO – TERÇA-FEIRA

☾ *Crescente* ☾ *em Sagitário*

Hoje a Lua não faz aspecto com outros planetas no Céu. Devemos observar as recomendações para a fase e o signo em que a Lua se encontra.

DIA 11 DE JUNHO – QUARTA-FEIRA

○ *Cheia às 04:42 em 20º38' de Sagitário* ○ *em Capricórnio às 22:54*

LFC Início às 16:59 LFC Fim às 22:54

Enquanto a Lua estiver em Capricórnio, ficamos mais focados e realistas, sendo uma fase de grande produtividade. Ganhamos um gás para materializar nossos planos com persistência e maior discernimento. O sucesso é garantido por meio da nossa disciplina. Trabalhe com foco em busca dos seus objetivos, mas cuidado para não ser muito rígido com você mesmo. Só tome cuidado para não deixar que pensamentos pessimistas e que a escassez tome conta do seu cotidiano.

• Lua oposição Sol — 02:36 às 06:50 (exato 04:42)

Durante a madrugada, podemos sentir uma sensação de que não conseguimos cumprir com todos os deveres e as metas que foram estabelecidos por nós mesmos, o que pode gerar sentimentos de insuficiência e também de pessimismo. Por isso, tome cuidado, pois muita autocobrança pode gerar inseguranças. Nesse momento, procure não ser tão duro consigo mesmo e tente relaxar. O descanso é essencial para o sucesso dos nossos afazeres. Nos relacionamentos, pode haver uma certa tensão, evite fomentar divergências e discussões.

• Lua trígono Marte — 14:55 às 18:59 (exato 16:59)

A energia está a todo vapor nesta tarde e a produtividade em alta. Nos sentimos mais animados, dispostos e proativos, prontos para resolver o que for necessário, inclusive tarefas que ainda se encontram pendentes. Aproveite para colocar tudo em dia.

• Lua oposição Júpiter — 21:55 às 01:51 de 12/06 (exato 23:53)

Tome cuidado com exageros em geral, principalmente em relação ao trabalho. Assuntos muito grandiosos pedem cautela e uma análise mais prática e realista, o que pode gerar certa insatisfação. Não se esqueça que devagar se vai mais longe.

• Lua quadratura Saturno — 23:10 às 03:03 de 12/06 (exato 01:06 de 12/06)

À noite, as responsabilidades falam mais alto, podendo criar uma certa tensão nas nossas emoções. Podemos nos sentir mais cansados e sobrecarregados ao final do dia, gerando um certo mau humor. Não é o momento para resolver mais nada, melhor deixar para outro dia. Procure descansar e relaxar para conseguir reorganizar as emoções.

DIA 12 DE JUNHO – QUINTA-FEIRA

◯ *Cheia* ◯ *em Capricórnio*

·Lua quadratura Netuno — 00:54 às 04:46 (exato 02:50)

Durante a madrugada, os sonhos podem ser bem confusos, gerando cansaço mental ao acordar. É possível nos sentirmos mais lentos e exaustos. Tome um bom banho para iniciar o dia. Caso suas atividades comecem muito cedo, procure tomar um café da manhã bem leve e fique atento para não esquecer objetos e perder horários.

·Lua trígono Vênus — 09:16 às 13:27 (exato 11:21)

Os ânimos começam a se harmonizar, e um clima de romance pode tomar conta. Almoçar em um bom restaurante será uma ótima pedida, pois trará mais leveza para as atividades do dia. Estaremos nos sentindo mais atraentes. Investimentos em autocuidado e mudanças no visual estarão favorecidas. Aproveite!

·Lua oposição Mercúrio — 10:39 às 15:11 (exato 12:55)

Energia muito propensa a mal-entendidos. Podemos ser mal-interpretados e interpretar errado as colocações dos outros. Conversas mais importantes devem ser evitadas. Não leve "ao pé da letra" tudo o que escutar.

DIA 13 DE JUNHO – SEXTA-FEIRA

◯ *Cheia* ◯ *em Capricórnio*

Hoje a Lua não faz aspecto com outros planetas no Céu. Devemos observar as recomendações para a fase e o signo em que a Lua se encontra.

DIA 14 DE JUNHO – SÁBADO

◯ *Cheia* ◯ *em Aquário às 07:59 LFC Início às 05:52 LFC Fim às 07:59*

Enquanto a Lua estiver em Aquário, autenticidade é a "bola da vez". Sentimos uma necessidade de fazer a diferença no mundo. É um período favorável para o surgimento de ideias inovadoras que podem dar bons resultados no presente e no futuro. Atividades que envolvam tecnologia também fluem muito bem. Somente tome cuidado com o imediatismo, que pode causar ansiedade e certa impaciência. Esteja também sempre preparado para possíveis imprevistos.

·Lua trígono Urano — 03:58 às 07:44 (exato 05:52)

Início do dia muito favorável a bons insights. Anote as ideias que possam surgir logo ao despertar. O desejo e a capacidade de mudar tudo o que não nos estimula nem nos impulsiona ganha mais força. Mas avalie bem para evitar rompimentos que podem causar arrependimentos mais tarde. Tomar um café da manhã diferente ou fazer atividades que não costuma fazer será uma boa pedida, pois irá trazer a sensação de libertação da rotina.

· Lua sextil Saturno — 08:28 às 12:13 (exato 10:20)

Tarde de sábado muito propícia para organizar, de forma mais atenta, todas a grandes ideias e inovações que andam surgindo em sua mente, encontrando estratégias para colocá-las em prática. Temos maior facilidade em selecionar os assuntos que ainda vale a pena permanecer e os que não nos cabem mais.

· Lua conjunção Plutão — 12:34 às 16:18 (exato 14:26)

É aconselhável passar esta tarde de sábado mais sozinho, se puder, voltado a questões internas. A energia e capacidade de transformação continuam muito fortes. Aproveite para desapegar de tudo que há tempos vem lhe estagnando de alguma forma, aqueles velhos padrões limitantes. É um momento para encarar e regenerar questões internas mais profundas e se abrir para o novo. Como as emoções tendem a ficar à flor da pele, fuja de conflitos, pois podem tomar proporções não desejadas. Melhor ficar na sua!

· Lua quadratura Vênus — 22:56 às 02:57 de 15/06 (exato 00:56 de 15/06)

Sentimos necessidade de viver novos prazeres e sair um pouco da rotina. Mas talvez fazer novos programas com amigos e com a pessoa amada não seja uma boa ideia. Podemos nos sentir insatisfeitos com nossa aparência e com a autoestima mais baixa, sendo difícil encontrar algo que nos agrade. Não convém mudar o visual, pois a chance de não gostar muito do resultado é grande. Combinar encontros em casa, no conforto do seu lar, com os mais íntimos, pode ser uma opção mais acertada.

DIA 15 DE JUNHO – DOMINGO

○ *Cheia (disseminadora)* ○ *em Aquário*

Hoje a Lua não faz aspecto com outros planetas no Céu. Devemos observar as recomendações para a fase e o signo em que a Lua se encontra.

DIA 16 DE JUNHO – SEGUNDA-FEIRA

○ *Cheia (disseminadora)* ○ *em Peixes às 15:08 LFC Início às 14:31 LFC Fim às 15:08*

Enquanto a Lua estiver em Peixes, é hora de se conectar com algo maior, Divino. De olhar para dentro e soltar aquelas questões que nos preocupam, confiando na ação do Universo. Ficamos mais introspectivos e conectados com nossa intuição, que estará poderosa neste período. Escute-a. A criatividade também estará em alta, favorecendo o surgimento de boas ideias e inspirações. Meditações e práticas espirituais serão de grande ajuda neste momento. Mas tome cuidado com o excesso de imaginação que pode levar a ilusão e escapismo da realidade. Conecte-se com você e com a sua espiritualidade, sonhe alto e absorva toda essa inspiração, mas não se desconecte da realidade. Atividades ligadas ao cinema, música, teatro e fotografia estarão favorecidos.

·Lua trígono Sol — 05:04 às 08:59 (exato 07:01)

Acordamos energizados e com maior clareza dos nossos sentimentos. Somos movidos pela confiança nos rumos que o dia pode tomar. As relações ficam favorecidas e mais harmonizadas.

·Lua quadratura Urano — 11:29 às 15:06 (exato 13:17)

Podemos nos sentir em descompasso com as demandas, tendo maior dificuldade em resolver as variadas questões que tendem a surgir ao longo do dia. Devemos ficar atentos e preparados a possíveis imprevistos que nos exijam jogo de cintura. Ansiedade e distração podem tomar conta. Cuidado com esquecimento e perda de objetos. Meditar, fazer exercícios de respiração ou até mesmo pequenas pausas ao longo dos afazeres ajudarão muito.

·Lua oposição Marte — 12:37 às 16:23 (exato 14:31)

As demandas do dia seguem nos forçando a sair da tranquilidade e letargia. Não temos muito tempo para parar e pensar, temos que agir e isso pode causar uma certa irritabilidade. Acalme-se, pois se estressar só irá piorar a situação. Faça o que tem de ser feito.

·Lua trígono Júpiter — 16:10 às 19:50 (exato 18:00)

Depois de uma tarde cansativa, ganhamos uma dose de bom humor. A sensação de dever cumprido nos traz otimismo e alegria. Praticar atividades físicas e atividades que nos tragam prazer ao final da tarde irá oxigenar o corpo e a mente, nos revigorando. Aproveite essa boa energia!

DIA 17 DE JUNHO – TERÇA-FEIRA

◯ *Cheia (disseminadora)* ◯ *em Peixes*

·Lua sextil Vênus — 10:05 às 13:56 (exato 12:01)

Estamos com olhar de encantamento pela vida. O romantismo toma conta. É um ótimo período para investir no autocuidado, mudanças no visual e artes em geral. Indicado buscarmos pequenos momentos que nos deem prazer, mesmo em meio as atividades mais maçantes do dia, seja um bom almoço, uma reunião em um local agradável, pesquisar assuntos do nosso interesse, encontrar amigos e trocar mensagens com o ser amado ou pretendentes.

·Lua trígono Mercúrio — 19:07 às 23:09 (exato 21:08)

Sentimos maior facilidade de racionalizar e expressar nossos sentimentos. É um ótimo momento para ter aquela conversa sincera e importante com alguém. Estamos mais empáticos e com maior clareza dos nossos sentimentos. Excelente momento para divulgar seu trabalho, principalmente nas redes sociais, seja através de posts, lives, publicações em geral. Ótimo período também para escrever textos, criar roteiros e colocar em dia os estudos.

DIA 18 DE JUNHO – QUARTA-FEIRA

☽ Minguante às 16:18 em 27º47' de Peixes ☽ em Áries às 20:07

LFC Início às 18:35 LFC Fim às 20:07

Enquanto a Lua estiver em Áries, ganhamos uma dose extra de coragem e ficamos a todo vapor para colocar em ação tudo o que for necessário. É tempo de fazer acontecer e resolver o que for preciso. Atividades físicas são muito aconselháveis neste período, ajudando a dissipar o excesso de energia que, caso acumulada, pode resultar em ansiedade, impaciência e irritabilidade. Portanto, não boicote a atividade física nesses próximos dias. Cuidado com a impulsividade, evite tomar decisões impensadas.

• Lua quadratura Sol — 14:27 às 18:10 (exato 16:18)

A nossa energia tende a ficar em baixa, o que pode causar certo mau humor. Não force situações e faça o que der para ser feito. Se possível, adie decisões importantes. Aproveite essa energia mais introspectiva para refletir e fazer um balanço das suas conquistas e frustrações, relembrando seu valor e evitando repetir erros futuros.

• Lua sextil Urano — 16:49 às 20:18 (exato 18:35)

Reformular estratégias e metas é essencial nesse período. Este é um bom momento para conseguir recalcular as rotas que vêm limitando nossos caminhos e visualizar onde não cabemos mais. Aproveite este momento para inovar seus planos e ir mais longe. Fique atento a novas ideias que podem passar como um flash pela sua mente, pois elas podem ser valiosas. Não as desconsidere.

• Lua conjunção Saturno — 20:53 às 00:21 de 19/06 (exato 23:37)

Toda ação para que se possa atingir o sucesso exige estrutura e planejamento. Se deseja ir mais longe, é essencial parar e organizar as estratégias antes de que se possa colocá-las em prática. A pressa muitas vezes atrapalha o processo, portanto, aproveite esse momento para organizar tudo o que for necessário.

• Lua quadratura Júpiter — 22:00 às 01:30 de 19/06 (exato 23:45)

A noite pede maior equilíbrio e controle das emoções. Ansiedade e agressividade ficam exaltadas. O melhor é optar por um jantar leve, tomar um banho bem relaxante e dormir, de preferência, sem estímulos do celular e redes sociais. Tente acalmar a mente para ter uma boa e revigorante noite de sono.

• Lua conjunção Netuno — 22:02 às 01:29 de 19/06 (exato 23:45)

Ler um bom livro ou assistir a um filme mais leve antes de dormir, ajudará muito a relaxar e ter um sono mais tranquilo. Essa noite pede para entrarmos em contato com energias mais sutis, relembrando que a vida também tem seus encantos e magia, podendo ser mais leve.

DIA 19 DE JUNHO – QUINTA-FEIRA

☽ *Minguante* ☽ *em Áries*

· Lua sextil Plutão — 00:13 às 03:39 (exato 01:56)

Esta madrugada promete uma noite de sono com muitos insights. A chance de acordar cheio de inspirações é grande. Anote-as. Podemos ter sonhos reveladores, que nos mostre o que precisamos ressignificar em nossas vidas. Fique atento!

DIA 20 DE JUNHO – SEXTA-FEIRA

☽ *Minguante* ☽ *em Touro às 22:52 LFC Início às 22:50 LFC Fim às 22:52*

Entrada do Sol no Signo de Câncer às 23h42min00

Solstício de Verão H. Norte — Solstício de Inverno H. Sul

Enquanto a Lua estiver em Touro, os ânimos se acalmam. Uma energia mais tranquila e harmônica entra em cena. Desacelerar e avaliar todo o caminho percorrido até aqui é a melhor opção. O momento é perfeito para se recolher e ajustar o que for preciso em todos os setores da vida, principalmente financeiro, garantindo bases solidas para seguir adiante. Aproveite para desfrutar de tudo que lhe traz conforto e prazer, mas contenha os gastos supérfluos e alimentos em excesso. Nos relacionamentos, afetividade e carinho estarão muito presentes.

· Lua quadratura Mercúrio— 05:38 às 09:24 (exato 07:31)

A comunicação fica tensa e sujeita a erros de interpretação. Há maior dificuldade em expressar nossos sentimentos e pontos de vista de forma clara. Melhor evitar conversas mais importantes e negociações logo pela manhã. Empecilhos no deslocamento também podem surgir, programe-se com certa folga de horário para evitar transtornos e atrasos. A produtividade fica em baixa neste período do dia.

· Lua sextil Sol — 21:02 às 00:35 de 21/06 (exato 22:50)

As emoções entram em equilíbrio no final do dia e garantem uma sensação de bem-estar. A relação entre casais é muito beneficiada. Aproveite a noite de sexta-feira para ficar junto da pessoa amada ou de pessoas queridas. Os encontros tendem a ser muito prazerosos e harmoniosos. Aproveite!

DIA 21 DE JUNHO – SÁBADO

☽ *Minguante* ☽ *em Touro*

· Lua trígono Marte — 00:45 às 04:11 (exato 02:28)

Ganhamos ânimo e energia para concretizar planos e para socializar. Assuntos que estão estagnados podem começar a se movimentar e ganhar um novo desfecho. A madrugada tende a ser animada e produtiva para aqueles que têm o costume de sair com amigos para bares, restaurantes ou encontros mais íntimos. Para os que optarem por descansar, a noite de sono pode ser muito revigorante.

·Lua sextil Júpiter — 01:29 às 04:50 (exato 03:09)

Muita animação e encontros positivos para aqueles que decidirem sair para curtir com os amigos ou com a pessoa amada. Lugares refinados e aconchegantes são uma escolha acertada. Somente cuidado com exageros de gastos, na alimentação e na ingestão de álcool. Modere. Uma boa noite de sono também está garantida, com um bom aproveitamento do conforto do lar.

·Lua quadratura Plutão — 02:44 às 06:02 (exato 04:23)

Questões internas e mais profundas podem emergir e mexer com as nossas emoções. Podemos sonhar com algo que nos seja revelador e acordar com a sensação que precisamos curar algo em nós. Encare isso como uma oportunidade de crescimento. Acessar essas questões e poder ressignificá-las é uma verdadeira permissão do Universo para que possamos abrir novos caminhos. Agradeça e procure desapegar dessas emoções estagnadoras.

DIA 22 DE JUNHO – DOMINGO

☽ Minguante (balsâmica) ☽ em Gêmeos às 23:56 LFC Início às 22:51 LFC Fim às 23:56

Enquanto a Lua estiver em Gêmeos, ficamos com a mente mais ágil e abertos a todo tipo de interação social. A curiosidade se intensifica e nos leva a ficar mais informados sobre tudo o que está acontecendo. Aproveite esse momento para concluir estudos pendentes. As trocas e interações sociais estão em alta e dão vida a esse período. Encontre amigos, faça seu networking, divulgue suas ideias, faça propaganda do seu trabalho. Ótimo momento para vendas em geral, publicações e divulgação via redes sociais. Um grande público pode ser atingido e se identificar com o seu jeito de se comunicar.

·Lua conjunção Vênus — 00:15 às 03:46 (exato 02:01)

Poder de sedução estará em alta. Podemos ter bons sonhos que nos tragam inspirações e boas ideias ao acordar. Fique atento às ideias que surgirem.

·Lua sextil Mercúrio — 12:55 às 16:32 (exato 14:44)

Tarde de domingo excelente para estar junto a amigos e grupos. Encontros e trocas estão muito favorecidos. Nosso raciocínio fica mais ágil, o que nos permite lidar com variados assuntos ao mesmo tempo. Aproveite para colocar em dia tarefas pendentes. Palestras, publicações ou fazer aquele post nas redes sociais divulgando seu trabalho, será sucesso na certa. Aproveite!

·Lua conjunção Urano — 21:12 às 00:27 de 23/06 (exato 22:51)

Muita atenção, pois da mesma forma como sua comunicação pode ser visionária e causar grandes transformações positivas, ela também pode causar rompimentos que não sejam tão positivos assim, podendo trazer certo arrependimento mais tarde. Avalie bem a situação antes de expressar suas ideias e sentimentos. Depois de uma tarde agitada, podemos nos sentir mais ansiosos e inquietos durante a noite. Exercícios de respiração, meditação e dar um tempo do mundo de informações e estímulos das redes sociais, será de grande ajuda para finalizar o dia.

DIA 23 DE JUNHO – SEGUNDA-FEIRA

☽ *Minguante (balsâmica)* ☽ *em Gêmeos LFC Início às 05:27*

· Lua sextil Saturno — 00:55 às 04:10 (exato 02:32)

O sono tende a ser profundo e reparador. Podemos acordar com mais foco para organizar os setores da vida que estão pendentes. O dia inicia pedindo nossa disciplina e determinação.

· Lua sextil Netuno — 01:47 à 05:02 (exato 03:34)

Muitas influências estão ocorrendo durante esta madrugada. Neste período, muitos *insights* podem surgir por meio dos sonhos, que tendem a ser muito inspiradores. Ao se levantar, anote de imediato todas as sensações e mensagens recebidas antes que caiam no esquecimento.

· Lua trígono Plutão — 03:40 às 06:54 (exato 05:17)

Junto às influências de outros planetas ao longo dessa madrugada, a energia plutoniana pode nos trazer revelações por meio dos sonhos. Podemos acordar sabendo exatamente o ponto mais profundo que devemos regenerar em nós. Acordamos revigorados e prontos para começar um novo dia.

· Lua quadratura Marte — 03:44 às 07:06 (exato 05:27)

Depois de tantas mensagens e conexões durante o sono, podemos acordar com um sentimento de imediatismo, querendo resolver tudo rapidamente. Esse sentimento pode gerar irritabilidade e mau humor logo pela manhã. Respeite o tempo que o processo de transformação interna exige de nós. Se for possível, faça atividades físicas logo pela manhã, aliviando a mente. Fuja de discussões. É aconselhável ficar mais na sua, sem muitas interações.

DIA 24 DE JUNHO – TERÇA-FEIRA

☽ *Minguante (balsâmica)* ☽ *em Gêmeos*

Hoje a Lua não faz aspecto com outros planetas no Céu. Devemos observar as recomendações para a fase e o signo em que a Lua se encontra.

DIA 25 DE JUNHO – QUARTA-FEIRA

● *Nova às 07:31 em 04°07' de Câncer* ● *em Câncer às 00:43*
LFC Fim às 00:43

Enquanto a Lua estiver em Câncer, preferimos situações e ambientes mais familiares. Estamos dispostos a cuidar e a sermos cuidados. A Lua Nova nos traz oportunidades de começar algo novo, e a tendência nesse momento é que nossos novos projetos contenham uma boa dose dos nossos sentimentos e emoções. Elaboramos nossas estratégias com muito cuidado, atenção, carinho e persistência. Trabalhos em família ou relacionados ao lar ficam muito favorecidos. Porém, fique atento à carência e ao saudosismo. Reconheça a importância de tudo que já passou, mas não fique apegado a essas situações ou pessoas. Olhe para frente e construa novas histórias.

·Lua quadratura Saturno — 01:49 às 05:06 (exato 03:27)

Acordamos com uma tolerância menor para erros ou falta de compromisso vinda dos outros. Faça o que for necessário sem contar com a ajuda de terceiros. Trabalhe a tolerância para não se estressar. Se estressar só aumentará os problemas em vez de solucioná-los. Mantenha a calma e seja mais flexível.

·Lua quadratura Netuno — 02:37 às 05:54 (exato 04:15)

Podemos nos sentir mais sonolentos ao despertar. A realidade pode nos trazer certo incomodo, pois pode ser bem diferente do que queríamos e criamos em nossa mente. Por conta disso, podemos ficar mais melancólicos pela manhã e um pouco irritadiços.

·Lua conjunção Júpiter — 04:52 às 08:13 (exato 06:32)

Ao longo da manhã recuperamos o ânimo e o otimismo. As atividades fluem. Ajudamos e encontramos pessoas que nos ajudam na resolução dos problemas. Ganhamos boas e grandiosas ideias para começar a semear futuros projetos.

·Lua conjunção Sol — 05:45 às 09:17 (exato 07:31)

O importante agora é manter o foco no presente e no futuro. Não deixe que emoções do passado lhe impeçam de seguir seu caminho. Valorize tudo o que passou, mas não se esqueça que é para frente que se anda. É tempo de lançar novas sementes para colher novas histórias.

·Lua sextil Marte — 06:33 às 09:59 (exato 08:16)

Estamos cheios de energia para fazer acontecer. Ótimo período para se exercitar e resolver as pendências que vinha postergando, principalmente aquelas ligadas ao lar e a família. Aproveite!

DIA 26 DE JUNHO – QUINTA-FEIRA

● *Nova* ● *em Câncer*

·Lua sextil Vênus — 10:17 às 13:58 (exato 12:07)

As relações entram em harmonia. Estar com a pessoa amada ou na companhia de familiares e pessoas queridas será muito gratificante. Marque um almoço com aquela companhia agradável. Vá naquele restaurante que a comida lhe traz aconchego e boas sensações. Será um momento muito agradável e especial que irá revigorar o seu dia.

DIA 27 DE JUNHO – SEXTA-FEIRA

● Nova ● em Leão às 03:05 LFC Início às 02:17 LFC Fim às 03:05

Enquanto a Lua estiver em Leão, é tempo de festejar a vida e reconhecer o nosso valor. Os novos projetos devem ser movidos pelas nossas paixões. Se mostre para o mundo e confie no seu potencial. As energias ficam favoráveis neste momento para aqueles que tem autoconfiança e coragem. Ambientes refinados e festividades serão muito bem-vindos. Estar em ambientes e com pessoas que nos façam sentir especiais é a melhor escolha. Mas cuidado com exageros em todos os sentidos, seja de gastos, de necessidade de atenção ou de orgulho e egocentrismo.

· Lua sextil Urano — 00:32 às 03:59 (exato 02:17)

Muitos insights durante a madrugada, seja dormindo ou acordado. Fique atento a essas ideias que podem surgir, pois delas poderão nascer projetos com grande chance de expansão e sucesso.

· Lua conjunção Mercúrio — 02:18 às 06:07 (exato 04:12)

Acordamos com as ideias muito claras em nossa mente. Os pensamentos estarão ágeis e prósperos. Para potencializar essa força mental, exercícios de respiração e meditação ao acordar serão muito favoráveis.

· Lua trígono Saturno — 04:20 às 07:48 (exato 06:04)

Iniciamos o dia com disposição para cumprir com nossas responsabilidades. Estamos mais práticos e produtivos. Conseguimos lidar de forma mais madura com nossas emoções.

· Lua trígono Netuno — 05:05 às 08:33 (exato 06:49)

Podemos nos sentir muito inspirados no período da manhã. Se trabalha com artes como pintura, música, cinema, teatro e fotografia, grandes ideias podem surgir, resultando em projetos futuros de muito sucesso. Se não trabalha nessa área, acordar e colocar uma boa música pode lhe trazer muitas inspirações e alegria.

· Lua oposição Plutão — 06:54 às 10:23 (exato 08:38)

Neste período, olhar para nossas dificuldades e feridas fica ainda mais difícil, pois deixar nosso ego de lado não é fácil. Porém, para que possamos ter progresso, precisamos encarar as questões internas que resolvem emergir. Lembre-se que o processo não é fácil, mas vale a pena.

DIA 28 DE JUNHO – SÁBADO

● Nova ● em Leão

· Lua quadratura Vênus — 19:23 às 23:22 (exato 21:22)

Para esta noite de sábado, dê preferência para programas mais caseiros, no conforto e na segurança do lar, pois estaremos nos sentindo com a autoestima mais baixa. Quase nada nos satisfaz. Dessa forma, é melhor se recolher e fazer uma "sessão cinema" em casa. Caso tenha que sair e interagir com as pessoas, deixe o ego de lado e não leve as coisas para o lado pessoal. Lembre-se que nem tudo é sobre você, descentralize-se, que assim a noite fluirá melhor.

DIA 29 DE JUNHO – DOMINGO

● *Nova ● em Virgem às 08:43 LFC Início às 08:03 LFC Fim às 08:43*

Enquanto a Lua estiver em Virgem, nossa capacidade analítica estará em alta. Ficamos mais críticos e minuciosos, o que é muito favorável para revisar e organizar todos os setores da nossa vida. Traçar estratégias sob esse aspecto, garante solidez e segurança nos nossos projetos. Fazemos uma verdadeira seleção do que serve e do que não nos serve mais. Fase favorável ao cuidado com a saúde, por isso invista em atividades físicas e em uma alimentação mais natural e balanceada. Fuja de industrializados e do sedentarismo. Práticas ao ar livre são muito indicadas e nos ajudarão a manter a mente em dia. Não exagere no excesso de críticas e necessidade de organização. Procure ser mais flexível com você e com os outros.

· Lua quadratura Urano — 06:11 às 09:54 (exato 08:03)

A urgência uraniana por resoluções rápidas conflita com a necessidade analítica da Lua em Virgem. Se queremos resultados com garantia de sucesso, precisamos ser pacientes e não devemos pular etapas, porém paciência é algo que nos faltará pela manhã. Se possível, não analise questões importantes nesse período do dia, pois erros podem passar despercebidos. Procure canalizar essa energia, anotando novas ideias que podem surgir e praticando atividades físicas.

· Lua sextil Júpiter — 15:18 às 19:07 (exato 17:12)

Encontro com amigos e muita diversão para esse domingo. Grande energia para organizar tudo, desde a casa, documentos, encontros, festas e até questões mais complexas. Aproveite!

· Lua conjunção Marte — 20:15 às 00:12 de 30/06 (exato 22:13)

Seguimos com muita energia ainda à noite. É provável que haja dificuldade para dormir. Tente realizar atividades que acalmem os ânimos, como tomar um banho quente e relaxante, fazer um chá ou ler um bom livro. Desacelere aos poucos.

· Lua sextil Sol — 22:51 às 02:57 de 30/06 (exato 00:54 de 30/06)

Esse é um bom momento para estar com a pessoa amada. As relações ganham maior fluidez e entendimento. Somos tomados por uma clareza a respeito das questões que ainda não tiveram resolução. Procure fazer atividades que tragam bem-estar e ajudem a desacelerar, garantindo uma boa noite de sono.

DIA 30 DE JUNHO – SEGUNDA-FEIRA

● *Nova* ● *em Virgem*

Hoje a Lua não faz aspecto com outros planetas no Céu. Devemos observar as recomendações para a fase e o signo em que a Lua se encontra.

Julho 2025

Domingo	Segunda-feira	Terça-feira	Quarta-feira	Quinta-feira	Sexta-feira	Sábado
		1 ♎	2 ☽11º09'♎	3	4 ♏	5
		Lua Nova em Libra às 18:16 LFC Início às 17:47 Fim às 18:16	Lua Crescente em Libra às 16:29 LFC Início às 16:29	Lua Crescente em Libra	Lua Crescente em Escorpião às 06:32 LFC Fim às 06:32	Lua Crescente em Escorpião
6 ♐	7	8	9 ♑	10 ○18º49'♑	11 ♒	12
Lua Crescente em Sagitário às 19:07 LFC Início às 19:05 Fim às 19:07	Lua Crescente em Sagitário LFC Início às 18:30	Lua Crescente em Sagitário	Lua Crescente em Capricórnio às 05:54 LFC Fim às 05:54	Lua Cheia em Capricórnio às 17:35 LFC Início às 17:37	Lua Cheia em Aquário às 14:20 LFC Fim às 14:20	Lua Cheia em Aquário LFC Início às 16:46
13 ♓	14	15	16 ♈	17 ☽25º40'♈	18 ♉	19
Lua Cheia em Peixes às 20:44 LFC Fim às 20:44	Lua Cheia em Peixes	Lua Cheia em Peixes LFC Início às 14:10	Lua Cheia em Áries às 01:32 LFC Fim às 01:32	Lua Minguante em Áries às 21:38 LFC Início às 21:38	Lua Minguante em Touro às 04:58 LFC Fim às 04:58 Início Mercúrio retrógrado	Lua Minguante em Touro Mercúrio retrógrado
20 ♊	21	22 ♋	23	24 02º08'♌	25	26 ♍
Lua Minguante em Gêmeos às 07:21 LFC Início às 03:44 Fim às 07:21 Mercúrio retrógrado	Lua Minguante em Gêmeos LFC Início às 16:53 Mercúrio retrógrado	Lua Minguante em Câncer às 09:25 LFC Fim às 09:25 Mercúrio retrógrado Entrada do Sol no Signo de Leão às 10h29min11	Lua Minguante em Câncer LFC Início às 21:43 Mercúrio retrógrado	Lua Nova às 16:11 em Leão Lua em Leão às 12:41 LFC Fim às 12:41 Mercúrio retrógrado	Lua Nova em Leão Mercúrio retrógrado	Lua Nova em Virgem às 17:55 LFC Início às 08:02 Fim às 17:55 Mercúrio retrógrado
27	28	29 ♎	30	31 ♏		
Lua Nova em Virgem Mercúrio retrógrado	Lua Nova em Virgem LFC Início às 21:57 Mercúrio retrógrado	Lua Nova em Libra às 02:42 LFC Fim às 02:42 Mercúrio retrógrado	Lua Nova em Libra Mercúrio retrógrado	Lua Nova em Escorpião às 14:24 LFC Início às 00:58 Fim às 14:24 Mercúrio retrógrado		

Mandala Lua Cheia Mês de Julho

Lua Cheia
Dia: 10/07
Hora: 17:35
18º49' de Capricórnio

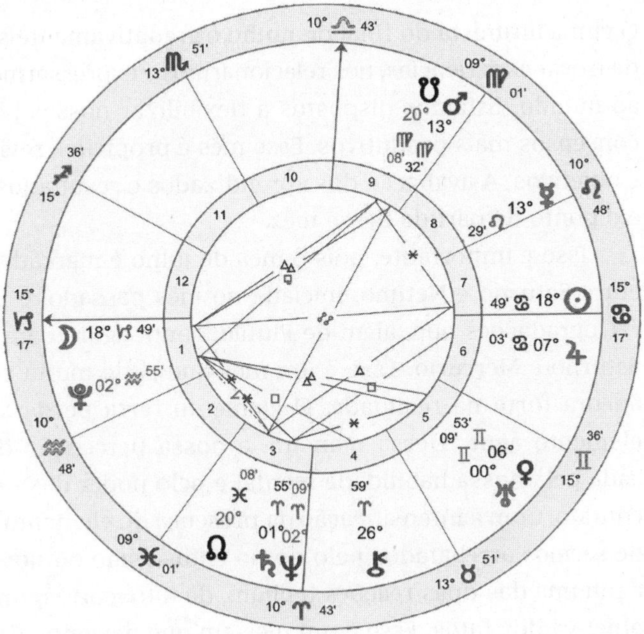

Mandala Lua Nova Mês de Julho

Lua Nova
Dia: 24/07
Hora: 16:11
02º08' de Leão

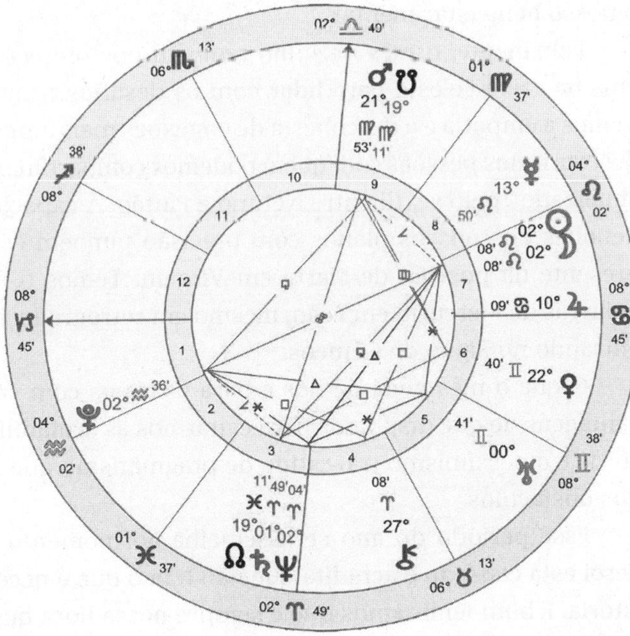

CÉU DO MÊS DE JULHO

O clima intimista do final de junho é gradativamente substituído pelo desejo de trocar experiências, nos relacionarmos e expressarmos nossa personalidade ao mundo. Estamos dispostos a flexibilizar nossas posições para obtermos consensos mais produtivos. Esse mês é propício à revisão dos nossos planos e objetivos. A avaliação dos aprendizados e resultados do primeiro semestre é o ponto de partida desse mês.

Isso é importante, pois o mês de julho é marcado pela difícil conjunção entre Saturno e Netuno, iniciada no mês passado, e pela intensificação das retrogradações que, além de Plutão, conta agora com a inclusão de Netuno, Saturno e Mercúrio. Esse é um mês que pede muita reflexão, revisão e uma âncora forte na realidade. O elemento terra perde a força, assim como o elemento água. Dessa maneira, a nossa percepção da realidade é perpassada pela nossa habilidade mental e pelo poder das nossas redes de apoio e contato. Com a intensificação da presença do elemento fogo, corremos o risco de sermos arrebatados pelo nosso entusiasmo ou nosso desânimo, sem que nenhuma das duas reações tenham, de fato, correspondência com a vivência objetiva dos fatos. Esse é um mês em que devemos ficar atentos às atitudes impulsivas e apaixonadas para que não forcem e apressem o desenrolar natural e necessário dos processos. Também é aconselhável que nos dediquemos às atividades físicas rotineiras, dando um melhor destino à intensidade desse período, nos mantendo conectados com a saúde do nosso corpo e melhorando o nosso bem-estar mental.

Felizmente, o mês de julho também nos oferece as ferramentas certas em sua caixa celeste para lidar com os desafios propostos por esse tempo. Temos a empatia e a descoberta de conexões mais amplas e a possibilidade de descobrirmos pessoas com quem podemos compartilhar os mesmos interesses, sinalizados pelo sextil entre Netuno e Plutão. A capacidade de ajustarmos os detalhes dos nossos planos com precisão também está à nossa disposição, presente na posição de Marte em Virgem. Temos o carisma e o poder das palavras de Mercúrio em Leão, mesmo em retrogradação, e a leveza da Vênus entrando no Signo de Gêmeos.

O que o mês pede de nós é para usarmos com sabedoria e sensatez as vantagens de que dispomos para evitarmos as armadilhas dos sonhos impossíveis e o pessimismo travestido de pragmatismo que nos faz desistir diante dos obstáculos.

Esse período do ano se assemelha ao momento da história em que o herói está cansado e acredita que não tem o que é necessário para alcançar a vitória. É bom lembramos que é sempre nessa hora que a ajuda aparece, que surge uma inspiração, e o herói ganha um novo ânimo para continuar a sua jornada. Só precisamos respeitar o tempo de revisão, fazermos um pequeno repouso e recalibrarmos nossos rumos. Os problemas devem ser reavaliados à luz das novas experiências, trocas e observações. Dessa maneira, poderemos seguir adiante com a confiança recuperada e uma esperança muito mais sólida e possível.

Na primeira semana do mês, a Lua cresce em Libra, buscando a força das parcerias e ressaltando o papel da diplomacia na identificação de quais intenções semeadas na Lua Nova tem mais apoio para se tornarem realidade até a próxima Lua Cheia. Vênus é o regente dessa Lua libriana e sua conjunção com Urano avisa que encontros inesperados podem nos entusiasmar e nos apontar soluções mais criativas. A rotina pode parecer mais pesada nesses dias e há uma tendência à irritabilidade e uma propensão a correr riscos, financeiros inclusive. Abrir espaços para o novo na agenda é recomendável para diminuir a pressão desse aspecto.

Na sexta-feira, dia 04/07, Netuno inicia seu movimento retrógrado pelos graus iniciais de Áries, indicando a necessidade de interiorização. Esse período pede uma sintonia mais fina com o que sentimos, intuímos e sonhamos. Durante essa retrogradação, é essencial entendermos que a realidade é nossa amiga, por mais que possa desmanchar nossas ilusões. A confusão pode ser grande e podemos ter dificuldades para discernir o que é ou não real. Se for viável, é melhor adiarmos decisões importantes, pois nossa avaliação pode estar comprometida. Se não for, precisamos buscar onde está a alternativa mais realista para o momento. Isso não significa renunciar ao que desejamos. Significa, apenas, que é melhor reduzirmos a velocidade das nossas ações e seguirmos com a mais cautela por ora.

Nesse mesmo dia, Vênus ingressa no Signo de Gêmeos. A alegria dos contatos, ainda que superficiais, se manifesta com essa posição. O flerte, seja ele amoroso, com ideias ou com aquisições e investimentos, é a forma escolhida para exercer a sedução. Leveza, curiosidade, humor e simpatia são atributos essenciais para despertar o nosso interesse enquanto Vênus estiver transitando por esse signo.

No sábado, Vênus flerta com Saturno, fazendo com que as obrigações e os compromissos percam seu caráter sisudo. Esse encontro facilita a compreensão das bases dos nossos relacionamentos. Podemos alinhar nossas expectativas com maior facilidade e clareza, reduzindo os riscos de desencontros que possam comprometê-los no futuro.

Os destaques da segunda semana de julho são os contatos realizados por Vênus no domingo e segunda-feira, a mudança de Signo de Urano, e a Lua Cheia em Capricórnio na quinta-feira.

Vênus continua sua conversa com Saturno, iniciada no sábado passado, e convida Netuno e Plutão para dançar. Os contatos harmônicos entre os quatro favorecem a inspiração, a criatividade, a profundidade dos sentimentos e a imaginação romântica. Os relacionamentos, as atividades artísticas e os atos de altruísmo em direção às pessoas amadas estão em alta nesses dias.

A entrada de Urano em Gêmeos no dia 07/07 é uma das grandes viradas do ano de 2025. Juntamente com a mudança de Netuno para Áries e a entrada de Plutão em Aquário, consolida a mudança geracional sob a benção dos aspectos harmônicos entre os três planetas. A última vez que Urano esteve no Signo de Gêmeos foi durante a década de 1940 (1942–1949). Nessa época, vimos nascer a Organização das Nações Unidas (ONU), o fim da Segunda Guerra Mundial e a bomba atômica. A inventividade, a criatividade, a inteligência ágil e brilhante, possibilitou o desenvolvimento acelerado da comunicação entre os povos. Liberdade de pensamentos, mudanças na educação, são correlatas à entrada de Urano em Gêmeos. O bom aspecto entre os três planetas mais lentos tende a mostrar uma fluidez, acelerando as mudanças pedidas pela natureza de Urano.

Ainda nessa semana, no dia 10/07, quinta-feira, a Lua chega a sua fase plena no signo de Capricórnio. Apesar de não estar confortável nesse signo, a Lua, regida por Saturno, ilumina as conquistas concretas, alinhadas com os objetivos e enaltecidas pelo trabalho duro e dedicado. Saturno está em destaque nesse período. Apesar do difícil aspecto com Netuno, que exige muita abnegação e pragmatismo, Saturno se beneficia dos bons aspectos formados por Netuno com Plutão e Urano. Nessa fase, são valorizados os resultados que equilibrem o tradicional e o inovador. A Lua Cheia dessa temporada enaltece a paciência, a dedicação e a beleza dos aprendizados que exigem tempo e experiência.

A segunda quinzena de julho é marcada pelo início das outras duas retrogradações do período. Saturno retrógrado em Áries no domingo, dia 13/07, oferecendo a oportunidade de revermos nossas ações e impulsos, estruturando o nosso autoconhecimento e amadurecendo a nossa liderança. O que esse movimento reduz em velocidade, ele acrescenta em paciência, fortalecendo nossa coragem. Saturno permanecerá retrógrado até o final de novembro. Durante todo esse período, poderemos encontrar muitos obstáculos que testarão nossa firmeza, nossos talentos e nossa maturidade. O ideal é vivenciarmos essa fase com determinação, serenidade, resignação e dedicação. O objetivo é usarmos os aprendizados e as dificuldades desse momento para nos lapidarmos. Fortalecidos, poderemos fazer jus às nossas ambições.

Mercúrio retrógada novamente na sexta-feira, iniciando a segunda das três retrogradações do ano de 2025. Dessa vez, Mercúrio percorrerá o Signo de Leão até o dia 11 de agosto. O poder da nossa fala, o quanto ela reflete quem somos, a informação que ela transmite, como ela ilumina a realidade, tudo isso será revisto nesses dias. É importante, como em toda retrogradação de Mercúrio, estarmos atentos aos nossos deslocamentos, às negociações e aos acordos para evitarmos mal-entendidos e confusões. O início dessa retrogradação, porém, tende a ser mais suave, devido ao bom aspecto entre Mercúrio e Vênus. Sexta-feira e sábado são bons dias para nos divertirmos e relaxarmos um pouco da intensidade dos últimos dias.

Essa tendência é reforçada pela fase Minguante da Lua que se inicia no dia 17/07, um dia antes de Mercúrio iniciar a sua retrogradação. A hora é perfeita para reduzir a velocidade, recolher as informações e começarmos a jornada em direção ao novo ciclo lunar.

A semana começa um pouco mal-humorada com a quadratura entre Vênus e Marte. Esse aspecto pode indicar tanto um aumento na atração entre as pessoas, quanto desentendimentos nos relacionamentos. Tudo depende do que está sob a superfície. Se o relacionamento é sólido e saudável, esse aspecto pode passar quase despercebido. No entanto, se o relacionamento se basear apenas em aparências, as diferenças ficam óbvias ao longo dessa semana.

A Lua balsâmica em Gêmeos ajuda a aliviar um pouco a atmosfera, reforçando o desejo de Vênus por leveza, enquanto provoca a crítica de Marte. Com jeito e sinceridade, é possível contornar e procurar o entendimento. Lembrando sempre que estamos em um período em que o que é ilusório se desfaz diante de nós. Por isso, é melhor sermos honestos em nossas intenções, evitando prometer o que não podemos cumprir.

No dia 22/07, o Sol chega ao Signo de Leão, seu reino por excelência. Aqui, o Sol brilha forte, intenso e poderoso. Entre os dias 22/07 e 22/08, assuntos ligados ao poder pessoal, ao nosso lugar no mundo, à generosidade e ao carisma estarão em evidência. Precisaremos estar atentos à necessidade de equilibrar o nosso desejo de mostrar ao mundo nosso brilho com a importância de abrirmos espaço para que os outros também possam brilhar.

Ao longo dessa semana, o Sol faz bons aspectos com Urano, Saturno, Netuno, opondo-se à Plutão. Essa ciranda iluminada pelo Sol pressupõe que consigamos incentivar o entusiasmo pelo novo, a curiosidade, a liberdade e o idealismo, enquanto aprendemos mais sobre nós mesmos e sobre nosso impacto, observando a reação que provocamos em nosso entorno. Estamos focados e disciplinados, porém, podemos encontrar fortes oposições às nossas posições e até mesmo à nossa maneira de ser. Não é possível contornar esses embates sem usar de transparência e sinceridade. Pode ser que cheguemos à conclusão do quanto estamos agindo de maneira impositiva e autocentrada.

No dia 24/07, começamos um novo ciclo com a Lua Nova em Leão. Essa lunação vem marcada pelos aspectos solares descritos anteriormente. A Lua, unida ao Sol, reforça todas as vantagens e os desafios do Sol. Relacionamentos, trocas e comunicação, são assuntos vitais nesse período. Tudo visto sob a ótica personalíssima do Sol em Leão e pela necessidade das revisões constantes trazidas pelas retrogradações. Para completar, teremos, como pano de fundo as transformações profundas e lentas trazidas pelos trânsitos de Saturno, Urano, Netuno e Plutão. Um período de intenso aprendizado e evolução é o que oferece a Lua Nova desse mês.

A última semana do agitado mês de julho traz apenas dois movimentos significativos, ambos no último dia do mês.

Na quinta-feira, dia 31/07, o Sol se encontra com Mercúrio em Leão. Esse encontro evidencia a comunicação, os deslocamentos, os acordos, as trocas, a palavra e os trabalhos manuais que expressam a nossa originalidade. A conjunção com o Sol intensifica essas áreas e dá relevância à nossa participação e ao nosso papel no desenvolvimento delas.

Ainda na quinta-feira, Vênus muda o tom ao ingressar no Signo de Câncer. A leveza e a versatilidade de Gêmeos cedem lugar ao desejo pela intimidade, pela sensibilidade e pela imaginação. A memória move nossas emoções e tendemos a buscar o afeto na segurança que a familiaridade traz. O período entre os dias 31/07 e 25/08 será ideal para os encontros íntimos, seja eles a dois, com a família ou com os amigos de infância. Se estivermos em busca por companhia para os dias frios de inverno, essas são as melhores ocasiões para encontrarmos pessoas que despertem o nosso desejo de aconchego e sonho.

POSIÇÃO DIÁRIA DA LUA EM JULHO

DIA 01 DE JULHO – TERÇA-FEIRA

● *Nova* ● *em Libra às 18:16 LFC Início às 17:47 LFC Fim às 18:16*

Enquanto a Lua estiver em Libra, na fase atual, é fundamental considerar a aparência e a decoração dos ambientes. Criar um espaço agradável e esteticamente bonito é essencial, especialmente ao incluir as pessoas importantes nas decisões. Além disso, a diplomacia e a cordialidade são pilares para uma convivência harmoniosa tanto em casa quanto no trabalho. Vale ressaltar que profissões relacionadas à estética e à decoração de ambientes estão em alta, e a área de relações públicas é muito procurada. Quando estiver em dúvida, seguir o caminho do meio costuma ser a melhor opção.

• Lua trígono Vênus — 09:33 às 13:52 (exato 11:42)

Neste momento, é uma excelente oportunidade para aprimorar a aparência em todos os aspectos. Investir em estética, roupas, sapatos e maquiagem contribui para um visual mais bonito. Além disso, dar um toque especial nos ambientes ajuda a tornar os encontros mais íntimos e acolhedores.

• Lua trígono Urano — 15:47 às 19:45 (exato 17:47)

Neste momento, a inovação e a criatividade estão em destaque. Isso torna o período excelente para encontros com pessoas do nosso círculo pessoal. Que tal marcar um jantar em um lugar incomum e que estimule experiências e conexões únicas?

• Lua oposição Saturno — 19:54 às 23:52 (exato 21:53)

Neste momento, os critérios de avaliação tendem a estar bastante elevados, o que pode dificultar o alcance das expectativas estabelecidas. Evitar comparações excessivas é importante, pois elas podem intimidar as pessoas durante os diálogos. Além disso, a falta de estrutura nos lugares de diversão é uma questão que deixa a desejar, e a noite pode não corresponder às expectativas criadas.

• Lua oposição Netuno — 20:35 às 00:33 de 02/07 (exato 22:34)

Entregar trabalhos sem revisão é, sem dúvida, uma atitude bastante imprudente. Neste período, a confusão é tanta que documentos podem até parar em lugares inesperados. Portanto, vale a pena acompanhar de perto o andamento do deslocamento e verificar se foi recebido.

• Lua trígono Plutão — 22:27 às 02:25 de 02/07 (exato 00:26 de 02/07)

Neste momento, a intensidade e a beleza se unem em uma combinação perfeita. Não é superficial; é profundo e belo. As relações também se beneficiam dessa conexão mais profunda. Além disso, é um bom momento para finalizar processos e trabalhos.

DIA 02 DE JULHO – QUARTA-FEIRA

☾ *Crescente às 16:29 em 11°09' de Libra* ☾ *em Libra LFC Início às 16:29*

• Lua quadratura Júpiter — 02:23 às 06:26 (exato 04:24)

Neste momento, entrar em uma discussão sem conhecer o assunto pode resultar em uma tremenda dor de cabeça e exigir muito tempo para corrigir a situação. Uma postura de julgamentos pode ser arriscada. Falar menos sempre é mais.

• Lua sextil Mercúrio — 05:18 às 09:40 (exato 07:29)

Neste momento, a comunicação passa pelo coração, e o uso da sinceridade aproxima cada vez mais as pessoas. E é também um ótimo momento para interagir nas redes sociais compartilhando mensagens, imagens e também fazendo palestras e lives.

• Lua quadratura Sol — 14:19 às 18:40 (exato 16:29)

Neste momento, contratempos e contrariedades podem deixar a tarde de sábado com poucas perspectivas de avanço em qualquer atividade. Talvez seja melhor adiar as coisas importantes para mais tarde. Fica mais difícil minimizar conflitos quando existe falta de clareza.

DIA 03 DE JULHO – QUINTA-FEIRA

☾ *Crescente* ☾ *em Libra*

Hoje a Lua não faz aspecto com outros planetas no Céu. Devemos observar as recomendações para a fase e o signo em que a Lua se encontra.

DIA 04 DE JULHO – SEXTA-FEIRA

☾ *Crescente* ☾ *em Escorpião às 06:32 LFC Fim às 06:32*

Enquanto a Lua estiver em Escorpião, neste momento, a tendência é adotar uma abordagem "tudo ou nada", sem meio-termo. Investir em pesquisa e aprofundamento é crucial. Além disso, esta fase é propícia para recriar, reutilizar e reformar, com foco na recuperação. Desapegar do que não serve mais é essencial para transformar as relações. Os desejos e paixões podem surgir intensamente, tornando a vida prazerosa. No entanto, é importante não se concentrar excessivamente em um único assunto.

• Lua quadratura Plutão — 10:44 às 14:46 (exato 12:45)

Neste momento, provocações podem levar à consequências irreversíveis. Desmarcar atividades que envolvam assuntos tensos é uma medida sensata. Sentir algum receio pode ser uma solução para preservar situações que, com o tempo, podem se recuperar.

• Lua trígono Júpiter — 16:02 às 20:10 (exato 18:06)

Bom momento para sair para encontrar pessoas em lugares amplos e cheios de gente, com boa comida e bebida. A alegria e a camaradagem estão no ar, é happy hour. As paixões ficam mais acesas com o olhar. Ideal para aquecer o relacionamento.

• Lua quadratura Mercúrio — 23:16 às 03:39 de 05/07 (exato 01:28 de 05/07)

Observar as palavras antes de serem ditas é um sinal de sabedoria; às vezes, é difícil reparar danos causados por falas impensadas. No calor das emoções, a razão não ajuda. É melhor deixar os posts para mais tarde e as respostas no rascunho para uma revisão posterior.

DIA 05 DE JULHO – SÁBADO

☾ *Crescente* ☾ *em Escorpião*

• Lua sextil Marte — 01:11 às 05:27 (exato 03:19)

A animação é contagiosa quando demonstrada. É muito bom aproveitar a onda de otimismo e aprofundar os assuntos mais importantes. O otimismo desta madrugada também permite que as relações fiquem intensas e motivadas. Além disso, exercícios físicos caem bem.

• Lua trígono Sol — 08:17 às 12:41 (exato 10:29)

Confiança e disposição estão no ar. Com esta clareza, fica mais fácil estar nos relacionamentos e no trabalho, desenrolando tudo o que estava mais complicado. Mostrar conexão com os outros é uma forma rápida de valorização.

DIA 06 DE JULHO – DOMINGO

☾ *Crescente* ☾ *em Sagitário às 19:07 LFC Início às 19:05 LFC Fim às 19:07*

Enquanto a Lua estiver em Sagitário, neste momento, a disposição e a animação estão em alta, acompanhadas de otimismo e confiança. É um período propício para estudar filosofia, aprender línguas, explorar novos destinos, experimentar comidas de outros países e manter conversas com pessoas distantes, como uma forma de enriquecer a experiência. O espírito aventureiro e a necessidade de espaço permeiam todos os aspectos da vida. No entanto, é importante evitar exageros e encontrar um equilíbrio para não ultrapassar os limites. Profissões relacionadas ao ensino de línguas, educação superior e viagens estão em destaque. Mesmo que seja virtualmente, fazer turismo é uma ótima opção.

· Lua oposição Urano — 17:03 às 21:03 (exato 19:05)

A distração é muito grande. Agora é hora de trabalhar em lugares mais silenciosos e com pouca gente. A agenda precisa estar mais espaçada para evitar sobreposição de atividades. Como existe muita energia de dispersão, é bom contar com pessoas mais confiáveis para dar suporte.

· Lua trígono Saturno — 20:53 às 00:53 de 07/07 (exato 22:53)

Agora é possível iniciar um planejamento ou organização. A precaução pode ser uma virtude; deixar tudo planejado com antecedência evita perda de tempo. Uma atitude mais profissional é o que se espera.

· Lua oposição Vênus — 22:25 às 02:48 de 07/07 (exato 00:37 de 07/07)

As pessoas não estão colaborando; em vez disso, estão trazendo mais e mais contratempos. Dizer "não" de forma impessoal costuma dar bons resultados. Talvez seja melhor adiar os encontros. Além disso, a pessoa amada pode não estar muito disponível por razões impessoais.

· Lua sextil Plutão — 23:06 às 03:04 de 07/07 (exato 01:07 de 07/07)

É possível retomar e recuperar assuntos difíceis que estavam aguardando o momento apropriado para serem abordados. A reaproximação entre as pessoas torna-se mais fácil, e a restauração de tudo que envolve a recuperação é bem-feita.

DIA 07 DE JULHO – SEGUNDA-FEIRA

☾ *Crescente* ☾ *em Sagitário LFC Início às 18:30*

· Lua trígono Mercúrio — 15:54 às 20:05 (exato 18:00)

O marketing e o uso das redes sociais para lançamentos de campanhas de vendas ficam muito ágeis e o alcance é grande. A clareza das comunicações impulsiona, e o engajamento é grande. As equipes fazem um trabalho fluido.

·Lua quadratura Marte — 16:24 às 20:33 (exato 18:30)

Muitas situações podem provocar uma atitude precipitada. Organizar tudo antecipadamente e evitar confrontos é algo essencial. Como é mais fácil perder a paciência, optar por fazer exercícios físicos pode ajudar a extravasar a energia.

DIA 08 DE JULHO – TERÇA-FEIRA

☾ *Crescente* ☾ *em Sagitário*

Hoje a Lua não faz aspecto com outros planetas no Céu. Devemos observar as recomendações para a fase e o signo em que a Lua se encontra.

DIA 09 DE JULHO – QUARTA-FEIRA

☾ *Crescente* ☾ *em Capricórnio às 05:54 LFC Fim às 05:54*

Enquanto a Lua estiver em Capricórnio, neste momento, a capacidade de administrar e programar atividades está em alta. Observa-se uma tendência de avaliar tudo com critérios rigorosos e trabalhar intensamente. É um bom momento para demonstrar elegância e sofisticação. Investir em bens duráveis e bem-feitos é uma escolha acertada. No entanto, é importante estar atento aos pensamentos pessimistas e à sensação de escassez. Exigir demais de si mesmo e dos outros pode não ser benéfico.

·Lua quadratura Saturno — 07:40 às 11:30 (exato 09:35)

O mau humor está generalizado, e não podemos esperar cooperação das pessoas. Podemos sentir a sensação de isolamento. É melhor evitar assuntos ou atividades que requeiram profissionalismo neste período. Se a reunião ou atividade for de um assunto delicado, é preferível adiar.

·Lua quadratura Netuno — 08:09 às 11:58 (exato 10:04)

Neste momento, é preciso ter cuidado para não comprometer tudo e evitar cometer erros ou desvios com as pessoas que mais gostamos ou no trabalho. A falta de foco e a ilusão podem atrapalhar. É melhor se dedicar a tarefas mais leves nesta manhã.

·Lua oposição Júpiter — 17:02 às 20:54 (exato 18:58)

A noite parece mais longa quando nada nos interessa, e o foco continua voltado para ao que não foi realizado. A falta de interesse no que estamos fazendo pode aumentar o desinteresse. Não é o momento para falar sobre emoções.

DIA 10 DE JULHO – QUINTA-FEIRA

○ *Cheia às 17:35 em 18º49' de Capricórnio* ○ *em Capricórnio*
LFC Início às 17:37

·Lua trígono Marte — 05:12 às 07:10 (exato 07:10)

Ser proativo é fundamental para se destacar em um ambiente competitivo e dinâmico. Demonstrar coragem e agir sob pressão é esperado, especialmente pela manhã. Exercícios físicos geram prazer e excelentes resultados, contribuindo para o bem-estar.

·Lua oposição Sol — 15:35 às 19:37 (exato 17:35)

Evitar conflitos de interesse pode diminuir discussões e evitar perda de tempo. Ouvir mais e falar menos é uma abordagem ideal. Além disso, observar o ponto de vista dos outros nos permite aprender muito. Os ambientes devem estar muito agitados e é melhor encontrar lugares mais tranquilos para realizar os encontros.

DIA 11 DE JULHO – SEXTA-FEIRA

○ *Cheia* ○ *em Aquário às 14:20 LFC Fim às 14:20*

Enquanto a Lua estiver em Aquário, o anseio por liberdade e criatividade é especialmente direcionado ao coletivo, ao bem maior. A presença marcante das atividades via internet, como o *home office*, proporciona liberdade de local e horário em todo o planeta. Quebrar padrões em todas as esferas torna-se ainda mais fácil, especialmente quando estamos muito acomodados. Valoriza-se muito as atividades autônomas e também as áreas de inovação. No entanto, devido à agitação deste período, a ansiedade pode ser maior. É importante observar e manter uma agenda flexível para incluir espaços para imprevistos.

·Lua trígono Urano — 12:51 às 16:33 (exato 14:42)

É importante reconhecer que inovar e arriscar pode ser valioso. Horário bom para organizar lugares muito entulhados e abrir mais espaço. Além disso, entrar em contato com pessoas de outras áreas e conhecimentos enriquece nossa perspectiva.

·Lua sextil Saturno — 16:04 às 18:44 (exato 17:54)

Este é o momento ideal para aumentar ainda mais a produtividade. A energia da competência impulsiona as atividades, e a excelência se reflete nos resultados. Reuniões de negócios e planejamento são altamente favoráveis, assim como a contratação de pessoal qualificado.

·Lua sextil Netuno — 16:29 às 20:10 (exato 18:19)

A inspiração e o romantismo estão presentes, e é possível ter uma interação mais empática com as pessoas à sua volta, especialmente aquelas que mais amamos. Este é um bom momento para escrever; no entanto, uma imagem pode transmitir mais informações do que um texto. Expressar a arte é fundamental.

·Lua conjunção Plutão — 17:51 às 21:31 (exato 19:41)

Situações-limite podem se romper; olhar com antecedência para situações pesadas e em desacordo pode preservar amizades e posições de trabalho. O confronto pode comprometer o que está em jogo.

DIA 12 DE JULHO – SÁBADO

○ *Cheia* ○ *em Aquário LFC Início às 16:46*

• **Lua trígono Vênus — 04:07 às 08:06 (exato 06:07)**

O momento é ótimo para dar aquela mudada no visual e experimentar coisas novas. Nossa simpatia permite que as coisas saiam com mais facilidade e podemos aproveitar para falar ou escrever para pessoas que estejam mais indiferentes. A simpatia abre portas e encurta caminhos.

• **Lua oposição Mercúrio — 14:52 às 18:37 (exato 16:46)**

Em meio a tantas cobranças, a autoexigência e as expectativas de produtividade alheia estão nas alturas. Para equilibrar, é fundamental aplicar discernimento e usar uma estratégia que conduza para a eficiência.

DIA 13 DE JULHO – DOMINGO

○ *Cheia* ○ *em Peixes às 20:44 LFC Fim às 20:44*

Enquanto a Lua estiver em Peixes, há um favorecimento de atividades holísticas que envolvem meditação, estudos metafísicos e aprofundamento no autoconhecimento. A empatia e o uso de linguagens mais visuais e sensoriais são tendências. É um ótimo momento para iniciar terapias que incluem exploração dos sonhos e do inconsciente. Além disso, a aromaterapia e os florais oferecem respostas excelentes. As áreas de saúde, como medicina e psicoterapia também estão em destaque.

• **Lua quadratura Urano — 19:27 às 23:02 (exato 21:15)**

Evitar conflitos nos protege de situações desconfortáveis, mas também afeta nossa saúde e nossos relacionamentos. Ao evitar conflitos, muitas vezes deixamos de lado nossas próprias necessidades e nos sacrificamos pelos outros. Além disso, a ansiedade pode estar por trás das decisões impulsivas.

DIA 14 DE JULHO – SEGUNDA-FEIRA

○ *Cheia (disseminadora)* ○ *em Peixes*

• **Lua trígono Júpiter — 08:57 às 12:33 (exato 10:45)**

É hora de colocar projetos maiores em ação. A disposição está alta, e o que está planejado continua sendo realizado. As reuniões são muito produtivas. Investir em bens duráveis é uma excelente escolha. Convidar pessoas animadas para o almoço pode ser muito divertido.

• **Lua quadratura Vênus — 14:57 às 18:48 (exato 16:52)**

Quando chega este momento, as coisas não ficam nem fáceis e nem bonitas, o mau humor prevalece, e a dica é não mexer na aparência e nem começar uma reforma ou projeto de decoração, pode ser que não fique como o esperado.

• **Lua oposição Marte — 23:25 às 03:05 de 15/07 (exato 01:15 de 15/07)**

As provocações para embates, em todos os sentidos, devem ser evitadas.

Confrontar também vai dar em um resultado insustentável e leva tempo para curar. Assistir um filme de ação pode distrair e ajudar a relaxar.

DIA 15 DE JULHO – TERÇA-FEIRA

◯ *Cheia (disseminadora)* ◯ *em Peixes LFC Início às 14:10*

· Lua trígono Sol — 12:16 às 16:01 (exato 14:10)

Neste momento, a clareza e a assertividade se unem à inspiração artística. Aproveitar para resgatar e acertar as histórias que estavam desconectadas é inspirador. Além disso, aproximar-se das pessoas torna-se mais fácil, e a conexão é imediata, a empatia está presente.

DIA 16 DE JULHO – QUARTA-FEIRA

◯ *Cheia (disseminadora)* ◯ *em Áries às 01:32 LFC Fim às 01:32*

Enquanto a Lua estiver em Áries, a iniciativa e a coragem estão em alta, permitindo que novos rumos e começos sejam explorados. A atividade física é vigorosa e restauradora, tornando este um ótimo momento para iniciar uma dieta ou se dedicar a atividades que precisem de um empurrãozinho. No entanto, é importante observar o ritmo para não atropelar ninguém ou nenhuma situação. Fique alerta para explosões por impulsividade. Além disso, não deixe para depois o posicionamento nas redes sociais. Seja estratégico e assertivo.

· Lua sextil Urano — 00:26 às 03:55 (exato 02:11)

Clareza e assertividade, aliadas à inspiração artística, são características deste momento, principalmente nas redes sociais. Aproveitar para resgatar e acertar histórias que estavam perdidas costuma dar ótimos resultados. Além disso, aproximar-se das pessoas fica mais fácil, e a conexão é imediata.

· Lua conjunção Saturno — 03:08 às 06:36 (exato 04:52)

Realizar o que precisa ser feito sob pressão é desafiador. O estresse aumenta, mas ainda assim temos que entregar o serviço. Fazer uma lista de prioridades pode fazer a diferença e nos ajudar a dar conta das tarefas.

· Lua conjunção Netuno — 03:30 às 06:58 (exato 05:14)

A confusão pode atrapalhar tudo o que já estava planejado e deixar as pessoas indecisas sobre o que devem fazer. Improvisar não é a melhor opção, pois pode piorar a situação. Seguir o planejamento é mais assertivo.

· Lua sextil Plutão — 04:39 às 08:06 (exato 06:23)

A paixão está no ar, convidando para ficar mais pertinho. A inspiração inunda o lugar e a companhia é muito entrosada. Encontros com olho no olho pedem um programa com lugares mais aconchegantes.

· Lua quadratura Júpiter — 14:17 às 17:47 (exato 16:02)

Começar qualquer atividade de forma exagerada é pedir para dar errado, despende muito dinheiro e energia. Comer demais, fazer exercícios demais, comprar vai sair caro e provavelmente pouco aproveitado. Uma dica legal é aguardar alguns instantes antes de adquirir algo.

·Lua sextil Vênus — 23:51 às 03:35 de 17/07 (exato 01:43 de 17/07)

Aconchego e amorosidade caminham juntos. A colaboração é fluida tanto nas relações pessoais quanto em atividades que envolvem pessoas. Cuidar das pessoas amadas enriquece os laços e tornamos o solo fértil para o mútuo crescimento.

DIA 17 DE JULHO – QUINTA-FEIRA

☽Minguante às 21:38 em 25º40' de Áries ☽ em Áries LFC Início às 21:38

·Lua trígono Mercúrio — 02:37 às 06:03 (exato 04:20)

Comunicação direta e sincera é essencial para manter a clareza das intenções nas relações. É muito importante dizer o que sente. Acordos firmados terão continuidade. As redes são favoráveis para alavancar os projetos pessoais e de trabalho.

·Lua quadratura Sol — 19:47 às 23:26 (exato 21:38)

É prudente esperar passar essas horas para nos posicionarmos, pois não estamos no nosso ponto de equilíbrio para sermos mais neutros e nossa autenticidade não pode ser percebida. Achar um espaço para harmonizar todas essas energias é fundamental.

DIA 18 DE JULHO – SEXTA-FEIRA

☽ Minguante ☽ em Touro às 04:58 LFC Fim às 04:58

Início Mercúrio retrógrado

Enquanto a Lua estiver em Touro, neste momento, dar continuidade e preservar o que já está em andamento é uma estratégia valiosa. As palavras "cautela" e "perseverança" estão em destaque. A busca por segurança em todas as áreas da vida é fundamental, assim como a preocupação com o bem-estar da família. Esse é um bom período para cuidar das finanças pessoais e fazer aplicações seguras. Além disso, considere dar uma atenção especial à decoração da casa para torná-la mais confortável para você e aqueles que estão à sua volta.

·Lua quadratura Plutão — 07:56 às 11:18 (exato 09:37)

A pressão está forte durante a manhã e há muita sobrecarga no trabalho nos confrontos de poder nas relações. O nível de exigência pode ser impossível de ser atingido. Então é importante avaliar se vale a pena continuar ou encarar e deixar ir. Vale a pena o sacrifício?

·Lua sextil Júpiter — 18:14 às 21:39 (exato 19:56)

Momentos de otimismo e alegria estando junto com as pessoas mais próximas. Comemorações nem sempre precisam de motivos. Abundância e prosperidade estão por toda a parte. Happy hour é delicioso e a companhia também é agradável.

DIA 19 DE JULHO – SÁBADO

☽ *Minguante* ☽ *em Touro*

Mercúrio retrógrado

• Lua quadratura Mercúrio — 05:27 às 08:47 (exato 07:07)

Cuidar das palavras é fundamental, o que se fala sem reflexão pode provocar mal-estar. Erros em documentos podem gerar atrasos e mais tempo para finalizar processos, revisar é fundamental. Exercícios respiratórios acalmam e ajudam a iniciar o dia.

• Lua trígono Marte — 10:51 às 14:21 (exato 12:36)

Muita energia fluindo para as atividades do dia. Otimismo e vigor estão disponíveis para começar projetos e atividades físicas. Outro efeito é sentir coragem e fazer o que for necessário para virar o jogo e sair da estagnação. Almoçar junto com quem gosta e namorar é o segredo, traz aproximação.

DIA 20 DE JULHO – DOMINGO

☽ *Minguante* ☽ *em Gêmeos às 07:21 LFC Início às 03:44 LFC Fim às 07:21*

Mercúrio retrógrado

Enquanto a Lua estiver em Gêmeos, neste momento, a curiosidade de saber a respeito de tudo torna tudo importante. É uma fase propícia para estudos e aquisição de novos conhecimentos, especialmente de forma multidisciplinar. A busca por informações em diversos assuntos é relevante. Além disso, a comunicação em todos os meios está em destaque. Vale mencionar que os empregos relacionados às redes sociais estão em alta, como designer de mídias sociais, marketing digital e social media.

• Lua sextil Sol — 01:55 às 05:30 (exato 03:44)

A disposição, tanto física quanto emocional, é fundamental. Quando as pessoas com as quais estamos em contato estão em movimento fluido, isso é garantia de que tudo vai dar certo. A clareza nos relacionamentos também é essencial. Manter-se ativo pode contribuir para o bem-estar integral.

• Lua conjunção Urano — 06:35 às 09:55 (exato 08:15)

Tudo acelera e as interrupções são constantes. A ansiedade também é alta, mas exercícios respiratórios e óleos essenciais ajudam bastante. Adiar eventos para o meio da manhã é uma forma de aliviar. Tomar menos café também é bom e usar óleos essenciais de lavanda e laranja doce podem ajudar muito.

• Lua sextil Saturno — 08:50 às 12:10 (exato 10:30)

O momento é para planejamento, que é uma ferramenta poderosa para alcançar os objetivos e transformar sonhos em realidade. As reuniões são muito produtivas, e o grupo responde muito bem. Um trabalho impecável finaliza o dia. Organizar qualquer área é feito com excelência. Além disso, aproveitar, reaproveitar e reciclar é importante.

• Lua sextil Netuno — 09:12 às 12:32 (exato 10:52)

Pura inspiração, e o trabalho de cura por meio de terapias complementares, em conjunto com a médica, são muito eficazes. A inspiração flui, e fazer algo agradável durante o dia é muito reparador. Passear em um lugar lindo ou ir a um templo ligado à nossa fé traz paz ao coração.

• Lua trígono Plutão — 10:11 às 13:31 (exato 11:51)

Intensidade e paixão podem nos convidar nesta manhã a encontrar aqueles que amamos ou de quem desejamos nos aproximar. Isso pode liberar hormônios como a dopamina e a oxitocina. Tudo fica mais intenso e isso pode contribuir para a produtividade, pois a vivacidade é um recurso que traz bons resultados.

DIA 21 DE JULHO – SEGUNDA-FEIRA

☽ *Minguante (balsâmica)* ☽ *em Gêmeos LFC Início às 16:53*

Mercúrio retrógrado

• Lua sextil Mercúrio — 06:57 às 10:13 (exato 08:35)

Uma oportunidade para conversar com profundidade sobre assuntos de interesse comum. Escrever, fazer palestras e publicar têm um ar impactante e envolvente. O uso de IAs precisa ser criterioso.

• Lua conjunção Vênus — 13:34 às 17:11 (exato 15:22)

Somos mais simpáticos e receptivos e isso abre portas. É um bom momento para encontrar quem amamos ou temos profunda amizade. Se precisamos comprar algo para nós ou nossa casa, é uma oportunidade para encontrar algo perfeito e dentro das nossas finanças.

• Lua quadratura Marte — 15:07 às 18:36 (exato 16:53)

A situação fica pesada e muito desafiante; não dá para confiar nos instintos. Assim, os encontros devem ser com pessoas já conhecidas. Ficar longe de provocações é bem saudável e evita arrependimentos. A cautela evita situações desagradáveis.

DIA 22 DE JULHO – TERÇA-FEIRA

☽ *Minguante (balsâmica)* ☽ *em Câncer às 09:25 LFC Fim às 09:25*

Mercúrio retrógrado

Entrada do Sol no Signo de Leão às 10h29min11

Enquanto a Lua estiver em Câncer, o foco está no autocuidado e na convivência com as pessoas mais próximas. Um dia caseiro ou passado com entes queridos é uma excelente escolha. A boa comida e a companhia tornam a vida mais aconchegante. Além disso, profissões relacionadas a gestantes, bebês e crianças estão em destaque, incluindo áreas como decoração, roupas e alimentos. A culinária gourmet também está em alta. E, ao olhar fotos e vídeos que trazem boas recordações, a nostalgia se faz presente.

• Lua quadratura Saturno — 10:52 às 14:13 (exato 12:33)

A falta de competência e responsabilidade parece estar por toda parte e é desafiador. Parece que nada sai bem-feito e, muitas vezes, é necessário recomeçar do zero. Uma estratégia interessante é deixar assuntos importantes para serem resolvidos no final da tarde, assim otimizando melhores resultados.

• Lua quadratura Netuno — 11:15 às 14:37 (exato 12:56)

Sempre é bom verificar fotos e vídeos antes de publicar, pois depois fica difícil corrigir e evitar constrangimentos. Palavras ditas de forma leviana podem gerar cancelamentos nas redes sociais e um impacto significativo. É recomendável deixar para adquirir alguma coisa em outro momento.

DIA 23 DE JULHO – QUARTA-FEIRA

☽ *Minguante (balsâmica)* ☽ *em Câncer LFC Início às 21:43*

Mercúrio retrógrado

• Lua conjunção Júpiter — 00:13 às 03:39 (exato 01:55)

A madrugada é um período proveitoso e produtivo. A euforia motiva as atividades realizadas, e muitas coisas podem ser concluídas com uma visão ampliada. No entanto, é importante tomar cuidado com os excessos em todos os aspectos, incluindo a alimentação.

• Lua sextil Marte — 19:54 às 23:29 (exato 21:41)

Dá para sermos mais assertivos, mas com a sensibilidade para não exagerar, e assim darmos andamento ou finalizarmos alguma atividade antes que o dia termine. A iniciativa é aceita com facilidade, e a atitude de liderança se torna mais natural. E, quem sabe, essa hora propícia também possa ser o momento certo para um encontro especial.

DIA 24 DE JULHO – QUINTA-FEIRA

● *Nova às 16:11 em 02º08' de Leão* ● *em Leão às 12:41*
LFC Fim às 12:41

Mercúrio retrógrado

Enquanto a Lua estiver em Leão, é impossível ficar no anonimato, pois tudo se destaca de forma exuberante. É uma fase propícia para fazer o que se gosta, incluindo festas, passeios e encontros. Além disso, atividades como jogos são essenciais para o lazer e para aprimorar a destreza manual, especialmente em jogos online. Atitudes nobres, como cuidar dos outros, elevam a alma. Aprender sobre assuntos ligados à arte, como canto, música e teatro, também traz resultados positivos. Vale mencionar que o trabalho nas áreas médicas e de enfermagem, especialmente no cuidado da gestante e da criança, está em alta.

·Lua sextil Urano — 11:55 às 15:24 (exato 13:39)

O dia é muito favorável para dar início a novos projetos com assuntos diferentes dos que já estão acontecendo. É um excelente momento para renovar os contatos pessoais e a imagem social, interagindo nas redes sociais e aproveitando para divulgar trabalhos.

·Lua trígono Saturno — 13:53 às 17:22 (exato 15:37)

Praticidade e segurança garantem uma tarde sofisticada. Se o caso for trabalho, renderá muito, e todos ficarão satisfeitos com o resultado. A seriedade e competência estão presentes e valorizam qualquer atividade.

·Lua trígono Netuno — 14:19 às 17:48 (exato 16:03)

O estado de fluxo atua em todas as áreas, permitindo que tudo aconteça como uma orquestra. Todos e tudo fazem parte da engrenagem da vida, e as atividades ficam mais inspiradas. A satisfação de estar participando de algo alimenta a alma.

·Lua conjunção Sol — 14:18 às 18:03 (exato 16:11)

A tarde promete programas interativos com muita conversa. Iniciar novas amizades pode ser revigorante, tanto pessoalmente quanto nas redes sociais. Transmitir o que se quer pode ser feito com clareza e verdade e é fundamental para construir relacionamentos saudáveis.

·Lua oposição Plutão — 15:15 às 18:43 (exato 16:59)

Agora não é hora para brincadeiras ou para não levar a sério as provocações. Brigas de ego e poder só podem dar errado. Procurar lugares e pessoas de confiança para estar junto é uma ótima estratégia até a onda passar.

DIA 25 DE JULHO – SEXTA-FEIRA

● *Nova* ● *em Leão*

Mercúrio retrógrado

·Lua conjunção Mercúrio — 10:15 às 13:40 (exato 11:57)

Atividade mental acelerada pode atrapalhar um serviço bem-feito. Revisar antes de publicar é necessário. É um momento excelente para o brainstorming, pois a aceleração dos pensamentos traz muitas informações, mas é importante alternar momentos de relaxamento.

DIA 26 DE JULHO – SÁBADO

● *Nova* ● *em Virgem às 17:55 LFC Início às 08:02 LFC Fim às 17:55*

Mercúrio retrógrado

Enquanto a Lua estiver em Virgem, cuidar da saúde e da alimentação torna-se um pouco mais fácil. Optar por produtos naturais e orgânicos é uma excelente escolha. Além disso, recorrer a roupas leves, meditação, alongamento, ioga e caminhadas ao ar livre é uma boa pedida, além de serem práticas muito saudáveis. Aproveite também para conseguir organizar diversos aspectos da vida, desde papéis até gavetas. Reduzir o consumo de alimentos industrializados, glúten e açúcar contribui para uma melhora integral na qualidade de vida. Este é um bom momento para iniciar atividades que exigem atenção aos detalhes.

·Lua sextil Vênus — 06:02 às 10:00 (exato 08:02)

Encanto e simpatia estão no ar. As pessoas tendem a estar mais acessíveis e colaborativas. A simpatia abre portas, pois já é sábado e a diversão é garantida. Os lugares mais cheios de pessoas agradáveis e com comida boa devem lotar.

·Lua quadratura Urano — 17:29 às 21:10 (exato 19:19)

Mudanças repentinas de humor estão por toda parte e podem colocar a perder trabalhos em andamento ou reuniões. É melhor escolher uma alimentação leve para que a digestão seja suave. Estar ao ar livre pode ajudar a aliviar o estresse.

DIA 27 DE JULHO – DOMINGO

● *Nova* ● *em Virgem*

Mercúrio retrógrado

·Lua sextil Júpiter — 12:02 às 15:51 (exato 13:56)

É maravilhoso quando as pessoas se reúnem para compartilhar alegrias e momentos especiais. A generosidade e a empatia são como raios de sol que iluminam nossos dias. E dançar? Ah, é uma forma incrível de expressão e de se conectar com o próprio corpo.

DIA 28 DE JULHO – SEGUNDA-FEIRA

● *Nova* ● *em Virgem LFC Início às 21:57*

Mercúrio retrógrado

·Lua conjunção Marte — 13:40 às 17:44 (exato 15:42)

Ouvir o que as pessoas estão querendo falar é de suma importância. Evitar o confronto é sábio. Muitas vezes se está querendo a mesma coisa, porém de forma diferente. Fazer exercícios físicos libera muita energia e pode fazer bem.

·Lua quadratura Vênus — 19:48 às 00:05 de 29/07 (exato 21:57)

A noite não está muito fácil; as pessoas não colaboram e os relacionamentos podem ficar um pouco frios e a comunicação aberta é essencial. Não ter expectativas é uma forma de lidar e continuar o dia. Melhor mexer na aparência e na decoração outra hora.

DIA 29 DE JULHO – TERÇA-FEIRA

● *Nova* ● *em Libra às 02:42 LFC Fim às 02:42*

Mercúrio retrógrado

Enquanto a Lua estiver em Libra, a palavra de ordem é conciliar e equilibrar as atividades. Suavizar a rotina com leveza e beleza traz uma sensação de bem-estar e a possibilidade de uma convivência harmônica. O alimento emocional aqui são os encontros e as relações. Tudo faz mais sentido quando estamos juntos. Além disso, ver o outro lado das pessoas e dos acontecimentos nos ajuda a entender como certas coisas estão ocorrendo, permitindo atitudes mais ponderadas e diplomáticas. Este é um momento propício para cuidar da aparência com o visagismo.

·Lua trígono Urano — 02:23 às 06:18 (exato 04:21)

Insights e ideias brotam a toda hora. É melhor anotá-los, pois muitas vezes geram bons trabalhos. A criatividade, aliada à beleza, é geradora de novas possibilidades. Suas selfies para as redes sociais vão ficar ótimas, assim como a legenda.

·Lua oposição Saturno — 04:06 às 08:00 (exato 06:03)

Cobranças de todo lado. A autoexigência e a expectativa em relação à produtividade das outras pessoas estão altas, só compensando com discernimento. Lidar com desafios nas relações interpessoais pode ser complicado, mas lembre-se de que a comunicação aberta e a empatia são essenciais para manter conexões saudáveis.

·Lua oposição Netuno — 04:41 às 08:36 (exato 06:39)

Não dá para viajarmos nas ideias imaginárias que venham de outras pessoas. É melhor sermos mais realistas e andarmos por onde já conhecemos e com quem já é experiente. Podemos nos deixar levar por alguma ideia muito fora do comum e acabamos caindo em uma furada. Caso tenhamos de tomar alguma decisão, é mais confiável deixar para uma hora em que estejamos mais confiantes.

·Lua trígono Plutão — 05:37 às 09:32 (exato 07:34)

Começo do dia com temperatura alta, é um ótimo momento para encontros e estreitar os relacionamentos. Se existem pendências para acordos, é hora de finalizá-las. Aproveite esse momento para se conectar com as pessoas e resolver o que for necessário sobre assuntos que estão precisando de aprofundamento.

·Lua sextil Sol — 14:08 às 18:25 (exato 16:16)

A tarde vai ser ótima quando incluirmos a liberdade de sermos nós mesmos. Lembre-se de que a verdadeira liberdade está em ser autêntico e permitir que o novo entre em nossa vida. Boas perspectivas e oportunidades prazerosas ocorrem no respeito mútuo.

·Lua sextil Mercúrio — 21:19 às 01:03 de 30/07 (exato 23:11)

Sentimos que temos capacidade de negociar e vender. A engenhosidade também está a nosso favor, dando uma mãozinha na linha de pensamento e na observação acerca do que está ao nosso redor. A curiosidade e criatividade aguçadas ajudam a buscar novas percepções, novos caminhos e oportunidades.

·Lua quadratura Júpiter — 22:57 às 02:59 de 30/07 (exato 00:58 de 30/07)

Final de noite muito tenso e sem graça. Nada está bom, as pessoas e os lugares, de certo modo, estão desconfortáveis e com falta de eficiência. Às vezes, é melhor ficar em casa e ver um bom filme para relaxar e descarregar as tensões.

DIA 30 DE JULHO – QUARTA-FEIRA

● *Nova* ● *em Libra*

Mercúrio retrógrado

Hoje a Lua não faz aspecto com outros planetas no Céu. Devemos observar as recomendações para a fase e o signo em que a Lua se encontra.

DIA 31 DE JULHO – QUINTA-FEIRA

● *Nova* ● *em Escorpião às 14:24 LFC Início às 00:58 LFC Fim às14:24*

Mercúrio retrógrado

Enquanto a Lua estiver em Escorpião, a escolha de se aprofundar no que estamos fazendo e investigar é a melhor opção. Não podemos mais fazer vista grossa ou deixar as coisas para lá. É o momento de realizar tarefas e trabalhos que exigem foco e profundidade. Além disso, é importante evitar encontros ou reuniões com interesses ocultos ou pessoas manipuladoras. Esta fase favorece profissões relacionadas à cura, medicina, psicologia, restauração e reformas.

·Lua trígono Vênus — 13:37 às 18:06 (exato 15:51)

Agora é a oportunidade de melhorar a situação com uma atitude produtiva em direção ao sucesso. Lembre-se de que a escolha de ferramentas e pessoas eficientes é a solução para dar continuidade aos compromissos assumidos.

·Lua quadratura Plutão — 17:18 às 21:20 (exato 19:19)

Falando em pavio curto, as energias estão no limiar de estourar, e não vai ser fácil se conter. Mantenha-se de bom astral e não corra riscos, como, por exemplo, estourando com quem não tem nada a ver com a situação. Lidar com a raiva e o estresse pode ser desafiador, mas manter a calma e a empatia é fundamental para evitar conflitos desnecessários.

Agosto 2025

Domingo	Segunda-feira	Terça-feira	Quarta-feira	Quinta-feira	Sexta-feira	Sábado
					1 ☽09º31' ♏	2
					Lua Crescente em Escorpião às 09:40 Mercúrio retrógrado	Lua Crescente em Escorpião LFC Início às 22:08 Mercúrio retrógrado
3 ♐	4	5 ♑	6	7 ♒	8	9 ○16º59' ♒
Lua Crescente em Sagitário às 03:00 LFC Fim às 03:00 Mercúrio retrógrado	Lua Crescente em Sagitário Mercúrio retrógrado	Lua Crescente em Capricórnio às 14:03 LFC Início às 12:29 Fim às 14:03 Mercúrio retrógrado	Lua Crescente em Capricórnio LFC Início às 14:39 Mercúrio retrógrado	Lua Crescente em Aquário às 22:17 LFC Fim às 22:17 Mercúrio retrógrado	Lua Crescente em Aquário Mercúrio retrógrado	Lua Cheia em Aquário às 04:54 LFC Início às 04:56 Mercúrio retrógrado
10 ♓	11	12 ♈	13	14 ♉	15	16 ☾23º36' ♉ ♊
Lua Cheia em Peixes às 03:49 LFC Fim às 03:49 Mercúrio retrógrado	Lua Cheia em Peixes LFC Início às 03:55 Fim Mercúrio retrógrado	Lua Cheia em Áries às 07:32 LFC Fim às 07:32	Lua Cheia em Áries LFC Início às 19:55	Lua Cheia em Touro às 10:21 LFC Fim às 10:21	Lua Cheia em Touro	Lua Minguante em Touro às 02:12 Lua Gêmeos às 13:00 LFC Início às 02:12 Fim às 13:00
17	18 ♋	19	20 ♌	21	22	23 00º22' ♍
Lua Minguante em Gêmeos	Lua Minguante em Câncer às 16:04 LFC Início às 08:54 Fim às 16:04	Lua Minguante em Câncer	Lua Minguante em Leão às 20:16 LFC Início às 09:28 Fim às 20:16	Lua Minguante em Leão LFC Início às 15:13	Lua Minguante em Leão Entrada do Sol no Signo de Virgem às 17h33min36	Lua Nova em Virgem às 03:05 Lua em Virgem às 02:23 LFC Fim às 02:23
24	25 ♎	26	27 ♏	28 ♏	29	30 ♐
Lua Nova em Virgem	Lua Nova em Libra às 11:07 LFC Início às 10:54 Fim às 11:07	Lua Nova em Libra LFC Início às 23:07	Lua Nova em Escorpião às 22:26 LFC Fim às 22:26	Lua Nova em Escorpião	Lua Nova em Escorpião LFC Início às 21:48	Lua Nova em Sagitário às 11:04 LFC Fim às 11:04
31 ☽08º07' ♐						
Lua Crescente em Sagitário às 03:25						

Mandala Lua Cheia Mês de Agosto

Lua Cheia
Dia: 09/08
Hora: 4:54
16º59' de Aquário

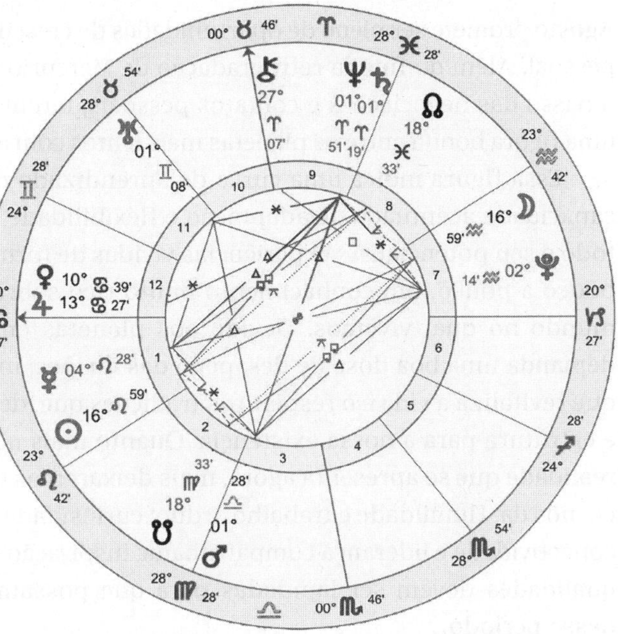

Mandala Lua Nova Mês de Agosto

Lua Nova
Dia: 23/08
Hora: 3:05
00º22 de Virgem

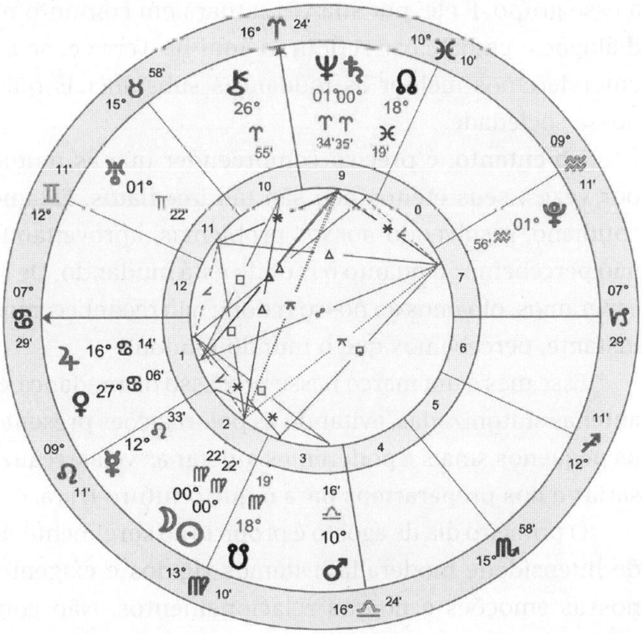

CÉU DO MÊS DE AGOSTO

Agosto promete ser pleno de oportunidades de crescimento e desenvolvimento pessoal. Além do fim da retrogradação de Mercúrio que nos ajuda a retomar o passo das negociações e contatos pessoais, teremos a formação no Céu de uma figura bonita entre os planetas mais lentos com a participação de Saturno.

Essa figura indica uma curva de aprendizado dinâmica, que exige uma capacidade acentuada de adaptação e flexibilidade para ser aproveitada em todo o seu potencial. As experiências vividas de forma consciente acumulam, pouco a pouco, um conhecimento muito rico sobre nós mesmos e sobre o mundo no qual vivemos. Devido aos planetas envolvidos, essa evolução demanda uma boa dose de desapego das ilusões, uma abertura para o novo que revitaliza a vida e o respeito às tradições que, de fato, trazem significado e estrutura para a nossa existência. Quanto mais nos debatermos diante da realidade que se apresenta agora, mais deixaremos escapar os presentes que ela nos dá. Humildade e trabalho árduo; curiosidade e inteligência inovadora; conectividade e liderança compartilhada; inspiração e bom senso: todas essas qualidades devem ser lapidadas para que possamos aproveitar o melhor desse período.

Essa formação servirá de ponto fixo dos movimentos celestes. A partir de agora, os planetas mais rápidos do Céu conversarão com ela a cada movimentação. É como se estivéssemos diante de um conselho estrelar. Os outros planetas, ao longo de agosto, provocarão, se aconselharão ou pedirão bênçãos a esse grupo. E ele, por sua vez, atuará em conjunto na resposta dada. Esses diálogos e embates se refletirão aqui na Terra e, se acompanharmos o Céu, entenderemos melhor as mudanças substanciais que testemunharemos na nossa sociedade.

No entanto, é preciso compreender que as mudanças são processos e, por vezes, seus efeitos não são tão imediatos. Estamos cuidando do nosso cotidiano, resolvendo nossos problemas, aproveitando nossas conquistas e não percebemos o quanto o mundo está mudando. De repente, quando menos esperamos, olhamos ao nosso redor e não reconhecemos o que vemos. Naquele instante, percebemos que o mundo mudou.

Esse mês é um marco nesse processo de mudança. Se mantivermos nossas antenas sintonizadas, evitando as polarizações presentes para o mês, veremos os pequenos sinais e poderemos ajustar as velas, realizar as mudanças necessárias e nos prepararmos para o que o futuro trará.

O primeiro dia de agosto é propício ao surgimento de conflitos e discussões de intensidade moderada. Estamos rígidos e exigentes, querendo controlar nossas emoções e nossos relacionamentos. Não compramos o brilho das promessas feitas, por mais sinceras que pareçam. Nossa mente teima em afirmar que tem razão. O problema é que toda a razão do mundo não parece fazer muita diferença diante do que estamos sentindo. E ninguém parece estar disposto a ceder e acomodar outra perspectiva nessa sexta-feira.

Esse sentimento é reforçado pelo desentendimento entre Vênus, Saturno e Netuno. Esse aspecto pede ajustes, concessões, demonstrações concretas e pode, por tudo isso, trazer uma dose de estresse para o início do final de semana. Vênus deseja intimidade e aconchego, enquanto Saturno responde cobrando autossuficiência e responsabilidade, deixando pouco espaço para a dedicação que Vênus deseja. Ao mesmo tempo, o contato desarmônico entre Vênus e Netuno amplifica as fantasias românticas, gerando modelos impossíveis de se imitar na vida real. O resultado desse desencontro é nos sentirmos solitários e insatisfeitos. Embora não seja aconselhável tomarmos nenhuma decisão nesses dias, o choque de realidade pode no ajudar e perceber o quanto nossas relações contribuem para que nos sintamos apoiados e protegidos.

Segunda-feira, dia 04/08, finalmente, a figura entre Saturno, Netuno, Plutão e Urano se completa com a formação do trígono entre Urano e Plutão. Os tempos estão maduros para as mudanças acontecerem com maior facilidade. Percebemos, com uma clareza extrema, o que precisa ser abandonado, o que precisa ser regenerado e o que deve ser, radicalmente, modificado. As rupturas, se ocorrerem, se dão com menos sofrimento porque entendemos que é a hora certa para acontecerem. Também estamos curiosos para saber o que está por vir e como serão os desdobramentos do que vemos surgir nesse período. Como no começo de uma nova jornada, estamos curiosos e um pouco assombrados diante do desconhecido.

No dia 07/08, Marte ingressa no Signo de Libra. Essa não é a posição mais confortável para o planeta da ação, da assertividade e da coragem, mas talvez seja a melhor para o período. Em Libra, Marte precisa ponderar sua agressividade, colocando-a a serviço da justiça e da proporção. Entre os dias 07/08 e 22/09, o desconforto diante dos conflitos nos obriga a calibrar o impulso de defender um desejo, um ponto de vista ou um território. A diplomacia e a capacidade de compreender as motivações alheias serão nossas aliadas nessa fase. O desafio é encontrar como progredir em direção aos nossos objetivos sem ceder demasiadamente. Equilíbrio, resistência pacífica e o desenvolvimento de uma diplomacia assertiva são chaves para esse período.

A boa notícia é que, ao ingressar em Libra, Marte estabelece um bom aspecto com Urano e Plutão. Ele é o primeiro combustível para as mudanças que estão pedindo para nascer. Inquietude, ambição e coragem nos impulsionam a experimentar novas vivências que antes teriam sido impensáveis, desvelando e descobrindo aspectos nossos pelo caminho.

É claro que mudanças desse porte e alcance não ocorrem sem resistência. E o Céu descreve esse fato por meio do conflito entre Marte, Saturno e Netuno. Podemos nos sentir cansados, irritados, desencorajados e/ou tentados a encontrar atalhos que não gerem tanto desgaste. No entanto, temos que nos munir de paciência, resiliência, coragem e habilidade para contornar os conflitos e obstáculos, permanecendo firmes no caminho reto e transparente. Por mais que nos encontremos diante de opositores que não se importam de usar críticas duras ou enganos para nos desencorajar, minando nossa autoconfiança, devemos prosseguir. E prosseguir usando a inteligência, a diplomacia, o diálogo, a argumentação serena e sincera, evitando, assim, acumular raivas e mágoas debilitantes. As recompensas compensarão nosso esforço.

A Lua Cheia no sábado, em Aquário, pode sinalizar o clímax desse confronto intenso. O Céu está propício a valorizar os objetivos de longo prazo, que trazem resultados testados e bem embasados. O que tiver sido feito visando o benefício do grupo, considerando o equilíbrio das necessidades conflitantes, terá maior chance de receber aprovação e reconhecimento. Marte simboliza a nossa garra e vontade. É ele que atua como a força propulsora das mudanças que emergem nessa fase lunar.

Apesar de ainda reverberar as tensões da semana passada, essa semana traz mais alívio e oportunidades. Segunda-feira, dia 11/08, Mercúrio retoma seu movimento direto ainda em Leão. O período de revisão chegou a seu final e podemos prosseguir. Também nesse dia, Vênus faz conjunção com Júpiter, beneficiando todos os tipos de encontros e relacionamentos favorecendo, inclusive, os ganhos financeiros. Esse ótimo aspecto permanece ativo até a quarta-feira, quando os trânsitos mais difíceis da semana passada já tiverem perdido sua força.

No dia 12/08, terça-feira, outro aspecto reforça o clima positivo da semana. Mercúrio e Marte formam um sextil, acelerando e multiplicando as atividades do dia. A energia da terça-feira é mais bem aproveitada se nos concentrarmos em trabalhos em que tenhamos maior autonomia. Esse aspecto estará vigente por um tempo acima do padrão, prolongando-se até meados da próxima semana. Portanto, escolher bem os projetos aos quais queremos nos concentrar nesses dias é importante para o nosso sucesso.

Esses aspectos ocorrem durante a fase disseminadora da Lua, ampliando o alcance de nossas ações. São dias perfeitos para assumirmos a liderança, divulgando nossos objetivos, conquistas e posicionamentos.

No sábado, a Lua mingua em Touro, sinalizando que é hora de fechar o ciclo e descansarmos. O que está feito, está feito. O que não foi obtido nessa lunação deve ser recolhido e guardado para a próxima. O que aprendemos, o que perdemos, o que ganhamos, tudo deverá ser visto, descartado ou mantido, de acordo com o seu valor intrínseco.

A semana de 17/08 a 23/08 apresenta poucas variações no Céu. A Lua continua sua dança pelos signos e nos dá a oportunidade de nos acalmarmos durante sua fase balsâmica.

Na sexta-feira, dia 22/08, dois movimentos importantes ocorrem simultaneamente. O Sol ingressa em Virgem, ressaltando, até o dia 22/09, a importância da eficiência, da análise criteriosa, do cuidado com os detalhes e de atribuir o lugar apropriado para cada um e a cada coisa, para que tudo possa prosperar.

Logo nos primeiros graus de Virgem, porém, o Sol se desentende com Urano, sacudindo, de repente, a nossa rotina. Esse final de semana é propenso a imprevistos, exigindo de nós adaptabilidade e flexibilidade. O ideal é deixarmos mais espaços livres na agenda e reduzirmos as expectativas, seguindo o fluxo proposto por esses dias.

Como esse aspecto ocorre exatamente na Lua Nova, ele nos alerta que o próximo ciclo lunar, iniciado nesse sábado, dia 23/08, é marcado pelas surpresas e imprevistos. A Lua em Virgem, conjunta ao Sol, também quadra Urano, exigindo cuidado diante de reações abruptas e disruptivas. Estamos mais inquietos e rebeldes, desejando mais liberdade e independência sem considerarmos o custo, para nós e para os outros. Sendo assim, é preferível evitarmos ultimatos, pressionarmos decisões e demandarmos obediência rígida às regras e normas. A alternativa mais saudável para o período é estimularmos a experimentação e a criatividade.

A estrela da última semana de agosto é o planeta Vênus. Ele avança em sua jornada e chega ao Signo de Leão, na segunda-feira, dia 25/08. Durante a sua passagem por esse signo, o que nos seduz é sermos valorizados e apreciados pelo que somos. Nossas escolhas recaem sobre aquilo que intensifica nosso brilho, aumenta nosso poder e realce nosso status.

Depois de Marte, é a vez de Vênus visitar o conselho estrelar. Entre segunda-feira e quinta-feira, Vênus formará uma aliança com Saturno, Urano e Netuno e se desentenderá com Plutão. Esse desenho indica que estamos confortáveis com a realidade e com as nossas responsabilidades. Entendemos que é possível atuar de forma criativa em busca do ideal sonhado, mesmo em meio às limitações. Tendemos a compreender melhor os outros, suas dificuldades e suas lutas. Abrimos espaço para amizades e contatos que nos estimulem e nos renovem. Por outro lado, há uma intensidade acentuada e as relações podem sofrer com excessos, ressentimentos ocultos e emoções inconscientes que irrompem, nos obrigando a lidar com sombras, nossas e da relação, que preferíamos não encarar. Aqui, a chave é a transparência construtiva. Se conseguirmos manifestar o que sentimos de maneira sincera e construtiva, poderemos transformar chumbo em ouro.

POSIÇÃO DIÁRIA DA LUA EM AGOSTO

DIA 01 DE AGOSTO – SEXTA-FEIRA

☾ *Crescente às 09:40 em 09º31' de Escorpião* ☾ *em Escorpião*

Mercúrio retrógrado

·Lua quadratura Mercúrio — 06:01 às 09:50 (exato 07:56)

É melhor sair mais cedo de casa, pois existe a possibilidade de haver tráfego intenso ou prejudicado. Além disso, paira no ar certo nervosismo fazendo com que as pessoas fiquem menos bem-humoradas. Cuidado com a dispersão no trabalho, prejudicando o foco e a produtividade.

·Lua quadratura Sol — 07:28 às 11:53 (exato 09:41)

Período pouco benéfico para conversas difíceis. A capacidade de análise está prejudicada pelas emoções, que dominam. Isso pode prejudicar algumas decisões. Certifique-se de esclarecer bem qualquer situação, tenha paciência e haja com bom senso.

·Lua trígono Júpiter — 12:21 às 16:28 (exato 14:25)

À tarde, o clima é de colaboração! As atividades fluem melhor. Bom período para eventos e feiras internacionais. Aqui apostamos na sorte e ficamos mais ousados, confiantes, podendo, por causa desta atitude, ter maiores chances de bons negócios. Confie.

DIA 02 DE AGOSTO – SÁBADO

☾ *Crescente* ☾ *em Escorpião LFC Início às 22:08*

Mercúrio retrógrado

·Lua sextil Marte — 19:59 às 00:13 de 03/08 (exato 22:08)

Aproveite para executar um trabalho que exija maior autonomia. Tenha iniciativa, tome a dianteira e se sobressairá. Isso vale também para os afetos; dar o primeiro passo, ser espontâneo e verdadeiro na expressão das emoções pode dissipar tensões nos relacionamentos. Aproveite!

DIA 03 DE AGOSTO – DOMINGO

☾ *Crescente* ☾ *em Sagitário às 03:00 LFC Fim às 03:00*

Mercúrio retrógrado

Enquanto a Lua estiver em Sagitário, o otimismo está no ar! Queremos aventuras, viver momentos fora da rotina, viajar, sonhar transpondo os limites do lugar comum! Gastamos mais conosco e com o outro, pois o sentimento de generosidade nos visita. Faça as mudanças e ajustes que sua alma pede. Incentive, nos outros ao seu redor, o sentimento de otimismo e confiança. Evite cirurgias no fígado, coxas, quadris, ciático, vias respiratórias, pernas, braços e mãos.

·Lua oposição Urano — 02:58 às 06:59 (04:59)

Momento de muita agitação. Se tem oscilações de pressão arterial, alimente-se de coisas leves e com pouco sal no jantar. Evite nervosismo. Se seu relacionamento está desgastado, evite confrontos pois podem levar a rupturas bruscas. Busque o relaxamento.

·Lua trígono Saturno — 04:08 às 08:07 (06:07)

Saturno aqui alivia um pouco a tensão, ajudando-nos a estabilizar os vínculos que estão sob tensão. Para quem trabalha neste período é favorável manter a disciplina necessária para a execução do trabalho. Seja objetivo.

·Lua trígono Netuno — 04:54 às 08:54 (06:54)

O dia vem chegando e traz um clima de romantismo. Isso favorece a aproximação entre pessoas, valorizando as uniões já existentes. Há cooperação, tolerância, afabilidade, inclusive no trabalho. Momento favorável para quem trabalha com imagem. Maior intuição e sintonia!

·Lua sextil Plutão — 05:45 às 09:45 (exato 07:45)

O dia desperta a nossa força, nossa predisposição à transformação! Boa oportunidade para recuperar relacionamentos, perdoando e desfazendo as mágoas que pode haver. Olhe para a frente! No trabalho, retomar projetos e tarefas que estavam de lado tem chances maiores de êxito!

·Lua trígono Mercúrio — 15:06 às 18:52 (exato 16:59)

Tarde em que a palavra toca o outro. Desta forma, se precisa dizer algo, encontrará as palavras certas para ter uma conversa. Além disso, há favorecimento para expressar a emoção. A fluidez no contato com as pessoas beneficia quem trabalha na área comercial e relações públicas.

DIA 04 DE AGOSTO – SEGUNDA-FEIRA

☾ Crescente ☾ em Sagitário

Mercúrio retrógrado

·Lua Trígono Sol — 01:02 às 05:20 (03:11)

Período propício para encontros, sendo especialmente benéfico para casais com diferenças significativas, facilitando o entendimento mútuo e a resolução de conflitos. Percebemos nitidamente e aceitamos as coisas como elas realmente são.

DIA 05 DE AGOSTO – TERÇA-FEIRA

☾ Crescente ☾ em Capricórnio às 14:03 LFC Início às 12:29 LFC Fim às 14:03

Mercúrio retrógrado

Enquanto a Lua estiver em Capricórnio, prevalece uma atmosfera de responsabilidade, dever e também de comprometimento. Há um predomínio de visões pessimistas e comportamento cauteloso, com as pessoas se mostrando econômicas e conscientes de suas obrigações financeiras. Evite cirurgia da coluna, vesícula, abdômen, articulações, joelho, dentes, olhos, pele, útero e mamas.

·Lua quadratura Marte — 10:26 às 14:29 (exato 12:29)

No trabalho, há pouca paciência para tarefas demoradas. Priorize atividades que possam ser realizadas com maior autonomia. Colocar pressão ou usar autoridade pode causar ressentimentos. Prefira tarefas que você possa concluir sozinho para evitar tensões.

·Lua quadratura Saturno — 14:58 às 18:48 (exato 16:53)

A tarde reforça a sensação de que as horas não passam, de que o dia está pesado. Algumas tarefas precisarão ser refeitas. Prefira trabalhar isoladamente pois estamos mais pessimistas e impacientes. Pode haver cansaço físico. Tente se hidratar bastante.

·Lua quadratura Netuno — 15:49 às 19:38 (exato 17:44)

Terminamos o dia com baixa produtividade. No ar, permanece a sensação de insegurança e tristeza. A falta de concentração nos visita podendo causar perdas de objetos. Seja paciente, pois a tendência aqui é esperarmos mais do outro do que ele tem condições de nos dar.

DIA 06 DE AGOSTO – QUARTA-FEIRA

☾ *Crescente* ☾ *em Capricórnio LFC Início às 14:39*

Mercúrio retrógrado

·Lua oposição Vênus — 01:32 às 05:43 (03:38)

O melhor aqui é um jantar leve e ir dormir cedo. A carência que este período provoca pode levar a comer mais doces e cometer outros abusos na alimentação. Para as mulheres que têm muitas cólicas durante a menstruação, pode haver intensificação do desconforto.

·Lua oposição Júpiter — 12:44 às 16:34 (exato 14:39)

Não exagere nas visões ansiadamente positivas dos planos, pois realizá-los pode não ser viável. A insatisfação nos ronda, fazendo com que fiquemos menos produtivos. Procure manter um ritmo de trabalho leve neste período.

DIA 07 DE AGOSTO – QUINTA-FEIRA

☾ *Crescente* ☾ *em Aquário às 22:17 LFC Fim às 22:17*

Mercúrio retrógrado

Enquanto a Lua estiver em Aquário, a eletricidade está em alta e podemos ter *insights* reveladores! Nos atrai o inconvencional. O desapego nos visita e nos ajuda a sair de situações de dependência, vícios ou pessoas que não nos acrescentam mais. Há menor tolerância para situações que nos restringem.

Evite marcar cirurgia de varizes, veias, artérias, vasos, tornozelos, região lombar e no coração.

·Lua trígono Marte — 21:40 às 01:29 de 08/08 (exato 23:35)

O dia termina com excelente disposição física. Além disso, há um senso de oportunidade que nos inspira. Se precisa fazer procedimentos cirúrgicos pequenos, há certa facilidade na cicatrização. Se tiver a oportunidade, procure encorajar outra pessoa; isso fortalecerá o vínculo da relação.

·Lua trígono Urano — 22:29 às 02:08 de 08/08 (exato 00:19 de 08/08)

Se está em um relacionamento, surpreenda seu amor com um gesto inesperado. A chama de uma relação pode aquecer diante de um convite para uma atividade diferente. Se está só, saia sem a menor expectativa, bem livre e solto para lugares novos. O acaso pode surpreender!

·Lua sextil Netuno — 23:53 às 03:31 de 08/08 (exato 01:42 de 08/08)

Se você está sozinho, aqui, Netuno também está facilitando as coincidências, os encontros ao acaso. Não planeje nada, não espere nada, entregue-se às situações. Para quem tem um relacionamento, o romantismo está proporcionando momentos idílicos.

DIA 08 DE AGOSTO – SEXTA-FEIRA

☾ *Crescente* ☾ *em Aquário*

Mercúrio retrógrado

·Lua conjunção Plutão — 00:36 às 04:14 (02:25)

Para quem trabalha neste período, a capacidade de foco está ampliada, favorecendo a produtividade. É também um momento em que o sono é restaurador, favorecendo qualquer recuperação física. Há a probabilidade de reconciliações entre casais afastados.

·Lua oposição Mercúrio — 05:05 às 08:37 (exato 06:51)

O dia começa com muita agitação no trabalho, levando à muita conversa e pouca produtividade. Alguns equipamentos podem apresentar falhas, portanto faça testes antes de alguma reunião. Muito cuidado com as palavras, fale pouco e seja contido nas opiniões, pois pode ser mal interpretado.

DIA 09 DE AGOSTO – SÁBADO

○ *Cheia às 04:54 em 16º59' de Aquário* ○ *em Aquário LFC Início às 04:56*

Mercúrio retrógrado

·Lua oposição Sol — 02:59 às 06:49 (exato 04:56)

Momento para se evitar brigas e conflitos. Deve-se, aqui, ter cautela e cuidar de todos os aspectos dos relacionamentos, sejam pessoais ou profissionais. Não permitir que as provocações nos afetem é a melhor atitude neste período.

DIA 10 DE AGOSTO – DOMINGO

○ Cheia ○ em Peixes às 03:49 LFC Fim às 03:49

Mercúrio retrógrado

Enquanto a Lua estiver em Peixes, há mais disponibilidade para a contemplação. Estamos mais passivos, sensíveis, calmos e até mesmo mais preguiçosos. É tempo de solidariedade e boa vontade com o outro. Há também um ar idílico e romântico, aproximando pessoas. Evite cirurgias nos pés. Previna-se antes para fortalecer a sua imunidade. Caso ela esteja baixa, cheque os glóbulos brancos.

· Lua quadratura Urano — 04:06 às 07:36 (05:51)

Grávidas podem ter os partos antecipados. Nesta noite, a agitação pode perturbar algumas pessoas. Se estiver dirigindo, evite velocidade alta ou acima da faixa segura onde está conduzindo. Se está trabalhando pode se surpreender com muitas interrupções. Mantenha a serenidade.

DIA 11 DE AGOSTO – SEGUNDA-FEIRA

○ Cheia ○ em Peixes LFC Início às 03:55

Fim Mercúrio retrógrado

· Lua trígono Vênus— 00:18 às 04:04 (exato 02:11)

Charme e sedução no ar, se aproxime de seu amor! A afetividade nos visita. Cuidado com os gastos excessivos com produtos de beleza e com as compras online! Se está trabalhando, realize primeiro a tarefa que mais aprecia, deixando as mais entediantes para depois.

· Lua trígono Júpiter — 02:09 às 05:39 (exato 03:55)

Criar um clima de aventura, de diversão, pode fazer bem ao relacionamento, que nos encontra mais generosos com quem amamos. Estamos mais equilibrados emocionalmente, mais bem-humorados, facilitando o momento e nos aproximando dos nossos vínculos próximos.

DIA 12 DE AGOSTO – TERÇA-FEIRA

○ Cheia ○ em Áries às 07:32 LFC Fim às 07:32

Enquanto a Lua estiver em Áries, ficamos mais corajosos, dinâmicos e espontâneos. Bom período para praticar esportes competitivos. Como estamos mais francos e impulsivos é preciso ter cuidado no trato com as relações pessoais e profissionais. Bom momento para cobrar devedores. Evite cirurgias nos rins ou na região da cabeça.

· Lua conjunção Saturno — 07:51 às 11:15 (exato 09:33)

O dia começa propiciando muita determinação, disciplina, disposição, levando-nos a ser mais produtivos. Encontramos uma forma melhor de organizar o tempo e a distribuição de atividades. Se precisa iniciar algum tratamento de longo prazo, incluindo dieta, este momento é ideal.

· Lua sextil Urano — 07:53 às 11:18 (exato 09:36)

Neste momento, é provável que tenhamos *insights* que ajudarão a perceber as soluções para problemas existentes. É possível que surja alguém de fora, ou mais jovem, que proporcione que vejamos as coisas sobre uma ótica criativa.

· Lua conjunção Netuno — 08:53 às 12:17 (exato 10:35)

Use a sua intuição. Se trabalha em equipe e deseja adesão das pessoas visando um objetivo, este é um momento auspicioso para conseguir, pois há um clima de cooperação maior. Capriche no visual de seus trabalhos ou apresentações.

· Lua sextil Plutão — 09:32 às 12:56 (exato 11:14)

Momento de aproveitar a oportunidade para propor ou realizar mudanças radicais. Bom também para tratar de assuntos de natureza profunda e transformadora. Se está pensando em abandonar hábitos nocivos, este é um período particularmente auspicioso. Aproveite!

· Lua oposição Marte — 11:51 às 15:24 (exato 13:38)

Atenção a este período de intolerância. Esta agressividade se manifesta, sobretudo, nas relações, nas situações em que interagimos com o outro, e que tendem a reagir a nós com hostilidade. Todos estamos vulneráveis à hostilidade. Portanto, use a razão para evitar brigas.

· Lua trígono Mercúrio — 13:15 às 16:42 (exato 14:58)

A tarde favorece as negociações comerciais, contratos ou questões que exigem detalhamento ou contenham muitos itens. Se quer divulgar algo, lançar um produto, uma campanha, publicar algo, este momento é bastante favorável.

DIA 13 DE AGOSTO – QUARTA-FEIRA

○ *Cheia (disseminadora)* ○ *em Áries LFC Início às 19:55*

· Lua quadratura Júpiter — 06:07 às 09:34 (exato 07:50)

O dia começa com um otimismo grande no ar. Há tendência a superestimar as expectativas, portanto tenha cautela para não haver desmotivação em função da insatisfação que paira. Há um sentimento de carência, ocasionando quebras de compromissos, como dietas. A indolência nos visita.

· Lua quadratura Vênus — 08:11 às 11:53 (10:02)

A indolência vem acompanhada do desejo de maior gratificação podendo ocasionar gastos caros ou com supérfluos, pois temos menor tolerância às frustrações. Evite aumentos de preços, cobranças. Evite realizar procedimentos estéticos; é possível que fique insatisfeita.

· Lua sextil Sol — 18:05 às 21:42 (exato 19:55)

Aqui, nossas emoções estão mais equilibradas. Estamos mais bem-dispostos. Se trabalha diretamente com o público, sua intuição para perceber as expectativas e receptividade das pessoas está aguçada. Há clareza do que ele precisa e quer.

DIA 14 DE AGOSTO – QUINTA-FEIRA

○ Cheia (disseminadora) ○ em Touro às 10:21 LFC Fim às 10:21

Enquanto a Lua estiver em Touro, a tônica é o bem-estar, e o desejo por segurança material e afetiva aumenta. Nos inclinamos a querer proteger nossos bens materiais e nossos vínculos afetivos. Tendência ao conservadorismo, evitando-se novidades. Evite as cirurgias na região da garganta — incluindo a tireoide —, nos órgãos genitais femininos, na próstata, uretra, bexiga, reto e intestino.

·Lua quadratura Plutão — 12:15 às 15:37 (exato 13:56)

Nesta tarde, evite levar as situações para o lado pessoal. Nas crises, tenha um comportamento mais diplomático. No trabalho podem ocorrer também rivalidades decorrentes de disputas de poder nas relações, o que pode resultar em prejuízo da produtividade. Nesse momento, evite negócios e investimentos de risco.

·Lua quadratura Mercúrio — 17:04 às 20:32 (exato 18:48)

Momento em que, no trabalho, o excesso de conversa e comunicações podem diminuir a concentração e a produtividade. Deixe para outro momento a divulgação de notícias, comunicados, informações. Nas relações, lembrar de ressentimentos não leva ao entendimento.

DIA 15 DE AGOSTO – SEXTA-FEIRA

○ Cheia (disseminadora) ○ em Touro

·Lua sextil Júpiter — 09:31 às 12:56 (exato 11:41)

Atente para o surgimento de bons negócios imobiliários, seja por valorização dos imóveis existentes ou então pela oportunidade de aquisição de imóveis que podem vir a se valorizar. Favorável para expandir negócios de exportação, representação em locais geográficos diferentes e novos pontos de venda.

·Lua sextil Vênus — 15:25 às 19:06 (exato 17:16)

Bom período para ter diagnóstico ou tratar dos hormônios e do sistema reprodutivo. Se pensa em engravidar, aproveite a oportunidade e tente! O clima é de charme e sedução que convidam à aproximação. Promova um encontro romântico com o seu amor!

DIA 16 DE AGOSTO – SÁBADO

☽ Minguante às 02:12 em 23º36' de Touro ☽ em Gêmeos às 13:00
LFC Início às 02:12 LFC Fim às 13:00

Enquanto a Lua estiver em Gêmeos, é oportuno fazer anotações de procedimentos, aceitar e nutrir as ideias, realizar trabalhos que requeiram esforço mental. Pense antes de seguir o impulso de falar, para não dizer algo de verdade efêmera. Bom momento para falar sobre temas delicados, ou dialogar sobre sentimentos nos relacionamentos. Evite cirurgia no fígado, bacia, ciático coxas, pernas, braços, mãos e vias respiratórias.

· Lua quadratura Sol — 00:23 às 04:00 (exato 02:12)

Momento inapropriado para ter conversas difíceis, ou tentar reconciliações. A compreensão e o entendimento entre as pessoas estão desfavoráveis. Se for inevitável, aja com muita lucidez e bom senso porque o cuidado e o empenho têm que ser maiores para esclarecer qualquer situação.

· Lua sextil Saturno — 12:57 às 16:19 (exato 14:38)

Momento favorável para realizar obras, consertos na casa, contratar pessoas para a realização de serviços para a casa ou mesmo realizar atividades na área imobiliária. Há determinação, aproveite para empenhar-se em ações cujo resultado é em longo prazo! Contatar pessoas aqui beneficia a continuidade da relação.

· Lua conjunção Urano — 13:29 às 16:52 (exato 15:11)

Sopram os ventos da despreocupação; estamos menos sensíveis aos acontecimentos que permeiam o nosso redor. Momento ideal para romper com hábitos que queremos nos descondicionar, fazer mudanças na rotina, tais como mudar a alimentação e eliminar vícios. Bom para mudança de ou em casa.

· Lua sextil Netuno — 14:12 às 17:35 (exato 15:53)

Para quem trabalha com imóveis é um momento favorável, sobretudo quando se trata de propriedades perto da praia ou de águas. O acaso está no ar, proporcionando encontros. Bom momento para fazer tratamentos imunológicos, químicos ou tomar vacinas.

· Lua trígono Plutão — 14:49 às 18:12 (exato 16:31)

Reencontros de todo tipo estão em alta! Bom momento para recuperar a saúde, pois aqui o corpo responde bem aos tratamentos. Consertos, obras em casa, restaurações são bem-sucedidos. Muito bom para fazer uma desintoxicação do corpo.

· Lua sextil Mercúrio — 21:46 às 01:20 de 17/08 (exato 23:33)

Se precisa conversar sobre temas sensíveis, ter um diálogo difícil, aproveite este momento para buscar um entendimento. Aproveite para tomar decisões, ter atitudes e firmar resoluções pois sua sensação de capacidade está aumentada.

· Lua trígono Marte — 22:00 às 01:33 de 17/08 (exato 23:47)

Tudo o que demanda iniciativa, atitude, coragem está em um bom momento. As questões que demandam esses sentimentos e que foram adiadas estão favoráveis. Período propício para tentar engravidar, pois a fertilização está favorecida. Partos também são facilitados.

DIA 17 DE AGOSTO – DOMINGO

☽ *Minguante* ☽ *em Gêmeos*

Hoje a Lua não faz aspecto com outros planetas no Céu. Devemos observar as recomendações para a fase e o signo em que a Lua se encontra.

DIA 18 DE AGOSTO – SEGUNDA-FEIRA

☽ *Minguante* ☽ *em Câncer às 16:04 LFC Início às 08:54 LFC Fim às 16:04*

Enquanto a Lua estiver em Câncer, queremos ficar mais em casa, em família, entre os nossos. Nos sentimos mais protetores, amorosos, sensíveis, emotivos. Estar com amigos de longa data, testados pelo tempo, nutre nossa alma. A carência pode chegar e buscamos o aconchego das pessoas que participam da nossa intimidade. Evite cirurgia no abdômen, estômago, vesícula, mamas, útero, ossos, articulações, pele e olhos.

• Lua sextil Sol — 07:02 às 10:43 (exato 08:54)

Período de equilíbrio interior. Clareza com aceitação das situações. A energia agradável, a vitalidade nos visita. Se tem algum projeto, alguma ideia que vinha guardando aproveite e crie uma oportunidade para desenvolvê-lo ou apresentá-lo; potencial desenvolvimento exitoso à vista!

• Lua quadratura Saturno — 15:50 às 19:15 (exato 17:32)

Período em que o pessimismo nos visita. Visitamos as nossas frustrações o que nos leva a ficarmos críticos, insatisfeitos. O melhor a se fazer é evitar o contato com as pessoas. Procure ser impessoal, racional no trabalho e no trato com as relações, evitando julgamentos.

• Lua quadratura Netuno — 17:13 às 20:39 (exato 18:56)

Baixa objetividade e falta de atenção geram esquecimentos o que pode resultar em erros de cálculos, dados, prazos. Portanto, convém checar as informações emitidas e recebidas para evitar equívocos. Possibilidade de contrair e espalhar infecções. Se preciso, providencie cuidados necessários.

DIA 19 DE AGOSTO – TERÇA-FEIRA

☽ *Minguante* ☽ *em Câncer*

• Lua quadratura Marte — 03:40 às 07:18 (exato 05:29)

Momentos de muita ansiedade, afetando quem já tem sensibilidade estomacal ou dores de cabeça. Evite alimentos pesados, estimulantes ou ácidos. O sono pode estar disruptivo. Momento desfavorável para tentar uma gravidez.

• Lua conjunção Júpiter — 17:16 às 02:47 de 20/08 (exato 19:02)

O bom humor nos visita. Período favorável para assuntos ligados à justiça e, também, para as atividades acadêmicas. Aqui, já se pode tentar engravidar. Os partos ocorrem com mais facilidade. O sentimento de confiança nos faz acreditar que podemos mais!

DIA 20 DE AGOSTO – QUARTA-FEIRA

☽ *Minguante (balsâmica)* ☽ *em Leão às 20:16*

LFC Início às 09:28 LFC Fim às 20:16

Enquanto a Lua estiver em Leão, é quando queremos luz, brilho! Desejamos festa, alegria, diversão e, sobretudo, homenagens. Mais autocentrados, gostamos de palco, de sermos destaque, de nos sentirmos especiais. A prioridade é fazer o que se gosta, mas cuidado com os exageros nos gastos. Evite cirurgia de coração, veias, varizes, capilares, tornozelos e na região lombar.

· Lua conjunção Vênus — 07:31 às 11:22 (exato 09:28)

Queremos nos gratificar! Será prazeroso também comprar objetos novos para casa, embelezando-a. Bom para socializar. Que tal encontrar-se com uma amiga para um café da manhã, antes do trabalho? Um sentimento de harmonia nos envolve, facilitando acordos e resolução de conflitos.

· Lua trígono Saturno — 19:48 às 23:19 (exato 21:33)

Usar bem o tempo neste momento é útil para o resultado, a produtividade. Tire aquele projeto da mente, coloque-o no papel e trace as primeiras ações! Administração em alta! Se está em um relacionamento, estreite os laços propondo planos comuns.

· Lua sextil Urano — 20:53 às 00:26 de 21/08 (exato 22:40)

Novidades no caminho! Fique atenta para as oportunidades! Tem um projeto inovador? Crie oportunidade para ele se colocar. Nas relações, o que alivia as tensões é ser autêntico, mas seja gentil. Aproveite para alterar maus hábitos de saúde.

· Lua trígono Netuno — 21:22 às 00:54 de 21/08 (exato 23:08)

O clima é de sedução! Se quer se (re)aproximar de alguém, crie um clima, uma abordagem encantadora, mágica, sutil. Nos relacionamentos existentes é maior a pré-disposição para se fazer concessões e ceder.

· Lua oposição Plutão — 22:01 às 01:33 de 21/08 (exato 23:47)

Período em que o radicalismo e a passionalidade nos visitam. Todo o cuidado é pouco para evitarmos reações explosivas. Melhor controlar-se, pois estamos todos reativos com as demonstrações de força e poder excessivas. Moderação é a dica.

DIA 21 DE AGOSTO – QUINTA-FEIRA

☽ *Minguante (balsâmica)* ☽ *em Leão LFC Início às 15:13*

· Lua sextil Marte — 10:50 às 14:36 (exato 12:43)

Agilidade nas atividades. Nos sentimos mais corajosos, então aproveite para tomar decisões e agir. Este é um momento auspicioso para manter ou conquistar espaço, participando de concorrências. Fique atento às oportunidades e aproveite-as.

·Lua conjunção Mercúrio — 13:15 às 17:11 (exato 15:13)

Comunicação em alta! Troque e-mails, faça contato com os clientes. Se trabalha com comércio, aproveite para se dedicar mais às vendas! Se tem que negociar algo, este momento é bastante favorável. Bom também para trocar ou vender seu carro!

DIA 22 DE AGOSTO – SEXTA-FEIRA

☽ *Minguante (balsâmica)* ☽ *em Leão*

Entrada do Sol no Signo de Virgem às 17h33min36

Hoje a Lua não faz aspecto com outros planetas no Céu. Devemos observar as recomendações para a fase e o signo em que a Lua se encontra.

DIA 23 DE AGOSTO – SÁBADO

● *Nova às 03:05 em 00º22' de Virgem* ● *em Virgem às 02:23*

LFC Fim às 02:23

Enquanto a Lua estiver em Virgem, é hora de cuidarmos da nossa saúde, de nossos hábitos de alimentação e das nossas atividades físicas. Há um sentimento de intolerância à ineficiência, à negligência e à desordem. A simplicidade da vida nos permeia e nutre, fazendo com que o mais viável, o menos, prevaleça sobre o mais, possibilitando a saída para questões complicadas. Evite cirurgias no aparelho gastrointestinal e nos pés.

·Lua conjunção Sol — 01:06 às 05:06 (exato 03:05)

A Lua Nova indica um momento onde as coisas começam a ganhar forma, portanto, é o momento de observar o que plantamos, acompanhar o florescimento, o desenvolvimento e ir verificando as possibilidades. Só depois, então, teremos melhores condições de decidir.

·Lua quadratura Urano — 03:06 às 06:48 (exato 04:57)

Cuidado ao ingerir medicamentos novos, pois pode haver reações inesperadas do organismo. Neste período, não pressione a si nem aos outros para tomada de decisões; isso pode originar rupturas inadequadas. Pode ocorrer cancelamento de patrocínios e contratos.

DIA 24 DE AGOSTO – DOMINGO

● *Nova* ● *em Virgem*

·Lua sextil Júpiter — 07:18 às 11:09 (exato 09:13)

Busca conquistar mercados geograficamente distantes? Esse é um bom momento para algo desse tipo. A formação intelectual está no ar, sendo um momento auspicioso para participar ou mesmo realizar treinamentos e workshops. Atenção: alguém em posição de vantagem pode ajudar você profissionalmente.

DIA 25 DE AGOSTO – SEGUNDA-FEIRA

● Nova ● em Libra às 11:07 LFC Início às 10:54 LFC Fim às 11:07

Enquanto a Lua estiver em Libra, é tempo de gentileza e diplomacia, de propor um olhar sobre as afinidades e, não, as diferenças. As parcerias profissionais, pessoais, de negócios estão em alta. Reconciliar-se, buscar o equilíbrio nas relações, é muito positivo. Podemos conhecer alguém através da apresentação de outras pessoas então, socialize, faça networking. Evite cirurgia na região da cabeça e nos rins.

· Lua sextil Vênus — 08:44 às 13:01 (exato 10:54)

Se quer renegociar salários ou negociar preços fique atento à oportunidade que este momento pode oferecer e aproveite! Para tudo use a diplomacia e a cortesia. Aderir a ideias e realizar acordos é facilitado devido ao clima de harmonia e humor agradável de todos.

· Lua oposição Saturno — 10:04 às 13:55 (exato 12:00)

Menor tendência à colaboração entre as pessoas, fechando-as em seus assuntos. Se puder, evite estar em entrevistas de emprego e de avaliação de desempenho. Se tem questões de saúde mal curadas, pode ter alguns desconfortos. Cuide-se, preserve-se.

· Lua trígono Urano — 11:55 às 15:48 (exato 13:55)

Que tal procurar um cliente novo? Propor alternativas fora da rotina pode ser positivo. Período que ajuda a mudança de hábitos nocivos à saúde, mudança de tratamentos. É possível que um tratamento experimental ou alternativo seja mais eficiente.

· Lua oposição Netuno — 12:07 às 16:00 (exato 14:04)

Passividade e uma certa sonolência podem nos tornar menos produtivos. Convém checar seus compromissos, confirmando-os, porque a tendência é de que o outro não se organize bem ou esqueça. A distração está no ar.

· Lua trígono Plutão — 12:51 às 16:44 (exato 14:48)

Pode haver uma segunda chance de ser chamada para executar uma atividade que parecia, até agora, deixada de lado. Pode haver maior proximidade com pessoas em posições de poder. Se tiver alguma proposta que foi negada anteriormente, tente reapresentar.

DIA 26 DE AGOSTO – TERÇA-FEIRA

● Nova ● em Libra LFC Início às 23:07

· Lua conjunção Marte — 09:20 às 13:30 (exato 11:25)

O dia começa com energia e disposição emocional para empreendimentos desafiadores. Uma palavra, ou comportamento sincero que motive seus pares no trabalho, será muito bem-vinda! Este momento é auspicioso para quem tem atitudes ousadas e se antecipa.

·Lua quadratura Júpiter — 18:22 às 22:23 (exato 20:22)

Cuidado para não se endividar gastando dinheiro que ainda não tem com coisas de que não precisa. Cautela com a quantidade de desperdício. Evite iniciar coisas que demandem maior empenho e dedicação. Cuidado com a carência — não desmereça os vínculos mais próximos.

·Lua sextil Mercúrio — 20:48 às 01:24 de 27/08 (exato 23:07)

Aproveite para lançar um livro, realizar uma exposição, ou outra produção cultural, se for o caso. Se precisa ter uma conversa sobre assuntos delicados, aproveite este momento; sopram os ventos do bom diálogo e do entendimento. Planeje melhor os horários: menos estresse, mais saúde.

DIA 27 DE AGOSTO – QUARTA-FEIRA

● *Nova* ● *em Escorpião às 22:26 LFC Fim às 22:26*

Enquanto a Lua estiver em Escorpião, as paixões e os desejos fortes nos acometem. A desconfiança paira despertando o sentimento de ameaças e suspeitas, muitas vezes sem fundamento. Se busca algum diagnóstico, é um período que apresenta muita assertividade. Segredos podem ser revelados. Evite cirurgias nos órgãos genitais, bexiga, uretra, próstata, intestino, reto, garganta, tireoide e cordas vocais.

Hoje a Lua não faz aspecto com outros planetas no Céu. Devemos observar as recomendações para a fase e o signo em que a Lua se encontra.

DIA 28 DE AGOSTO – QUINTA-FEIRA

● *Nova* ● *em Escorpião*

·Lua quadratura Plutão — 00:09 às 04:10 (exato 02:09)

Atenção aos gatilhos! Os sentimentos de traição, exclusão e abandono nos visitam, podendo prejudicar o bom relacionamento existente. Os mais intensos podem sentir mais ciúme e investir em controle e posse do ser amado. Evite tais sentimentos, acalme-os e durma cedo.

·Lua quadratura Vênus — 02:33 às 07:02 (exato 04:47)

Seja mais persistente na dieta, nos exercícios e nos gastos. Este é um período no qual as escolhas se tornam difíceis. Pode ocorrer que as pessoas que normalmente nos apoiam não estejam disponíveis nesse momento. No trabalho, certa letargia pode influenciar as pessoas e, com isso, reduzir a produtividade.

·Lua sextil Sol — 07:15 às 11:38 (exato 09:27)

Maior harmonia entre os casais. Para os que são muito diferentes entre si, aproveitem para conciliar harmoniosamente suas diferenças! Bom momento para que os mais inseguros ou dependentes ajam com mais autonomia e expressem, assim, um potencial escondido.

DIA 29 DE AGOSTO – SEXTA-FEIRA

● *Nova* ● *em Escorpião LFC Início às 21:48*

· Lua trígono Júpiter — 07:34 às 11:41 (exato 09:37)

Estamos mais felizes, de bom humor e otimistas. Para quem trabalha com eventos que envolvem um grande público, incluindo outras localidades mais distantes, bom momento para realizá-los. Bom para viagens de longa distância.

· Lua quadratura Mercúrio — 19:23 às 00:10 de 30/08 (exato 21:48)

No trabalho, assuntos sem importância desviam o foco do que é importante. Evite assinar contratos ou realizar negociação imobiliária. Adie compra, troca ou venda de carros e pequenos equipamentos eletrônico, pois as informações pertinentes podem estar incorretas ou imprecisas.

DIA 30 DE AGOSTO – SÁBADO

● *Nova* ● *em Sagitário às 11:04 LFC Fim às 11:04*

Enquanto a Lua estiver em Sagitário, como estamos otimistas, nossas expectativas estão altas e esperamos o melhor dos outros. Tudo parece possível. Realizar congressos, conferências, cursos tem maior chance de êxito. Ativadas as áreas de comércio internacional e de turismo. Benéfico para participar de concursos, exames. Evite cirurgias no fígado, coxas, quadris, ciático, vias respiratórias, pernas, braços, mãos.

· Lua trígono Saturno — 09:18 às 13:19 (exato 11:18)

A objetividade, o bom senso, a pontualidade e a disciplina para fazer o que é preciso nos torna mais comprometidos para executar até mesmo os trabalhos que demandam mais esforço. Período de maior foco na avaliação dos negócios e capacidade de escolha dos mais viáveis.

· Lua trígono Netuno — 11:52 às 15:53 (exato 13:52)

Período favorável para divulgação ou lançamento de filmes, músicas, shows. Os produtos com boa produção visual atraem. No ar, sensibilidade, romantismo e encantamento envolvem as pessoas em um clima de inspiração, imaginação e solidariedade.

· Lua oposição Urano — 11:58 às 16:00 (exato 13:59)

Nem tudo é encantador! Cautela para não pressionar ninguém, pois algumas pessoas podem estar estressadas, instáveis, imprevisíveis. Imprevistos, cancelamentos inesperados podem ocorrer abruptamente. Dica: evite estresse! Seja como a água: adapte-se e deixe seguir o caminho.

· Lua trígono Vênus — 21:57 às 02:25 de 31/08 (exato 00:11 de 31/08)

O clima muda! O romance e a sedução chegam e aproximam as pessoas. Vá a um bar, restaurante, cinema, show. O importante é que a decoração seja de bom gosto, e que tenha pessoas bonitas. Para os casais, promovam um encontro romântico e cheio de charme e amor!

DIA 31 DE AGOSTO – DOMINGO

☾ *Crescente às 03:25 em 08º07' de Sagitário* ☾ *em Sagitário*

·Lua quadratura Sol — 01:13 às 05:35 (exato 03:25)

Aqui é possível haver um conflito entre o propósito e as necessidades emocionais. Há tensão ao mesmo tempo em que há desejo sexual. Mais aconselhável seria aproveitar o bom deste início de madrugada e ir dormir cedo, para evitar desarmonia.

·Lua sextil Marte — 16:46 às 20:58 (exato 18:52)

Estamos mais animados, com a disposição em alta! Como estamos mais rápidos para tomar decisões, podemos atrair negociações melhores. Alguém sugeriu um encontro de forma inesperada? Se foi aceito de forma instintiva, serão momentos com sabor de aventura. Aproveite!

Setembro 2025

Domingo	Segunda-feira	Terça-feira	Quarta-feira	Quinta-feira	Sexta-feira	Sábado
	1 ♑	2	3	4 ♒	5	6
	Lua Crescente em Capricórnio às 22:44 LFC Início às 22:39 Fim às 22:44	Lua Crescente em Capricórnio	Lua Crescente em Capricórnio	Lua Crescente em Aquário às 07:31 LFC Início às 07:09 Fim às 07:31	Lua Crescente em Aquário LFC Início às 17:52	Lua Crescente em Peixes às 12:54 LFC Fim 12:54
7 ○ 15º21' ♓	8 ♈	9	10 ♉	11	12 ♊	13
Lua Cheia em Peixes às 15:08 Eclipse Lunar às 15:08 em 15º21' de Peixes	Lua Cheia em Áries às 15:36 LFC Início às 14:45 Fim às 15:36	Lua Cheia em Áries	Lua Cheia em Touro às 17:03 LFC Início às 03:54 Fim às 17:03	Lua Cheia em Touro	Lua Cheia em Gêmeos às 18:38 LFC Início às 17:15 Fim às 18:38	Lua Cheia em Gêmeos
14 ☾21º52' ♊ ♋	15	16	17 ♌	18	19 ♍	20
Lua Minguante em Gêmeos às 07:33 Lua em Câncer às 21:30 LFC Início às 19:47 Fim às 21:30	Lua Minguante em Câncer	Lua Minguante em Câncer	Lua Minguante em Leão às 02:19 LFC Início às 00:14 Fim às 02:19	Lua Minguante em Leão	Lua Minguante em Virgem às 09:24 LFC Início às 09:22 Fim às 09:24	Lua Minguante em Virgem
21 29º05' ♍ ♎	22	23	24 ♏	25	26 ♐	27
Lua Nova em Virgem às 16:54 Lua em Libra às 18:40 LFC Início às 16:54 Fim às 18:40 Eclipse Lunar às 16:54 em 29º05' de Virgem	Lua Nova em Libra Entrada do sol no Signo de Libra às 15h19min04	Lua Nova em Libra LFC Início às 13:03	Lua Nova em Escorpião às 06:00 LFC Fim às 06:00	Lua Nova em Escorpião	Lua Nova em Sagitário às 18:36 LFC Início às 14:45 Fim às 18:36	Lua Nova em Sagitário
28	29 ☽ 07º05' ♑	30				
Lua Nova em Sagitário	Lua Crescente em Capricórnio às 20:53 Lua em Capricórnio às 06:54 LFC Início às 02:45 Fim às 06:54	Lua Crescente em Capricórnio				

Mandala Lua Cheia Mês de Setembro

Lua Cheia
Dia: 7/09
Hora: 15:08
15º21' de Peixes

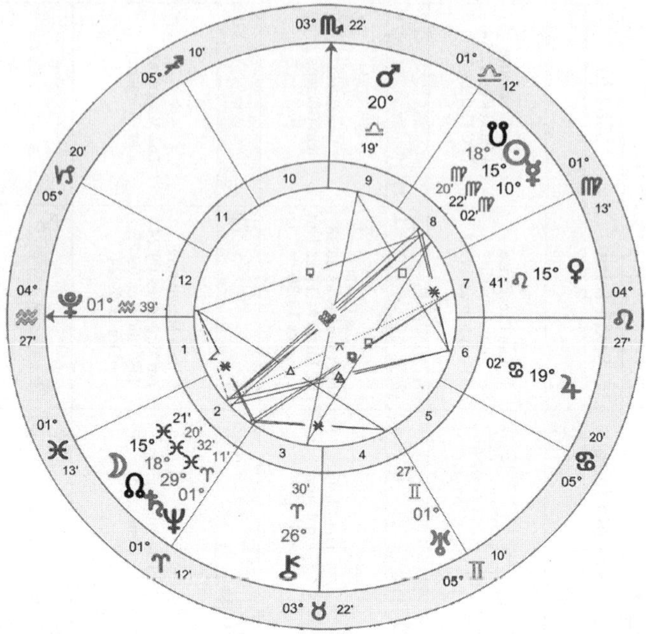

Mandala Lua Nova Mês de Setembro

Lua Nova
Dia: 21/09
Hora: 16:54
29º05' de Virgem

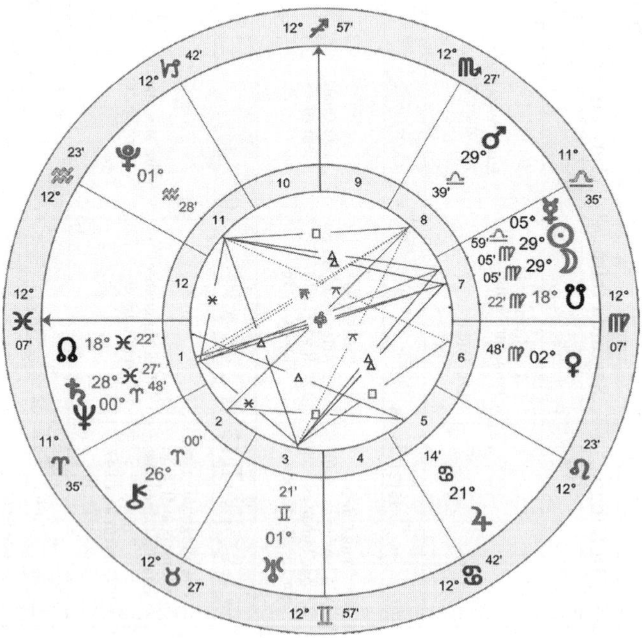

CÉU DO MÊS DE SETEMBRO

A primavera enfeita as cidades e nos recorda de que a impermanência é a matéria que constrói o tempo. A maior parte do ano ficou para trás, e precisamos fazer um acerto de contas entre nossas metas e resultados. O que ainda for possível ser feito poderá ser aprimorado e priorizado. Da mesma maneira, é necessário identificar o que precisará ficar para outro momento. Dessa forma, usaremos nossas energias da maneira mais proveitosa possível. O Céu se mantém aberto a acordos, mesmo que as concessões sejam necessárias para apaziguarmos vaidades e reduzirmos as oposições aos nossos projetos.

O mês abre com o Sol em Virgem, facilitando a análise crítica e a tarefa, por vezes difícil, de identificar qual semente tem potencial para prosperar no solo que temos diante de nós. Temos uma divisão clara no Céu: de Mercúrio a Júpiter, todos estão diretos, enquanto a retrogradação abrange de Saturno a Plutão. Isso pode indicar que nossas iniciativas pessoais encontram espaço para progredir em setembro. No entanto, o contexto em que estamos inseridos passa por uma revisão profunda. Sendo assim, precisamos de sensibilidade para perceber até onde podemos empurrar os limites para evitar um rebote e o retrocesso. O mesmo vale para o nosso espírito crítico, por mais bem-intencionado que sejamos.

O eixo Virgem/Peixes está em evidência este mês, repetindo os temas que foram levantados em março. Setembro também apresenta um novo ciclo de eclipses, sendo que, desta vez, ocorrendo exclusivamente nos Signos de Peixes e Virgem. Purificação é um tema recorrente para o Signo de Virgem. Remover o inútil, o supérfluo, até chegar à essência da experiência. Seu signo oposto, Peixes, embora prefira o mundo interior e a contemplação, opera sob a identificação profunda com o mundo que o cerca. Virgem é a prática, o método, a técnica, a ordem e o corpo. Peixes é a subjetividade, a inclusão, a imaginação, o caos, o espírito. A saúde mental e física, assim como a seleção e a absorção, serão assuntos preponderantes nessa sequência de eclipses.

Outro movimento planetário ratifica a importância do eixo Virgem/Peixes neste período. Saturno, em sua retrogradação, retorna ao Signo de Peixes, permanecendo nele até o final do ano. Esse movimento reforça a necessidade de estruturarmos nossas emoções se quisermos, de fato, realizar todas as pequenas e grandes revoluções que esse ano nos pede e proporciona.

Em setembro, os temas de Virgem estarão em voga também pelo fato de ocorrerem duas lunações nesse signo. A última lunação, ocorrida no dia 23/08, em Virgem, será seguida por uma lunação adicional nesse signo, no dia 21/09. O Céu parece avisar que é necessário servir com humildade, nos dedicarmos à verificação e à limpeza dos nossos propósitos, planos e projetos para podermos curar e transcender a nossa realidade. Ao retornar ao Signo de Peixes, Saturno se distancia de Netuno e deixa de fazer parte do conjunto formado entre Netuno, Urano e Plutão. Esse movimento reduz a tensão sob Netuno, permitindo que o belo aspecto formado entre os planetas mais lentos possa fluir com maior facilidade e com maior potencial benéfico para a sociedade.

É importante lembrar, porém, que Saturno retomará seu movimento direto em novembro e, ao longo do primeiro semestre de 2026, deixará Peixes e avançará para Áries. Saturno questiona e testa nossas certezas e estruturas, avaliando a solidez das nossas afirmações, assim como o resultado dos nossos trabalhos.

Depois dos desafios vividos pelo encontro entre Saturno e Netuno em Áries, é possível que tenhamos que lidar com os efeitos da confrontação entre o que imaginávamos ser e o que a prática nos mostrou. Agora, mais maduros pela experiência, podemos nos dedicar a fortalecer nossa saúde como um todo. A retrogradação de Saturno nos ajudará a reforçar nossa disciplina emocional e os alicerces psíquicos que nos sustentam.

Terça-feira, dia 02/09, Mercúrio entra em Virgem, um dos signos em que está mais à vontade. Em Virgem, Mercúrio é preciso, pragmático, lógico. Entre os dias 02/09 e 18/09, estamos interessados não só no que pode dar certo, mas, também, em como pode ser melhor. Essa é uma passagem curta e deve ser bem aproveitada para otimizarmos nossos planos, processos e acordos.

O início da passagem de Mercúrio por Virgem apresenta alguns percalços. Entre terça-feira e a quarta-feira, Mercúrio quadra Urano, avisando uma tendência ao estresse por excesso de crítica e estímulos. Nesses dois dias, os compromissos podem sofrer mudanças bruscas e os rumos podem ser alterados inesperadamente. Cuidado para não julgar e descartar pessoas e ideias apressadamente, pois é possível que em meio ao que nos irrita existam oportunidades muito interessantes.

Essa tendência é reforçada pela quadratura entre Marte e Júpiter, começando na terça-feira e permanecendo atuante até o início da semana seguinte. Nossos olhos estão voltados para o futuro e tendemos ir além dos nossos limites, sejam eles físicos, psicológicos ou financeiros nesses dias. Portanto, a disciplina é nossa melhor conselheira, transformando o excesso de energia em alta produtividade.

No dia 06/09, sábado, Urano refaz seu percurso, iniciando seu movimento retrógrado. A retrogradação de Urano sinaliza um período de instabilidades. O que julgávamos em andamento, pode sofrer reveses que demandarão novas perspectivas, criatividade e flexibilidade.

Todos esses movimentos são indicadores de tensão. Como estamos às vésperas do Eclipse Lunar Total, é importante nos dedicarmos a desarmar agora as armadilhas sinalizadas pelo Céu. Para tanto, é positivo criar momentos de respiro e, assim, ultrapassarmos o Eclipse de maneira mais suave.

A Lua Cheia em Peixes, no domingo, marca o Eclipse Total da Lua. Todo eclipse é um momento de transbordamento, revelação e decisão. Eclipses lunares implicam em ruptura com o passado, revelações ligadas a experiências vividas que, de repente, trazem outras perspectivas, mudando totalmente a nossa compreensão dos fatos. É o momento de abandonarmos condicionamentos emocionais que não correspondem mais à realidade.

Na quinta-feira, passada a tempestade, o Sol em Virgem forma um sextil com Júpiter, sinalizando uma melhora no clima para o final de semana. Mercúrio se une ao Sol, reforçando o aspecto positivo a Júpiter. Estamos otimistas e nossos planos tendem a se desenvolver de maneira suave e feliz. Durante esses trânsitos, ampliamos nossa visão e nos voltamos para o futuro. Para melhorar um pouco mais as previsões, no sábado, Vênus forma um aspecto harmonioso com Marte, favorecendo os programas românticos e encontros com amigos. A semana termina de maneira bastante positiva.

No domingo, a Lua mingua em Câncer, nos convidando ao recolhimento e incentivando os programas que privilegiem o aconchego e a intimidade. Os aspectos positivos da semana anterior continuam vigentes, tornando o início da semana bastante favorável.

No entanto, no meio da semana, a atmosfera fica um pouco mais carregada. Mercúrio se opõe a Saturno e a Netuno, entre quarta-feira e sexta-feira. A comunicação está truncada, confusa e podemos nos sentir sobrecarregados mentalmente, nos detendo em problemas que não podem ser resolvidos agora. A nossa sensibilidade está mais aguçada e podemos sentir uma certa melancolia. O importante é não deixar que essas sensações dominem nosso pensamento, pois não têm a importância que estamos atribuindo nesse momento.

Sexta-feira, dia 19/09, o Sol também se opõe a Saturno. Os limites impostos a nós ficam mais evidentes e são difíceis de lidar. Podemos enfrentar problemas tanto na comunicação como nos relacionamentos. É essencial procurarmos um equilíbrio entre nossos desejos e nossas obrigações para que a realidade não pese tanto.

Em meio a esses desentendimentos, Mercúrio deixa o Signo de Virgem e inicia sua passagem por Libra. Aos poucos, a nossa comunicação perde a aspereza crítica e é temperada pela percepção do impacto causado por nossas palavras. Essa mudança de estilo permite a busca por saídas mais diplomáticas, preocupadas em trazer mais harmonia para as relações. É preciso, no entanto, atenção para não deixarmos que a nossa procura por soluções mais justas nos leve a indecisões prolongadas. Por vezes, não é mesmo possível agradar a todos. Quando isso acontece, o ideal é procurar a saída que causa o menor dano.

Uma alternativa para os desafios da semana é apresentada pelos bons aspectos formados entre Mercúrio, Urano e Plutão. Manter a mente aberta às novidades, permitindo mergulhos mais profundos, pode apresentar soluções inesperadas para problemas de difícil solução. No início da próxima semana, teremos o segundo eclipse do mês. É recomendável buscarmos maneiras de desfazermos as tensões acumuladas agora, a fim de evitarmos crises mais intensas quando o eclipse chegar.

No domingo, dia 21/09, véspera da entrada do Sol em Libra, a Lua se renova em Virgem. Essa lunação traz como desafio o Eclipse Parcial do Sol no último grau de Virgem. Como foi visto anteriormente, cada eclipse é, potencialmente, um momento de revelações. Nos eclipses solares, a consciência é ofuscada e as decisões sofrem o impacto das emoções e dos condicionamentos. Relacionamentos, comportamentos, desejos, hábitos ligados ao passado ressurgem, pressionando para fazerem, novamente, parte de nossas vidas. A pergunta que devemos nos fazer nesse momento é: a razão pela qual isso saiu da minha vida continua presente? Se nada houver mudado, considere fechar a porta definitivamente.

Essa Lua Nova chama a atenção não somente pelo eclipse, mas também por ser a segunda lunação no Signo de Virgem do ano. É uma lunação de avaliações importantes e de finalizações. O grau em que a Lunação e o Eclipse Solar ocorrem é outro sinal de que podemos atravessar um período de crise nos próximos 28 dias. Estamos em uma encruzilhada e precisamos manter a mente clara para podermos escolher bem a nossa direção.

Como parte dos desafios dessa nova fase lunar, o Sol continua oposto a Saturno, reforçando a pressão dos limites apresentados pelas circunstâncias. A Lua também está em oposição a Saturno nesse momento, aumentando a sensação de isolamento e melancolia. A quadratura de Vênus com Urano, ainda atuante, tampouco auxilia a amenizar a situação.

Com o Céu tão carregado de aspectos tensos, é preferível adiarmos as decisões. Até porque, entre os dias 22/09 e 24/09, o Sol também se opõe a Netuno, tornando tudo ainda mais confuso e nebuloso. Daqui a alguns dias, será possível ter mais clareza.

Na segunda-feira, dia 22/09, o Sol entra em Libra e poderemos conjugar melhor nossos interesses com os das pessoas ao nosso redor. Em Libra, a diplomacia, a elegância dos acordos, tendem a serem valorizados. O excesso de crítica, presente no Signo de Virgem, é suavizado em prol da perfeição possível.

Nesse mesmo dia, Marte ingressa em Escorpião, um dos seus domicílios. Nesse signo, Marte favorece as ações precisas, firmes e estratégicas. As emoções são intensas e apaixonadas, assim como o desejo de obter o controle e o poder. Esse pode ser um período muito produtivo se soubermos conduzir nossas ações e emoções de forma construtiva. O primeiro desafio que Marte enfrenta é a quadratura a Plutão que se inicia no dia 23/09 e perdura até sexta-feira. Nesses dias, é fundamental evitar confrontos com autoridades e/ou situações arriscadas. Esse é um aspecto difícil, principalmente por estarem ambos em signos fixos e ambos terem uma relação direta com o Signo de Escorpião. Entre os dias 23/09 e 29/09, nossas ambições podem se deparar com uma oposição feroz e, por vezes, implacável.

Em meio a tantos aspectos tensos e tumultuados, o Sol apresenta uma rota alternativa de atuação consciente. Entre os dias 23/09 e 25/09, o Sol forma excelentes aspectos com Urano e Plutão, indicando que um caminho mais favorável é nos dedicarmos ao aprendizado de novos conhecimentos que ajudem a renovar e ampliar nossos horizontes. Tudo o que aprendermos nesses dias, a nosso respeito ou a respeito do mundo que nos cerca, tem o potencial de regenerar e transformar, profundamente, nossas vidas.

Os últimos dias do mês são menos agitados, nos proporcionando um tempo para entendermos o que vivemos nesse início de ciclo lunar. Logo na segunda-feira, a Lua cresce em Capricórnio, nos ajudando a selecionar, com pragmatismo e direção, o que pode funcionar a nosso favor até a chegada da Lua Cheia do próximo mês.

POSIÇÃO DIÁRIA DA LUA EM SETEMBRO

DIA 01 DE SETEMBRO – SEGUNDA-FEIRA

☾ *Crescente* ☾ *em Capricórnio às 22:44 LFC Início às 22:39*
LFC Fim às 22:44

Enquanto a Lua estiver em Capricórnio, é hora de promover a geração de negócios. Promova seguros, investimentos em longo prazo, feira de negócios, previdência privada. Sentimento geral de responsabilidade e compromisso. Hora de planejar e trabalhar. Desconforto maior em receber críticas. Evitemos criticar. Evite cirurgias nos dentes, olhos, pele, na coluna, articulações e joelhos.

· Lua trígono Mercúrio — 18:07 às 22:54 (exato 20:36)

Bom período para troca e elaboração das ideias, seja em reuniões, contatos com pessoas ou em atividades de relações públicas, comercial, inclusive, deslocando-se, indo ao encontro de pessoas. Nas relações, a facilidade de expressar as emoções resulta em se fazer entender e compreender.

· Lua quadratura Saturno — 20:42 às 00:34 de 02/09 (exato 22:39)

Aqui começa o clima de insegurança. Há medo da rejeição, da frustração, fazendo com que fiquemos mais fechados, defensivos. Julgar os outros os afasta, portanto, evite. Adie uma aproximação mais íntima ou reaproximação. Evite marcar casamento.

·Lua quadratura Netuno — 23:23 às 03:16 de 02/09 (exato 01:19 de 02/09)

A melancolia nos visita. Isso não ajuda a enxergar a realidade com clareza, portanto adie decisões. Estas tenderão a ser incongruentes com as possibilidades reais, podendo gerar frustrações futuras. Nos afetos, não espere demais do outro.

DIA 02 DE SETEMBRO – TERÇA-FEIRA

☾ *Crescente* ☾ *em Capricórnio*

·Lua trígono Sol — 17:18 às 21:27 (exato 19:23)

Facilidade para estar bem consigo mesmo. Ao olhar para a vida, sentimos bem-estar interior, nossas ações, nosso desempenho parece não encontrar dificuldades. Se lidera uma equipe de trabalho, é um momento de assertividade na definição de atribuições de cada liderado.

DIA 03 DE SETEMBRO – QUARTA-FEIRA

☾ *Crescente* ☾ *em Capricórnio*

·Lua quadratura Marte — 06:20 às 10:18 (exato 08:19)

Ares de aceleração, ansiedade e até agressividade. Menor paciência leva a agir precipitadamente podendo ocasionar resultados frustrantes ou mediocres. Analise as consequências de tudo para agir de acordo com as possibilidades de cada etapa do processo. Respeite o tempo.

·Lua oposição Júpiter — 07:55 às 11:44 (exato 09:50)

Necessidade interna de avançar, impulsionar as coisas para reafirmar a confiança. Cautela redobrada para não avaliar as questões de forma otimista demais e resultar em projetos distantes da realidade. Não desmotive nem espere ajuda de ninguém. Acredite em você e produza!

DIA 04 DE SETEMBRO – QUINTA-FEIRA

☾ *Crescente* ☾ *em Aquário às 07:31 LFC Início às 07:09*
LFC Fim às 07:31

Enquanto a Lua estiver em Aquário, há preferência pela atividade social com amigos, grupos. Certo desapego pode traduzir-se em um distanciamento emocional dos vínculos íntimos. A vontade de liberdade e novidade pode ser suprida com a reserva de um espaço diário para algo que seja interessante para nós. Criatividade e *insights* estão em alta! Evite cirurgias no coração, artérias, vasos, veias, capilares, na região lombar e no tornozelos.

·Lua sextil Saturno — 05:18 às 08:57 (exato 07:09)

Se necessário, comece um processo de correção de hábitos ruins para a saúde física e mental. Bom momento para realizar *check-up,* iniciar tratamentos para os dentes, fisioterapias e terapias de longa duração. Se trabalha na área administrativa, o momento é mais produtivo.

· Lua sextil Netuno — 08:01 às 11:40 (exato 09:51)

Sintonia e solidariedade estarão presentes! Se precisa disseminar um produto, ideia ou serviço, aproveite este momento auspicioso! A colaboração está no ar, facilitando a convergência para entendimentos onde todos saem ganhando.

· Lua trígono Urano — 08:22 às 12:02 (exato 10:12)

Que tal buscar a opinião de outras pessoas sobre algum aspecto que está analisando? Pode ser que alguém dê um valioso *insight*, principalmente se for alguém criativo ou bem diferente de você. Momento para explorar uma nova área ou abordagens inovadoras para questões.

· Lua conjunção Plutão — 08:50 às 12:29 (exato 10:40)

Se busca parceiro ou colaborador, uma boa escolha pode ser um ex-colega ou funcionário. Momento indicado para realizar reparos e obras em casa. As negociações imobiliárias fluem com mais facilidade. Pessoas do passado podem retornar e uma segunda chance pode ocorrer.

DIA 05 DE SETEMBRO – SEXTA-FEIRA

☾ *Crescente* ☾ *em Aquário LFC Início às 17:52*

· Lua oposição Vênus — 04:50 às 08:46 (exato 06:48)

A carência nos visita fazendo com que esperamos mais do outro do que ele é capaz de oferecer. A dica é não ser muito exigente e não pôr em riscos o relacionamento buscando romance fora dele, até porque há insegurança para seduzir. Busque dentro de si o equilíbrio emocional.

· Lua trígono Marte — 15:59 às 19:42 (exato 17:52)

No trabalho, seja proativo. Entregar mais do que é esperado, adiantar-se para colaborar sem que seja demandado será valioso. Nos relacionamentos afetivos motive, elogie, encoraje; esta atitude poderá fortalecer muito o laço entre vocês.

DIA 06 DE SETEMBRO – SÁBADO

☾ *Crescente* ☾ *em Peixes às 12:54 LFC Fim às 12:54*

Enquanto a Lua estiver em Peixes, a desaceleração está no ar! Temos mais fé na boa solução das questões entregando-nos a ela, confiando na proteção do universo. Se pretende lançar um produto, há grande chance de propagação e adesão dos clientes. Bom momento para shows e lançamentos de filmes. Evite cirurgia nos pés. E convém checar todo o sistema imunológico, incluindo a taxa de glóbulos brancos.

· Lua quadratura Urano — 13:42 às 17:08 (exato 15:25)

Momentos em que podem ocorrer imprevistos, obrigando-nos a mudar a agenda, trazendo ansiedade. Observe e cheque os aparelhos eletrônicos, que podem sofrer interrupções repentinas, bem como os sinais de trânsito podem entrar em pane. Dirija com atenção.

DIA 07 DE SETEMBRO – DOMINGO

○ *Cheia às 15:08 em 15º21' de Peixes* ○ *em Peixes*

Eclipse Lunar às 15:08 em 15º21' de Peixes

· Lua oposição Mercúrio — 02:42 às 06:39 (exato 04:40)

As emoções do passado podem nos visitar, possibilitando que os gatilhos que surjam possam interferir em nosso estado emocional. Isso pode afetar nossas análises e também levar-nos a decisões um tanto quanto inadequadas. Não se deixe influenciar por sonhos perturbadores e procure relaxar antes de dormir.

· Lua oposição Sol — 13:19 às 16:57 (exato 15:08)

Seguimos o dia com um sentimento de inadequação. Parece que temos clareza sobre as coisas, mas nosso mundo emocional vai em outra direção. O conflito interno pode se externar sob a forma de embates pessoais dificultando acordos. Cuidado com os excessos emocionais.

· Lua trígono Júpiter — 19:42 às 23:06 (exato 21:24)

Aproveite esse momento para ir a um lugar diferente com a pessoa amada. Gere mais conexão, promovendo a descontração. Os resultados serão benéficos para quem agir com nobreza de espírito, gerando maior receptividade para uma aproximação.

DIA 08 DE SETEMBRO – SEGUNDA-FEIRA

○ *Cheia* ○ *em Áries às 15:36 LFC Início às 14:45 LFC Fim às 15:36*

Enquanto a Lua estiver em Áries, a impulsividade reina. Cuidado com as ações, reações e palavras expressas sem o bom senso, a razão e o equilíbrio. Aproveite a objetividade, espontaneidade, franqueza e clareza que este momento propicia para resolver assuntos pendentes ou que demandem tais qualidades. Evite cirurgias na cabeça e nos rins.

· Lua conjunção Saturno — 13:04 às 16:22 (exato 14:45)

A produtividade, o autocontrole, a disciplina e a determinação estão em alta. Foque na execução do trabalho. Se conquistar um público aqui, terá fidelização. Para quem investe, bom momento para investimentos de longo prazo e seguros. Setor imobiliário favorável.

· Lua conjunção Netuno — 15:52 às 19:11 (exato 17:32)

O excesso de sensibilidade pode gerar variação de humor e melancolia. Estamos distraídos, resultando em perda de objetos, documentos. É prudente reconfirmar os compromissos. Com a concentração alterada, evite erros para não ter retrabalho. Cuidado com a deterioração de produtos.

·Lua sextil Plutão — 16:41 às 20:00 (exato 18:20)

Quer recuperar algo? Este é o momento, pois o período favorece cobrança e recuperação de prejuízos. Boa receptividade para quem tem posição de poder. Recupere relações focando nas qualidades delas. Valorize quem te valoriza!

DIA 09 DE SETEMBRO – TERÇA-FEIRA

◯ *Cheia* ◯ *em Áries*

·Lua trígono Vênus — 20:18 às 23:53 (exato 22:06)

Aqui, a atração e o encanto aproximam as pessoas, promovendo um ambiente ideal para encontros românticos. A ternura e a abertura emocional reduzem desentendimentos, aumentando a proximidade e a conexão entre os casais. É um momento ideal para a intimidade.

·Lua quadratura Júpiter — 22:02 às 01:22 de 10/09 (exato 23:42)

É comum esperarmos apoio por acreditar que quem nos ama está sempre disponível para atender a todas as nossas necessidades emocionais. Se não encontrar, não desmereça seu amor; analise, talvez você esteja superestimando algo.

DIA 10 DE SETEMBRO – QUARTA-FEIRA

◯ *Cheia* ◯ *em Touro às 17:03 LFC Início às 03:54 LFC Fim às 17:03*

Enquanto a Lua estiver em Touro, é hora de evitar riscos! Valorizamos o conforto, a praticidade e a estabilidade nas finanças e nas emoções. Queremos apreciar a moda, a decoração e a boa gastronomia! O sono melhora, é mais profundo, restaurador. Relaxe antes de dormir. Evite cirurgia na garganta, cordas vocais, tireoide, órgãos genitais, próstata, uretra, bexiga, intestino e reto.

·Lua oposição Marte — 02:10 às 05:36 (exato 03:54)

Momento ideal para afirmar-se e conquistar novos espaços no trabalho. A energia física está elevada, bom para prática de exercícios. Para quem fez pequena cirurgia, a cicatrização é boa! A determinação crescente ajuda a eliminar hábitos prejudiciais com mais facilidade.

·Lua quadratura Plutão — 18:03 às 21:20 (exato 19:42)

Tendência ao radicalismo com reações exageradas! As divergências devem ser evitadas para prevenir confrontos definitivos. Evite grandes reuniões ou eventos e, também, adotar medidas impopulares. Nos relacionamentos, evite medir forças ou fazer exigências com intransigência.

DIA 11 DE SETEMBRO – QUINTA-FEIRA

◯ *Cheia (disseminadora)* ◯ *em Touro*

·Lua trígono Mercúrio — 21:23 às 01:12 de 12/09 (exato 23:17)

Momento ideal para a conversa e o diálogo, principalmente sobre temas sensibilizantes. Encontramos boa receptividade para nos abrirmos, quando expressamos nossas emoções e vulnerabilidades. Se dirija ao outro, abra seu coração sem medo.

·Lua trígono Sol — 23:42 às 03:15 de 12/09 (exato 01:28 de 12/09)

Momentos de harmonia entre casais e relacionamentos. Relações veem suas diferenças facilmente conciliadas. A fertilidade também nos visita e se estende a todas as áreas da vida. Emoções e razão se alinham, promovendo clareza, contentamento e integração.

·Lua sextil Júpiter — 23:58 às 03:19 de 12/09 (exato 01:39 de 12/09)

A noite segue com aquela sensação de estar bem com as emoções e com nossos afetos. A generosidade no ar conecta e derruba obstáculos! Se o ambiente estiver tenso, use o bom humor! A aventura tempera as relações. Divirta-se; isto também gera intimidade.

DIA 12 DE SETEMBRO – SEXTA-FEIRA

○ *Cheia (disseminadora)* ○ *em Gêmeos às 18:38 LFC Início às 17:15 LFC Fim às 18:38*

Enquanto a Lua estiver em Gêmeos, pode ser mais difícil tomar uma decisão. A adaptabilidade e a versatilidade aumentam, assim como a comunicação. É um ótimo período para ler, aprender e socializar. Estaremos todos mais curiosos e inquietos. Em alta, as atividades culturais e os encontros. O sono fica agitado. Evite cirurgias das vias respiratórias, pernas, braços, mãos, dedos, fígado, coxa, bacia e ciático.

·Lua quadratura Vênus — 02:10 às 05:47 (exato 03:58)

Cuidado com quem tem taxas de glicose altas, pois aumenta a vontade de comer doces! Queremos nos gratificar com a comida. Ovulação e menstruação podem se desestabilizar por isso a fertilização não é indicada. Pouca disposição física.

·Lua sextil Saturno — 15:34 às 18:53 (exato 17:15)

Maior autocontrole do tempo e disciplina se destacam neste momento. Cliente aqui conquistado, é cliente fiel. Ideal para sustentação de campanhas e ações promocionais. A pontualidade e o compromisso são o terreno fértil para a produtividade.

·Lua sextil Netuno — 18:43 às 22:03 (exato 20:23)

No ar, inspiração e intuição nos envolvem, facilitando acordos no trabalho. O romance e o clima de encantamento aproximam as pessoas, aumentando, inclusive, os encontros por coincidência. A sedução está presente, valorizando a união espiritual e as conexões.

·Lua conjunção Urano — 19:22 às 22:43 (exato 21:02)

Apimente seu relacionamento surpreendendo a pessoa amada com atitudes inesperadas! Use de criatividade e busque novos programas. Quer conhecer alguém novo? Vá a lugares onde nunca esteve antes. Seja espontâneo e mais ousado nas abordagens. Auspicioso para casais muito diferentes.

· Lua trígono Plutão — 19:37 às 22:57 (exato 21:17)

Concentre-se e mergulhe em atividades que exigem dedicação. Laços se aprofundam, recuperando relações afastadas. Perdoar e seguir em frente é essencial. Amores verdadeiros e antigos ganham novo brilho, recuperando a intimidade.

DIA 13 DE SETEMBRO – SÁBADO

○ Cheia (disseminadora) ○ em Gêmeos

Hoje a Lua não faz aspecto com outros planetas no Céu. Devemos observar as recomendações para a fase e o signo em que a Lua se encontra.

DIA 14 DE SETEMBRO – DOMINGO

☽ Minguante às 07:33 em 21°52' de Gêmeos ☽ em Câncer às 21:30

LFC Início às 19:47 LFC Fim às 21:30

Enquanto a Lua estiver em Câncer, as emoções dominam, tornando-nos mais sensíveis e voltados à vida doméstica, familiar. É um bom momento para estreitar laços, cozinhar e receber visitas em casa. Apreciamos a companhia de pessoas queridas, atividades infantis e produtos para o lar. O sono é reconfortante. Evite cirurgias no abdômen, estômago, vesícula, mamas, útero, ossos, articulações, pele e olhos.

· Lua quadratura Sol — 05:42 às 09:22 (exato 07:33)

Hoje o clima é de desarmonia, podendo causar incompatibilidades nos casais e dificuldades para um entendimento. Desejos e emoções se chocam, afetando as decisões e a receptividade alheia. Nos sentimos exauridos, experimentando divisões internas e externas a nós.

· Lua quadratura Mercúrio — 07:18 às 11:14 (exato 09:16)

Adie a assinatura de contratos e negócios imobiliários. O nervosismo nos visita e traz emoções do passado fazendo-nos tendenciosos e infelizes em nossas decisões. Cuidado com as palavras ditas aos nossos afetos; elas podem ser inapropriadas, refletindo nossa instabilidade emocional!

· Lua sextil Vênus — 09:16 às 13:01 (exato 11:09)

Uma boa ideia é comprar um presente inesperado para o seu afeto. Em um clima de charme, a sedução aproxima e cria o romantismo para os casais. Os ares da ternura e do amor nos ajudam a afastar os desentendimentos.

· Lua trígono Marte — 10:53 às 14:29 (exato 12:41)

Tome a iniciativa para se aproximar de alguém e colha o fruto da receptividade. Com mais energia física, aproveite para se mexer, praticando exercícios. Há disposição para eliminarmos o que nos prejudica em nossa rotina.

• Lua quadratura Saturno — 18:03 às 21:29 (exato 19:47)

Terminamos o domingo cansados e propensos a ver manifestados alguns desconfortos de saúde recorrentes em nós, principalmente na coluna e nas articulações. Então, evite fazer movimentos bruscos e alongue-se. Beba bastante água.

• Lua quadratura Netuno — 21:29 às 00:56 de 15/09 (exato 23:12)

Nos invade uma vontade de ter momentos de fantasia! Cuidado, pois os relacionamentos estáveis podem, a seus olhos, perder o brilho. As relações onde a troca é desigual ficam frágeis. Cuide-se evitando crises de alergia. Desacelere, descanse e durma cedo para recuperar a imunidade.

DIA 15 DE SETEMBRO – SEGUNDA-FEIRA

☽ *Minguante* ☽ *em Câncer*

Hoje a Lua não faz aspecto com outros planetas no Céu. Devemos observar as recomendações para a fase e o signo em que a Lua se encontra.

DIA 16 DE SETEMBRO – TERÇA-FEIRA

☽ *Minguante* ☽ *em Câncer*

• Lua conjunção Júpiter — 07:30 às 11:05 (exato 09:17)

Momento onde o bom humor facilita as atividades desempenhadas no trabalho. Veja a possibilidade de explorar mercados distantes, pois eles trarão bons resultados. Viagens a trabalho têm chances de serem promissoras. Neste período o corpo reage bem a tratamentos. Aproveite.

• Lua sextil Sol — 13:57 às 17:47 (exato 15:52)

Intuição e clareza ajudam a entender as expectativas do público, que também sabe melhor o que quer. Fique atento às oportunidades. Quem é tímido encontra equilíbrio e revela mais autonomia e potencial. Energia e vitalidade em alta!

• Lua quadratura Marte — 17:59 às 21:45 (exato 19:52)

Ansiedade está em alta! Se tem azia, sensibilidade no estômago, pode sentir dores de cabeça, incluindo enxaquecas. Bom é evitar refrigerantes, café, álcool e cigarros. Para quem tem úlcera ou gastrite, o cuidado deve ser dobrado. Cirurgias são desaconselhadas pois há maior risco de inflamação.

• Lua sextil Mercúrio — 19:47 às 23:55 (exato 21:51)

Com a mente ágil e criativa o trabalho é produtivo, incluindo os mais detalhados. As atividades de relações públicas, comercial e networking estão em alta. Há colaboração no ambiente de trabalho. Aproveite a oportunidade de realizar tarefas que envolvam deslocamentos para outros locais.

• Lua trígono Saturno — 22:26 às 02:00 de 17/09 (exato 00:14 de 17/09)

Planeje e inicie aqui projetos de longo prazo. É um bom momento para estabilizar vínculos afetivos e compromissos, pois as emoções estão equilibradas. Auspicioso para quem quer oficializar uma união. Solidez e seriedade nos relacionamentos estão em alta!

DIA 17 DE SETEMBRO – QUARTA-FEIRA

☽ *Minguante* ☽ *em Leão às 02:19 LFC Início às 00:14 LFC Fim às 02:19*

Enquanto a Lua estiver em Leão, é tempo de extroversão, brilho e liderança. Festas e ambientes refinados são os preferidos. A alegria e o entusiasmo estão no ar! Indulgências e compras extravagantes são comuns, cuidado! Período bom para atividades de lazer, shows e tratamentos de beleza; e para casar também! Evite cirurgias no coração, veias, varizes, capilares, tornozelos e na região lombar.

• Lua trígono Netuno — 02:12 às 05:47 (exato 04:00)

Muita inspiração. Coincidências aumentam devido à maior ligação, sintonia entre as pessoas. Para os relacionamentos, o romance e o encantamento aproximam e conectam. Com a sedução ativada, os momentos idílicos surgem para fortalecer os laços mais íntimos.

• Lua sextil Urano — 03:04 às 06:40 (exato 04:52)

Envoltos em certa despreocupação, os fatos parecem nos afetar menos. Aproveite para se desapegar e descartar coisas, emoções, memórias, pessoas. Antes de dormir, solte e deixe ir emoções antigas e ressignifique-se. Precisamos abrir espaço para novas experiências e pessoas.

• Lua oposição Plutão — 03:17 às 06:53 (exato 05:05)

Mal-estar pode parecer mais grave do que é. Cuide-se bem para facilitar a recuperação. Se tem algum órgão debilitado pode causar sintomas agudos. Momento inapropriado para conceber filhos. As emoções tóxicas podem causar pesadelos; elimine-as para que a cura aconteça.

DIA 18 DE SETEMBRO – QUINTA-FEIRA

☽ *Minguante (balsâmica)* ☽ *em Leão*

Hoje a Lua não faz aspecto com outros planetas no Céu. Devemos observar as recomendações para a fase e o signo em que a Lua se encontra.

DIA 19 DE SETEMBRO – SEXTA-FEIRA

☽ *Minguante (balsâmica)* ☽ *em Virgem às 09:24 LFC Início às 09:22 LFC Fim às 09:24*

Enquanto a Lua estiver em Virgem, dedique-se a trabalhos que requeiram atenção e organização. Neste período, estamos todos mais críticos e seletivos. Melhor redefinir nossos projetos e finanças, focando em tarefas simples, realistas e práticas. A saúde e os hábitos saudáveis se destacam, promovendo bem-estar. Evite cirurgias no aparelho gastrointestinal e nos pés.

·Lua sextil Marte — 03:41 às 07:37 (exato 05:39)

Momento de ser verdadeiro e espontâneo nos sentimentos, o que evitará estresse nos relacionamentos. Que tal dar o primeiro passo para se aproximar de alguém? Você pode ser beneficiado. Aumentar a força a sua vontade ajudará a eliminar hábitos nocivos.

·Lua conjunção Vênus — 07:17 às 11:25 (exato 09:22)

Momento auspicioso para negociar salários. Estamos predispostos a agradar, o que facilita parcerias e acordos. Intercale trabalho e lazer para uma melhor produtividade. Se tem que apresentar um trabalho, se esmere na apresentação deste e em sua imagem pessoal. Use sempre a diplomacia; ela abrirá portas.

·Lua quadratura Urano — 10:06 às 13:51 (exato 11:59)

Alguns serviços podem ser interrompidos, provocando a falta ou atraso de funcionários, reduzindo a produtividade. Evite decisões precipitadas. Seja flexível, pois as agendas podem sofrer alterações. A intolerância para tarefas repetitivas nos leva a fazer pausas para aliviar tensões.

DIA 20 DE SETEMBRO – SÁBADO

☽ *Minguante (balsâmica)* ☽ *em Virgem*

·Lua sextil Júpiter — 23:36 às 03:30 de 21/09 (exato 01:33 de 21/09)

Atente-se para oportunidades que surgirem onde pessoas influentes possam oferecer suporte profissional significativo. Nos invade o sentimento de abundância, promovendo a sensação de bem-estar emocional. Faça do bom humor seu aliado para aliviar o ambiente e tornar as situações mais leves e agradáveis.

DIA 21 DE SETEMBRO – DOMINGO

●*Nova às 16:54 em 29º05' de Virgem* ●*em Libra às 18:40*

LFC Início às 16:54 LFC Fim às 18:40

Eclipse Lunar às 16:54 em 29º05' de Virgem

Enquanto a Lua estiver em Libra, é tempo de sociabilidade e diplomacia! Formar parcerias, seja para amizade, casamento ou negócios, é auspicioso. Devemos usar o charme e a cortesia; o êxito é garantido. Tempo de festas, encontros sociais e flertes. Os tratamentos de beleza costumam estar em alta! Evite cirurgias nos rins e na região da cabeça.

·Lua oposição Saturno — 13:46 às 17:37 (exato 15:41)

Momentos de confusão emocional e insegurança e, por defesa, ficamos mais críticos. Cuidado para não afastar as pessoas que ama. Como há dificuldade em expressar emoções, isso pode ser interpretado como frieza, dificultando conexões. Evite casamentos neste período.

·Lua conjunção Sol — 14:47 às 19:00 (exato 16:54)

Não se precipite em nada! As coisas estão em estágio inicial, com muitas possibilidades, mas poucas certezas. Quando surgirem mais informações, estaremos aparelhados para decidir de forma assertiva. O momento é de observação atenta! As decisões são prematuras.

·Lua oposição Netuno — 18:17 às 22:10 (exato 20:14)

A fragilidade emocional presente neste momento aumenta a vulnerabilidade. As expectativas excessivas levam à decepção! Relacionamentos desequilibrados, onde um se entrega mais que o outro, tendem a enfraquecer. Aqui há maior sensibilidade, exigindo cuidado e equilíbrio nas interações pessoais.

·Lua trígono Urano — 19:22 às 23:16 (exato 21:19)

Se o relacionamento estiver complicado, adote uma abordagem diferente. A espontaneidade é essencial. Explore novas dinâmicas e métodos de comunicação para fortalecer a conexão e superar os desafios existentes.

·Lua trígono Plutão — 19:36 às 23:30 (exato 21:33)

Perdoar, superar mágoas e seguir em frente é essencial. Reate relações importantes e foque em quem realmente importa. Dê, e aceite, segundas chances. Peça perdão, repare erros. O que é genuíno prosperará. Concentre-se em restaurar conexões valiosas e sinceras.

DIA 22 DE SETEMBRO – SEGUNDA-FEIRA

● *Nova* ● *em Libra*

Entrada do Sol no Signo de Libra às 15h19min04

Equinócio de Outono H. Norte — Equinócio de Primavera H. Sul

·Lua conjunção Mercúrio — 06:18 às 10:52 (exato 08:35)

A semana começa auspiciosa para lançamentos de livros, exposições e demais eventos culturais. Quer divulgar informações ou esclarecer notícias falsas? A hora é agora. Com a comunicação em alta, faça contato com outras pessoas, envie currículos.

·Lua sextil Netuno — 03:09 às 06:31 (exato 04:49)

Elevada inspiração! Antes de dormir, medite e lance uma questão sobre a qual deseja luz. Há uma conexão harmoniosa com o todo. Aproveite a energia positiva para criar e inspirar! Momento ideal para colaborar, ajudar os outros e fortalecer laços por meio de uma sintonia perfeita.

DIA 23 DE SETEMBRO – TERÇA-FEIRA

● *Nova* ● *em Libra LFC Início às 13:03*

·Lua quadratura Júpiter — 11:00 às 15:02 (exato 13:03)

Produtividade em baixa, melhor realizar as tarefas menos desgastantes. Não desvie o olhar da realidade superestimando resultados futuros e apoio de pessoas de projeção. Avalie riscos, mantenha os pés no chão para não se frustrar. Seja paciente.

DIA 24 DE SETEMBRO – QUARTA-FEIRA

● *Nova* ● *em Escorpião às 06:00 LFC Fim às 06:00*

Enquanto a Lua estiver em Escorpião, paixões fortes são despertadas. A hipersensibilidade nos faz ver ameaças onde não há. Perdão é difícil, emoções extremas predominam. Mas é um bom momento para reabilitação e investigações. Histórias mal resolvidas emergem, exigindo esclarecimento. Evite cirurgia nos órgãos genitais, bexiga, próstata, uretra, intestino, reto, garganta, tireoide e cordas vocais.

· Lua conjunção Marte — 06:48 às 11:03 (exato 08:55)

O dia começa bastante favorável para iniciar novos projetos, propor ideias inovadoras e assumir a liderança em algo. Aproveite para apresentar propostas, ideias inaugurais. Tenha coragem! Boa disposição física para exercícios.

· Lua quadratura Plutão — 06:55 às 10:55 (exato 08:55)

Tendência a conflitos e disputas de poder. Cautela com o ambiente de trabalho, procure usar a razão e administrar as diferenças de forma diplomática. Evite marcar reuniões difíceis neste período. Adie os investimentos de risco. E não é o momento de medir forças com ninguém.

· Lua sextil Vênus — 17:02 às 21:32 (exato 19:17)

Aproveite para cuidar de sua imagem pessoal. Que tal comprar um presente para alguém querido? Ou retribuir uma gentileza que foi feita? O sentimento de ternura nos visita evitando conflitos e nos aproximando de pessoas.

DIA 25 DE SETEMBRO – QUINTA-FEIRA

● *Nova* ● *em Escorpião*

Hoje a Lua não faz aspecto com outros planetas no Céu. Devemos observar as recomendações para a fase e o signo em que a Lua se encontra.

DIA 26 DE SETEMBRO – SEXTA-FEIRA

● *Nova* ● *em Sagitário às 18:36 LFC Início às 14:45 LFC Fim às 18:36*

Enquanto a Lua estiver em Sagitário, estamos todos otimistas, positivos, expansivos e livres. Somos mais diretos, confiantes e esperamos o melhor do outro. Boa Lua para realizar eventos grandes. Ensino, cultura e viagens estão em alta! Queremos expandir nossos horizontes, o que favorece as mudanças. Evite cirurgias no fígado, quadris, ciático, pernas, coxas, vias respiratórias, pernas, braços e mãos.

· Lua trígono Júpiter — 00:03 às 04:09 (exato 02:06)

Bem-estar emocional e confiança nos nossos afetos, que estão mais generosos e acolhedores. Aqui, para qualquer situação, o bom humor é a palavra de ordem. Nos relacionamentos, aventure-se, busque novos lugares; pode ser renovador e estimulante.

·Lua trígono Saturno — 12:42 às 16:44 (exato 14:45)

Disposição para trabalhar com dedicação, disciplina e compromisso. O resultado é: produtividade! Se pretende realizar um projeto de longo prazo, comece agora! Em alta os trabalhos ligados ao setor administrativo.

·Lua trígono Netuno — 17:56 às 21:58 (exato 19:57)

Neste período, tendências viralizam-se rapidamente. Aproveite! Aqui, a inspiração e a intuição estão de mãos dadas. No trabalho, bom momento para ter o apoio das pessoas sobre uma causa ou ideia. Bom para ações que promovam o bem-estar público.

·Lua oposição Urano — 19:11 às 23:14 (exato 21:12)

O dia termina mais agitado e cheio de imprevistos, gerando ansiedade e certa tensão. Planos podem mudar de última hora. Relações já tensas podem piorar, com maior risco de embates e rupturas. Queremos liberdade! Evite pressão; todos estão no limite.

·Lua sextil Plutão — 19:29 às 23:32 (exato 21:31)

Se preciso, perdoe, deixe as mágoas para trás, corrija erros e siga em frente. Reaproxime-se de relações importantes, reconectando-se com elas. Período auspicioso para oferecer e aceitar segundas chances. Aproveite!

DIA 27 DE SETEMBRO – SÁBADO

● *Nova* ● *em Sagitário*

·Lua sextil Sol — 01:21 às 05:46 (exato 03:33)

Este período favorece gestações e nascimentos, com a Lua e o Sol em harmonia, simbolizando fertilidade em todas as áreas da vida. É um momento de abundância e clareza emocional. Emoções e razão se equilibram, resolvendo conflitos internos e dissipando dúvidas. Aproveite!

·Lua quadratura Vênus — 12:44 às 17:14 (exato 14:59)

O sentimento de carência nos visita e isso gera desânimo, afetando a produtividade. Se possível, proporcione algum conforto, alguma ação proporcional aos funcionários para motivá-los. Um suporte habitual pode não acontecer. Evite marcar casamento neste momento.

DIA 28 DE SETEMBRO – DOMINGO

● *Nova* ● *em Sagitário*

·Lua sextil Mercúrio — 02:23 às 07:02 (exato 04:43)

Ótimo momento para negócios: transações comerciais, contratos e aluguéis prosperam. O comércio, principalmente o varejo, está em alta, com grande movimentação e oportunidades crescentes, incluindo venda e troca de carros. Aproveite o impulso favorável.

DIA 29 DE SETEMBRO – SEGUNDA-FEIRA

☾ Crescente às 20:53 em 07º05' de Capricórnio ☾ em Capricórnio às 06:54
LFC Início às 02:45 LFC Fim às 06:54

Enquanto a Lua estiver em Capricórnio, responsabilidade, planejamento e produtividade estão em alta! O pessimismo prevalece, com as pessoas mais econômicas e conscientes de suas finanças. O consumo cai em bares e restaurantes, mas aumenta para bens básicos. Sensibilidade à crítica e retraimento social ocorrem. Evite cirurgias na coluna, articulações, joelho, pele, dentes e olhos.

·Lua quadratura Saturno — 00:45 às 04:42 (exato 02:45)

Problemas crônicos podem ressurgir, causando cansaço e baixa resistência. Evite cirurgias neste período, pois a recuperação será lenta. Reforce a hidratação para evitar desidratação. A indisposição e o mau humor podem nos rondar.

·Lua quadratura Netuno — 06:06 às 10:03 (exato 08:05)

Momentos de dispersão comprometem a produtividade. Reuniões sem objetivo são inúteis. Investimentos mal fundamentados decepcionam. Tenha foco e persistência! Esmiúce e análise tudo, e verifique informações para evitar falhas de comunicação.

·Lua sextil Marte — 14:50 às 19:00 (exato 16:55)

O momento nos ajuda, fazendo tudo de forma mais ágil. Parece que em horas resolvemos problemas que levariam meses. Há desembaraço e coragem e as decisões rápidas atraem bons negócios. Aproveite para se posicionar e marcar território!

·Lua quadratura Sol — 18:45 às 23:01 (exato 20:53)

Noite desgastante, com disputas e concorrência em todas as áreas. Os casais com diferenças sentirão mais o clima de tensão. Precisa ter uma conversa difícil? Quer se reconciliar com alguém? Adie, pois o momento não favorece o diálogo. Emoções afloram, decisões racionais em baixa!

DIA 30 DE SETEMBRO – TERÇA-FEIRA

☾ Crescente ☾ em Capricórnio

·Lua trígono Vênus — 07:10 às 11:29 (exato 09:19)

A harmonia nos visita, favorecendo acordos e parcerias. É um ótimo momento para solicitar aumentos e negociar salários ou preços. A dica aqui é investir no aspecto visual do seu trabalho e na apresentação pessoal, pois isso garantirá boa receptividade e sucesso adicional.

• Lua quadratura Mercúrio — 22:27 às 02:49 de 01/10 (exato 00:38 de 01/10)

Falta de diálogo e omissão de sentimentos podem gerar ressentimento nas relações íntimas. Escolha as palavras com sensibilidade. Cuidado, porque as emoções instáveis causam comportamentos erráticos e o que se diz nem sempre reflete o que se sente.

Outubro 2025

Domingo	Segunda-feira	Terça-feira	Quarta-feira	Quinta-feira	Sexta-feira	Sábado
			1 ♒	2	3 ♓	4
			Lua Crescente em Aquário às 16:51 LFC Início às12:34 Fim às 16:51	Lua Crescente em Aquário	Lua Crescente em Peixes às 23:06 LFC Início às15:16 Fim às 23:06	Lua Crescente em Peixes
5	6 ♈	7 ○14º08' ♈	8 ♉	9	10 ♊	11
Lua Crescente em Peixes LFC Início 21:30	Lua Crescente em Áries às 01:47 LFC Fim às 01:47	Lua Cheia em Áries às 00:47 LFC Início às 15:24	Lua Cheia em Touro às 02:12 LFC Fim às 02:12	Lua Cheia em Touro LFC Início às 21:32	Lua Cheia em Gêmeos às 02:11 LFC Fim às 02:11	Lua Cheia em Gêmeos LFC Início às 23:56
12 ♋	13 ☾20º39' ♋	14 ♌	15	16 ♍	17	18
Lua Cheia em Câncer às 03:36 LFC Fim às 03:36	Lua Minguante às 15:11 em Câncer	Lua Minguante em Leão às 07:46 LFC Início às02:06 Fim às 07:46	Lua Minguante em Leão	Lua Minguante em Virgem às 15:05 LFC Início às 02:07 Fim às 15:05	Lua Minguante em Virgem	Lua Minguante em Virgem LFC Início às 18:11
19 ♎	20	21 28º21' ♎ ♏	22	23	24 ♐	25
Lua Minguante em Libra às 01:01 LFC Fim às 01:01	Lua Minguante Em Libra	Lua Nova em Libra às 09:24 Lua em Escorpião às 12:41 LFC Início às 09:24 Fim às 12:41	Lua Nova em Escorpião	Lua Nova em Escorpião Entrada do Sol no Signo de Escorpião às 00h50min39	Lua Nova em Sagitário às 01:18 LFC Início às 01:15 Fim às 01:18	Lua Nova em Sagitário
26 ♑	27	28	29 ☽06º30' ♒	30	31 ♓	
Lua Nova em Capricórnio às 13:52 LFC Início às13:42 Fim às 13:52	Lua Nova em Capricórnio	Lua Nova em Capricórnio	Lua Crescente em Aquário às 13:21 Lua em Aquário às 00:55 LFC Início às 00:39 Fim às 00:55	Lua Crescente em Aquário	Lua Crescente em Peixes às 08:45 LFC Início às 03:16 Fim às 08:45	

Mandala Lua Cheia Mês de Outubro

Lua Cheia
Dia: 07/10
Hora: 00:47
14º08' de Áries

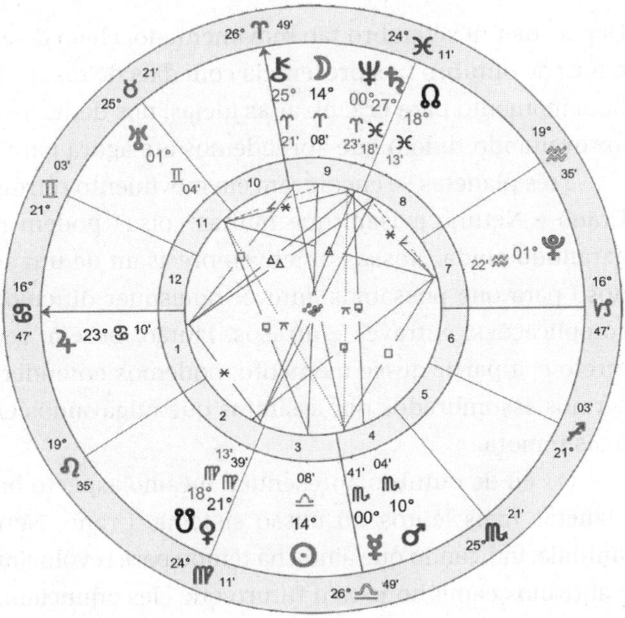

Mandala Lua Nova Mês de Outubro

Lua Nova
Dia: 21/10
Hora: 09:24
28º21' de Libra

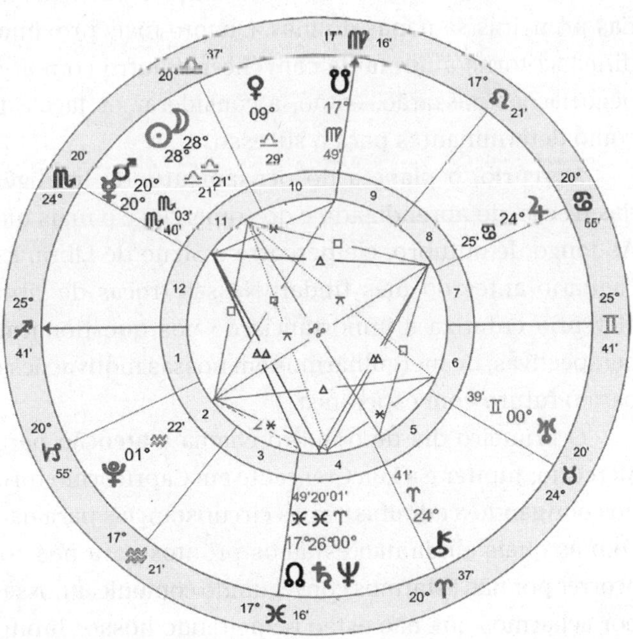

CÉU DO MÊS DE OUTUBRO

Depois de um setembro tão movimentado, cheio de eventos celestes críticos, o mês de outubro nos presenteia com dias de maior tranquilidade. Esse é um bom momento para organizar as ideias, nos dedicarmos aos nossos projetos, aproveitando tudo o que aprendemos até agora para melhorá-los.

Três planetas se encontram em movimento retrógrado esse mês. Saturno, Urano e Netuno avisam que muitas coisas podem mudar e que nada está garantido ainda. Nossos objetivos precisam de um acompanhamento cuidadoso para que possamos antever quaisquer dificuldades que possam gerar complicações, entraves e atrasos. Plutão, porém, retomará seu movimento direto e, a partir desse momento, podemos entender que a possibilidade de sermos assombrados por assuntos que julgávamos encerrados fica cada vez mais remota.

O Céu de outubro apresenta o mesmo aspecto harmonioso entre os três planetas mais lentos do nosso sistema. Urano, Netuno e Plutão estão em sintonia, indicando que ainda há tempo para revolucionarmos nosso cotidiano e abrirmos caminho para o futuro que eles anunciam.

A primeira quinzena do mês enfatiza o papel das relações, contatos, trocas e reflexões para o nosso progresso. À medida que outubro avança, no entanto, são as emoções que assumem a condução do nosso processo. A subjetividade passa a ser preponderante para a compreensão da realidade. As atividades que dependem de avaliações objetivas devem ser concentradas nas primeiras semanas do mês. Quanto mais próximo ao final do mês, mais difícil se torna a tarefa de convencer o outro com argumentos racionais. As negociações passarão, então, a considerar os laços de confiança existentes como determinantes para o sucesso.

Mercúrio, o planeta do pensamento, da inteligência, da comunicação, das trocas, do aprendizado e do comércio, é o mais movimentado desse mês. Ao longo de outubro, ele percorre o Signo de Libra, Escorpião e ingressa em Sagitário antes do mês findar. Nessas trocas de ritmos, nuance e atenção, Mercúrio enfatiza a importância de nos questionarmos, de alternarmos as perspectivas, de mergulharmos em nossas motivações e, por fim, de olharmos para o futuro com esperança.

O primeiro dia de outubro chama a atenção para um desafio delicado. Mercúrio, Júpiter e a Lua Crescente em Capricórnio formam um contato tenso, nos obrigando a administrar as circunstâncias para não assumirmos posições com as quais ainda não estamos prontos para nos comprometer. Isso pode ocorrer por não estarmos conseguindo comunicar nossas emoções com clareza; por acharmos que não estão respeitando nossos limites; que estão abusando da nossa boa vontade; por parecermos arrogantes ou por nos perdemos em ideias grandiosas, nos distanciando da realidade.

Mercúrio em Libra nos inclina a passarmos tempo demasiado considerando vários pontos de vista. O importante nessa semana é ouvir atentamente não somente o que é dito, como também ao que é sentido. Com um pouco de sensibilidade e humildade, poderemos aparar possíveis arestas e começarmos bem o mês.

O começo da semana é marcado pela entrada de Mercúrio em Escorpião, no dia 06/10, e pela Lua Cheia em Áries, no dia 07/10. Com a mudança de signo, o tom de Mercúrio muda perceptivelmente. A conversa elegante, cordial e voltada para a identificação do que temos em comum ganha um tom mais intenso e secreto. O objetivo, nesse período, é encontrar o que se esconde por detrás da palavra, da expressão casual, nas entrelinhas dos contratos. Ao que é dito, soma-se o que é intuído, fazendo com que seja mais difícil camuflar as intenções que movem nossos atos. Ao mesmo tempo, entre os dias 06/10 e 29/10, é possível mergulharmos em áreas da alma que antes não teríamos coragem de nos aventurar. Como tudo o que se refere aos movimentos do Céu, depende do quão conscientes estamos de nós mesmos e o quanto estamos dispostos a fluir pela direção apontada pelas estrelas.

A Lua Cheia em Áries amadurece e traz à luz os resultados da lunação iniciada no dia 21/09. Em Áries, a Lua privilegia os esforços individuais e a ousadia. A quadratura entre Mercúrio e Plutão avisa que não há como se esconder. O que não está funcionando satisfatoriamente, o que prejudica e atrapalha, fica evidente. É preciso cuidado, porém, em como revelamos as verdades que descobrimos. Precisamos estar seguros de que podemos lidar com o nível de exposição que esse aspecto indica. Caso contrário, os embates podem ganhar um volume e um peso inesperados. Sob esse aspecto, é preciso cautela com a obsessão por ideias, pensamentos ou suspeitas. É preferível usar a energia dessa quadratura para mergulharmos nos problemas até sermos capazes de erradicá-los pela raiz.

Para nos ajudar nesse momento, podemos contar com Vênus e Júpiter em bom aspecto. Os amigos podem aliviar a tensão, prestando o apoio que precisamos para restabelecermos a paz. Na sexta-feira, dia 10/10, a Lua chega a sua fase disseminadora no Signo de Gêmeos, facilitando a propagação do que foi conquistado, assim como do que foi exposto no ápice da Lua Cheia.

Sábado, dia 11/10, acende um sinal de alerta. Vênus se opõe a Saturno, esfriando os planos para o final de semana. É possível que tenhamos que deixar de lado a diversão para nos dedicarmos a alguma obrigação inadiável, alimentando sentimentos de solidão, ressentimento e mau humor. Não devemos disfarçar o que sentimos, só para mantermos as aparências. Não é isso que esse aspecto pede. O que precisamos compreender é que há um tempo certo para tudo, e que as responsabilidades merecem ser encaradas com boa vontade e resignação.

A segunda quinzena de outubro começa com a Lua minguando em Câncer, pedindo intimidade e aconchego. Nessa segunda-feira, Plutão retoma seu movimento direto. A partir de agora, as mudanças assumem um caráter definitivo. Esse movimento se alinha às necessidades da fase minguante da Lua, potencializando os processos de limpeza e eliminação tão típicos dessa fase.

Outra mudança importante acontece na segunda-feira: Vênus ingressa em Libra, o segundo signo sob sua regência. Enquanto Vênus estiver em Libra, nossas emoções ganham maior objetividade e somos mais hábeis em manter o equilíbrio entre os nossos e os desejos dos outros. É mais fácil perceber quando é mais vantajoso ceder e quando usar da diplomacia para sustentar a nossa posição. Gentileza e charme são excelentes ferramentas, capazes de desarmar as oposições mais ferrenhas nesse período.

Ao entrar em Libra, Vênus conecta-se aos planetas geracionais, formando aspectos muito positivos com Urano e Plutão, enquanto se desentende com Netuno. Nossas emoções ganham intensidade à medida em que nos abrimos para novas experiências. Podemos encontrar pessoas e/ou causas que nos mobilizam integralmente. Apesar do impacto que essas vivências possam nos causar, cautela é essencial. O potencial para a ilusão é grande, seja a respeito do objeto do nosso afeto, seja a respeito do que está, realmente, nos movendo. Antes de nos sacrificarmos em nome do que sentimos, é prudente nos perguntarmos se a nossa devoção é desejada.

A sexta-feira prenuncia mais um final de semana desafiador. No dia 17/10, o Sol quadra Júpiter, enquanto Mercúrio se une a Marte em Escorpião. No entanto, o desafio desses dias é bem diverso do final de semana anterior. Enquanto no outro estávamos nos sentindo presos a tarefas sem cor, nesse é a falta de noção dos nossos limites que pode trazer alguma complicação. O segredo para aproveitar esses dias ao máximo é manter o foco no que temos em comum, buscando a cooperação e evitando os excessos de qualquer natureza.

Começamos a semana com a energia intelectual em alta, presente da conjunção entre Mercúrio e Marte. Estamos dispostos a lutar pelo que acreditamos e a defender nossas posições com as argumentações e informações arregimentadas. Isso pode ser excelente, desde que mantenhamos o alerta aceso para a irritabilidade exagerada e a tendência de nos identificarmos excessivamente com as nossas ideias. Um pouco de distanciamento, por mais difícil que possa parecer, nos ajudará a escolher melhor as nossas batalhas.

Terça-feira, dia 21/10, temos a nova lunação, dessa vez em Libra. Vênus, regente da lunação, não conversa com ninguém nesses primeiros dias da Lua

Nova, em um sinal sutil de que é importante acompanharmos de perto nossas relações e escolhermos cuidadosamente, pois podemos ter desdobramentos imprevistos nesse período.

Na quarta-feira, dia 22/10, Netuno reingressa no Signo de Peixes, revisitando todos os temas relacionados à inclusão, dissolução de fronteiras, compaixão, empatia e pertencimento. No dia seguinte, o Sol entra em Escorpião, reforçando a intensidade emocional do Céu. Até o final de outubro, a ênfase está em sentir. Nem sempre será possível conseguirmos nos distanciar das situações o suficiente para avaliá-las de maneira lógica. Nossa comunicação, nossos pensamentos, nossas ações, nossa consciência, enfim, quase todos os domínios da nossa vida estão, de uma forma ou outra, nos convocando a lidar com nossas emoções.

O dilema apresentado pelo excesso do elemento água é a identificação excessiva com os sentimentos, fazendo com que os humores flutuem bruscamente, alimentando fantasias que tanto podem ser idílicas quanto assustadoras. Manipulações e chantagens emocionais são comuns sob essa configuração. Portanto, antes de reagirmos aos acontecimentos, tomando decisões na onda do momento, convêm fazermos um esforço consciente para avaliarmos as situações ponderadamente. Se isso não for possível, uma alternativa é nos afastar, discreta e diplomaticamente, fazendo um bom uso de Vênus em Libra. Isso nos dará um pouco mais de tempo para processarmos nossas emoções e entendermos melhor o que se passa conosco e com o mundo à nossa volta.

Sexta-feira, dia 24/10, o Sol em Escorpião tensiona Plutão, elevando bastante a pressão sobre nós. Esse aspecto aponta para embates envolvendo poder e controle, confrontos e cobranças por trabalhos malfeitos ou compromissos abandonados. Evitar conflitos com pessoas em posição de poder nesse final de semana é uma das principais precauções a tomar. No entanto, outra boa maneira de lidar com esse aspecto difícil é praticar o desapego de forma radical. O que costumamos identificar como sendo parte indiscutível da nossa personalidade pode, na realidade, não corresponder mais a quem somos, roubando a nossa vitalidade. Quanto mais conscientes formos nesse processo, mais fértil e restaurador ele será.

Para nos auxiliar nessas tarefas, podemos contar com os bons aspectos formados entre Mercúrio, Júpiter e Saturno. Essas configurações dão à nossa mente clareza, capacidade de vislumbrar oportunidades e soluções que, até então, estavam ocultas para nós. Além dessa vantagem, também temos a seriedade necessária para identificar o que é, de fato, um problema e como resolvê-lo de forma sistemática e precisa. Considerando os aspectos presentes no Céu, esse final de semana pode ser muito bem aproveitado se nos dedicarmos a estudos aprofundados ou às atividades que tenham sido postergadas por medo do que enfrentaríamos. Pode até ser que exijam muito de nós, no entanto, após completas, trarão um senso de alívio imenso.

Outubro chega ao final com um Céu mais favorável que o da semana anterior, apesar do Sol ainda se encontrar quadrado a Plutão no domingo. A partir de segunda-feira, porém, temos somente aspectos positivos pela frente. Novamente, Mercúrio é o destaque da semana concentrando a maioria dos movimentos.

Terça-feira, dia 28/10, Mercúrio forma um trígono com Netuno. Na quarta-feira, deixa o Signo de Escorpião pelo Signo de Sagitário. Na quinta-feira, forma outro aspecto favorável, dessa vez com Plutão. A única nota dissonante na semana é a oposição entre Mercúrio e Urano, vigente entre a quarta-feira e a sexta-feira.

Essa semana deve ser dedicada às atividades que estimulem a imaginação, a criatividade e alimentem a nossa inspiração. Sondar mistérios, desvendar enigmas e resolver questões intrincadas, são fontes de prazer e satisfação nesses dias. O ponto de atenção é a sobrecarga de estímulos, além da dificuldade em conduzir conversas de maneira linear, compartilhando o que estamos aprendendo. Nosso pensamento está em alta velocidade e a fala pode não acompanhar.

Em Sagitário, Mercúrio tende a ser direto, um tanto abrupto até, mais preocupado em dizer o que pensa do que ouvir o raciocínio alheio. Essa combinação de fatores pode gerar alguma confusão e mal-entendidos. No entanto, observando essa característica, há grandes chances de termos ótimas ideias nessa semana, bem a tempo de aproveitarmos a fase Crescente da Lua que começa na quarta-feira.

Coroando esses dias propícios a boas notícias e descobertas, Marte entra em cena fazendo excelentes aspectos com Júpiter, entre segunda-feira e quarta-feira, e com Saturno, entre terça-feira e sexta-feira. Participando desse encontro, Júpiter também faz um excelente aspecto com Saturno e os três planetas contribuem para acelerarmos a evolução dos nossos planos. Com esse reforço, podemos contar com um nível elevado de energia, disciplina e paciência à nossa disposição. Esses aspectos também nos presenteiam com a visão do melhor caminho para chegar ao nosso destino e a determinação de seguir até o fim. Uma combinação imbatível e recheada de potencial para terminar o mês com excelentes resultados e ótimo humor.

POSIÇÃO DIÁRIA DA LUA EM OUTUBRO

DIA 01 DE OUTUBRO – QUARTA-FEIRA

☾ *Crescente* ☾ *em Aquário às 16:51 LFC Início às 12:34 LFC Fim às 16:51*

Enquanto a Lua estiver em Aquário, tendemos a nos sentir mais livres e ousados a experimentar novas formas de solucionar antigos problemas.

Quebrar padrões que parecem obsoletos facilitará impulsionar melhores resultados. Diversificar ampliará as possibilidades da conquista de soluções criativas. Ampliar a rede de contatos poderá ampliar um leque de oportunidades.

·Lua oposição Júpiter — 00:44 às 04:35 (exato 02:40)

Tente se acalmar e não exagerar na forma que está enxergando uma situação. O equilíbrio emocional diante das insatisfações, evitará que compense através de atitudes que poderão prejudicar o equilíbrio necessário para ter um dia produtivo. Racionalize.

·Lua sextil Saturno — 10:40 às 14:25 (exato 12:34)

Será na parte da tarde que se sentirá mais focados e determinado a cumprir o que foi programado. Excelente para colocar ordem onde habita o caos. Um choque de gestão será muito bem-vindo, aumentando as chances de conseguir melhores resultados.

·Lua sextil Netuno — 15:58 às 19:42 (exato 17:50)

As pessoas tenderão se tornarem mais acessíveis ao investir em uma fala mais doce e angelical ou ao abordar questões delicadas. Amplie a visão da situação para não focar somente nos detalhes que não vem dando certo. Entender para onde o rio está indo poderá facilitar a jornada.

·Lua trígono Urano — 17:12 às 20:56 (exato 19:05)

No final do dia tenderemos a uma postura mais livre e atualizada de encarar as situações que se apresentarem. Romper um padrão de comportamento facilitará alcançar os objetivos. Invista em uma nova forma de olhar a mesma situação. Não é o melhor momento para apegar-se ao que não tem mais razão de ser. O melhor a fazer é soltar e deixar ir. Reinvente-se.

·Lua conjunção Plutão — 17:36 às 21:20 (exato 19:28)

O excesso de controle pelo medo da perda, apenas irá aumentar a ansiedade e o nervosismo. Principalmente, por lhe afastar de encontrar o equilíbrio emocional necessário para sair de uma situação difícil. Não é o melhor momento para tratar assuntos delicados. Antigas feridas emocionais poderão emergir, dificultando acordos. Fuja de enfrentamentos.

DIA 02 DE OUTUBRO – QUINTA-FEIRA

☾ *Crescente* ☾ *em Aquário*

·Lua quadratura Marte — 03:31 às 07:24 (exato 05:28)

Cuidado redobrado com a forma que abordar determinadas questões. Poderão ocorrer rompimentos cirúrgicos se não tiver a sensibilidade de enxergar o limite do outro. Evite sair descontando a raiva em quem só lhe quer bem. Fazer exercícios físicos pela manhã, ajudará a canalizar a energia de forma mais produtiva.

·Lua trígono Sol — 08:42 às 12:39 (exato 10:41)

Manter as emoções em equilíbrio lhe impulsionará a uma visão mais clara de onde deseja chegar. Procure manter a atenção naquilo que estipulou ser prioritário, inovando se necessário. Use novas formas de fazer algo antigo. Alinhe-se com o que está melhor fluindo.

DIA 03 DE OUTUBRO – SEXTA-FEIRA

☾ *Crescente* ☾ *em Peixes às 23:06 LFC Início às 15:16 LFC Fim às 23:06*

Enquanto a Lua estiver em Peixes, busque alinhar-se com a sensibilidade de entender o que não é mostrado. A maior percepção do que acontece no entorno tenderá a proporcionar novas oportunidades, principalmente onde você só enxergava obstáculos. Insistir em um único formato de pensamento pode ser perda de tempo. Entenda o fluxo do crescimento e nade a favor da maré.

·Lua trígono Mercúrio — 13:15 às 17:14 (exato 15:16)

Tenderemos a estar mais alerta e com maio fluidez para raciocinar diante de qualquer pressão emocional. Ampliar a comunicação até com quem não pensa como você facilitará encontrar novos posicionamentos e até ampliar a possibilidade de emergir soluções impensáveis. Troque informações e experiências. Excelente momento para divulgar algo.

·Lua quadratura Urano — 23:21 às 02:50 de 04/10 (exato 01:06 de 04/10)

Uma noite banhada por uma inquietação poderá dificultar uma madrugada relaxante. Sabendo disso, o melhor a fazer é tentar relaxar e relevar o que não for importante. Procure não levar tudo de forma radical. Isso evitará cortes e afastamentos dos quais futuramente você poderá se arrepender.

DIA 04 DE OUTUBRO – SÁBADO

☾ *Crescente* ☾ *em Peixes*

·Lua trígono Marte — 11:47 às 15:23 (exato 13:36)

Dia dinâmico onde tenderemos a maior vitalidade e disposição para realizar o que for proposto. A coragem parece brotar diante dos desafios. Portanto, desafie-se a ousar realizar aquilo que por medo você foi deixando de lado.

DIA 05 DE OUTUBRO – DOMINGO

☾ *Crescente* ☾ *em Peixes LFC Início às 21:30*

·Lua oposição Vênus — 06:43 às 10:23 (exato 08:33)

Mesmo que o dia não se inicie banhado de um humor elevado, esforce-se para fazer algo prazeroso que torne menos pesada a manhã de domingo. Pode ser que surja uma intransigência diante do que não gosta, dificultando o entendimento necessário para congruência de opiniões. Não é o melhor momento para tratar assuntos desgastantes, já que as pessoas estarão menos abertas diante das diferenças.

·Lua trígono Júpiter — 12:34 às 15:55 (exato 14:15)

Que tal marcar um almoço prazeroso com uma companhia banhada de positividade e que lhe incentive a ver o lado bom da vida? Isso fará toda diferença para amenizar a percepção negativa das coisas. Invista em uma postura mais otimista, principalmente valorizando os laços emocionais que você construir pelo caminho. Recorra a quem lhe coloque para cima.

·Lua conjunção Saturno — 19:50 às 23:07 (exato 21:30)

As obrigações muitas vezes se tornam pesadas correntes que nos impedem de maior mobilidade. No entanto, é preciso assumir as responsabilidades das escolhas. Nem sempre acertamos, e isso é natural de quem tem como foco superar-se diante da vida. Aprenda com os erros e siga adiante. Cultive uma visão realista, mas não pessimista.

DIA 06 DE OUTUBRO – SEGUNDA-FEIRA

☾ *Crescente* ☾ *em Áries às 01:47 LFC Fim às 01:47*

Enquanto a Lua estiver em Áries, motive-se para ter iniciativa de construir seus desejos. Não é momento de se intimidar pelos desafios. Ouse seguir o impulso guiado pela motivação. Esta fase da lua merece energia de construção. Fuja da procrastinação.

·Lua conjunção Netuno — 00:49 às 04:06 (exato 02:28)

Pode ser que receba *insights* criativos por meio dos sonhos. Sabendo disso, que tal dormir com um caderninho ao lado da cama e ao abrir os olhos anotar tudo que lembra? Decifrar imagens pode ser de grande ajuda para entender o que está por trás dos acontecimentos.

·Lua sextil Urano — 01:57 às 05:13 (exato 03:35)

Novas ideias necessitam de coragem para romper padrões. E pode ser essa a saída criativa pela qual você estava esperando para virar o jogo. Não busque fazer do mesmo jeito porque as chances maiores será de quem ousar o diferente.

·Lua sextil Plutão — 02:25 às 05:41 (exato 04:03)

Antigas memórias poderão emergir, fazendo com que a compreensão seja um grande motivador de renascimento. Chega de chorar pelo que não foi. O momento está favorável para se ressurgir mais forte do que nunca. Desprenda-se das mágoas perdoando aqueles que lhe fizeram qualquer mal.

·Lua oposição Sol — 23:03 às 02:30 de 07/10 (exato 00:47 de 07/10)

Conjugar a intensidade da vontade com a ponderação necessária para negociar as diferenças, muitas vezes faz com que nos sentimos exaustos e até pessimista diante do que não flui como o esperado. Tente limpar a mente de preocupações para ter uma verdadeira noite de descanso.

DIA 07 DE OUTUBRO – TERÇA-FEIRA

◯ Cheia às 00:47 em 14º08' de Áries ◯ em Áries LFC Início às 15:24

·Lua quadratura Júpiter — 13:46 às 17:00 (exato 15:24)

Tenderemos a uma maior insatisfação diante de qualquer situação que não se defina. O melhor a fazer é acessar sua rede de contatos procurando meios para compreender o que vem lhe impedindo de alcançar o que deseja. Exercite a tolerância e seja mais adaptável. Se colocar no lugar do outro poderá ser a melhor saída.

DIA 08 DE OUTUBRO – QUARTA-FEIRA

◯ Cheia ◯ em Touro às 02:12 LFC Fim às 02:12

Enquanto a Lua estiver em Touro, tenderemos a um comportamento emocional regido pela simplicidade e praticidade. Faremos escolhas baseadas pelo grau de segurança que oferecem. Ficamos mais vagarosos e comedidos, necessitando pisar em solo firme diante de qualquer movimento de avanço. O melhor a fazer é solidificar o que deu certo até aqui. Espere um melhor momento para dar a largada em novos projetos.

·Lua quadratura Plutão — 02:48 às 05:59 (exato 04:23)

Hoje é um dia para relevar desafetos, desamores e até desentendimentos fúteis e sem razão. Prefira a introspecção, respeitando um momento mais vulnerável. Você não precisa provar nada para ninguém a não ser para si mesmo.

·Lua oposição Mercúrio — 04:28 às 08:00 (exato 06:14)

Iniciar o dia com uma meditação fará com que melhor consiga controlar uma mente abarrotada de preocupações. Selecione os pensamentos por grau de importância e capacidade de resolutividade. De nada vai adiantar começar o dia atirando para tudo que é lado. Acalme-se e foco no que pode realmente trazer resultado.

·Lua oposição Marte — 18:35 às 21:55 (exato 20:15)

Tenderemos a terminar esse dia mortos de cansaço e extremamente irritados. Sabendo disso, intensifique os exercícios físicos no final do dia para conquistar uma noite de sono tranquila. Deixar claro a necessidade de privacidade poderá evitar discussões intensas diante de divergências que, em um outro momento, seriam facilmente administráveis.

DIA 09 DE OUTUBRO – QUINTA-FEIRA

◯ Cheia ◯ em Touro LFC Início às 21:32

·Lua sextil Júpiter — 14:01 às 17:15 (exato 15:38)

A parte da tarde estará vibrando sob energias positivas, em que oportunidades poderão se manifestar se estiver atento aos acontecimentos ao seu redor. Criar um ambiente acolhedor fará com que qualquer adversário se sinta mais relaxado e aberto à conciliação. Observe bem antes de tomar qualquer atitude.

·Lua trígono Vênus — 16:27 às 19:57 (exato 18:12)

Há maior abertura para encontros, facilitando a interação e também a congruência de opiniões. As pessoas estarão mais animadas para colocar a mão na massa e ajudar a quem precisa. Invista em um comportamento mais carinhoso e menos julgador. É o melhor momento para conquistar aquele que lhe é indiferente.

·Lua sextil Saturno — 19:54 às 23:07 (exato 21:32)

Um bom exercício para animar esse final do dia, será pontuar todos os movimentos construtivos que alcançaram o resultado esperado. Essa análise realista fará com que alimente uma postura gerencial diante da vida. Obstáculos servem para fortificar nossos objetivos.

DIA 10 DE OUTUBRO – SEXTA-FEIRA

◯ Cheia ◯ em Gêmeos às 02:11 LFC Fim às 02:11

Enquanto a Lua estiver em Gêmeos, alimente uma postura mais flexível e menos rígida diante da vida. A leveza será muito bem-vinda nesse momento, principalmente se estiver passando por grandes aprovações. Sentir prazer ao longo do caminho, percebendo a beleza ao redor fará com que o percurso seja mais animado. Assim, saia do casulo e procure interagir participando de tudo em que for convidado. Essa maior socialização facilitará aberturas inesperadas.

·Lua sextil Netuno — 01:04 às 04:17 (exato 02:41)

Inspire-se deixando se levar por uma abertura a sensibilidade das energias do entorno. Nem tudo tem uma explicação prática. O entendimento para aonde o rio está lhe levando trará um sentimento de resiliência aliada a gratidão por tudo que conquistou até aqui. Agradeça.

·Lua conjunção Urano — 02:11 às 05:24 (exato 03:47)

Fique atento a *insights*, pois esses poderão brotar do nada trazendo oportunidades para virar o jogo da vida. A versatilidade será essencial para começar o dia mais alegre e motivado. Facilitará ousar investir em uma nova postura ou atualizar emoções, a fim de descartar o que vem lhe impedindo de se sentir mais leve.

·Lua trígono Plutão — 02:47 às 06:01 (exato 04:24)

Hoje o dia pede uma limpeza na casa, no corpo e na alma. Sabendo disso, renove-se e inspire-se em desobstruir tudo aquilo que está, de alguma forma, lhe oprimindo emocionalmente. Excelente dia para acordos e para reestabelecer relações perdidas.

DIA 11 DE OUTUBRO – SÁBADO

○ *Cheia (disseminadora)* ○ *em Gêmeos LFC Início às 23:56*

·Lua trígono Sol — 06:27 às 10:00 (exato 08:13)

A sensação de equilíbrio emocional facilitará a tomada de decisão em função dos objetivos traçados. Introduza a diplomacia, valorizando uma estética na forma de abordar temas polêmicos. Cultive a beleza de olhar no outro o que ele tem de melhor.

·Lua quadratura Saturno — 20:49 às 00:09 de 12/10 (exato 22:29)

Será mais proveitoso optar por ficar mais sossegado, colocando as emoções em ordem para não descontar em quem só está querendo lhe animar. Uma análise realista de como anda os seus relacionamentos, sejam emocionais ou profissionais, fará com que você entenda onde está sendo necessário fazer uma readequação. Procure não ser tão duro com seus erros. O aprendizado é entender que esses o levarão ao aperfeiçoamento.

·Lua quadratura Vênus — 22:05 às 01:46 de 12/10 (exato 23:56)

Não exige perfeição absoluta. Isso porque são as diferenças que engrandecem uma relação. A discordância não deve ser encarada como um defeito e, sim, como uma oportunidade de expandir o conceito de algo. Será esse comportamento que possibilitará chegar a um acordo.

DIA 12 DE OUTUBRO – DOMINGO

○ *Cheia (disseminadora)* ○ *em Câncer às 03:36 LFC Fim às 03:36*

Enquanto a Lua estiver em Câncer, tenderemos a ficar mais sensibilizados a qualquer assunto que envolva a casa, a família e a intimidade. Tenderemos a privilegiar momentos mais caseiros, preferindo dividir seu tempo com aqueles que oferecerem um colo seguro para repousar quando cansar das batalhas da semana. Memórias antigas poderão ressurgir quando o assunto não ficou bem resolvido e foi jogado para debaixo do tapete. Ótimo momento para rever pessoas.

·Lua quadratura Netuno — 02:21 às 05:43 (exato 04:02)

Aproveite este domingo para relaxar e, se puder, se dê o direito de não fazer nada. Isso porque será mais sadio entender quando a cabeça não está conseguindo racionalizar as emoções para conclusões produtivas. Cuidado com conclusões fantasiosas. Cheque a veracidade dos fatos, duvidando das emoções. Tendência a distorções e fantasias.

·Lua trígono Mercúrio — 17:15 às 21:05 (exato 19:10)

Quanto mais você falar sobre um determinado assunto, mais terá condições de tomar a melhor decisão. Diante disso, procure pessoas que passaram pela mesma situação e troque ideias. A sinergia de pensamento o motivará a sair do casulo.

DIA 13 DE OUTUBRO – SEGUNDA-FEIRA

☽ *Minguante às 15:11 em 20º39' de Câncer* ☽ *em Câncer*

• Lua trígono Marte — 02:17 às 05:56 (exato 04:06)

Use as experiências de perdas para abastecer-se da força regeneradora que existe dentro de você. Às vezes chega um momento em que o melhor a fazer é cortar situações, e até pessoas, a fim de ter um tempo para se recuperar. Respeite o seu limite.

• Lua quadratura Sol — 13:18 às 17:06 (exato 15:11)

Procure manter a calma diante de contratempos e situações adversas. Evite levar para o pessoal situações que são influenciadas por uma conjuntura que independe da sua ação ou posicionamento. Será necessário maior esforço emocional para conjugar as diferenças. Magoar-se e se recolher só postergará um posicionamento.

• Lua conjunção Júpiter — 19:01 às 22:35 (exato 20:48)

Para melhorar seu humor, o melhor a fazer é colocar um sorriso no rosto e elevar o olhar adiante por cima dos muros, que no momento, impedem o avanço desejado. Cultive o otimismo, evidenciando quais foram os ganhos dos últimos tempos. Mesmo uma situação ruim traz algo de positivo.

DIA 14 DE OUTUBRO – TERÇA-FEIRA

☽ *Minguante* ☽ *em Leão às 07:46 LFC Início às 02:06 LFC Fim às 07:46*

Enquanto a Lua estiver em Leão, motive-se pelos seus dons e não se apequene diante dos erros. Um leonino que se preze pode até cair, mas de pé. Evite ficar enaltecendo os seus fracassos. Abuse do seu charme, potencializando-se com o que você tem de melhor. É o momento de se ver com amor.

• Lua trígono Saturno — 00:18 às 03:51 (exato 02:06)

Há uma visão mais clara de que não se chega aonde deseja sem algum sacrifício. Sabendo disso, que tal fazer uma lista de coisas que você está disposta a abrir mão, em um choque de gestão, para se tornar mais produtiva? Procure ideias que lhe impulsionem.

• Lua trígono Netuno — 06:20 às 09:55 (exato 08:07)

A criatividade poderá brotar para aquele que entender a enxergar aquilo que nem sempre está tão claro. Banhe-se no entusiasmo para iniciar seu dia. Às vezes, ver o mundo através de olhos otimistas é essencial para nos tirar do ostracismo.

• Lua sextil Vênus — 07:10 às 11:08 (exato 09:09)

Quanto mais funcional você se comportar, mais seu talento será visto. Não é dia para procrastinar. Ao contrário, mexa-se e empenhe-se a fazer tudo da melhor forma possível e nos mínimos detalhes. Porque será nesse detalhe que você poderá se sobressair.

·Lua sextil Urano — 07:33 às 11:08 (exato 09:20)

Abra-se para novas ideias. Uma chacoalhada na rotina poderá incentivar a ousar novas formas de resolutividade. Inove sem medo para se destacar diante da mesmice do trivial.

·Lua oposição Plutão — 08:26 às 12:02 (exato 10:14)

Mudar sempre vale a pena pela abertura que oferece ao crescimento. No entanto, esses movimentos podem trazer oposições. Evite quedas de braço desnecessárias. Ao contrário, para aqueles que não lhe aceitam, ofereça ajuda humildemente. Hoje fará diferença um comportamento menos autoritário, mesmo que você esteja certo. Escolhas as batalhas que valerão a pena.

DIA 15 DE OUTUBRO – QUARTA-FEIRA

☽ *Minguante* ☽ *em Leão*

·Lua quadratura Mercúrio — 04:37 às 08:43 (exato 06:40)

O melhor a fazer é manter a boca fechada. Não saia despejando suas opiniões sem antes racionalizar como melhor se posicionar. Vai ser mais desgastante focar em um único assunto. Busque uma agenda mais espaçosa e tente controlar a ansiedade. Opte por exercícios ao ar livre.

·Lua quadratura Marte — 10:52 às 14:46 (exato 12:49)

Tenha em mente que qualquer ação desastrosa poderá resultar em desafetos que tenderão futuramente trazer prejuízos. Assim, se deseja cortar alguém da sua vida, que isso seja feito com classe. Não é o melhor momento para intimidações, pois a reação do outro poderá ser desproporcional.

DIA 16 DE OUTUBRO – QUINTA-FEIRA

☽ *Minguante* ☽ *em Virgem às 15:05 LFC Início às 02:07 LFC Fim às 15:05*

Enquanto a Lua estiver em Virgem, que tal esquematizar tudo que ocorreu nesse ciclo lunar que se encerra. Uma análise pragmática será muito útil na prospecção dos novos passos a serem dados quando se iniciar um novo ciclo lunar que se dará com a Lua Nova regeneradora no Signo de Escorpião. Seja funcional e focada em resultados.

·Lua sextil Sol — 00:04 às 04:07 (exato 02:07)

Haverá uma maior clareza onde só reinava dúvidas. Busque soluções conciliadoras, a fim de que consiga trazer seus adversários para cooperar e não atrapalhar. Potencialize uma consciência clara de onde está e aonde deseja chegar.

·Lua quadratura Urano — 14:43 às 18:30 (exato 16:36)

Esteja preparado para imprevistos nessa tarde de hoje. Sabendo disso, espace os compromissos e improvise quando não sair do seu jeito. Seremos testados na nossa capacidade de adaptação. Serão bem-vindos exercícios *mindfulness* (respiração prolongada) no meio da tarde. Isso ajudará a não perder o controle.

DIA 17 DE OUTUBRO – SEXTA-FEIRA

☽ *Minguante (balsâmica)* ☽ *em Virgem*

• Lua sextil Mercúrio — 19:59 às 00:19 de 18/10 (exato 22:09)

Motive-se a sair com amigos e interagir, trocando ideias e até recorrendo aqueles que tem o conhecimento do assunto que está tirando seu sono. Abrir-se para novas experiências farão com que você se sinta mais motivado. Interaja.

• Lua sextil Marte — 22:57 às 03:04 de 18/10 (exato 01:01 de 18/10)

Exercite seu lado sedutor deixando fluir o guerreiro conquistador que habita dentro de você. Não vai perder a oportunidade de agir no momento certo. Sair da zona de conforto será a melhor maneira de você ter certeza da sua capacidade.

DIA 18 DE OUTUBRO – SÁBADO

☽ *Minguante* ☽ *em Virgem LFC Início às 18:11*

• Lua sextil Júpiter — 11:44 às 15:40 (exato 13:42)

Muitas vezes, em uma situação limitante, só enxergamos saída se tivermos a perseverança de ousar novas atitudes. As oportunidades se abrirão se você não ficar insistindo em manter-se no mesmo lugar. Olhe sob um novo formato.

• Lua oposto Saturno — 16:13 às 20:07 (exato 18:11)

Ficar preso sob uma perspectiva pessimista só fará com que a sua energia se esvaia, paralisando-o diante do obstáculo. Seja realista, mas de forma operacional, consertando os gargalos que vêm lhe impedindo de crescer. O momento pede cautela, mas não deixe de seguir em frente.

• Lua oposição Netuno — 23:12 às 03:08 de 19/10 (exato 01:10 de 19/10)

Cuidado com suposições pois há maior tendência a distorcer o entendimento sobre algo. Será necessário um esforço maior para não perder coisas, já que o foco e a atenção não será algo fácil de se ter nesta noite. Procure descansar neste sábado à noite. Dormir será essencial.

DIA 19 DE OUTUBRO – DOMINGO

☽ *Minguante (balsâmica)* ☽ *em Libra às 01:01 LFC Fim às 01:01*

Enquanto a Lua estiver em Libra, estaremos mais motivados a uma postura mais diplomática, racionalizando as emoções. Assim, procure investir em um comportamento aberto ao diálogo, sendo mais amável com aqueles que discordam dos seus posicionamentos. Essa estética no trato com seus adversários poderá abrir oportunidades interessantes.

• Lua trígono Urano — 00:29 às 04:24 (exato 02:27)

Novas ideias poderão surgir ao atentar-se aos sonhos, que mais parecerão com mensagens enviadas do divino. Isso porque estaremos como antenas parabólicas, pescando sinais oriundos de qualquer tipo de movimento de quebra de padrão, seja de consciência ou de comportamento. As mudanças poderão ocorrer sem dor.

· Lua trígono Plutão — 01:45 às 05:41 (exato 03:43)

Nesta manhã de domingo procure atividades revigorantes. Isso ampliará a possibilidade de uma limpeza emocional e astral trazendo uma sensação de libertação de pesos do passado. Livrar-se das mágoas facilitarão reencontros e até motivarão retomar relações desgastadas.

· Lua conjunção Vênus — 13:13 às 17:38 (exato 15:25)

Procure fazer algo que lhe dê prazer. Somente hoje fuja de chateação ou gente que coloque você para baixo. Olhar-se com amor é o primeiro passo para aceitar-se e, consequentemente, abrir-se para o entendimento com o outro. Pratique a cordialidade.

DIA 20 DE OUTUBRO – SEGUNDA-FEIRA

☽ *Minguante (balsâmica)* ☽ *em Libra*

· Lua quadratura Júpiter — 23:27 às 03:29 de 21/10 (exato 01:28 de 21/10)

Conflitos nas relações poderão tomar proporções além do limite ponderável. Assim, procure racionalizar a situação, entendendo que nem sempre as coisas se dão de uma forma linear. Tem fases em que estamos carentes e cobrando do outro algo que na verdade nós mesmos que precisamos conquistar. Pense nisso.

DIA 21 DE OUTUBRO – TERÇA-FEIRA

● *Nova às 09:24 em 28°21' de Libra* ● *em Escorpião às 12:41*

LFC Início às 09:24 LFC Fim às 12:41

Enquanto a Lua estiver em Escorpião, procure focar aquilo que é prioridade, indo a fundo para que seja implementado. É a oportunidade de nos tornarmos obsessivos na implantação de um projeto ou até mesmo tirar forças das entranhas para criar uma nova oportunidade de recomeço. O Signo de Escorpião é muito intenso nas suas emoções, servindo para ir fundo naquilo que desejamos realizar. Use essa energia a seu favor.

· Lua conjunção Sol — 07:13 às 11:36 (exato 09:24)

Ficará mais fácil empenhar-se nas conquistas dos objetivos, visto que há uma necessidade de se manter diplomático diante das diferenças. Invista em um comportamento esteticamente agradável para convencer o outro de seus posicionamentos.

· Lua quadratura Plutão — 13:27 às 17:29 (exato 15:28)

Na parte da tarde, procure relevar e evitar conflitos desnecessários. Não pegue para si o que é problema do outro. Os ânimos tenderão a estarem exaltados e, sabendo disso, o melhor é passar desapercebido. Não é o melhor dia para questionamentos.

22 DE OUTUBRO – QUARTA-FEIRA

● *Nova* ● *em Escorpião*

Hoje a Lua não faz aspecto com outros planetas no Céu. Devemos observar as recomendações para a fase e o signo em que a Lua se encontra.

DIA 23 DE OUTUBRO – QUINTA-FEIRA

● *Nova* ● *em Escorpião*

Entrada do Sol no Signo de Escorpião às 00h50min39

·Lua conjunção Marte — 05:45 às 10:04 (exato 07:55)

Respeite o espaço do outro para que ele respeite a sua individualidade. Isso porque, por muito pouco, disputas poderão ocorrer na tentativa de uma afirmação pessoal. Use a força de Marte em Escorpião para ir fundo no que deseja transformar. O poder de regeneração estará ativado, facilitando a recuperação de algo que já parecia perdido. Cortes cirúrgicos poderão ocorrer se forem motivados para uma cura final. Chega de sofrimento desnecessário.

·Lua conjunção Mercúrio — 09:41 às 14:12 (exato 11:56)

Uma mente obsessiva poderá ser usada positivamente para investigar uma situação que vem tirando seu sono. Preste atenção aos sinais imperceptíveis, aguce a sensibilidade de entender além do que é falado. Isso facilitará você conduzir a situação a seu favor.

·Lua trígono Júpiter — 12:16 às 16:20 (exato 14:18)

Uma tarde auspiciosa, com grande abertura para movimentos de expansão e crescimento. Iniciar um curso novo, viajar ou até se comportar de uma forma mais aberta e otimista, atraíra facilidades para um grande salto a frente. Não é momento para passar desapercebido.

·Lua trígono Saturno — 15:37 às 19:39 (exato 17:38)

Tudo que for consolidado aqui terá maior tendência a se consolidar de forma estruturada e segura. Isso porque nada será feito de qualquer forma ou será aceito o que não tem qualidade comprovada. Excelente momento para fechar negócios.

·Lua trígono Netuno — 23:12 às 03:15 de 24/10 (exato 01:15 de 24/10)

Fecharemos esse dia com uma sensação de que a vida está fluindo. Há uma percepção ampliada do que se está vivenciando. Isso facilitará a construção de um guia para os novos rumos da sua vida.

DIA 24 DE OUTUBRO – SEXTA-FEIRA

● *Nova* ● *em Sagitário às 01:18 LFC Início às 01:15 LFC Fim às 01:18*

Enquanto a Lua estiver em Sagitário, abra-se para uma perspectiva ampliada dos seus projetos. Pode ser o momento de expandir mercado e até ousar contatos no exterior. Qualquer movimento que traga novos conhecimentos, que rompa fronteiras e saia da rotina acessará um otimismo contagiante e necessário para aqueles que acreditam em seus sonhos.

·Lua oposição Urano — 00:25 às 04:28 (exato 02:26)

Necessitaremos de maior esforço para conseguir conquistar um sono regenerador. Ficará mais difícil desligar dos pensamentos que tenderão a parecer como pipocas saltitantes e angustiantes. Introduzir técnicas de relaxamento será uma forma de amenizar a tensão.

·Lua sextil Plutão — 02:06 às 06:09 (exato 04:07)

Motive-se nessa sexta-feira para restabelecer situações que estavam estremecidas e até que pareciam terminadas. Momento certo para recuperar relacionamentos, restabelecendo vínculos perdidos. Pratique atitudes que renovem seu emocional ao libertar-se daquilo que não lhe faz bem.

DIA 25 DE OUTUBRO – SÁBADO

● *Nova* ● *em Sagitário*

·Lua sextil Vênus — 04:01 às 08:32 (exato 06:16)

Um sábado repleto de facilidades para encontros e também para restabelecer o prazer pela vida. Isso porque as pessoas estarão mais acessíveis e prontas a vibrar na colaboração. Aproveite para renovar laços e curtir um sábado agradável.

DIA 26 DE OUTUBRO – DOMINGO

● *Nova* ● *em Capricórnio às 13:52 LFC Início às 13:42 LFC Fim às 13:52*

Enquanto a Lua estiver em Capricórnio, estaremos mais motivados a cumprir prazos e a fazer sacrifícios diante dos objetivos. O medo da escassez nos motivará a um choque de gestão, beneficiando um planejamento mais realista. Aproveite para se comprometer através de metas possíveis.

·Lua quadratura Saturno — 04:00 às 08:00 (exato 06:00)

Respeite-se e tente descansar mais. Qualquer obrigação hoje se tornará um fardo. Descontar em quem está próximo só aumentará o clima de insatisfação. Tente fazer algo que lhe remete ao lado bom da vida.

·Lua quadratura Netuno — 11:41 às 15:41 (exato 13:42)

Evite se deixar abater por uma melancolia, comportando-se como vítima do destino. Você tem suas qualidades, apenas está precisando desacelerar e encontrar um pouco de brilho na vida. O esforço vai ser maior para se concentrar. Cuidado redobrado ao dirigir. Fuja de situações difíceis.

·Lua sextil Sol — 19:24 às 23:45 (exato 21:35)

Todos nós temos a opção de escolher entre só olhar o lado ruim de algo, ou encontrar um significado positivo que nos motive a seguir adiante. Isso facilitará restabelecer o equilíbrio das emoções, restabelecendo uma consciência produtiva.

DIA 27 DE OUTUBRO – SEGUNDA-FEIRA

⚫ *Nova* ⚫ *em Capricórnio*

· Lua quadratura Vênus — 22:59 às 03:21 de 28/10 (exato 01:10 de 28/10)

Não estaremos muito sociáveis e abertos a diplomacia nas relações. Não é o melhor momento para ter aquela conversa difícil ou pedir ajuda. As chances de uma negativa são grandes. O melhor a fazer é descansar porque a semana está só começando.

DIA 28 DE OUTUBRO – TERÇA-FEIRA

⚫ *Nova* ⚫ *em Capricórnio*

· Lua oposição Júpiter — 12:59 às 16:53 (exato 14:56)

Redobre a atenção quanto aos novos passos que está querendo galgar. Meça se tudo está embasado em um formato realista. Há uma tendência ao exagero que poderá colocar tudo a perder.

· Lua sextil Marte — 13:32 às 17:39 (exato 15:36)

Aproveite para praticar a assertividade, decidindo questões que não tem mais como postergar. O choque de realidade se faz necessário, livrando-se do que não faz mais sentido.

· Lua sextil Saturno — 15:09 às 19:01 (exato 17:05)

O que adianta é arregaçar as mangas e colocar a mão na massa. Qualquer conquista exige sacrifício. Por que achou que com você seria diferente? Um passo de cada vez, sem descanso.

· Lua sextil Mercúrio — 22:10 às 02:22 de 29/10 (exato 00:16 de 29/10)

Ideal para você pesquisar novas formas de realização, a fim de que possa seguir um caminho inovador ao mesmo tempo que transformador. Interaja buscando trocar experiências.

· Lua sextil Netuno — 22:42 às 02:32 de 29/10 (exato 00:39 de 29/10)

Nada acontece por acaso. Sabendo disso, tente compreender a situação através de uma visão ampliada e otimista. Milagres acontecem para quem trabalha por eles.

· Lua trígono Urano — 23:44 às 03:34 de 29/10 (exato 01:39 de 29/10)

Fazer diferente poderá ser a saída para engatar um novo ritmo na sua vida. Mudanças tendem a fazer girar a roda da vida. Acredite no seu potencial criativo, inovando suas ações.

DIA 29 DE OUTUBRO – QUARTA-FEIRA

☾ *Crescente às 13:21 em 06º30' de Aquário* ☾ *em Aquário às 00:55*

LFC Início às 00:39 LFC Fim às 00:55

Enquanto a Lua estiver em Aquário, procure exercitar a liberdade de ousar buscar novas referências, trazendo para sua rotina pessoas ou situações que lhe tragam uma sensação de liberdade e desprendimento. É o melhor momento para desapegar daquilo que não faz mais sentido. Isso porque, ao estar facilitado uma postura mais racional afetivamente, fará com que a sua individualidade se faça respeitada.

·Lua conjunção Plutão — 01:43 às 05:33 (exato 03:38)

Há maior tendência a nos deixar invadir por sentimentos intensos, ou remoer antigas feridas nos remetendo a lembranças dolorosas. Tente controlar o seu pensamento, mantendo-se firme no que foi estabelecido na rotina. Quando nos sentimos desprestigiados, podemos maximizar uma situação que não tem tanta relevância.

·Lua quadratura Sol — 11:16 às 15:24 (exato 13:21)

Quando as energias estão mais pesadas, o melhor a fazer é procurar não polemizar ou ter cuidado ao colocar seus posicionamentos. O melhor a se fazer hoje é investir na cordialidade, evitando assuntos difíceis.

DIA 30 DE OUTUBRO – QUINTA-FEIRA

☾ *Crescente* ☾ *em Aquário*

·Lua trígono Vênus — 14:32 às 18:35 (exato 16:34)

Aproveite esta tarde para abordar aquele assunto delicado que você vem protelando. Estará facilitado acordos e entendimentos. Tratamentos estéticos e mudança de visual tenderão a lhe deixar bastante animado.

DIA 31 DE OUTUBRO – SEXTA-FEIRA

☾ *Crescente* ☾ *em Peixes às 08:45 LFC Início às 03:16 LFC Fim às 08:45*

Enquanto a Lua estiver em Peixes, abre-se um canal facilitador de entendimento pela maior facilidade de se conseguir colocar no lugar do outro. Dessa forma, tendemos a acreditar que fazendo o bem colheremos o bem, o que nos estimula a um comportamento mais adocicado diante das diferenças existentes. Aproveite para trabalhar o perdão consigo mesmo. Afinal, ninguém é perfeito e estamos todos aqui para agradecer a oportunidade de aperfeiçoamento.

·Lua quadratura Marte — 01:20 às 05:09 (exato 03:16)

No último dia de outubro teremos o desafio de nos mantermos calmos. Exercitar-se logo pela manhã será a melhor maneira de extravasar um excesso de energia que tende a dominar nosso dia.

·Lua quadratura Urano — 07:30 às 11:04 (exato 09:17)

Pratique o jogo de cintura, libertando-se de preceitos e entendendo que cada um tem direito de defender seu ponto de vista. Vai ser mais desafiador se manter em uma rotina engessada. Não é recomendado fazer muitas coisas ao mesmo tempo. Diminua o ritmo.

·Lua quadratura Mercúrio — 10:37 às 14:26 (exato 12:32)

Tente ordenar o pensamento por ordem de importância. Ao determinar prioridades você se tornará mais produtivo. Cuidado com as palavras, pois hoje a comunicação não fluirá normalmente, podendo desencadear mal-entendidos.

·Lua trígono Sol — 22:48 às 02:35 de 01/11 (exato 00:42 de 01/11)

Aproveite esta noite para descansar. Não deixe que nada ou ninguém tire sua paz. Interaja com quem lhe traga leveza. Compreenda que as coisas acontecem na hora certa.

Novembro 2025

Domingo	Segunda-feira	Terça-feira	Quarta-feira	Quinta-feira	Sexta-feira	Sábado
						1
						Lua Crescente em Peixes
2 ♈	3	4 ♉	5 ○13º22 ♉	6 ♊	7	8 ♋
Lua Crescente em Áries às 12:39 LFC Início às 12:16 Fim às 12:39	Lua Crescente em Áries	Lua Crescente em Touro às 13:15 LFC Início às 08:22 Fim às 13:15	Lua Cheia em Touro às 10:18	Lua Cheia em Gêmeos às 12:20 LFC Início às11:52 Fim às 12:20	Lua Cheia em Gêmeos	Lua Cheia em Câncer às 12:05 LFC Início às11:33 Fim às 12:05
9	10 ♌	11	12 ☾20º04' ♌♍	13	14	15 ♎
Lua Cheia em Câncer Início Mercúrio retrógrado	Lua Cheia em Leão às 14:33 LFC Início às14:23 Fim às 14:33 Mercúrio retrógrado	Lua Cheia em Leão Mercúrio retrógrado	Lua Minguante em Leão às 02:27 Lua em Virgem às 20:51 LFC Início às 20:30 Fim às 20:51 Mercúrio retrógrado	Lua Minguante em Virgem Mercúrio retrógrado	Lua Minguante em Virgem Mercúrio retrógrado	Lua Minguante em Libra às 06:43 LFC Início às 06:09 Fim às 06:43 Mercúrio retrógrado
16	17 ♏	18	19	20 28º11' ♏♐	21	22 ♑
Lua Minguante em Libra Mercúrio retrógrado	Lua Minguante em Escorpião às 18:44 LFC Início às 08:52 Fim às 18:44 Mercúrio retrógrado	Lua Minguante em Escorpião Mercúrio retrógrado	Lua Minguante em Escorpião Mercúrio retrógrado	Lua Nova em Escorpião às 03:46 Lua em Sagitário às 07:25 LFC às 06:25 Fim às 07:25 Mercúrio retrógrado	Lua Nova em Sagitário Entrada do Sol no Signo de Sagitário às 22h35min19 Mercúrio retrógrado	Lua Nova em Capricórnio às 19:52 LFC Início às18:48 Fim às 19:52 Mercúrio retrógrado
23	24	25	26	27 ♓	28 ☽06º17' ♓	29 ♈
Lua Nova em Capricórnio Mercúrio retrógrado	Lua Nova em Capricórnio Mercúrio retrógrado	Lua Nova em Aquário às 07:15 LFC Início às 06:10 Fim às 07:15 Mercúrio retrógrado	Lua Nova em Aquário Mercúrio retrógrado	Lua Nova em Peixes às 16:23 LFC Início às 14:54 às 16:23 Mercúrio retrógrado	Lua Crescente em Peixes às 03:58 Mercúrio retrógrado	Lua Crescente em Áries às 22:06 LFC Início às 21:06 Fim às 22:06 Fim Mercúrio retrógrado
30						
Lua Crescente em Áries						

Mandala Lua Cheia Mês de Novembro

Lua Cheia
Dia: 05/11
Hora: 10:18
13º22' de Touro

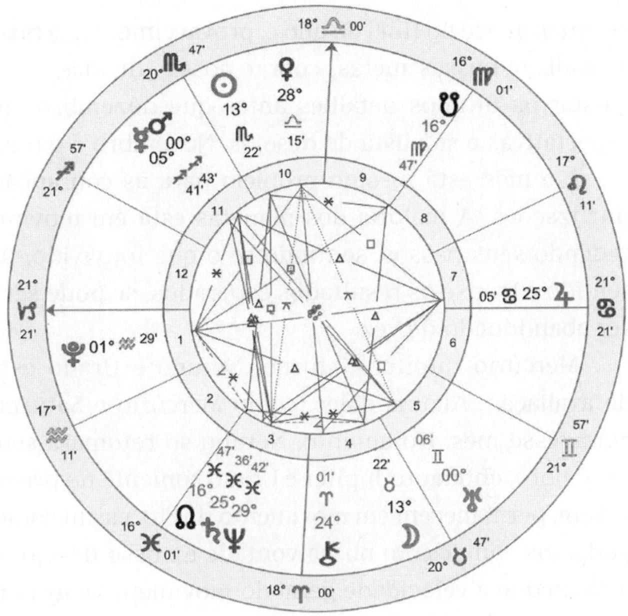

Mandala Lua Nova Mês de Novembro

Lua Nova
Dia: 20/11
Hora: 03:46
28º11' de Escorpião

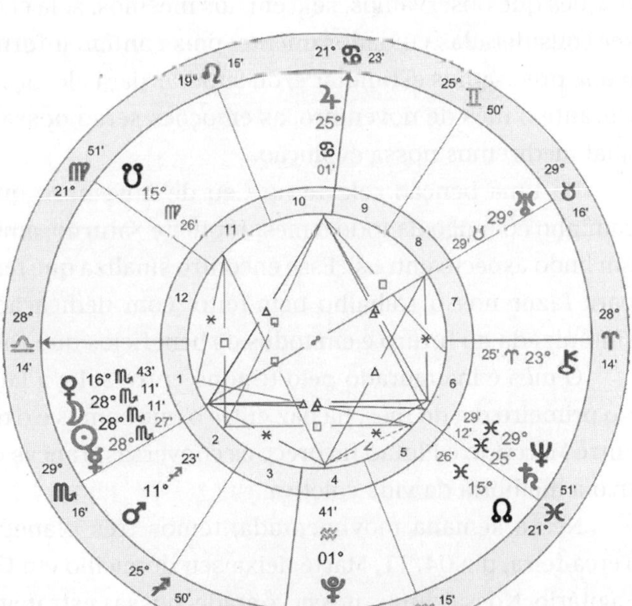

CÉU DO MÊS DE NOVEMBRO

Estamos quase no final do ano e, provavelmente, já nos sentimos pressionados a finalizar nossas metas, cobrar nossas dívidas, acertar nossas despesas e ajustar os últimos detalhes antes que dezembro chegue com suas festas, expectativas e sua lista de desejos. Novembro é o mês do ajuste de contas.

E o mês está mesmo propício para as cobranças, correções, revisões e finalizações. A maioria dos planetas está em movimento retrógrado, retrocedendo seus passos, sentindo se o que foi vivido, decidido e acordado fez sentido e trouxe os resultados esperados, se pode ser aprimorado ou se deve ser abandonado de vez.

Mercúrio, Júpiter, Saturno, Netuno e Urano estão todos em processo de avaliação. Alguns deles, como Mercúrio e Saturno, encerrarão a revisão ainda esse mês. No entanto, Netuno só retomará seu movimento direto em dezembro, enquanto Júpiter e Urano somente no próximo ano. Vênus e Marte, porém, permanecem em movimento direto, assim como Plutão. Dessa maneira, podemos contar com nossa vontade e nosso desejo para seguirmos adiante, mesmo que a velocidade geral do movimento sofra uma redução.

Assim como no final de outubro, a ênfase do mês é sobre o elemento água, reforçando a importância das nossas emoções. Para aproveitarmos todo o potencial de novembro, precisamos nos dedicar a conhecer, compreender e, se possível, acolher, o que se passa distante da luz da lógica e da racionalidade. As reações que observamos, seja em nós mesmos, seja em nosso entorno, devem ser consideradas cuidadosamente, pois contêm informações preciosas sobre o que precisamos estimular e/ou superar para alcançarmos o que desejamos. Durante o mês de novembro, as emoções serão nossa bússola e a régua pela qual mediremos nossa evolução.

Há uma benção celeste no Céu de novembro que fará parte do nosso caminho ao longo de todo o mês. Júpiter e Saturno, ambos retrógrados, fazem um lindo aspecto entre si. Esse encontro sinaliza que teremos tempo suficiente para fazer nosso trabalho bem-feito, com dedicação, paciência e a mente sintonizada no futuro e em todos os benefícios que colheremos mais adiante.

O mês é inaugurado pelo trígono entre Sol e a Lua Crescente em Peixes. No primeiro dia do mês, há paz entre o que somos e o que sentimos. O trígono entre Mercúrio e Plutão favorece as conversas francas que tenham como objetivo a melhoria da vida coletiva.

Nessa semana movimentada, temos três planetas mudando de signo. Terça-feira, dia 04/11, Marte deixa seu domicílio em Escorpião e ingressa em Sagitário. Nossas lutas, nossa vontade, nossas estratégias e ações são, a partir desse momento, abertas, diretas, à luz do dia, sem subterfúgios. É possível que careçamos de moderação nesse período, o que pode ser delicado, especialmente em um contexto no qual as emoções estão à flor da pele. No entanto, o bom humor caraterístico dessa posição tende a amenizar os possíveis atritos causados pelo jeito independente e brusco de Marte em Sagitário.

Na quinta-feira, dia 06/11, Vênus se movimenta e segue para Escorpião. O que antes era leve, equilibrado e cortês, se aprofunda e ganha densidade. Nossas escolhas adquirem tons definitivos, extremados, em dilemas nos quais ou temos tudo ou nada vale. Entre os dias 07/11 e 30/11, é importante termos em mente que os relacionamentos podem ser fonte de impasses, gerando, simultaneamente perdas e transformações profundas.

No dia seguinte, é Urano que se movimenta, retornando ao Signo de Touro onde permanecerá até o abril de 2026. Urano esteve nesse signo desde o ano de 2018, trazendo rupturas na nossa maneira de encarar nosso sustento, nossa alimentação, nossa relação com o planeta. Nessa última passagem pelo signo, Urano nos recordará que o que damos valor pode não ser permanente. Quem somos nós quando perdemos nossos referenciais de segurança e de status? Quando tudo o que nos identificava materialmente se vai, o que nos define?

Além dessas movimentações, a primeira semana de novembro traz também três aspectos desafiadores. Ao mudarem de signos, Vênus e Marte interagem com os outros planetas, anunciando obstáculos e armadilhas que precisam ser desarmados. Entre domingo e terça-feira, Vênus se desentende com Júpiter. Esse aspecto pode nos inclinar a compensar nossas indulgências. Podemos até perder a noção do limite, acreditando que o momento vale a despesa, o impulso, o gosto. O que fica, depois, é a conta a pagar e o arrependimento.

Terça-feira, dia 04/11, Marte, que se opõe a Urano, reforça a tendência a priorizar à vontade em detrimento da responsabilidade. Rupturas nos planos, irritabilidade, conflitos repentinos e acidentes são possíveis. No sábado, dia 08/11, Vênus volta ao ataque e quadra Plutão. Tentar controlar nossos parceiros com cobranças e suspeitas descabidas podem levar os relacionamentos a situações limites, acarretando rompimentos.

Felizmente, a semana também apresenta outros caminhos possíveis para a nossa energia. Entre segunda-feira e quarta-feira, Marte faz um belo aspecto com Netuno, sinalizando a semana, e favorece a interiorização e/ou o a atividade altruísta. As dificuldades alheias nos sensibilizam e obtemos alegria na doação desinteressada. Entre quarta-feira e sábado, Marte novamente faz um bom contato, dessa vez com Plutão. As mudanças que precisarmos fazer em nossos planos, seja para acomodar os desejos alheios, seja para comportar um imprevisto, resultam em soluções melhores que as originais.

Todo o turbilhão dessa semana é exacerbado pela Lua Cheia do dia 05/11. A Lua, plena em Touro, indica que nossos esforços tendem a receber reconhecimento se forem capazes de atender à necessidade de segurança e conforto. Temas como posse, apego, continuidade e transmutação fazem parte do palco proposto por essa semana intensa.

Domingo, dia 09/11, Mercúrio retrógrada pela última vez em 2025. Entre os dias 09/11 e 29/11, Mercúrio refaz seus passos pelo Signo de Sagitário, retornando ao Signo de Escorpião próximo das últimas semanas do mês. Durante esse período, temos mais uma chance de rever nossos relacionamentos, acordos, compromissos e contratos, passando tudo a limpo. Avaliaremos o potencial que eles têm em relação ao futuro e os submeteremos ao crivo inquisitivo de Mercúrio em Escorpião. O que passou despercebido, o que causou suspeita e não foi averiguado, tende a receber especial atenção.

No dia 11/11, é a vez de Júpiter iniciar sua retrogradação que se prolongará até março do próximo ano. Esse caminho será percorrido todo no Signo de Câncer, um dos lugares favoritos de Júpiter. Ao retrogradar, Júpiter reduz o seu efeito expansivo e nossos projetos, negócios, processos legais, estudos avançados, podem sofrer uma retração. O ideal é buscarmos fechar nossos acordos e concluirmos nossos assuntos ainda na primeira semana de novembro, evitando os efeitos mais desfavoráveis desses movimentos. Quarta-feira, dia 12/11, a Lua entra em sua fase Minguante, reforçando o clima de conclusão e desmobilização.

Entre terça-feira e quinta-feira há, porém, uma janela de oportunidade que pode ser benéfica se usada com prudência. Mercúrio se une a Marte, disponibilizando uma imensa quantidade de energia intelectual, favorecendo trabalhos que demandem concentração. O lado mais perigoso desse trânsito é a tendência a transformar qualquer diferença de ideias em uma convocação para a guerra. Sabendo controlar o desejo de poder e a vontade de dar a última palavra, essa pode ser uma energia bastante útil e produtiva.

A Lua balsâmica em Libra oferece um bem-vindo descanso no domingo. Segunda-feira e terça-feira também trazem aspectos favoráveis. O Sol se entende com Júpiter e Saturno, enquanto Mercúrio conversa, amigavelmente, com Plutão. Esses aspectos criam o ambiente perfeito para encontrarmos soluções inspiradas, além de ajuda, para problemas de difícil resolução.

Quarta-feira, dia 19/11, Mercúrio retrógrado chega a Escorpião, intensificando nosso espírito investigativo, Nesse mesmo dia e até quinta-feira, Mercúrio enfrenta Urano enquanto se concilia com Netuno. Nossa mente hiperativa promove a impaciência e ansiedade. Para contrapor esse efeito indesejável, é uma boa saída procurar atividades que permitam o uso da criatividade e da imaginação.

E, junto com a quinta-feira, dia 20/11, iniciamos a penúltima lunação do ano. A Lua Nova em Escorpião é marcada pelos aspectos envolvendo Sol, Lua e Mercúrio, com tensões em relação a Urano e benesses ligadas a Netuno. Os próximos 28 dias serão excelentes para cultivarmos nossa sensibilidade e nossos ideais, principalmente os espirituais e/ou os voltados para o alívio do sofrimento do mundo. Também durante esses dias, é melhor não sobrecarregarmos nossas agendas com compromissos, assim poderemos acomodar os imprevistos e as mudanças de plano repentinos com maior facilidade. Meditação e outras atividade que reduzam a inquietação mental nos ajudarão a contornar os problemas típicos dos trânsitos mais tensos de Urano.

Dia 21/11, sexta-feira, o Sol ingressa em Sagitário, abrindo a temporada de busca por diversão e descontração. O Sol em Sagitário traz a esperança como bandeira. Esperança de dias melhores, esperança de futuros mais brilhantes. O final de semana recebe a tendência positiva com os encontros felizes entre Sol e Netuno, e entre Mercúrio, Júpiter e Saturno. Nesses dias, todas as atividades relacionadas à organização de planos para o futuro estão favorecidas. É aconselhável, no entanto, nos mantermos flexíveis, pois a oposição entre o Sol e Urano avisa que surpresas podem virar nossos dias de ponta cabeça. O ideal é permitir que o acaso nos ensine novas maneiras de ser e viver a vida.

A última semana de novembro é plena de boas oportunidades para atividades prazerosas e produtivas. Além dos aspectos positivos dos últimos dias da semana passada, Mercúrio se encontra com Vênus, facilitando a fusão entre a mente e as emoções, a compreensão e a comunicação do que se passa em nosso íntimo. Vênus, por sua vez, realiza ótimos contatos com Júpiter, Saturno e Netuno ao longo da semana. Esses são trânsitos muito favoráveis para encontros, diversão, romance e, também, para recebermos ajuda e benefícios financeiros.

O desejo de quebrar a rotina pode nos tornar um tanto inquietos no final de semana, ávidos por experimentar tudo o que parecer novidade. Se tivermos consciência de que esse é um sentimento passageiro, poderemos aproveitar melhor o momento sem nos comprometermos com coisas que podem perder o brilho rapidamente.

Para finalizar o mês com boas novas, Saturno e Mercúrio retomam seus movimentos diretos essa semana. A quinta-feira anuncia a abertura dos caminhos, a tempo de dar boas-vindas à Lua Crescente em Peixes. E, o último dia apresenta uma nova face de Vênus com o seu ingresso em Sagitário: repleta de alegria e diversão, desejosa de aventuras e risadas.

POSIÇÃO DIÁRIA DA LUA EM NOVEMBRO

DIA 01 DE NOVEMBRO – SÁBADO

☾ *Crescente* ☾ *em Peixes*

Hoje a Lua não faz aspecto com outros planetas no Céu. Devemos observar as recomendações para a fase e o signo em que a Lua se encontra.

DIA 02 DE NOVEMBRO – DOMINGO

☾ *Crescente* ☾ *em Áries às 12:39 LFC Início às 12:16 LFC Fim às 12:39*

Enquanto a Lua estiver em Áries, haverá mais pressa para se resolver qualquer coisa. Estamos animados, impulsivos e demonstrativos. Usamos a franqueza e, sem rodeios, vamos direto ao ponto. Essa atitude dá mais certo com a Lua nesse vigoroso signo. Favorece trabalhos onde sejam necessárias a autonomia e a decisão rápida. São dias para darmos início a algo que vem sendo planejado.

·Lua trígono Júpiter — 02:35 às 05:58 (exato 04:16)

A madrugada nos felicita com humor e disposição otimista. Estamos com ânimo para prestar ajuda ou acolher alguém que necessite de um apoio.

·Lua conjunção Saturno — 03:49 às 07:11 (exato 05:30)

Ao mesmo tempo, acontece esse aspecto que nos faz enxergar mais os erros do que os acertos. Os que trabalham nessas horas talvez tenham de refazer alguma tarefa.

·Lua trígono Marte — 08:30 às 12:02 (exato 10:16)

A partir de agora contamos com disposição para sair, caminhar, e nos exercitar. Os trajetos são feitos com rapidez. Tudo é decidido e resolvido de imediato. Beneficia situações que dependem da nossa iniciativa.

·Lua conjunção Netuno — 10:35 às 13:54 (exato 12:16)

Energia de muita sensibilidade. Estamos vulneráveis a todo tipo de sofrimento. Como hoje é Dia de Finados, as pessoas tendem a sentir mais a perda de entes queridos. É prevista movimentação nos cemitérios e nas missas. Buscamos alguma forma de consolar a alma.

·Lua sextil Urano — 11:20 às 14:40 (exato 13:00)

Fazer algo fora do contexto nos dará a sensação de liberdade que esse aspecto nos propõe. Almoçar com pessoas diferentes do nosso habitual, ou programar um local diferente para ir, também nos ajudará a superar uma possível tristeza ou mal-estar emocional.

·Lua sextil Plutão — 13:25 às 16:44 (exato 15:04)

Qualquer mudança que haja será bem aceita neste momento. Estamos dispostos ao desapego e entendemos com mais facilidade que tudo é perdível e tudo é recuperável. Um bom mergulho nas emoções poderá trazer bastante esclarecimento.

·Lua trígono Mercúrio — 17:32 às 21:02 (exato 19:17)

Horas propícias a bate-papo, conversas informais, resenhas e busca por informações. Podemos tentar um contato com alguém que não temos conseguido acessar (dessa vez a pessoa atende!), ou um conhecimento que nos valerá um benefício. Portanto, ler, se informar, buscar contatos e estudar, estão favorecidos.

DIA 03 DE NOVEMBRO – SEGUNDA-FEIRA

☾ *Crescente* ☾ *em Áries*

Hoje a Lua não faz aspecto com outros planetas no Céu. Devemos observar as recomendações para a fase e o signo em que a Lua se encontra.

DIA 04 DE NOVEMBRO – TERÇA-FEIRA

☾ *Crescente* ☾ *em Touro às 13:15 LFC Início às 08:22 LFC Fim às13:15*

Enquanto a Lua estiver em Touro, haverá mais passividade e tolerância para este período. Não estamos dispostos a nada que incorra em risco. Queremos situações seguras. Nada de surpresas, apenas tudo o que já for previsto. Desta forma, nos sentiremos mais seguros emocionalmente. A disposição geral é de preguiça e nada de muito esforço. Tudo o que oferecer conforto e mordomia será privilegiado. No amor, podemos abusar dos beijos, abraços e da pegação.

· Lua quadratura Júpiter — 03:49 às 07:00 (exato 05:25)

Quem exercer funções neste horário deve atentar para uma propensão a esperar mais do que a realidade permite. Poderá haver uma questão a ser resolvida ou definida antes de se obter o que queremos.

· Lua oposição Vênus — 06:37 às 10:05 (exato 08:22)

Continuando na *vibe* anterior, é preciso colocar o "pé" na realidade e não fazer exigências fora do possível. Com esse aspecto, é comum nos sentirmos carentes e desejarmos ultrapassar limites, seja compensando em alimentos e doces ou querendo muita atenção por parte do outro. Esse comportamento deve ser evitado.

· Lua quadratura Plutão — 14:00 às 17:10 (exato 15:35)

Não são aconselháveis conversas onde se remova um passado doloroso. Isso trará um grande desconforto emocional e pode gerar uma discórdia mais grave. Os ânimos estão exaltados. Nada de "cutucar a ferida" de ninguém. Problemas no relacionamento podem ser intensificados.

DIA 05 DE NOVEMBRO – QUARTA-FEIRA

○ *Cheia às 10:18 em 13º22' de Touro* ○ *em Touro*

· Lua oposição Sol — 08:38 às 11:59 (exato 10:18)

Lua Cheia! Fase de clímax, o que faz com que as coisas cheguem ao seu auge! Essa Lua mexe com o estado emocional de todos. Isso significa que ficamos mais reativos a qualquer estímulo. Provoca o cio nos animais e nos seres humanos intensifica os desejos carnais. Esse aspecto é, por excelência, de encontros e interação entre masculino e feminino. Por outro lado, não devemos provocar o outro. As reações serão mais extremadas. Pode haver antecipação de partos.

DIA 06 DE NOVEMBRO – QUINTA-FEIRA

○ *Cheia* ○ *em Gêmeos às 12:20 LFC Início às 11:52 LFC Fim às 12:20*

Enquanto a Lua estiver em Gêmeos, impera a camaradagem e a espontaneidade entre as pessoas. Estamos mais inquietos e ávidos por novidades. Tirar as pessoas de casa é tarefa ganha, pois todos estão querendo se movimentar, conversar e conhecer pessoas novas. A interação está facilitada. Muito movimento em bares e locais de encontro é esperado. Pesquisas e sites de busca e relacionamento tendem a *bombar* na internet.

·Lua sextil Júpiter — 03:06 às 06:14 (exato 04:40)

Esta energia beneficia concepção, fertilização e partos. Encontros com pessoas queridas madrugada adentro estão beneficiados. Boa companhia e lençóis macios são uma ótima combinação para esta madrugada.

·Lua sextil Saturno — 03:50 às 06:57 (exato 05:24)

As emoções estão apaziguadas e de acordo com a razão. Assim, temos aqui um momento de maturidade emocional e de maior capacidade de discernimento, o que nos facilita chegar a conclusões sobre a realidade do que nos cerca.

·Lua sextil Netuno — 10:16 às 13:24 (exato 11:52)

Nestas horas é mais fácil obtermos favores ou prestarmos favores. Impera um clima de gentileza e boa vontade entre as pessoas. Atitudes românticas e a empatia para com o outro estão favorecidas. O acaso está a nosso favor! Devemos prestar atenção as coincidências.

·Lua conjunção Urano — 10:51 às 13:59 (exato 12:25)

Será mais proveitoso estarmos abertos às mudanças imprevistas que possam ocorrer. O melhor é não ter um compromisso inadiável nem uma situação de risco. As coisas podem "virar" na última hora. Deixemos espaço para o acaso acontecer.

·Lua trígono Plutão — 13:07 às 16:15 (exato 14:41)

Esta é uma energia de recuperação. Excelente momento para limpar a alma das mágoas e o corpo das toxinas. Terapias estão em alta. Podemos dar uma segunda chance a quem parecer sinceramente arrependido. Os amores profundos e antigos são mais beneficiados.

·Lua oposição Marte — 13:09 às 16:27 (exato 14:48)

Muita energia acumulada pode gerar dor de cabeça. Então, vamos nos mexer. Nada de ficar parado. No trabalho ou nos afazeres domésticos, alterne as atividades. Os trabalhos de rua estão favorecidos.

·Lua oposição Mercúrio — 20:42 às 23:55 (exato 22:18)

O diálogo aqui fica um pouco prejudicado. Propensão a todos falarem ao mesmo tempo, devido à inquietação provinda deste aspecto. Há pouca concentração e, por isso, pode haver mal-entendidos. Melhor evitar trocas de mensagens importantes.

DIA 07 DE NOVEMBRO – SEXTA-FEIRA

◯ *Cheia* ◯ *em Gêmeos*

Hoje a Lua não faz aspecto com outros planetas no Céu. Devemos observar as recomendações para a fase e o signo em que a Lua se encontra.

DIA 08 DE NOVEMBRO – SÁBADO

◯ *Cheia* ◯ *em Câncer às 12:05 LFC Início às 11:33 LFC Fim às 12:05*

Enquanto a Lua estiver em Câncer, nada substituirá o nosso "lar doce lar". Nada irá superar o sabor daquela comidinha feita em casa. O conforto da nossa cama e o aninhar-se no sofá terão um valor inestimável. As pessoas mais próximas e a família ganharão especial importância nestes dias. Portanto, torna-se mais difícil convencermos as pessoas a saírem de casa. A não ser para comprar produtos para o lar!

• Lua quadratura Saturno — 03:12 às 06:25 (exato 04:48)

Cansaço e desânimo marcam esta madrugada. Se houver um assunto ou uma tarefa pendente, vamos nos preocupar além do normal, por conta de uma disposição pessimista.

• Lua quadratura Netuno — 09:54 às 13:09 (exato 11:33)

Astral de preguiça e de bastante indolência. Horas fadadas a esquecimentos. Devemos checar bem a agenda. Não é aconselhável fazer trajetos desconhecidos nesse período. Os serviços podem falhar por algum tipo de negligência. Alguma tristeza ou mesmo uma saudade poderá nos abater emocionalmente.

• Lua trígono Vênus — 14:04 às 17:38 (exato 15:51)

Mas, logo depois, temos essa bela configuração nos trazendo de volta o sorriso. Aqui, tudo tende a ser mais facilitado. Um *happy hour* neste sábado promete encontros muito agradáveis. Conselho: se arrume da melhor forma e abuse do charme. Ninguém vai resistir.

DIA 09 DE NOVEMBRO – DOMINGO

◯ *Cheia (disseminadora)* ◯ *em Câncer*

Início Mercúrio retrógrado

• Lua trígono Sol — 15:36 às 19:14 (exato 17:25)

Que maravilha este aspecto para o nosso domingo! Temos a nítida sensação de que tudo está em seu lugar certo e que existe uma razão para tudo o que acontece em nossa vida. O perfeito alinhamento entre nossas emoções com o nosso lado racional faz com que os desejos sejam possíveis de se realizarem. Este será um dia de disposição alegre, de boas energias e também de muita vitalidade. Nesse período, a fertilidade estará em alta. Em todos os sentidos.

DIA 10 DE NOVEMBRO – SEGUNDA-FEIRA

○ *Cheia (disseminadora)* ○ *em Leão às 14:33 LFC Início às 14:23 LFC Fim às 14:33*

Mercúrio retrógrado

Enquanto a Lua estiver em Leão, serão dias para demonstrarmos sentimentos com entusiasmo. Também será satisfatório fazer o que nos dá prazer. Fazer um agrado a nós mesmos, nos presentearmos como pessoas muito especiais que somos. Os elogios são muito bem-vindos. Elogiar o outro e enaltecer suas qualidades terá ótima repercussão e atrairá a pessoa que nos interessa. Todos querem ser valorizados, notados e desejados. Setores ligados a lazer, diversão, teatro e comércio de itens finos e caros como joias estão em alta!

• Lua conjunção Júpiter — 04:25 às 07:52 (exato 06:09)

O dia se inicia com uma energia de positividade que nos auxilia a ter uma visão positiva de tudo. As coisas, e situações, tendem a transcorrer de forma fácil e de acordo com o que é esperado.

• Lua trígono Saturno — 04:55 às 08:21 (exato 06:38)

E ainda contamos com equilíbrio emocional. Temos maturidade e discernimento para resolver algum impasse que, porventura, se apresente. Quem tem tarefas a cumprir neste horário sentirá que tudo flui melhor e o tempo rende.

• Lua trígono Netuno — 12:09 às 15:37 (exato 13:53)

Estamos mais sensíveis e dispostos a prestar ajudas. Aumento do sentimento de solidariedade e de compaixão. Todas as práticas religiosas estão favorecidas. Procure almoçar em um local que transmita paz e onde possamos nos sentir acolhidos. Também será proveitoso prestar atenção às coincidências.

• Lua sextil Urano — 12:38 às 16:06 (exato 14:23)

Toda forma de inovação está favorecida. Um cardápio diferente do usual será bem apreciado. O clima é de despreocupação, e não se deve levar as coisas tão a sério. Elas podem mudar, então deixe espaço na vida para as coisas acontecerem.

• Lua oposição Plutão — 15:30 às 19:01 (exato 17:15)

Durante estas horas, devemos ter muita cautela em relação ao que nos cerca. Seja um relacionamento ou um trabalho. Os ânimos aqui se alteram e geram desconfiança e animosidade. Melhor controlar os impulsos e pensar primeiro se vai magoar o outro. Cuidado também no trânsito e em trajetos desconhecidos.

• Lua trígono Marte — 20:56 às 00:39 de 11/11 (exato 22:47)

A noite conta com essa energética configuração favorecendo todo tipo de atividade física. Excelente para quem gosta de malhar à noite ou sair para correr. Qualquer tarefa que se pretenda terminar, ou qualquer situação que se queira resolver, este é o horário mais apropriado do dia.

·Lua quadratura Vênus — 21:46 às 01:40 de 11/11 (exato 23:43)

Estamos com uma tendência a exigirmos das pessoas além do que é possível. Só que, nesse momento, uma negação nos parecerá falta de amor. Não é! Apenas o outro pode não estar disponível para nos atender. Procure não se frustrar, já que sabe como funciona este aspecto. Faça algo do seu agrado e que deixe você confortável.

DIA 11 DE NOVEMBRO – TERÇA-FEIRA

○ *Cheia (disseminadora)* ○ *em Leão*

Mercúrio retrógrado

·Lua trígono Mercúrio — 00:36 às 04:05 (exato 02:20)

A madrugada traz um astral favorável a estudos e pesquisas, para os que gostam do silêncio dessas horas para se concentrar melhor, é claro. Beneficia, também, fretes, mudanças e transporte de carga. Todo tipo de comunicação, como envio de e-mails, postagens e trabalhos na internet estão ativados positivamente.

DIA 12 DE NOVEMBRO – QUARTA-FEIRA

☽ *Minguante às 02:27 em 20º04' de Leão* ☽ *em Virgem às 20:51*

LFC Inicio às 20:30 LFC Fim às 20:51

Mercúrio retrógrado

Enquanto a Lua estiver em Virgem, durante o dia ainda teremos a Lua no Signo de Leão, porém à noite, o astral passa a ser bem diferente. A ordem, a sistematização, e a funcionalidade das coisas passarão a ter muito mais valor. Estamos mais sensíveis às críticas, mas, por outro lado, também estamos criticando mais. Há uma predisposição a ver defeitos em tudo. Com isso, nos tornamos exigentes quanto a limpeza, ao capricho de como são feitas as coisas e a eficiência. Essa Lua favorece trabalhos minuciosos onde os detalhes são primordiais.

·Lua quadratura Sol — 00:28 às 04:27 (exato 02:27)

Este aspecto marca a entrada da Lua Minguante. Devemos poupar energia. É um bom período para fazermos um balanço do que realizamos no último ciclo lunar e o que pretendemos daqui para a frente.

·Lua quadratura Urano — 18:37 às 22:21 (exato 20:30)

Horas emocionalmente desconfortáveis. Nada é seguro, previsível ou mesmo estável. A rotina nos irrita e compromissos são cancelados. Estamos agitados, como se uma energia elétrica percorresse nosso corpo. Então o melhor é não mexer com eletricidade e nem executar tarefas que ofereçam risco.

DIA 13 DE NOVEMBRO – QUINTA-FEIRA

☽ *Minguante* ☽ *em Virgem*

Mercúrio retrógrado

· Lua quadratura Mercúrio — 06:00 às 09:37 (exato 07:48)

Estas horas não favorecem a comunicação. É melhor deixar para tratar assuntos importantes em outro momento. Estamos propensos a falar de assuntos que não dominamos, ou entendermos mal o que os outros dizem. Cuidado com palavras impróprias nas relações íntimas.

· Lua quadratura Marte — 07:02 às 11:04 (exato 09:03)

Este também é um aspecto tenso. Qualquer discussão vira uma briga mais séria. Tendência a explosões de temperamento e mau humor. Para fugir de uma dor de cabeça, a saída é atividade física.

· Lua sextil Vênus — 10:39 às 14:53 (exato 12:46)

Que bom que essa energia veio salvar o dia! Podemos contar com a boa vontade dos que nos cercam e, também, estamos dispostos a colaborar em qualquer situação. Há uma predisposição ao afeto em qualquer tipo de relação. Aproveitando a Lua Minguante, o momento é indicado para tratamentos de beleza, como limpeza de pele, depilação e tintura nos cabelos.

DIA 14 DE NOVEMBRO – SEXTA-FEIRA

☽ *Minguante* ☽ *em Virgem*

Mercúrio retrógrado

· Lua sextil Sol — 14:12 às 18:27 (exato 16:20)

Favorece os encontros de toda ordem. Casais com diferenças entre si conseguem, neste momento, maior facilidade de entendimento. Temos, também, uma ótima oportunidade para conciliarmos nossas emoções e alinhá-las com a inteligência. Podemos resolver conflitos internos esclarecer dúvidas.

· Lua sextil Júpiter — 19:11 às 23:06 (exato 21:08)

Favorece o aprendizado e os estudos. Use o bom humor e uma visão otimista. Se algo nos abalar, a fé e as orações irão acalmar nossas emoções.

· Lua oposição Saturno — 19:32 às 23:27 (exato 21:29)

A tendência será para uma visão mais negativa a respeito das coisas. Devemos evitar pessoas de baixo-astral e que reclamem muito. Arrumar a despensa e fazer uma lista de compras poderá ajudar a nos organizarmos.

DIA 15 DE NOVEMBRO – SÁBADO

☽ *Minguante* ☽ *em Libra às 06:43 LFC Início às 06:09 LFC Fim às 06:43*

Mercúrio retrógrado

Enquanto a Lua estiver em Libra, haverá mais condições para harmonia, conciliação e também para o entendimento entre todos. Essa Lua nos traz a alegria de fazermos tudo em par. Os ambientes refinados nos atrairão. A falta de modos e de etiqueta serão notadas e pegarão mal. Atividades ligadas a arte, moda, estética e beleza estão, de modo geral, favorecidas nesse período. Se quisermos uma proximidade com alguém devemos usar de diplomacia e elegância.

·Lua oposição Netuno — 03:51 às 07:48 (exato 05:49)

Vai ser difícil pular da cama cedo. Estamos sentindo sono e preguiça. Não devemos marcar compromissos nestas horas. Estamos desatentos com horários e tendemos a nos perder em trajetos. Mas, se não for possível, o melhor será ir acompanhado.

·Lua trígono Urano — 04:10 às 08:06 (exato 06:09)

Nestas horas há uma influência positiva para aqueles que lidam com todas as formas de criatividade e invenções. Boas ideias podem surgir e abrir uma nova perspectiva ou um novo rumo na vida. Esse aspecto favorece uma visão nova da realidade. Assim, é possível termos uma compreensão sobre algo que, até então, nos causava dúvida.

·Lua trígono Plutão — 07:56 às 11:54 (exato 9:55)

Nesta manhã estamos com uma boa energia para fazermos arrumações, daquelas em que se revira tudo. Vamos separar o que ainda é útil daquilo que não queremos mais para ser doado. Sentiremos um enorme conforto interno, como se toda a limpeza fosse dentro de nós. Também é recomendável consultas, exames e terapias.

·Lua sextil Mercúrio — 12:49 às 16:30 (exato 14:39)

Esse período será muito proveitoso marcar um almoço ou um café com alguém especial para conversar e trocar ideias. Nossas palavras realçam nossos sentimentos de forma clara. Uma mensagem recebida poderá dar mais frutos do que se pensa. Não está com vontade de sair? Um livro pode ser uma boa pedida.

·Lua sextil Marte — 21:08 às 01:23 de 16/11 (exato 23:15)

A noite promete bastante agito. Se recebermos um convite de última hora, devemos aceitar de prontidão! Sair para dançar ou mesmo caminhar na orla ou em outro espaço amplo é garantia de bem-estar. Em uma relação, de repente, as coisas podem ficar bem interessantes, pois há um aumento de desejo sexual.

DIA 16 DE NOVEMBRO – DOMINGO

☽ *Minguante (balsâmica)* ☽ *em Libra*

Mercúrio retrógrado

Hoje a Lua não faz aspecto com outros planetas no Céu. Devemos observar as recomendações para a fase e o signo em que a Lua se encontra.

DIA 17 DE NOVEMBRO – SEGUNDA-FEIRA

☽ *Minguante (balsâmica)* ☽ *em Escorpião às 18:44*

LFC Início às 08:52 LFC Fim às 18:44

Mercúrio retrógrado

Enquanto a Lua estiver em Escorpião, devemos estar atentos para uma tendência a sermos mais radicais ou mesmo julgadores. Qualquer mágoa ou ofensa se torna mais difícil de perdoar e esquecer. Mas, também, trata-se de um bom momento para eliminarmos relações tóxicas ou qualquer outra coisa que venha nos fazendo mal, inclusive, vícios. A Lua estar em sua fase Minguante facilita muito essas questões. Os trabalhos ligados à investigação estão favorecidos.

·Lua quadratura Júpiter — 06:50 às 10:51 (exato 08:52)

Cuidado com qualquer tipo de exagero. Não devemos nos exceder em relação a alimentos e bebidas. Como a Lua ainda está sobre as influências de Libra, será mais fácil controlar os excessos.

·Lua quadratura Plutão — 20:03 às 00:06 de 18/11 (exato 22:04)

Nestas horas, todo cuidado é pouco. Há um clima tenso e de animosidade no ar. Um vulcão de emoções pode vir à tona. Mágoas do passado, cicatrizes que pensávamos estarem curadas, voltam a incomodar. O melhor é fazermos um mergulho interno e expulsar tudo isso em definitivo.

DIA 18 DE NOVEMBRO – TERÇA-FEIRA

☽ *Minguante (balsâmica)* ☽ *em Escorpião*

Mercúrio retrógrado

·Lua conjunção Vênus — 23:33 às 04:04 de 19/11 (exato 01:48 de 19/11)

Esta noite está propícia aos amores ardentes e apaixonados. Se estiver sozinho (a), apaixone-se por alguma coisa. Dê o seu melhor. Se entregue de corpo e alma! Este aspecto promete muita sedução e aproximação entre as pessoas.

DIA 19 DE NOVEMBRO – QUARTA-FEIRA

☽ *Minguante (balsâmica)* ☽ *em Escorpião*

Mercúrio retrógrado

·Lua trígono Júpiter — 19:21 às 23:24 (exato 21:23)

Favorece viagens, contato com o estrangeiro, moeda estrangeira e aprendizado de idiomas. Temos uma visão grandiosa da vida e uma sensação positiva sobre o que nos cerca. Uma noite para esperarmos pelo melhor.

·Lua trígono Saturno — 19:43 às 23:46 (exato 21:44)

Quem exerce funções nestas horas, sentirá o trabalho fluir melhor e o tempo render satisfatoriamente. Aliado ao aspecto anterior, podemos estabelecer metas grandiosas, porém dentro da nossa realidade.

DIA 20 DE NOVEMBRO – QUINTA-FEIRA

● *Nova às 03:46 em 28º11' de Escorpião* ● *em Sagitário às 07:25*

LFC Início às 06:25 LFC Fim às 07:25

Mercúrio retrógrado

Enquanto a Lua estiver em Sagitário, nosso estado de espírito se torna mais confiante e é mais fácil nos entusiasmarmos perante a vida. Há necessidade de liberdade, de espaço e de sonharmos com coisas grandiosas. Beneficia atividades culturais, agências de viagens, o setor esportivo e os projetos de grande porte.

·Lua conjunção Sol — 01:34 às 05:59 (exato 03:46)

Agora é Lua Nova! Os inícios estão abençoados. Encarar a vida, os propósitos e as possibilidades com um novo olhar serão promissores. Hora de renovarmos as esperanças. Basta um pensamento, uma palavra, um desejo ou uma intenção e aguardar para ver o que irá frutificar na Lua Crescente.

·Lua conjunção Mercúrio — 02:26 às 06:03 (exato 04:14)

Boa madrugada para os que desempenham funções ligadas a estudos, pesquisas e tudo que for voltado para comunicação. Espera-se grande movimento na internet, com procura por sites de vendas e salas de bate-papos.

·Lua trígono Netuno — 04:22 às 08:24 (exato 06:23)

Mas o melhor mesmo será um repouso, um sono gostoso sob essa influência de Netuno. Há possibilidade de sonharmos com coisas significativas ou que tragam uma resposta da qual estejamos precisando. Aconselhável anotar esse sonho e prestar atenção nas sutis mensagens.

·Lua oposição Urano — 04:23 às 08:25 (exato 06:25)

Contamos com uma vibração oposta à anterior. Quem tiver predisposição à insônia, sentirá mais esse efeito, pois trata-se de um aspecto tenso. O que provoca os nervos e as emoções. Quem trabalha nessas horas, terá que combater uma possível ansiedade e a vontade de jogar tudo para o alto.

·Lua sextil Plutão — 08:50 às 12:53 (exato 10:51)

Porém, a partir de agora, podemos curtir melhor o feriado. Estamos renovados e com disposição para realizar o que tiver por vir. Quem quiser aproveitar para colocar coisas em ordem na casa, fazer pequenos consertos e arrumações em armários, será bem-sucedido.

DIA 21 DE NOVEMBRO – SEXTA-FEIRA

● *Nova* ● *em Sagitário*

Mercúrio retrógrado

Entrada do Sol no Signo de Sagitário às 22h35min19

·Lua conjunção Marte — 06:03 às 10:21 (exato 08:12)

Hoje o dia começa acelerado! Essa é uma energia de movimento e vigor. Será difícil ficar na cama. A tendência é acordarmos cedo e partirmos logo para a ação. Mas todo cuidado é pouco em relação a discussões. Elas podem levar a um transtorno maior. O melhor é realizarmos tarefas por nossa própria conta, sem depender de ninguém.

DIA 22 DE NOVEMBRO – SÁBADO

● *Nova* ● *em Capricórnio às 19:52 LFC Início às 18:48 LFC Fim às 19:52*

Mercúrio retrógrado

Enquanto a Lua estiver em Capricórnio, é um período favorável aos trabalhos que exigem competência e muita responsabilidade. Favorece todas as áreas onde é exigida especialização. As pessoas estão mais conservadoras e levam seus compromissos mais a sério. A falta de responsabilidade repercutirá muito mal. A demonstração de seriedade e comprometimento em uma relação é que unirá mais as pessoas.

· Lua quadratura Saturno — 08:12 às 12:13 (exato 10:13)

Estamos mais críticos e exigentes. Não só com os outros, mas em relação a nós mesmos. Enxergamos a parte errada de tudo. Isso porque a tendência é para uma visão mais negativa em relação ao que nos cerca. No trabalho, as tarefas nos parecem pesadas e sem graça. Não devemos contar com colaboração e, sim, realizar os trabalhos por nossa própria conta.

· Lua quadratura Netuno — 16:47 às 20:47 (exato 18:48)

Nestas horas o aconselhável é não fazer nada que demande esforço ou muito movimento. O melhor é relaxar, ouvir música suave ou praticar a contemplação. Favorece a prática de ioga, meditação e cultos religiosos. Nossa alma, nesse momento, pede uma trégua a respeito de notícias desastrosas e tudo o que nos abale emocionalmente.

DIA 23 DE NOVEMBRO — DOMINGO

● *Nova* ● *em Capricórnio*

Mercúrio retrógrado

Hoje a Lua não faz aspecto com outros planetas no Céu. Devemos observar as recomendações para a fase e o signo em que a Lua se encontra.

DIA 24 DE NOVEMBRO – SEGUNDA-FEIRA

● *Nova* ● *em Capricórnio*

Mercúrio retrógrado

· Lua sextil Vênus — 14:12 às 18:35 (exato 16:24)

Hoje é segunda-feira, mas está especial para uma *happy hour*! Quem estiver à procura de um par, é só caprichar no visual, em uma postura elegante e mostrar que tem conteúdo na cabeça. Lembrando que, com a Lua em Capricórnio, o nível de exigência é grande. Os casais encontram aqui uma boa oportunidade para reafirmar o compromisso de namoro, noivado ou casamento.

• Lua sextil Mercúrio — 15:38 às 19:17 (exato 17:27)

As conversas tendem a ser esclarecedoras, porém em clima leve e agradável. Mesmo que o assunto seja mais delicado. Encontramos receptividade por parte do outro. No trabalho, a área comercial está em alta. As tarefas são realizadas com mais fluidez e contamos com certa camaradagem. Tarefas externas que envolvam contatos e locomoção também estão facilitadas.

• Lua oposição Júpiter — 19:14 às 23:09 (exato 21:11)

Não devemos esperar nada além do que a nossa realidade permite. Altas expectativas levarão a frustração. Estamos mais indulgentes e avessos a esforços. As atividades que não requeiram esforço serão as preferidas. Na relação afetiva há uma tendência a achar que o outro deve suportar as nossas demandas exageradas por atenção e afeto.

• Lua sextil Saturno — 19:50 às 23:45 (exato 21:48)

Ainda dá tempo de preparar a agenda para esta semana. Será mais fácil realizarmos o que for planejado agora. Estamos centrados no que for importante. As emoções dão espaço para a razão ditar as regras do jogo. O que for programado será cumprido.

DIA 25 DE NOVEMBRO – TERÇA-FEIRA

● *Nova* ● *em Aquário às 07:15 LFC Início às 06:10 LFC Fim às 07:15*

Mercúrio retrógrado

Enquanto a Lua estiver em Aquário, atividades ligadas a novas tecnologias, atividades estimulantes e onde é necessário um espírito inventivo estão em alta! Mais do que nunca, as pessoas prezarão a liberdade e a independência. Serão dias propícios ao contato entre pessoas. Mesmo que sejam bem diferentes de meio social, cultural e de gostos, todos se entrosam entre si.

• Lua trígono Urano — 03:54 às 07:48 (exato 05:51)

Quem se levanta cedo poderá se dedicar a uma atividade diferente das usuais, ou criativa, e conseguirá um bom proveito. Tente um novo percurso ao sair de casa, tente uma nova abordagem para uma antiga questão.

• Lua sextil Netuno — 04:12 às 08:06 (exato 06:10)

Hora de repousar, deitar e aproveitar. Bem-vindos os sonhos que nos transportam a um mundo de magia. Aliás, vale sonhar acordado também. Podemos deixar a mente esvaziar e a alma divagar. É provável que venham boas intuições.

• Lua conjunção Plutão — 08:47 às 12:41 (exato 10:44)

É possível que haja uma situação que caminha na direção de um desfecho, na base do tudo ou nada. Soluções paliativas não terão força para desmanchar essa energia que pede uma atitude radical. Somos obrigados a encarar a necessidade de conduzir certas questões de outra forma. Persistir em coisas que precisam ser transformadas só irá trazer mais prejuízo.

• Lua sextil Sol — 12:20 às 16:33 (exato 14:27)

Agora há um apaziguamento interno devido a uma harmonia entre emoção e razão. Há também um entrosamento maior entre masculino e feminino. Portanto, ao precisarmos de ajuda ou de uma colaboração, devemos nos reportar a alguém do sexo oposto ao nosso.

DIA 26 DE NOVEMBRO – QUARTA-FEIRA

● *Nova* ● *em Aquário*

Mercúrio retrógrado

• Lua sextil Marte — 12:19 às 16:21 (exato 14:20)

As decisões tomadas tendem a se concluir com um desfecho satisfatório sob essa energia de força e coragem. A sensação da capacidade de enfrentar os desafios está ampliada. Os trabalhos e tarefas serão agilizados. A prática de esportes e as academias estão beneficiadas.

• Lua quadratura Mercúrio — 22:23 às 02:01 de 27/11 (exato 00:12 de 27/11)

Nesta noite, devemos evitar os recados importantes, vamos deixá-los para amanhã. Há propensão para mal-entendidos. Também evite falar sobre a vida alheia e assuntos que gerem fofoca. Conte com mudanças de ideias, sejam as suas ou as dos outros. No momento, o que se diz não está condizente com o que se sente.

DIA 27 DE NOVEMBRO – QUINTA-FEIRA

● *Nova* ● *em Peixes às 16:23 LFC Início às 14:54 LFC Fim às 16:23*

Mercúrio retrógrado

Enquanto a Lua estiver em Peixes, temos um clima propenso à magia e aos romances. As fantasias de toda a ordem surtem um efeito encantador nas pessoas. Para encantar seu par, use e abuse da imaginação. Promova um jantar à luz de velas, com um bom vinho e música suave. Sob essa influência nos sentimos mais seguros ao estabelecermos uma conexão com um poder mais elevado. As rezas, os rituais, os cultos, passam a fazer parte da vida das pessoas. Atividades ligadas a aconselhamento espiritual e as atividades artísticas estão em alta!

• Lua quadratura Vênus — 06:27 às 10:35 (exato 08:31)

As tarefas nos parecem mais cansativas e desinteressantes. Há um sentimento de insatisfação com o que nos cerca. Com uma exigência maior por atenção e cuidados, não nos sentimos suficientemente saciados. Devemos procurar coisas de nosso agrado para fazer nessas horas.

·Lua quadratura Urano — 13:01 às 16:43 (exato 14:54)

Estas horas serão bem agitadas e imprevisíveis. Em poucos minutos podemos mudar de ideia ou de rumo. Devemos estar preparados para improvisar frente a possíveis mudanças.

DIA 28 DE NOVEMBRO – SEXTA-FEIRA

☾ *Crescente às 03:58 em 06º17' de Peixes* ☾ *em Peixes*

Mercúrio retrógrado

·Lua quadratura Sol — 01:59 às 05:57 (exato 03:58)

Este aspecto corresponde a entrada da Lua na Fase Crescente. É importante, durante esta fase, comparecermos aos convites e compromissos. O não comparecimento poderá ocasionar um atraso de vida. Serão dias para agirmos em prol de tudo o que for do nosso desejo.

·Lua quadratura Marte — 23:04 às 02:50 de 29/11 (exato 00:57 de 29/11)

Esta noite promete reações intempestivas! Nada de "cutucar a onça com vara curta", ou seja, nada de provocar ninguém. Todos estão impacientes e de "pavio curto".

DIA 29 DE NOVEMBRO – SÁBADO

☾ *Crescente* ☾ *em Áries às 22:06 LFC Início às 21:06 LFC Fim às 22:06*

Fim Mercúrio retrógrado

Enquanto a Lua estiver em Áries, serão dias de muita ação, disposição e vigor. Atividades que envolvam disputas, campeonatos e esportes estão em alta. As pessoas, de modo geral, estão mais impulsivas e impacientes. Aproveitando a Lua Crescente, mais do que nunca, teremos vigor e coragem para correr atrás daquilo que nos interessa. São dias favoráveis para se iniciar uma atividade física, os resultados virão rápido.

·Lua trígono Mercúrio — 04:08 às 07:39 (exato 05:53)

Favorece a comunicação e o contato com as pessoas. Quem levanta bem cedo pode começar a responder mensagens, e-mail, etc. Compras online também serão bem-sucedidas.

·Lua trígono Júpiter — 11:00 às 14:29 (exato 12:45)

Este aspecto nos dá uma sensação de que há muito mais a explorar e a conquistar. Os espaços amplos, as viagens além-horizontes e tudo o mais que possa nutrir esse sentimento de alegria por sermos livres, está beneficiado.

·Lua conjunção Saturno — 11:57 às 15:26 (exato 13:42)

Lembre-se de fazer tudo com bastante responsabilidade e sem deixar os compromissos importantes de lado. Devemos cumpri-los, para não termos uma preocupação a mais. A palavra empenhada aqui tem força e será cobrada depois.

· Lua trígono Vênus — 18:18 às 22:06 (exato 20:12)

Esta noite está propícia toda forma de amor! Quem estiver à procura de um par, deve caprichar no visual e abusar do charme para ir a festas ou eventos onde se encontre pessoas para conversar ou flertar. O clima propicia os encontros de toda a espécie. Para quem já tem seu par, providencie um programa romântico.

· Lua sextil Urano — 18:48 às 22:16 (exato 20:32)

E de preferência, algo bem original, como ir a um lugar inusitado. Fazer uma surpresa ao ser amado surtirá ótimos resultados. Sejamos criativos, também, no amor. Esta noite promete!

· Lua conjunção Netuno — 19:21 às 22:48 (exato 21:06)

Para completar a ótima noite de sábado, temos uma configuração ideal para as conversas, diálogos e explicações. Tudo acaba bem e será bem recebido e compreendido. Podemos colocar nossos sentimentos em palavras e falar abertamente sobre eles.

· Lua sextil Plutão — 23:38 às 03:04 de 30/11 (exato 01:21 de 30/11)

Esta também é uma energia positiva, para fechar a noite. Quem ainda tiver uma situação a esclarecer, ou perdoar mágoa, ou resgatar uma pessoa, essas são as horas ideais. Perdão será concedido, mágoas serão limpas e haverá aproximação de quem nos interessa.

DIA 30 DE NOVEMBRO – DOMINGO

☾ *Crescente* ☾ *em Áries*

· Lua trígono Sol — 11:09 às 14:48 (exato 12:59)

Para fechar o mês, somos contemplados por este belo aspecto! Com firmeza de propósito e sabendo o que queremos tudo se torna mais fácil. Há mais clareza para entendermos as situações que nos cercam. Temos a grata sensação de que tudo está no lugar certo e acontece na hora certa. As emoções bem conjugadas com o intelecto promovem harmonia entre as pessoas, principalmente entre os casais. Programas a dois estão particularmente favorecidos neste domingo.

Dezembro 2025

Domingo	Segunda-feira	Terça-feira	Quarta-feira	Quinta-feira	Sexta-feira	Sábado
	1	2 ♉	3 ♊	4 ○ 13º03' ♊	5 ♋	6
	Lua Crescente em Áries LFC Início às 15:15	Lua Crescente em Touro às 00 12 LFC Fim às 00:12	Lua Crescente em Gêmecs às 23:47 LFC Início às22:51 Fim às 23:47	Lua Cheia às 20:13 em Gêmeos	Lua Cheia em Câncer às 22:53 LFC Início às 21:56 Fim às 22:53	Lua Cheia em Câncer
7 ♌	8	9	10 ♍	11 ☾20º04' ♍	12 ♎	13
Lua Cheia em Leão às 23:47 LFC Início às 22:46 Fim às 23:47	Lua Cheia em Leão	Lua Cheia em Leão	Lua Cheia em Virgem às 04:19 LFC Início às 01:57 Fim às 04:19	Lua Minguante em Virgem às 17:52	Lua Minguante em Libra às 13:03 LFC Início às 11:51 Fim às 13:03	Lua Minguante em Libra
14	15 ♏	16	17 ♐	18	19 28º24' ♐	20 ♑
Lua Minguante em Libra	Lua Minguante em Escorpião às 00:50 LFC Início às 00:37 Fim às 00:50	Lua Minguante em Escorpião	Lua Minguante em Sagitário às 13:38 LFC Início às 12:25 Fim às 13:38	Lua Minguante em Sagitário	Lua Nova em Sagitário às 22:42	Lua Nova em Capricórnio às 01:52 LFC Início às 00:42 Fim às 01:52
21	22 ♒	23	24 ♓	25	26	27 ☽06º17' ♈
Lua Nova em Capricórnio Entrada do Sol no Signo de Capricórnio às 12h02min49	Lua Nova em Aquário às 12:51 LFC Início às 11:44 Fim às 12:51	Lua Nova em Aquário	Lua Nova em Peixes às 22:08 LFC Início às 18:42 Fim às 22:08	Lua Nova em Peixes	Lua Nova em Peixes	Lua Crescente em Áries às 16:10 Lua em Áries às 05:01 LFC Início às 04:04 Fim às 05:01
28	29 ♉	30	31 ♊			
Lua Crescente em Áries LFC Início às 23:14	Lua Crescente em Touro às 08:57 LFC Fim às 08:57	Lua Crescente em Touro	Lua Crescente em Gêmeos às 10:12 LFC Início às09:26 Fim às 10:12			

Mandala Lua Cheia Mês de Dezembro

Lua Cheia
Dia: 04/12
Hora: 20:13
13º03' de Gêmeos

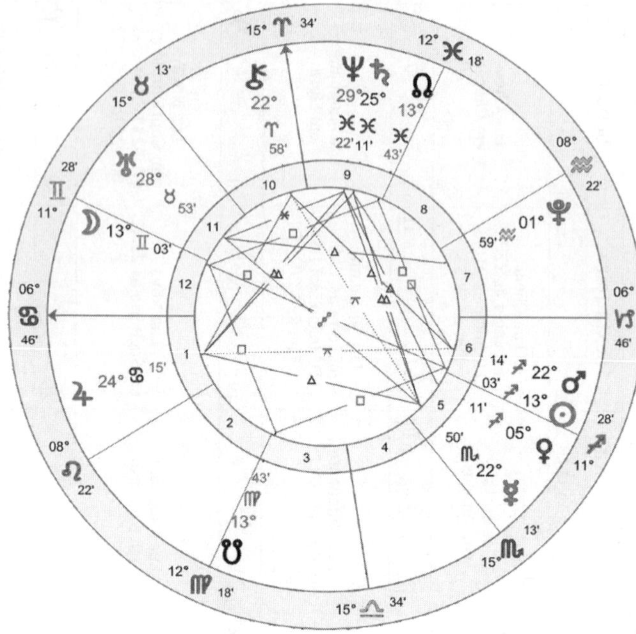

Mandala Lua Nova Mês de Dezembro

Lua Nova
Dia: 19/12
Hora: 22:42
28º24' de Sagitário

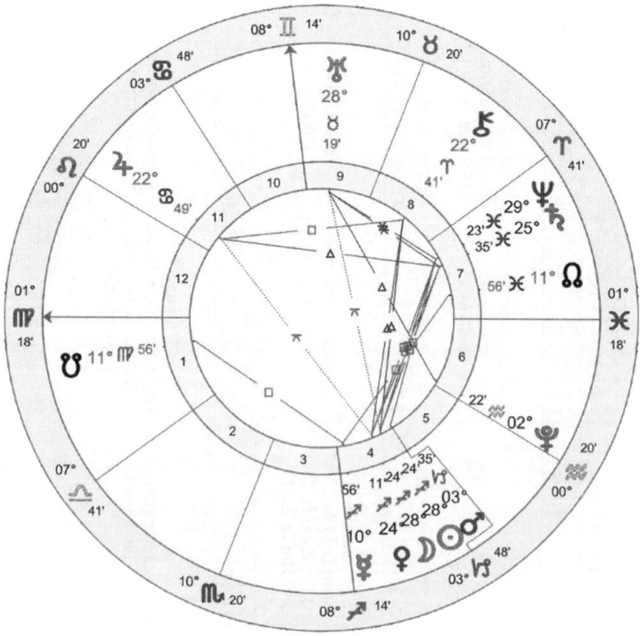

CÉU DO MÊS DE DEZEMBRO

E eis que dezembro chegou e, com ele, todos os rituais, compromissos, promessas e encontros do período. Dezembro é um mês pleno de opostos. É um mês de fechamentos e de esperança; de conflitos, contrariedades e reconciliações; de acolhimentos e solidões. Dezembro é amado por muitos e temido por outros tantos, justamente por estar tão investido de significados. É impressionante como uma caixinha em um calendário pode compactar tantas emoções. Talvez, por isso mesmo, por receber tanto da nossa experiência humana, que dezembro se desdobra em um tempo a parte de todos os outros meses do ano.

O Céu de dezembro parece refletir essa quantidade de expectativas contraditórias. A ênfase nas emoções, própria do elemento água vai mudando, à medida em que os dias passam, para o entusiasmo do elemento fogo para, logo a seguir, ganhar os contornos mais sólidos do elemento terra. Apesar de perder o protagonismo, o elemento água permanece destacado por todo o mês, nos recordando que esse é um período emocional acima de tudo. São as nossas emoções que dão vida aos acontecimentos do mês.

São os planetas sociais, Júpiter e Saturno, que mantêm a bússola apontada para a subjetividade. Com Júpiter ainda em movimento retrógrado no Signo de Câncer, precisamos lembrar que o que nos torna dignos são os valores que cultivamos e compartilhamos generosamente, é a sabedoria com a qual conduzimos nossas emoções para o benefício de todos os que consideramos parte de nosso clã. Saturno ainda em Peixes, em movimento direto desde o mês passado, traz a realidade para as experiências sentimentais, nos despindo das imposições e ilusões construídas pelas nossas inadequações e inseguranças. Conduzindo-nos, amadurecidos, à renúncia do que não se sustenta e à aceitação do que vivemos. Por último, é Netuno que, finalizando seu movimento retrógrado este mês, dissolve a nossa rigidez, nos tornando permeáveis às emoções do nosso entorno. Onde há vida, há conexão. Netuno nos faz perceber que a separação é que é a verdadeira ilusão e que somos mais felizes quando compartilhamos nossos milagres.

Para podermos experimentar a alegria plena do mês de dezembro, vivendo a esperança dos dias brilhantes prometidos pelo Sol em Sagitário, precisaremos cumprir a tarefa proposta por esses três planetas. Assim como os três Reis Magos; Júpiter, Saturno e Netuno trazem em suas lições os melhores presentes que poderíamos receber: o ouro da sabedoria adquirida, o renascimento que vivemos após ultrapassarmos o amargor do sacrifício necessário e a elevação que surge com a compreensão de que somos todos feitos do mesmo céu.

A primeira semana do mês desenha a lenta dissolução do pequeno triângulo formado por Urano, Netuno e Plutão. A janela de aprendizado para o futuro começa a se fechar com a progressão do movimento retrógrado de Urano. Júpiter permanece, porém, em um diálogo excelente com Saturno até a próxima semana, facilitando mantermos os olhos fixos na recompensa e enfrentarmos os últimos obstáculos para alcançá-la.

Segunda-feira e terça-feira recebem os benefícios do contato agradável entre Vênus e Plutão. Esses dias são favoráveis para os encontros com os amigos e, também, para compreendermos melhor o que acontece em nossos relacionamentos.

A última Lua Cheia do ano ocorre na quarta-feira, dia 04/12, em Gêmeos. Mercúrio e Júpiter já rascunham o belo trígono que se completará mais tarde essa semana. Esse aspecto promete bons resultados para as atividades que chegam à sua conclusão nesse período, especialmente as voltadas para o comércio e o estudo. Os outros aspectos positivos entre Júpiter e Saturno, assim como entre e Urano, Netuno e Plutão, descritos anteriormente, confirmam a tendência de colhermos bons resultados para os nossos esforços nessa Lua Cheia.

O final de semana também sugere que as atividades dedicadas a ampliar os horizontes, solucionar problemas e organizar o futuro tendem a trazer muitos benefícios, compensando o tempo dedicado a elas.

Após um final de semana bastante proveitoso, a Lua disseminadora em Leão da segunda-feira, dia 08/12, amplifica a potência das nossas conquistas. No entanto, a quadratura entre Marte e Saturno recomenda que avancemos devagar e com cuidado. A empolgação que sentimos não deve nos desviar do capricho com os detalhes nos nossos trabalhos. Podemos nos sentir inseguros, achando que não temos ainda a capacidade de realizar o que imaginamos. É possível que recebamos críticas de pessoas em posição de autoridade que conversam com nossos receios. Para evitar conflitos desnecessários e boicotes, o ideal é usarmos esses dias para afinarmos nossos instrumentos e confrontarmos nossas inseguranças com coragem, assim faremos melhor uso da energia de luta e frustração que esse aspecto desenha.

Quarta-feira, dia 10/12, Netuno recomeça seu caminho em Peixes, encerrando seu movimento retrógrado. Podemos sonhar novamente com mais leveza, após o período mais difícil ter sido superado. Quinta-feira, a Lua Minguante em Virgem cria o cenário perfeito para identificarmos o que nos trouxe mais benefícios e o que perdeu sua utilidade. Esse é o tempo ideal para nos desfazermos das bagagens que só acumulam poeira e atraso em nossas vidas.

Nesse mesmo dia, Mercúrio ingressa em Sagitário e o que nos interessa é o que está mais adiante, no futuro, naquele lugar que podemos quase enxergar. A certeza de que há algo melhor, mais interessante, depois da próxima esquina, acende nosso espírito de aventura e traz mais alegria para os nossos dias. Em Sagitário, Mercúrio pode até não estar muito à vontade, tornando a nossa comunicação um tanto rude e reduzindo a nossa capacidade de nos concentrarmos nos detalhes. Mesmo assim, nos sobra inspiração para vislumbramos possibilidades e caminhos para chegarmos ao nosso ideal. Precisamos ficar alertas, porém, para as confusões que essa posição tende a causar na comunicação, gerando ofensas pelo excesso de franqueza, ou por se interessar mais em proclamar suas opiniões a ouvir o que os outros têm a dizer.

A possibilidade de ocorrer problemas nas conversas, deslocamentos e trocas é reforçada pela oposição entre Mercúrio e Urano e, também, pelo bom aspecto entre Mercúrio e Netuno. Se, por um lado, a nossa criatividade, imaginação e sensibilidade estão fluindo livremente, na outra ponta, a nossa mente está demasiadamente acelerada. Essa combinação pode causar distrações e impaciência, o que pode nos levar a acidentes e conflitos desnecessários.

No sábado, dia 13/12, temos novamente dois aspectos desencontrados. Dessa vez, Mercúrio faz um bom aspecto com Plutão, enquanto Marte se desentende com Netuno. Sendo assim, temos um final de semana em que nossa curiosidade e gosto pelos desafios pode esbarrar em descobertas ou opiniões que nos façam desistir e duvidar da nossa capacidade. Outra possibilidade é nos depararmos com as consequências de erros em decisões passadas que provocam remorsos e culpa. O antídoto para esse impasse é enfrentar nossos medos sem subterfúgios e avaliarmos as situações a partir da nossa perspectiva. Certos ou errados, estamos nos esforçando e precisamos valorizar o quanto já caminhamos.

A segunda-feira ainda ecoa alguns dos efeitos dos aspectos do final de semana, mas dois outros eventos celestes transformam esse dia em algo especial. A Lua balsâmica em Escorpião é excelente para ajudar no processo de cura e regeneração que necessitamos. Além disso, nesse dia, Marte chega a Capricórnio, onde suas caraterísticas se encontram em sua melhor forma. A ambição anda lado a lado com a competência quando Marte transita por esse signo. Habilidade organizacional faz par com a capacidade de executar o que for planejado. A energia marciana bem direcionada nos ajuda a realizar muito mais e com menos desperdício da nossa força.

Essa semana, porém, ainda temos desafios para contornar e que demandam nossa atenção, já que marcam a última lunação do ano. Entre terça-feira e quinta-feira, o Sol quadra Saturno, representando o dilema clássico entre a diversão e a obrigação. É possível que estejamos nos sentindo presos a compromissos que nos parecem apenas formalidades sem sentido. Também é possível que nosso desejo já esteja sintonizado com a promessa das férias ou de passeios, alimentando ressentimentos diante das responsabilidades a cumprir. A lista crescente de coisas com as quais nos comprometemos pode, nesses dias, parecer um pouco pesada demais. Independentemente do motivo, em vez de nos entregarmos ao mau humor e à insatisfação, devemos usar e abusar da disciplina, e nos concentrarmos naquilo que é nosso dever. Afinal, o que quer que estejamos enfrentando nesses dias, é o resultado direto de nossas escolhas. Dessa maneira, não transferiremos a nossa responsabilidade para outras pessoas, transformando-as injustamente em nossos vilões particulares.

A Lua Nova em Sagitário ocorre na sexta-feira, dia 19/12 e traz alguns pontos de atenção. O Sol e a Lua formam um aspecto tenso com Netuno, indicando a possibilidade de estarmos nos sentindo exaustos e/ou desanimados nesse momento. Caso nos deixemos levar pela sensação, podemos nos sentir tentados a buscar atalhos e/ou pequenos desvios da verdade; mentiras pequenas que podem parecer inofensivas no momento. Essa é pior opção que podemos fazer, pois as consequências de um ato ou omissão, por mais irrelevante que nos pareça, pode terminar prejudicando bastante o que conseguimos construir até o momento.

É melhor fazermos um pequeno intervalo para nos recuperarmos física, mental e emocionalmente. É preferível nos concentrarmos no que for possível realizar nesses dias, aceitando que há, inevitavelmente, uma distância entre o que idealizamos e a realidade. A frustração das nossas expectativas pode trazer à tona sentimentos desagradáveis, como solidão, melancolia e isolamento.

No entanto, a verdade é que nossa percepção da realidade está distorcida e não corresponde à realidade. Um pouco de humor, e outro tanto de paciência, nos ajudam a entender que o que estamos sentindo é apenas passageiro e não deve receber uma importância que não possui. Somos humanos e estamos fazendo o nosso melhor.

Vênus continua provocando dissabores nessa semana para nós. Para evitar dramas justamente na semana de celebrações, devemos fugir das idealizações, das comparações injustas e das expectativas descabidas. Sempre que tentarmos contrapor o mundo idílico que existe em nossa mente com o que vivenciamos acordados, corremos o risco de nos decepcionarmos. O problema com essa atitude é que deixamos de valorizar tudo o que existe de bom e precioso em nossas vidas, simplesmente porque não são, exatamente, o que sonhamos. A vida real tem muito a nos oferecer, desde que a olhemos com um pouco mais de generosidade e carinho.

O Céu logo vem ao nosso auxílio, nos ajudando a perceber a riqueza e todo o potencial da realidade com a mudança de signo do Sol e de Vênus. No domingo, dia 21/12, o Sol inicia seu caminho pelo Signo de Capricórnio. A estabilidade, a firmeza, a determinação em superar nossas limitações, são presentes dessa posição solar. O Sol em Capricórnio nos ajuda a compreender o valor da maturidade, das tradições que estruturam nossas celebrações, das conquistas resultantes do esforço próprio e do compromisso com as responsabilidades. Essa consciência será reforçada pela entrada de Vênus também nesse signo. Enquanto Vênus estiver em Capricórnio, o amor é pragmático e as ações falam mais alto que todas as palavras e os rituais vazios, por mais doces e encantadores que possam parecer. A seriedade, a segurança e a prudência são muito mais atraentes que delicadezas poéticas ou aventuras passageiras.

Sábado, dia 27/12, a Lua se ilumina, crescendo em Áries, fomentando as iniciativas que nos ajudam a batalhar pelas intenções plantadas na Lua Nova. É hora de escolhermos quais demonstram maior possibilidade de se transformarem em realidade na próxima Lua Cheia.

Já na Segunda-feira, dia 29/12, Mercúrio tensiona Saturno, mantendo esse aspecto até a virada do ano. Podemos ter problemas em nossa comunicação e encontrar dificuldades em sermos compreendidos. Também podemos encontrar dificuldades nos deslocamentos e viagens. Como em todos os contatos desarmônicos com Saturno, é possível que essas circunstâncias provoquem uma onda de pessimismo e melancolia. Não devemos nos deixar arrastar por esses pensamentos, pois, apesar de parecerem fundamentados, são apenas recortes e interpretações parciais do que está realmente acontecendo. Usar essa visão mais crítica e prática para ajustar os detalhes dos planos para o final do ano é uma maneira mais efetiva e prática de usarmos essa energia. O futuro deverá ser pensado em um momento mais tranquilo.

No último dia do ano, embora o aspecto difícil de Mercúrio permaneça atuante, ele já está a caminho de se desfazer. Temos três outros aspectos interessantes sinalizando alegrias para esse dia tão celebrado do calendário. A Lua Crescente entra em Gêmeos favorecendo os contatos, as conversas e os encontros variados. A conjunção entre o Sol e Vênus nesse dia estimula nosso carisma e a nossa sociabilidade. Esse é um ótimo aspecto para aproveitarmos ao máximo todos os eventos que decidirmos participar hoje. Compartilhar o que temos de melhor com as pessoas que encontrarmos, criando espaços para que possam também brilhar, construímos o melhor ambiente para inaugurarmos o novo ano com alegria e diversão.

POSIÇÃO DIÁRIA DA LUA EM DEZEMBRO

DIA 01 DE DEZEMBRO — SEGUNDA-FEIRA

☾ *Crescente* ☾ *em Áries LFC Início às 15:15*

· Lua trígono Marte — 05:29 às 08:57 (exato 07:13)

Tempo de muita disposição! Cuidado com as compras por impulso. Bom para iniciar um treino mais intenso na academia. Ouse tomar uma iniciativa! Este é um bom momento para questões que requeiram decisões rápidas.

·Lua quadratura Júpiter — 13:36 às 16:51 (exato 15:15)

A produtividade está reduzida, portanto, foque nas tarefas leves. É preciso ter cuidado com planos ambiciosos sem base real. Nos invade um desejo de mudança, que pode levar a decisões impulsivas sem as devidas análises prévias.

DIA 02 DE DEZEMBRO – TERÇA-FEIRA

☾ *Crescente* ☾ *em Touro às 00:12 LFC Fim às 00:12*

Enquanto a Lua estiver em Touro, estamos cautelosos e buscamos segurança. Queremos conforto e praticidade. O momento é de avançar em projetos já iniciados. Buscamos a estabilidade nas nossas relações e nas finanças. Paciência e perseverança nos orientam para ações ponderadas. Evitar cirurgia na garganta, cordas vocais, tireoide, órgãos genitais, próstata, uretra, bexiga, intestino e reto.

·Lua quadratura Plutão — 01:42 às 04:56 (exato 03:19)

Cuidado com este período, pois um desconforto pode significar algo mais sério. Se tem algum órgão debilitado, deve ter atenção para evitar uma crise. Investigue e elimine sentimentos tóxicos, pois eles podem agravar e desencadear crises.

DIA 03 DE DEZEMBRO – QUARTA-FEIRA

☾ *Crescente* ☾ *em Gêmeos às 23:47 LFC Início às 22:51 LFC Fim às 23:47*

Enquanto a Lua estiver em Gêmeos, a indecisão e a dualidade estão no ar! A adaptabilidade e a versatilidade aumentam, favorecendo a comunicação. Momento de ler, aprender, vender! Projetos criativos prosperam encontrando a curiosidade. O sono é inquieto devido a pensamentos contínuos durante a noite. Evite cirurgia nas vias respiratórias, fígado, bacia, ciático, coxas, pernas, braços, mãos e dedos.

·Lua oposição Mercúrio — 09:28 às 12:44 (exato 11:06)

Evite assinar contratos, negociar imóveis, comprar, vender ou trocar de carro. As informações imprecisas podem prejudicar a análise levando a erros nas negociações. Estamos todos tensos, falando muito e agindo pouco.

·Lua sextil Júpiter — 13:22 às 16:30 (exato 14:56)

Momento em que a colaboração está em alta! Aproveite para realizar os trabalhos em equipe. A abundância nos visita, favorecendo grandes negócios, promoções e aumentos. As viagens a trabalho encontram um momento auspicioso.

·Lua sextil Saturno — 14:40 às 17:49 (exato 16:15)

Além da colaboração, há compromisso, mesmo para as tarefas pouco agradáveis. Tudo está a favor da produtividade, garantindo cumprimento de prazos e diminuição de assuntos pendentes. Maior capacidade de avaliação permite escolhas por negócios mais viáveis. Aproveite este momento.

· Lua conjunção Urano — 20:33 às 23:40 (exato 22:07)

Noite de criatividade! Que tal surpreender alguém querido com atitudes ou uma atividade inesperada? Saiba que isso pode dar um "up" em relacionamentos que caíram na monotonia. Seja espontâneo em suas emoções, de forma amorosa; o momento é auspicioso!

· Lua sextil Netuno — 21:16 às 00:23 de 04/12 (exato 22:51)

Romance no ar! Crie um clima, um cenário idílico para fortalecer laços íntimos e facilitar as conexões afetivas. A compreensão mútua é a base dos relacionamentos e solidifica as relações. Aproveite estes momentos favoráveis de sintonia e aproxime-se de quem você ama.

DIA 04 DE DEZEMBRO – QUINTA-FEIRA

◯ *Cheia às 20:13 em 13º03' de Gêmeos* ◯ *em Gêmeos*

· Lua trígono Plutão — 01:19 às 04:27 (exato 02:53)

Quer se reconciliar com alguém? Esse é um bom momento. Contudo, é preciso perdoar, superar mágoas e seguir em frente. Foque no que importa de fato. Dê uma segunda chance a você e ao outro, reconheça erros e os corrija. Isso funcionará muito bem com as relações verdadeiras.

· Lua oposição Vênus — 05:06 às 08:31 (exato 06:48)

A carência nos invade. Esperamos mais do que talvez os outros consigam nos dar. A possessividade pode fazer com que fiquemos mais vulneráveis. Cuidado para não colocar em risco os laços profundos existentes ao se envolver com um terceiro.

· Lua oposição Sol —18:33 às 21:54 (exato 20:13)

Aqui, as diferenças entre casais podem culminar em conflitos. Evite discutir a relação, pois estamos todos reativos. Em uma negociação procure manter o equilíbrio; não subestime o oponente! Há muito gasto de energia devido à agitação.

DIA 05 DE DEZEMBRO – SEXTA-FEIRA

◯ *Cheia* ◯ *em Câncer às 22:53 LFC Início às 21:56 LFC Fim às 22:53*

Enquanto a Lua estiver em Câncer, são mais intensas as emoções e a sensibilidade! Estamos mais caseiros, protegendo laços familiares e amigos. Valorizamos comida caseira e ambientes acolhedores. Nostalgia e apreciação por locais históricos aumentam. O sono será profundo e reconfortante. Evite cirurgias no abdômen, estômago, vesícula, mamas, útero, ossos, articulações, pele e olhos.

· Lua oposição Marte — 09:43 às 13:02 (exato 11:22)

Dispersão de energia causa nervosismo e ansiedade. Cuidado com a tendência a reações hostis. Tente manter a paciência, a precipitação pode gerar resultados indesejados. Se precisar dirigir, tenha cautela com a velocidade e direção perigosa.

·Lua quadratura Saturno — 13:44 às 16:53 (exato 15:18)

Há falta de fluidez em nosso desempenho, portanto, se tiver avaliações e entrevistas de emprego, evite-as. Melhor dedicar este momento a uma atividade que já domine. Paira no ar o sentimento de que os obstáculos são grandes, desanimando-nos diante deles.

·Lua quadratura Netuno — 20:19 às 23:29 (exato 21:56)

A melancolia nos visita e traz com ela um sentimento de insegurança e tristeza. Estamos excessivamente sensíveis, podendo resultar em mudanças de humor. É necessário ter cuidado com a distração, pois podemos perder objetos e documentos importantes.

DIA 06 DE DEZEMBRO – SÁBADO

◯ *Cheia* ◯ *em Câncer*

Hoje a Lua não faz aspecto com outros planetas no Céu. Devemos observar as recomendações para a fase e o signo em que a Lua se encontra.

DIA 07 DE DEZEMBRO – DOMINGO

◯ *Cheia* ◯ *em Leão às 23:47 LFC Início às 22:46 LFC Fim às 23:47*

Enquanto a Lua estiver em Leão, é tempo de extroversão e liderança! Buscamos ambientes refinados e tratamento especial. A autoestima elevada nos faz evitar situações que não nos valorizam. Pequenas indulgências são comuns. Bom para cortes de cabelo, festas e tratamentos de beleza. O sono costuma ser gratificante. Evite cirurgias no coração, na região lombar, veias, varizes, capilares e tornozelos.

·Lua conjunção Júpiter — 12:11 às 15:29 (exato 13:50)

Bom humor, alegria e otimismo nos visitam. Estamos de bem com as nossas emoções. Momento propício para viagens de longa distância. Quer expandir seu negócio para além do mercado atual? Este é um bom período para isto.

·Lua trígono Saturno — 14:10 às 17:30 (exato 15:50)

Se precisa realizar algum conserto em casa, este é um bom período. Todas as pessoas que conhecer aqui tem grande probabilidade de se tornarem um vínculo duradouro. É auspicioso, também, para a oficialização de uniões.

·Lua trígono Mercúrio — 14:11 às 17:45 (exato 15:58)

A mente está ativa, favorecendo a participação em reuniões, discussões de ideias, contatos comerciais. O clima é colaborativo. Nos relacionamentos, há melhor compreensão, diálogo e acolhimento, já que as palavras fluem, facilitando a expressão de emoções.

· Lua sextil Urano — 20:03 às 23:24 (exato 21:43)

A noite traz *insights* e criatividade. Para quem quer conhecer gente nova, os encontros ao acaso estão em alta! A dica é: saia de casa sem nenhuma expectativa e vá a lugares que nunca esteve antes, ou que vai raramente; assim, as chances de encontros são maiores.

· Lua trígono Netuno — 21:04 às 00:25 de 08/12 (exato 22:46)

Noite de domingo em clima de delicadeza, contribuindo para que sejamos compreensivos, tolerantes e tratemos os outros com empatia encontrando, neles, a reciprocidade. Beba bastante água para a eliminação de toxinas.

DIA 08 DE DEZEMBRO – SEGUNDA-FEIRA

○ *Cheia (disseminadora)* ○ *em Leão*

· Lua oposição Plutão — 01:35 às 04:59 (exato 03:17)

Uma indisposição pode ser mais grave, exigindo cuidados extras. Quem tem problemas hormonais, reprodutivos, intestinais e urinários, tenha atenção especial. Emoções negativas podem agravar crises de saúde; elimine esses sentimentos. Desaconselhável para fertilização.

· Lua trígono Vênus — 15:01 às 18:49 (exato 16:55)

No trabalho, produtividade extra para quem usar da diplomacia e de cortesia com as pessoas, o que facilitará o alcance de objetivos. Na área de finanças, momento auspicioso para apresentar custos e cobranças. Cuide, também, da apresentação visual do seu trabalho.

DIA 09 DE DEZEMBRO – TERÇA-FEIRA

○ *Cheia (disseminadora)* ○ *em Leão*

· Lua trígono Sol — 04:05 às 07:53 (exato 05:59)

Momentos de revelações onde ideias, projetos e relacionamentos ocultos entram em cena, revelando seu potencial e brilho. A clareza nos permite ver as coisas como realmente são e aceitá-las. Concepções, gestações e nascimentos encontram aqui um bom momento.

· Lua trígono Marte — 19:11 às 23:00 (exato 21:05)

Encontros em alta! Uma amizade pode se tornar inesperadamente mais quente. Se está em um relacionamento e ele está tenso, ser espontâneo e verdadeiro ao expressar seus sentimentos pode aliviar os pontos de tensão.

· Lua quadratura Mercúrio — 22:27 às 02:25 de 10/12 (exato 00:26 de 10/12)

Alimente-se bem e de forma leve no jantar, pois há propensão a desconfortos digestivos. Há certa agitação mental, então, procure fazer um relaxamento antes de dormir. Para quem é alérgico, pode haver, também, um desconforto no aparelho respiratório.

DIA 10 DE DEZEMBRO – QUARTA-FEIRA

○ *Cheia (disseminadora)* ○ *em Virgem às 04:19*

LFC Início às 01:57 LFC Fim às 04:19

Enquanto a Lua estiver em Virgem, é tempo de mais lógica e menos emoção para equilibrar sentimentos. Preferimos o possível ao fantasioso e priorizamos o consumo de alimentos saudáveis. Organizar a vida diária traz bem-estar. A simplicidade torna-se reconfortante. Valorizamos o contato com a natureza! Evite cirurgias no aparelho gastrointestinal e nos pés.

• **Lua quadratura Urano — 00:07 às 03:44 (exato 01:57)**

Período de muita agitação podendo prejudicar o sono. Evite aborrecimentos ou situações que perturbem o lado emocional, pois para as pessoas que têm predisposição a problemas circulatórios este pode ser um momento muito desconfortável.

DIA 11 DE DEZEMBRO – QUINTA-FEIRA

☽ *Minguante às 17:52 em 20º04' de Virgem* ☽ *em Virgem*

• **Lua quadratura Vênus — 02:41 às 06:52 (exato 04:46)**

A carência pessoal pode afetar o trabalho. Momentos em que as nossas expectativas emocionais não serão atendidas. O aumento de possessividade e de ciúme pode desestabilizar o relacionamento. Se precisa da decisão de alguém, não é o momento para pressionar.

• **Lua quadratura Sol — 15:46 às 19:56 (exato 17:52)**

Dedique-se a promover bom senso e clareza. Cuidado, pois as emoções e o comportamento infantil podem interferir em decisões racionais. Nos ronda um sentimento de descontentamento. Conflito entre o lado inovador e o lado conservador dificulta os novos projetos.

• **Lua sextil Júpiter — 22:49 às 02:39 de 12/12 (exato 00:44 de 12/12)**

Estamos bem emocionalmente e confiantes em nossos afetos. Se o clima ficar tenso, lance mão do bom humor! E uma boa dose de aventura vai estimular as relações. Aproveite uma oportunidade, demonstre fé e confiança no relacionamento.

DIA 12 DE DEZEMBRO – SEXTA-FEIRA

☽ *Minguante* ☽ *em Libra às 13:03 LFC Início às 11:51 LFC Fim às 13:03*

Enquanto a Lua estiver em Libra, o charme está em alta! Estamos mais sociáveis, diplomáticos e colaborativos. Ideal para formar parcerias, casar e trabalhar em equipe. Valorizamos a beleza, a elegância. É hora de reconciliar e equilibrar relações; de fazer novas conexões. A presença da reciprocidade possibilita a divisão de tarefas, o compartilhamento de projetos. Evite cirurgias nos rins e na região da cabeça.

·Lua oposição Saturno — 02:03 às 05:56 (exato 03:59)

Momentos onde há cansaço físico e baixa resistência. Para quem fez algum procedimento cirúrgico, redobre os cuidados pois a recuperação tende a ser lenta. É possível que não possamos ter o acolhimento das pessoas mais próximas.

·Lua quadratura Marte — 06:51 às 11:00 (exato 08:55)

Por estarmos todos mais tensos podemos ser mais intolerantes e, desta forma, provocarmos reações hostis nos outros ou reagirmos de forma inadequada, resultando em ações impulsivas e frustrantes.

·Lua trígono Urano — 08:22 às 12:15 (exato 10:19)

Período ideal para buscar conquistar novos clientes. Que tal ouvir conselhos de pessoas com diferentes perspectivas? Antecipe-se, aproveite as novas oportunidades. Momento auspicioso para quem quer mudar de endereço, fazer mudanças na equipe, adquirir novos equipamentos.

·Lua oposição Netuno — 09:53 às 13:47 (exato 11:51)

Dispersão no ar, reduzindo a produtividade. As reuniões devem ter uma pauta clara, para serem produtivas. Cheque a precisão e fidedignidade de todas as informações para realizar projetos e tomar decisões. Cuidado com os de comunicação; certifique-se de que está tudo certo.

·Lua sextil Mercúrio — 12:51 às 17:12 (exato 15:01)

Momento auspicioso para corrigir hábitos alimentares. Planejar a rotina irá reduzir o estresse, gerando benefícios para a saúde. Aproveite este momento para se organizar, realizando um plano para gerir melhor seu tempo.

·Lua trígono Plutão — 15:22 às 19:17 (exato 17:19)

Momento em que o corpo responde melhor às práticas terapêuticas. Bom para tratamentos da área genital e reprodutora, incluindo a parte hormonal. O início da noite nos convida ao aprofundamento de nossos laços afetivos.

DIA 13 DE DEZEMBRO – SÁBADO

☽ *Minguante* ☽ *em Libra*

·Lua sextil Vênus — 19:39 às 00:07 de 14/12 (exato 21:53)

O clima é de muita sedução! Este é um momento particularmente especial, em que a disponibilidade afetiva e o acolhimento aproximam as pessoas, despertando a ternura e propiciando a intimidade. Aproveite esta oportunidade e prepare algo muito especial para o seu amor.

DIA 14 DE DEZEMBRO – DOMINGO

☽ *Minguante* ☽ *em Libra*

·Lua sextil Sol — 08:08 às 12:31 (exato 10:19)

Esse é um bom momento para os casais! Além disso, é uma excelente oportunidade para se reconciliar com alguém, com quem a relação andou estremecida. Os nascimentos e também as gestações encontram um momento muito favorável.

• Lua quadratura Júpiter — 09:33 às 13:33 (exato 11:33)

Cuidado com a alimentação, evite sobrecarregar o fígado com gorduras ou álcool. Tenha atenção também aos gastos, para não consumir coisas desnecessárias sem atenção ao orçamento. A dica aqui é: diminua as expectativas para que tenha menores frustrações.

• Lua sextil Marte — 22:26 às 02:45 de 15/12 (exato 00:37 de 15/12)

Momentos em que temos a sensação de que podemos resolver tudo! Estamos com alta disposição. Aproveite esta energia para começar algo novo ou marcar território. Que tal estruturar e pôr em ação aquele projeto que você tinha adiado? A audácia está a seu favor! Aproveite.

DIA 15 DE DEZEMBRO – SEGUNDA-FEIRA

☽ *Minguante (balsâmica)* ☽ *em Escorpião às 00:50*

LFC Início às 00:37 LFC Fim às 00:50

Enquanto a Lua estiver em Escorpião, as paixões intensas e os desejos fortes estão em foco! Sensibilidade a ofensas aumenta e, desconfiados, vemos ameaças infundadas. A energia sexual cresce, incentivando encontros. Cuidado com radicalismos e obsessões. Evite cirurgias nos órgãos genitais, bexiga, uretra, próstata, intestino, reto, garganta, tireoide e cordas vocais.

• Lua quadratura Plutão — 03:21 às 07:25 (exato 05:23)

Nos sonda uma sensação de traição ou abandono. A memória pode nos revelar sentimentos não trabalhados de uma relação do passado. Cuidado para que tais fantasmas não invadam uma relação atual, prejudicando-a. Identifique, separe e tente curar o que precisa ser curado.

DIA 16 DE DEZEMBRO – TERÇA-FEIRA

☽ *Minguante (balsâmica)* ☽ *em Escorpião*

• Lua sextil Júpiter — 21:45 às 01:46 de 17/12 (exato 23:45)

Como um pequeno milagre, alguém pode te ajudar na área profissional. Colheremos vantagens no trabalho se investirmos em treinamento. Que tal aproveitar este momento para começar um curso ou uma formação on-line?

DIA 17 DE DEZEMBRO – QUARTA-FEIRA

☽ *Minguante (balsâmica)* ☽ *em Sagitário às 13:38*

LFC Início às 12:25 LFC Fim às 13:38

Enquanto a Lua estiver em Sagitário, nos visita um espírito otimista e positivo. Estamos mais diretos, espontâneos e confiantes. Eventos esportivos, atividades educacionais, comércio internacional e viagens estão em alta! O otimismo impulsiona a generosidade, além de nos convidar a buscar além do conhecido. Evite cirurgias no fígado, quadris, ciático, coxas, pernas, vias respiratórias, braços e mãos.

· Lua trígono Saturno — 02:28 às 06:31 (exato 04:29)

Boa disposição emocional para nossos vínculos afetivos. Queremos estar com aqueles que têm uma história de afeto e compromisso conosco, proporcionando-nos segurança emocional. Bom momento para a oficialização de uniões.

· Lua oposição Urano — 08:24 às 12:26 (exato 10:25)

Alguns problemas no fornecimento de energia ou transportes podem fazer com que alguns colaboradores cheguem atrasados, o que pode diminuir a produtividade desta manhã. Portanto, sejamos flexíveis e colaborativos com os imprevistos. É um período em que há muita agitação, aceleração.

· Lua trígono Netuno — 10:22 às 14:25 (exato 12:25)

Se pretende lançar um produto ou serviço, este período é auspicioso para a expansão em cadeia, espalhando-se rapidamente. Ideal para divulgação de filmes, shows, espetáculos visuais. Bom para negócios imobiliários localizados sobretudo em áreas litorâneas.

· Lua sextil Plutão — 16:17 às 20:20 (exato 18:19)

Período em que figuras públicas ou em situação de poder podem ter a oportunidade de ter sua popularidade aumentada e, desta forma, conseguem angariar mais simpatia e, consequentemente, maior adesão de seu público. Se é o seu caso, fique atento às oportunidades!

DIA 18 DE DEZEMBRO – QUINTA-FEIRA

☽ *Minguante (balsâmica)* ☽ *em Sagitário*

· Lua conjunção Mercúrio — 04:44 às 09:18 (exato 07:01)

Aqui, nossa mente está funcionando em pleno vigor! Há boa memorização. É um excelente momento para reuniões de *brainstorming*, onde as ideias procriam. Temos a sensação de que houve produtividade.

DIA 19 DE DEZEMBRO – SEXTA-FEIRA

● *Nova às 22:42 em 28º24' de Sagitário* ● *em Sagitário*

· Lua conjunção Vênus — 11:04 às 15:32 (exato 13:18)

Uma boa ideia aqui é realizar uma ação promocional oferecendo serviços extras. Promoções, descontos, sorteios, campanhas, bônus, terão uma boa aceitação. Pessoalmente, podemos tirar um tempo para uma sessão de massagem, serviço de estética ou uma hidratação capilar.

· Lua quadratura Saturno — 15:03 às 19:03 (exato 17:03)

Qualquer obstáculo aqui nos parece grande, o que nos desmotiva. A produtividade diminui. Se formos muito exigentes com o outro ou se nos demandarem com muito rigor no trabalho, é provável que isto resulte em efeitos negativos.

·Lua conjunção Sol — 20:32 às 00:53 de 20/12 (exato 22:42)

A dica aqui é se colocar na posição de espera. As coisas ao nosso redor ainda estão por se revelar, indicando que o momento de decisões ainda não chegou. Aguarde alguns dias e compreenderá que um tempo maior era preciso para se posicionar.

·Lua quadratura Netuno — 22:41 às 02:40 de 20/12 (exato 00:42 de 20/12)

Antes de dormir, faça uma prática de relaxamento com pensamento positivo. Poupe-se de aborrecimentos e proximidade com a tristeza. Se tem predisposição à alergia, redobre os cuidados evitando contrair gripes, resfriados ou outra infecção.

DIA 20 DE DEZEMBRO – SÁBADO

● *Nova* ● *em Capricórnio às 01:52 LFC Início às 00:42 LFC Fim às 01:52*

Enquanto a Lua estiver em Capricórnio, estamos menos festivos, mais econômicos. Se tem alguma feira de negócios em vista, vá! Uma certa sensibilidade à crítica nos visita, deixando-nos menos seguros. O planejamento e a produtividade acompanhados do compromisso com a excelência estão em alta. Evite cirurgias na coluna, articulações, juntas, joelhos, pele, dentes e olhos.

·Lua conjunção Marte — 07:35 às 11:49 (exato 09:42)

É possível que surjam encontros inesperados e não programados. Aceitá-los significa desfrutar desse clima de acontecimentos surpreendentes. A força de vontade se faz presente, ajudando-nos a combater hábitos, rotinas pouco saudáveis.

DIA 21 DE DEZEMBRO – DOMINGO

● *Nova* ● *em Capricórnio*

Entrada do Sol no Signo de Capricórnio às 12h02min49

Solstício de Inverno H. Norte — Solstício de Verão H. Sul

·Lua oposição Júpiter — 20:30 às 00:22 de 22/12 (exato 22:26)

Momentos de carência. Temos necessidade maior de proteção, acolhimento, apoio. Precisamos nos sentir mais protegidos, amparados. Como nem todos podem estar disponíveis para suprir essa carência, temos que ter cuidado para não desvalorizar nossos laços afetivos.

DIA 22 DE DEZEMBRO – SEGUNDA-FEIRA

● *Nova* ● *em Aquário às 12:51 LFC Início às 11:44 LFC Fim às 12:51*

Enquanto a Lua estiver em Aquário, o clima é de animação e curiosidade, promovendo a experimentação e a inovação. O desapego emocional facilita a superação de velhos hábitos. Queremos encontrar amigos, ter liberdade, repudiando toda tentativa de repressão. O novo nos atrai! Evite cirurgias no coração, veias, vasos, artérias, capilares, região lombar e tornozelos.

• Lua sextil Saturno — 02:29 às 06:24 (exato 04:27)

A saúde está estável. Nos relacionamentos, é um momento de equilíbrio e compromisso. Estamos em paz com nossas emoções. É um período onde a determinação é a tônica, tornando-nos mais disciplinados e, consequentemente, mais produtivos.

• Lua trígono Urano — 07:29 às 11:22 (exato 09:26)

Sentimento de leveza e despreocupação prevalecem. As coisas não são levadas tão a sério. Bom momento para mudar de residência ou fazer alterações no lar. Há uma forte tendência ao desapego, com disposição para se desfazer de objetos e sentimentos desnecessários.

• Lua sextil Netuno — 09:46 às 13:40 (exato 11:44)

Comece o dia no trabalho com atividades que não requeiram detalhes, aquelas mais burocráticas. Bom para ações voltadas ao bem-estar público, tais como campanhas de vacinação, combate a epidemias, combate as drogas e discriminação de toda a espécie.

• Lua conjunção Plutão — 15:40 às 19:33 (exato 17:36)

Se tiver que fazer reparos em casa, este é um bom momento. Auspicioso para marcar reencontros com amigos de longa data, ex-colegas de trabalho etc. Bom para realizar *check-up*. A assertividade nos diagnósticos também costuma ser alta.

DIA 23 DE DEZEMBRO – TERÇA-FEIRA

● *Nova* ● *em Aquário*

• Lua sextil Mercúrio — 18:43 às 23:03 (exato 20:53)

Momento ideal para diálogos, conversas e esclarecimentos, especialmente sobre temas sensíveis. O momento favorece o entendimento e a comunicação aberta, facilitando explicações em questões que costumam ser difíceis de abordar.

DIA 24 DE DEZEMBRO – QUARTA-FEIRA

● *Nova* ● *em Peixes às 22:08 LFC Início às 18:42 LFC Fim às 22:08*

Enquanto a Lua estiver em Peixes, a crença em uma coincidência cósmica e em uma inteligência superior que organiza os eventos nos traz paz! A boa vontade nos cerca. Atenção aos atrasos, perda de bagagens e documentos. As fantasias nos atraem mais que a realidade muitas vezes entediante. Evite cirurgias nos pés, na medula, e convém checar o sistema imunológico e taxa de glóbulos brancos.

·Lua quadratura Urano — 16:48 às 20:33 (exato 18:42)

Cresce a intolerância para atividades monótonas. Tarefas urgentes e compromissos inesperados forçam a reavaliar o planejamento de trabalho, exigindo flexibilidade e rápida adaptação. Além disso, pode haver muita interrupção.

·Lua sextil Vênus — 21:00 às 01:10 de 25/12 (exato 23:05)

Noite de muita sedução e charme! O romantismo favorece encontros a dois. Um ambiente de ternura e abertura amorosa dissolve os conflitos, promovendo maior intimidade. Aproveite este momento para estar mais próximo de quem você ama e reafirme seu afeto!

DIA 25 DE DEZEMBRO – QUINTA-FEIRA

● *Nova* ● *em Peixes*

·Lua sextil Sol — 03:11 às 07:14 (exato 05:12)

Aqui, os conflitos internos se resolvem e as dúvidas se dissipam devido ao equilíbrio entre emoção e razão. Tudo parece encaixar melhor, fazer mais sentido, fluindo com facilidade. Uma noite de energia positiva e sono vitalizante.

·Lua sextil Marte — 10:46 às 14:42 (exato 12:44)

Momento auspicioso para novas iniciativas, propostas ousadas e demonstrações de liderança! Ao tomar decisões, encontrará adesões, apoio. Em alta a energia e a boa disposição emocional para enfrentar empreendimento desafiadores, garantindo apoio e motivação necessários.

DIA 26 DE DEZEMBRO – SEXTA-FEIRA

● *Nova* ● *em Peixes*

·Lua quadratura Mercúrio — 09:59 às 14:04 (exato 12:01)

Cuidado com comunicados e publicação de informações; podem ser impopulares. Possíveis atrasos em deslocamentos. Evite lançar produtos neste momento. Se tiver que assinar algum contrato ou fazer alguma negociação, adie.

·Lua trígono Júpiter — 12:55 às 16:30 (exato 14:43)

O clima de expansão favorece as parcerias empresariais. Procure clientes médios e grandes para apresentar propostas, produtos ou mesmo serviços, visando o crescimento e a expansão dos negócios. É também um bom período para quem precisa recorrer à justiça ou então realizar algum procedimento legal.

·Lua conjunção Saturno — 19:53 às 23:29 (exato 21:41)

Privilegiamos as relações que passaram pela prova do tempo, que nos dão a sensação de estabilidade. Se fez um novo contato durante este período, tem chance de desenvolver uma relação de longa duração. Quer formalizar uma união? Este é um momento favorável!

• Lua sextil Urano — 23:49 às 03:23 de 27/12 (exato 01:36 de 27/12)

O relacionamento anda monótono? Surpreenda com atitudes inesperadas! Use da criatividade para se expressar. Propor uma programação diferente vai ser positivo. Se a relação anda sensível, tente novas abordagens de aproximação.

DIA 27 DE DEZEMBRO – SÁBADO

☾ Crescente às 16:10 em 06º17' de Áries ☾ em Áries às 05:01

LFC Início às 04:04 LFC Fim às 05:01

Enquanto a Lua estiver em Áries, a espontaneidade e a franqueza estão em alta! Libere emoções contidas, mas de forma autêntica e respeitosa. Há sentimento de urgência em resolver pendências. Ótimo para começar uma dieta, pois os resultados serão rápidos. Cobrar débitos neste período costuma ser favorável. Evite cirurgias na região cabeça e nos rins.

• Lua conjunção Netuno — 02:16 às 05:50 (exato 04:04)

Boa resposta para tratamentos de saúde, melhorando a resistência geral. Procure hidratar-se bem a fim de eliminar toxinas. Momento em que as terapias alternativas e os tratamentos para aumentar a imunidade funcionam de forma positiva.

• Lua sextil Plutão — 07:50 às 11:23 (exato 09:37)

Aproveite para abandonar hábitos nocivos! Para quem fez cirurgia, a capacidade de recuperação está em alta, acelerando a reabilitação. Auspicioso para quem quer engravidar e para as grávidas! Há, também, maior poder de concentração na execução de trabalhos que exigem muito foco.

• Lua quadratura Vênus — 09:36 às 13:30 (exato 11:33)

A possessividade, o sentimento de exclusão e o ciúme aumentam, tornando as pessoas vulneráveis a experiências de rivalidade afetiva reais ou imaginárias. A busca por romance ameaça vínculos profundos. Não exija definições, pois o outro pode estar dividido.

• Lua quadratura Sol — 14:15 às 18:03 (exato 16:10)

Acordos dificultados devido a conflitos entre casais e parceiros. Há tensão entre desejos e emoções, entre propósitos e necessidades. Então, o conflito interno, além de prejudicar nossa lucidez, nos leva a um desgaste grande de energia. Descanse.

• Lua quadratura Marte — 20:13 às 23:55 (exato 22:04)

Cuidado com atitudes impulsivas que possam prejudicar relacionamentos! Evite atitudes, palavras egoístas. Há muita ansiedade o que pode levar a problemas digestivos, dores de cabeça. Convém evitar cirurgias, pois o risco de inflamação está aumentado.

DIA 28 DE DEZEMBRO – DOMINGO

☾ *Crescente* ☾ *em Áries LFC Início às 23:14*

• Lua quadratura Júpiter — 17:17 às 20:40 (exato 18:58)

A indolência e a apatia nos visitam. Há um sentimento de carência e insatisfação, principalmente porque nossas expectativas otimistas não se revelam nos resultados. Diminua o ritmo e evite exageros em qualquer área.

• Lua trígono Mercúrio — 21:18 às 01:06 de 29/12 (exato 23:14)

Bom momento para pensar nas resoluções para o novo ano! Coloque uma música agradável e faça um planejamento de horários que seja eficiente e real para a execução das suas semanas. Aproveite para corrigir todo hábito alimentar ou toda rotina diária que não esteja dentro da sua melhor versão!

DIA 29 DE DEZEMBRO – SEGUNDA-FEIRA

☾ *Crescente* ☾ *em Touro às 08:57 LFC Fim às 08:57*

Enquanto a Lua estiver em Touro, priorizamos a segurança e o conforto! Cautelosos e pacientes, preferimos continuar os projetos iniciados e evitar riscos. Gastamos de forma racional, privilegiando a estabilidade financeira. Queremos as relações duráveis e os investimentos seguros. Evite cirurgias na garganta, tireoide, cordas vocais, órgãos genitais, próstata, uretra, bexiga, intestino e reto.

• Lua quadratura Plutão — 11:43 às 15:04 (exato 13:23)

O clima é de rivalidade! As crises devem ser tratadas com muita diplomacia. Evite grandes negócios e investimentos arriscados. Negociações em contratos devem atender as partes de forma equilibrada. Prepare-se bem para enfrentar reuniões com temas ou pessoas difíceis; estas podem ser conflituosas.

• Lua trígono Vênus — 18:13 às 21:52 (exato 20:03)

A harmonia nos visita, facilitando acordos e convergências. Se teve um dia difícil, melhor se gratificar com um bom jantar e, depois, a leitura de um livro leve, principalmente romântico. Ou, ao sair do trabalho, busque uma clínica para uma massagem relaxante ou uma hidratação capilar.

• Lua trígono Sol — 21:34 às 01:08 de 30/12 (exato 23:21)

O romantismo trazido pelo aspecto anterior se soma, agora, com a harmonia entre os casais! Aproveite este momento para desfrutar com o seu amor este equilíbrio entre razão e emoção que nos visita, facilitando os encontros. Além disso, é um bom momento para engravidar.

DIA 30 DE DEZEMBRO – TERÇA-FEIRA

☾ *Crescente* ☾ *em Touro*

• Lua trígono Marte — 02:09 às 05:38 (exato 03:53)

Boa disposição física, sono recuperador. Para quem está no trabalho, há maior capacidade de decisão e de forma rápida, dando fluidez aos processos.

Existe uma certa facilidade para perceber as oportunidades. Tempo de certa audácia, coragem.

• Lua sextil Júpiter — 18:50 às 22:03 (exato 20:27)

A palavra aqui é expansão! Queremos crescer e podemos buscar clientes maiores, e de outras localidades mais distantes, e apresentar produtos e serviços. Estamos otimistas e confiantes, o que nos leva a acreditar que podemos mais!

DIA 31 DE DEZEMBRO – QUARTA-FEIRA

☾ *Crescente* ☾ *em Gêmeos às 10:12 LFC Início às 09:26 LFC Fim às 10:12*

Enquanto a Lua estiver em Gêmeos, estamos todos mais falantes e indecisos! Hora de aprender, participar de eventos, trocar, socializar, comunicar, divulgar! A curiosidade aumenta a busca por informações e os encontros sociais para conversar estão em alta! Hora de explicar os sentimentos, para o bem dos relacionamentos. Evite cirurgias das vias respiratórias, fígado, coxas, pernas, bacia, ciático, braços, mãos e dedos.

• Lua sextil Saturno — 02:20 às 05:35 (exato 03:57)

Estabilidade nas emoções, saúde equilibrada! Os vínculos afetivos conhecidos e aprovados pelo tempo são os preferidos. Cuidar bem deles, relacionar-se com a devida responsabilidade afetiva trará bons frutos para a relação.

• Lua conjunção Urano — 05:19 às 08:32 (exato 06:56)

Aberto a novas experiências e encontros, alguém de uma área ou idade diferente pode estimular a criatividade nas atividades. Recomenda-se espaço para projetos avançados. Novas oportunidades podem surgir e não devem ser ignoradas.

• Lua sextil Netuno — 07:47 às 11:01 (exato 09:26)

O clima é de cooperação. A gentileza facilita as relações. Inspiração e intuição unidas nos ajudam a perceber qual caminho devemos seguir. Há boa vontade e, portanto, é mais fácil ter a adesão das pessoas na direção de um objetivo.

• Lua trígono Plutão — 12:57 às 16:10 (exato 14:34)

Uma nova oportunidade pode surgir para a retomada de um projeto, fazendo com que haja reconexão com pessoas em posição de poder. Auspicioso para repararmos situações e resgatarmos prejuízos. Podem ocorrer reencontros com ex-colegas, amigos de longa data e até relacionamentos passados.

SERVIÇOS PROFISSIONAIS DA AUTORA

Mapa Natal: Interpretação da carta natal, fornecendo um preciso diagnóstico da sua personalidade.

Trânsito e Progressão: Técnica astrológica de previsão com duração para um ano. Deverá ser renovado anualmente.

Revolução Solar: Técnica astrológica de previsão a partir do dia de aniversário em cada ano. Recomenda-se fazer um mês antes do aniversário.

Sinastria: Estudo de compatibilidade entre duas ou mais pessoas, para que o grau de afinidade seja avaliado. Indicado para relacionamentos afetivos ou parcerias comerciais.

Terapêutica Astrológica: Uma série de sessões em que, por intermédio do próprio mapa astral, se levantadas questões importantes da personalidade do indivíduo e a forma de melhor superá-las.

Astrologia Eletiva: Indicada para a escolha de datas para abertura de negócios, novos empreendimentos, cirurgias etc.

Astrologia Vocacional: Indicada para adolescentes em fase de escolha de profissão e para adultos em busca de alternativas. Excelente estudo para adequação entre personalidade, trabalho e profissão.

Astrologia Infantil: Indicada para pais, educadores ou profissionais da área de saúde que queiram conhecer melhor aqueles que estão sob sua responsabilidade.

Astrologia Empresarial: Para empresas ou profissionais liberais que queiram delinear os períodos de avanços, estratégias, planejamentos e precauções para seus negócios, formação de equipe e contratação de pessoal.

Astrocartografia e Relocação: Nesta técnica, avaliamos os lugares (cidades e países) mais indicados para uma pessoa viver, fazer negócios ou promover uma melhoria na vida pessoal.

Calendário e Guia Astrológico: Previsões diárias com interpretações dos principais movimentos planetários para que você programe seu ano inteiro.

Cursos: Básico, intermediário, avançado e especialização. Para aqueles que têm interesse no tema e para os que queiram desenvolver uma profissão na área astrológica.

Consultas: Presenciais e on-line (*Zoom*).

Contatos da Autora

Site: www.marciamattos.com
Youtube: Marcia Mattos Astrologia
Instagram: @marciamattosastrologia
Facebook: Marcia Mattos Astrologia
e-mail: marciamattos1952@gmail.com
WhatsApp cursos: +55 (21) 96973-0706
WhatsApp consultas: +55 (21) 96973-0700

Primeira edição (outubro/2024)
Papel de miolo (Ivory Bulk 58g)
Tipografias Lucida Bright, Aleo e Desire Pro
Gráfica LIS